三菱财阀的形成

〔日〕 **武田晴人　关口薰** 著————

刘峰 译

社会科学文献出版社
SOCIAL SCIENCES ACADEMIC PRESS (CHINA)

目　录

前　言

本书的课题，是对明治初期至第一次世界大战期间日本岩崎家与三菱企业的发展过程进行实证性考察。为了明确研究目的，首先自然有必要对三菱财阀史的研究现状做一简单的介绍。

三菱财阀的研究史

三菱与三井、住友并称为日本近代的三大财阀。关于其发展历程，以往有过不同角度的各种探讨，其中无疑也包括一些战前的记述。尤其关于三菱创始人岩崎弥太郎的励志创业故事、在政治斗争背景下与共同运输公司发生的运费竞争等内容，有不少传说与传记。而集中研究三菱财阀的，在近代有一些宝贵的著述。如战间期①高桥龟吉的《日本财阀之解剖》（中央公论社，1930）、铃木茂三郎的《日本财阀论》（改造社，1934）、岩井良太郎的《三菱康采恩读本》（春秋社，1937）等均属此类。到了第二次世界大战以后，曾参与解散财阀工作的日本持股公司整理委员会还

---

① 指第一次世界大战结束至第二次世界大战爆发之间的一个时期（1918～1939）。——译者注

出版了一部调查记录《日本财阀及其解体》（1950）。这成为目前研究日本财阀的基础性文献。可以说，以上这些成果，除了岩井的著作以外，大多是将三井、三菱、住友等多个财阀作为考察对象，同时将其中的三菱作为大财阀的代表展开了全面叙述。

此后，三菱方面自行编纂的《三菱社志》逐渐被广泛参考并使用。如柴垣和夫的《日本金融资本分析》（东京大学出版会，1965）就从"垄断金融资本"的角度切入，对三菱、三井展开了真正富有学术意义的研究。与此同时，在三菱集团的资金支持下，三菱社志编纂委员会在编写社史之余推进了岩崎传记的编纂工作，先后出版《岩崎小弥太传》（1957）、《岩崎久弥传》（1961）、《岩崎弥太郎传》（1967）、《岩崎弥之助传》（1971）等著作。虽然战前编纂社史工作开展以后所积累的史料在战后随着三菱本部被盟军接管而"损失了相当多的部分"，[①] 但幸运的是，未损失的史料在传记编纂工作中得到了使用且有部分史料开始为学术研究所参考。由此才有旗手勋《日本的财阀与三菱：财阀企业的日本土壤》（乐游书房，1978）等研究成果的问世。同时，伴随经营史研究的兴起，此后出现了森川英正等人从新角度展开的论述（收入《财阀的经营史研究》，东洋经济新报社，1980）。而这一系列研究的集大成者，自然是三岛康雄编写的《日本财阀经营史：三菱财阀》（日本经济新闻社，1981）及麻岛昭一的《三菱财阀的金融结构》（御茶水书房，1986）。前者

---

① 宫川隆泰「解題」三菱社誌刊行会編『三菱社誌』第 1 巻、東京大学出版会、1979、9 頁。

围绕经营组织、管理方式、各部门经营战略等论题对三菱财阀的总体形象展开描述与分析，列出了当时与三菱相关的所有文献清单，因此即便时至今日也仍是研究三菱财阀的必读书；后者则借由与住友等其他财阀的对比，站在比较史的角度对第一次世界大战之后三菱的金融情况进行了分析，阐明了三菱财阀在组织上的重要表征。

上述这些研究，可被认为是战后考察三菱财阀史的第一阶段成果。之所以如此，乃因为当时研究财阀是颇为流行的工作，且三井文库对史料的解密与公开起到了支撑性作用。受此影响，围绕三井财阀的历史研究率先发展起来。尤其是关于三井家族与财阀总部经营活动的关系问题，安冈重明提出过"总有制"这一代表性概念，为研究日本传统企业体系的发展提供了崭新的视角。这不仅引发了人们对江户时代商人经营传统的关注，也提醒研究者要从更为长程的角度来思考和研究日本企业的问题。

然而在此后不久的一段时间内，对于财阀的研究热情骤然下降，其原因之一或许是资料上的局限。在此背景下，对于企业经营史的研究开始朝横向发展，在财阀的问题上虽然仍有不少关于其分公司经营史、经济史层面的考察，但将"财阀"作为一个总体来分析其组织特征的成果少了许多，研究对象也逐渐向"地方财阀"等个案倾斜。而在经济史研究层面，除了若干例外，① 总体上将财阀作为对象的研究已难得一见。且作为不争的

---

① 包括大石嘉一郎『日本帝国主義史』第 1～3 卷（東京大学出版会、1985、1987、1994）。该书在每卷专设一章，讨论垄断与财阀资本问题。

事实，在对帝国主义论和垄断资本主义论的相关讨论中涉及卡特尔（Kartel）的研究、对华关系较为密切的财阀商社的研究，也不如三井物产研究更受人关注。

从1990年代中期到21世纪初，日本学界研究财阀的大环境开始得到显著改善。在旗手勋、三岛康雄、麻岛昭一等人的研究之外，原本略显迟滞的三菱研究终于迎来了转机：三菱金曜会于1995年启动了三菱创业125周年的纪念工作。翌年，作为该工作的一环，三菱经济研究所正式成立了三菱史料馆。该举措成为将学术研究从史料窘境中解放出来的契机。同时，长期以来在管理方式上稍显落后的住友修史室（1987年改称"住友史料馆"）亦迈出了对外公开档案的步伐，以往偏重近世①部分的研究报告也开始出现近现代史方面的内容。这些，足以说明财阀史研究环境的改变。

三菱史料馆收藏了三菱修史工作、传记编纂工作中留下的相关史料，且致力于保管与对外公开事务。而作为工作内容的重要一部分，该馆启动了专职研究员的科研活动。在馆内收藏的史料中明治时期的史料占据多数，这为实证考察"股份公司化"以前的情况提供了基础。此外，史料馆在开馆以后不断推进史料收集工作，目前所收资料的范围已扩展到第二次世界大战以后，规模已然超过三井文库、住友史料馆。对这些庞大史料展开的目录编纂、缩微胶卷化处理以及扎实推进的存档工作，正在为现今的三菱财阀研究提供重要的支撑并使其迈向新的阶段。2000年刊行的《三菱史料馆论集》正是成果之一。

---

① 所谓"近世"指日本历史上的江户时代（1603～1868）。——译者注

本书结构

鉴于最近二十年的研究发展情况已在其他文章中有所介绍，此处予以省略。[①] 可以说这些新发表的研究成果，体现出重新解读三菱财阀总体形象的趋势。随着三菱财阀史研究进入第二阶段，本书两位作者得到了参考利用三菱史料馆藏资料的机会并撰写了多篇论文，而本书正是以此为基础的，目的之一便是重新审视并思考以往关于岩崎家、三菱财阀的通论。若依照章节结构对本书的思想脉络进行梳理，则其内容可大体总结如下。

首先，第一章和第二章点明了岩崎家"奥帐场"的存在，并对三菱邮政汽船公司时代以后其在三菱与岩崎家双重管理之下的经营活动展开了探讨。此部分的史料基础是岩崎家提供给三菱史料馆的新资料，特别是第一章中强调了"奥帐场"独立于三菱合资公司而积极开展有价证券投资的情况。以往基于《三菱社志》考察其经营发展的成果，并没有全面地捕捉到岩崎家经营活动的全貌。所谓"奥帐场"乃 1900 年建立的负责管理岩崎久弥家内部及其投资活动的机构，正是通过它，岩崎弥之助家与作为本家的岩崎久弥家之间的关系得以在双方于三菱合资公司增资事务中持股比例变更后确定。故阐明奥帐场的存在并分析其内部情况，乃第一章之主题。

---

① 关于三菱史料馆开馆后的研究进展情况，参见武田晴人「三菱財閥研究
の 10 年」『三菱史料館論集』2009 年第 10 号；「三菱財閥研究の 20 年」
『三菱史料館論集』2017 年第 18 号。

第二章上溯至明治初年，通过仔细考察会计记录，探讨奥帐场的起源。当时的三菱邮政汽船公司是一家领取政府补助金的官方机构，但它与岩崎家的私人经营活动是混在一起的。在政府下达"禁止兼业"命令后，高岛煤矿等部门渐次划归岩崎家的直营单位，岩崎家和三菱的经营收益开始向奥帐场集中。而《三菱社志》留下的结算记录局限于海运业（漕运业），引发了一些错误认识："岩崎家和三菱的经营在1880年代与共同运输公司的竞争中走向了明显的衰退。"事实上，这一时期的海运业不过是岩崎家经营活动的一部分而已，三菱邮政汽船公司也不过停留在对外框架的层面。岩崎家的事业与资产当时处在双重组织的管理之下，因此包括与内部账目相分离的资产在内，岩崎家和三菱实际上坐拥大量资产，甚至曾以此为基础参与各种领域的贸易。而第二章正是要对此问题展开深入探讨。

以往一种较为普遍的观点是，在明治十四年政变①发生以后，日本政府为了反大隈、反岩崎而创立了共同运输公司，并促其发起激烈的运费竞争，从而使三菱的经营状况走向全面恶化。但是，第二章中所讨论的三菱公司经营情况对此提出了质疑。在第三章中，本书对1880年代三菱内部对海运市场的基本认识展开考察，以阐明如下问题：在松方财政引发的经济增速放缓促使海运市场不断缩小的同时，共同运输公司正式加入运费竞争，在此种局面下三菱邮政汽船公司的经营究竟是如何走向恶化的；三菱当时对共同运输公司

---

① 明治十四年政变，即明治14年（1881）大隈重信一派因在开设国会问题上持急进主张且遭遇了北海道开拓使廉价出售公产等丑闻，被当时日本政坛的其他势力排斥，最终被驱逐出政府的政治事件。——译者注

采取的竞争手段为何明显较少；等等。虽然在创立日本邮船公司的动议明确之前两家公司竞争的影响颇大，但其实际意义非常有限。受经济增速放缓的影响，以往通过非竞争渠道所获得的收入不断下降，而市场需求的减少并没有缓解经费成本对于收益的制约。这种情况实际上意味着重新订立海运事业经营方针的必要性已日渐增加。而日本邮船公司的创立正处于其延长线上。

第四章至第七章，在海运业之外对明治中期以后三菱社、三菱合资公司的主要经营领域造船业、银行业的发展情况展开了研究。

第四章集中讨论了长崎造船所的早期经营状态。以往研究大多认为，在三菱与共同运输公司的竞争过程中，日本政府强行将不纳入结算的长崎造船所塞给了三菱。这种缺乏事实根据的阴谋论是需要加以讨论的。同时，第四章侧重考察了一个重要问题：在造船所的核心工作从"修理"转变为"造船"的过程中，其经营问题是怎样得到应对与处理的？事实上，在造船所早期的经营管理中，三菱总公司的各部门对于造船所经营实情的信息掌控是非常不够的，而且当时在造船所的借贷统计表、对总公司造船业务的投资等问题上未能达成一致认识。明治前半期的三菱总公司曾将收编造船所时产生的费用划入投资额，并不断推进其成本的回收工作。这种处置在第二章涉及的高岛煤矿投资问题中也得到了充分的体现，应是一种特殊的会计处理方式。它足以说明，三菱在早期对于长崎造船所这一远距离据点（场所①）委让的实

---

① 所谓"场所"，即指三菱当时在各地所拥有的矿山、造船所、工厂等较远距离下属单位。——译者注

7

地自主权是相当大的。可以说，虽然总公司是接收该造船所的投资主体，但在对其进行经营管理上似乎并没有太大的兴趣。这种状态在此后随着总公司对责任方资金转移的监视、在组织结构上的投石问路与试行失败而发生了一些改变，从而为将来筹备大量资金进军造船业打下了基础。

第五章讨论了担任总公司管事一职的庄田平五郎对造船所的经营管理所实施的改革。在这一过程中，不仅是造船所的组织结构，随着折旧制度的不断完善，它向总公司呈交的报告书亦逐渐规范化，两者的关系开始走向明确。这场改革的意义在于，使三菱的经营管理克服了以往"分散的组织状态"而成为一种近代性的企业经营体。其中，造船所无疑发挥了先导作用。由于造船业对于明治后期的三菱来说是需要追加大量投资的重要行业，所以其经营管理给组织结构变革带来的影响最终成为此后事业部改组及与神户造船所合并为造船部的重要契机。第八章之后对此问题也展开了重点考察。

虽然造船部在当时被寄予厚望并付出了大量努力，但同属三菱的银行部似乎极少参与其机构改革事务。第六章与第七章将目光聚焦于三菱总公司，并对三菱合资公司银行部的工作内容展开分阶段考察。长期以来，除了对三井银行中上川改革的考察外，① 学者们对于产业革命时期财阀银行经营状态的研究是很不充分的。而在银行史领域的研究中，研究者往往倾向于集中关注此时期财阀银行的"存款银行化"进程与商业金融业

---

① 参见粕谷誠『豪商の明治』（名古屋大学出版会、2002）。

务等问题。① 第六章在验证相关结论的同时，对三菱在关西市场上投放运用高比例闲置资金、日俄战争（1904～1905）后将运用资金的方针转变为刺激短期证券投资等问题展开分析，以期挖掘出其中的显著特征：虽然当时拥有奥帐场等处的资金，但银行部与三菱合资公司总公司的关系始终冷淡；总公司与各地事业所（场所）的关系总是无处可寻；等等。由于三菱合资公司的出资额长期维持在100万日元的定值且并未发生追加投资，银行部对其来说不过是一个投资对象而已。在甲午战争（1894～1895）以后的经济萧条中，三菱合资公司总公司甚至在1901年2月提出缩减各地资金的要求，并下达了将闲置资金全部集中到总公司的指令。这意味着整个三菱的资金管理权实际上在总公司，而非银行部。

这种状态，在第七章考察第一次世界大战（1914～1918）期间银行部的情况时仍旧存在。当时伴随战时的经济热潮，银行部总店与分店之间的资金关系开始发生逆转，资金实现了向总店的集中。而在此之前，以造船部为首的各部门、场所于1910年前后使用短期资金在银行部开设了账户并接受其管理。所以，银行部俨然开始发挥作为三菱各类经济活动之总银行的作用。由于以往总公司及其下属各部门集中管理的资金收支全部移交给银行部，银行部与总公司，银行部与各部门、各场所的关系发生了变化。再加上第七章涉及的一战后期银行部在总店发放大量信用贷款

---

① 在加藤俊彦的研究之后，该倾向渐告形成。加藤俊彦『本邦銀行史論』東京大学出版会、1957。

（信贷）的问题，这一切都能够说明：在三菱的经营中，银行部作为一个独立部门在发放投资经费的问题上被赋予了积极的意义。

第八章对引发银行部角色变化的三菱改组问题展开研究。这一改组与造船所那场缓慢且不断出现错误的改革是类似的。因此，即便将造船部的设立视为其肇始，也不能简单地认为其目的就是实现"事业部制"及其经营组织的建立。事实上，其特征仍在于通过反复尝试各种改变来渐进性地推动改革。当时，伴随造船部的设立，该如何管理以往在矿业部经营之下的各场所（矿山、煤矿）成为一个问题，所以矿山部与营业部在明确规则之下围绕利益调整的方针开展了诸多工作，尤其对合理分配各部门利益的策略进行了摸索。在此过程中，三菱合资公司在谋求核心领导层成员更新换代的同时，逐步发展了新的组织。

以上变化，在本书的终章里被置于三菱合资公司总体的组织机构流变中加以进一步讨论。特别是通过研究奥帐场与总公司的关系、总公司与各部门的关系、银行部的参与方式等，集中考察以下两点问题。第一，奥帐场在日俄战争以后受到铁路国有化的影响而失去了可靠的投资对象，因此其作为独立投资机关的地位开始大幅下降，于是将重心移向对三菱合资公司的出资与借贷业务。这意味着要向银行部增加钱款并引发了其资产结构的变化。第二，在总公司与各部门、各场所关系的问题上，由于总公司通过"总公司银行账户"接受管理的资金被转移到"银行部账户"，其角色亦开始发生改变，即开始利用事业部交来的利润（包括超过规定金额的保留利润）发展各部门的投资业务并协调各部门之间的资金需求。而各部门则着手将下属各场所的利润统合为事业部的总体利润，这说明当时各场所已然丧失作为结算收益基本单位的功能。正是在这一背景下，营业部与矿山部、煤矿部开始构思煤价协定，试图让其囊括事后调整金的支付业务。

然而这种变化在当时不得不直面三菱各部门投资需求的激增，如在一战期间伴随经济繁荣而出现的造船业扩张、煤矿部对北海道的开发、矿山部对冶炼厂的新建、朝鲜制铁业的开创①等。为了加以应对，仅凭三菱合资公司自身的储蓄利润是远远不够的，从银行部借款等便有了必要。由于当时奥帐场、岩崎家都不拥有追加投资的余力，此种紧迫的事态最终使银行部在三菱财阀中的地位陡然提升。即正如第七章所述，银行部的投资在此时开始发生极大的变化。而由于各部门各自从三菱合资公司以外获得了资金，其"股份公司化"等改组事宜便作为一种必要手段被提上了议程。关于这一问题，本书在终章中有所涉及。

如上所述，本书关注的是明治初年以后三菱与岩崎家企业组织的变化，试图阐明三菱与岩崎家的双重经营组织在第一次世界大战以前从"事业部制"走向"股份公司化"的变化过程，以及三菱财阀在形成过程中所呈现出来的特质。本书对于这一过程做了大胆的思考与推测，从细节入手反复考察了引发各种变化的要因与各部门经营的实态，以期为以后的三菱财阀研究提供相关论点与思路。同时，期待以后的研究能进一步实现多样化发展，以使本书描绘的历史形象更加完整。

---

① 1910 年 8 月 22 日《日韩合并条约》签署以后，朝鲜半岛完全被日本侵占。——译者注

第一章　岩崎家资产的形成与奥帐场

众所周知，三菱邮政汽船公司曾于 1877 年制定《簿记法》，并对其会计体系进行了整合。当时的各类财务报表中，1885 年三菱公司与共同运输公司合并为日本邮船公司之前的部分，以及三菱合资公司成立以前的部分均已在《三菱社志》各卷册末尾的"岁末杂载"中有所刊载。① 但是它仍然存在两处局限：其一，1886~1893 年的财务报表缺失，让人难以把握该时期三菱的经营实态；其二，《三菱社志》"岁末杂载"中的报表无法体现岩崎家资产的全貌。以往有研究指出，岩崎家资产的形成更有可能是通过对有价证券等领域的投资实现的，② 但《三菱社志》对此未有任何记载。所以史料方面的制约等因素导致其实情与全

①　1873 年成立的三菱商会在 1875 年正式更名为三菱邮政汽船公司，后又于 1885 年在日本政府的中介之下与三井财阀的共同运输公司合并组建了日本邮船公司。该公司在 1893 年实现了股份公司化，发展为日本邮船股份有限公司。同年，随着日本商法的颁布，三菱社正式改组为三菱合资公司。——译者注

②　旗手勲『日本の財閥と三菱』楽遊書房、1978、57 頁表 Ⅱ–16、75 頁表 Ⅱ–3。这些表基于『三菱社史　二代社長時代』（MA6046）、『大記録』（MA1088~1094、MA1096~1098）制作而成，与本章表 1–1~表 1–12 在数据上未必完全一致。另，下文为了避免繁杂，将略写三菱史料馆所藏资料的信息，仅标记其史料编号如 MA×××、IWS×××。

貌迄今仍未得到充分的阐明。

目前在《三菱社志》"岁末杂载"中记录的 1879～1881 年回漕部的会计数据之外，还存在两类勘定账目（即涉及各事业情况的《别途勘定账》、记载岩崎家个人资产形成的《御手许勘定账》)。第二章将对其进行详细介绍与分析。但在这里必须指出的是，当时回漕部的会计数据与这两份账目之间实际上并不存在明确的区分，账目之间时常出现更换的情况。直至 1882 年，这些账目才和回漕部、岩崎家的个人资产完全区别开来，并作为岩崎家的资产勘定口形成了所谓奥帐场。在 1885 年三菱邮政汽船公司分离回漕部而成为三菱社以后，奥帐场仍保持了以往的角色——作为勘定口负责记录岩崎家的资产积累状况。即便到此后的三菱合资公司时代亦是如此。本章将充分利用相关史料，尝试尽可能地阐明三菱合资公司成立以前至日俄战争时期奥帐场的实际情况。

一　奥帐场收支情况与资产结构变化

1898 年的奥帐场

首先我们来看《明治三十一年度结算报告》①（以下简称

---

① 『明治三十一年度決算報告』（IWS551)。该史料原存于岩崎彦弥太先生宅邸，由岩崎宽弥先生于 1998 年寄放至三菱史料馆。原稿乃旧式装订，纸张为黑格信笺，中央印有"三菱合资公司"字样，共 28 页。因其原文已收录在关口薰的旧稿「岩崎家の資産形成と奥帳場」（『三菱資料館論集』2001 年第 2 号）中，此处仅对其必要内容进行论述。另，该资料系由毛

《结算报告》）中关于奥帐场的各年度记录，以观察其收支情况与资产结构的特征。该资料的标题为《明治三十一年度结算报告》，系由奥帐场制成，封面与内封中均盖有"工藤"的印戳。可以推测，它是由当时三菱合资公司的总公司事务员工藤祐定负责完成的。同时，亦可看到审查者"川渊"的印戳，这无疑指三菱合资公司总公司庶务部部长川渊正干。[1] 倘若奥帐场真的是一个独立的组织，那么在此处盖章的应是另外聘任的经理而非三菱官方部门的人员。因此从这里的两个印戳来看，显然当时实际掌管奥帐场经济事务的是三菱合资公司的会计人员。[2] 此外，此类结算报告原本是每年都会制作的，但迄今为止保留下来的仅此一份。

该结算报告由五章构成：

第一章　资产负债

第二章　公债、社债、股票与合资金

第三章　盈亏计算

笔撰写，存在局部墨蚀。虽然三菱史料馆中的资料大多保存完好，但目前由于墨蚀而遭损坏的史料并不在少数。在日本近代，用毛笔书写资料的情况颇为普遍，但国内（日本）对于史料的墨蚀不甚重视，导致史料受损的情况层出不穷。其受损程度的轻重与使用墨水的多寡有很大关系，在受损严重的情况下，有字的部分甚至会碎落下来。近年，欧洲等地对墨蚀问题的研究开始活跃，意识到该问题的严重性并采取有效的保养方法已是当务之急。

[1] 『三菱社誌』第 20 卷、明治 34 年、471 頁。本书所参考使用的『三菱社誌』乃如下版本：三菱社誌刊行会编『三菱社誌』、東京大学出版会、1979～1982 年。另，『三菱社誌』存在卷号标记错误的情况，故在注记中将同时标明原书的年份、页码以及东京大学出版会版本的卷号。

[2] 依据『雑書　明治三十一年　勘定方』（MA4631）等做出的判断。

第四章　资金运用

第五章　下年度预算

以下将依照这一顺序来概观其内容。首先，在开头部分，该报告对于当年度的经济形势、结算后的资本额、净利润等做了介绍，进而基于三菱公司的资金需求与各股份收纳额的增加做出了"奥帐场之资金运用困难至极"的评价。随后指出，1898 年末的资本额（即奥帐场的总资产）为 23257078 日元，较上一年度增长了约 110 万日元，此为当年度的净利润。

以此为基础，《结算报告》第一章概述了资产负债的增减情况。虽然与该报告同时制成的各种表格并未留存下来，目前已无法对其内容做逐一细致考证，但我们依然能够通过其记载的内容具体推算各资产项目并得知它与上一年度相比的增减情况。即在奥帐场核定的资产项目中包含了三菱社账户、汇寄金账户、各公债与社债、各股票与合资金、土佐地产、各人账户等。其中的三菱社账户，无疑指向三菱合资公司出资的金额数据。由于它们在汇寄金的增减上一直存在问题，所以此处应该是向三菱合资公司投资、短期贷出钱款的综合数据。其中显示，1898 年三菱社的核定额减少了 32.3 万日元，汇寄金增加了 20 万日元。各公债与社债、各股票与合资金的记载内容应是很好理解的，需要留意的是所谓的"合资金"并不是向三菱合资公司的投资，而是向神户造纸所之类的其他单位进行的投资。此点可以从该报告第二章第二节末尾"各种合资金缴纳中的神户造纸所投资"一句得到确认。1898 年这两个项目的合计核定额增加了 127.7 万日元。而土佐地产，是指岩崎家在土佐地区拥有的土地资产，这说明岩崎家当时在茅町等处的地产似乎并没有被纳入奥帐场的资产之中。

在负债项目里，银行部曾有"账户透支"与"借款"的记录。从该年度末奥帐场的资产总额来看，这一数额虽然偏小，却能够反映出当时短期性"资金周转困难"的现象。即从银行部取得 100 万日元的资金之后，奥帐场将其转而贷给三菱合资公司半年。这足以证明其作用及其与三菱合资公司的关系。

由此可以判断，所谓奥帐场大体是基于岩崎家的出资（资本金）实现向三菱合资公司与有价证券投资的机构。

关于这些资产中的有价证券，《结算报告》第二章对 1898 年的情况展开论述，并围绕公债股票的名义与保管、各股票缴纳额、公债与股票出售等问题专设三节来进行详细的探讨。而且从《结算报告》的篇幅来看，该章是占比最多的。这显然说明当时奥帐场对于有价证券投资一事高度关注。

尤其值得一提的是如下一段记载，它基于股票交易所的交易行情，计算出了有价证券的时价，并将其与账簿价格、缴纳金额做了比较，由此展现出奥帐场拥有相当数量之有价证券资产的事实："超过时价之缴纳额为三百六十四万五千八百八十五元，超过账簿价格为四百六十四万六千六百六十六元四十四钱九厘，超过缴纳额之账簿价格为九十九万九千零八十一元四十四钱九厘。"意即，当年的时价是缴纳额约 360 万日元，账簿价格约 460 万日元，缴纳额与账簿价格相差约 100 万日元。这似乎表明，奥帐场会在价格低落的时候购入有价证券，然后选择时机将其中的一部分卖掉（关于此点将后述）。由此可知，奥帐场早在

1898 年便已拥有相当数量的有价证券资产。

该报告第二章第一节在分析股票交易时除了涉及"委托银行部保管"的问题，也提到了银行部的贷款额，即包括正金银行的 3000 股股票、日本邮船公司的 22600 股股票、日本铁道公司的 18347 股股票，以及第七批募集的 1282 股股票。这些股票都基于 1897 年起日本银行实施的"回购品保证制度"被认定为保证品，故可认为是银行部为了与日本银行展开合作而借贷出去的部分。

第二章第二节中还记载道，"去年以来对于各股票之缴纳增额等颇为频繁"，故不得不忙于应对九州铁道、日本邮船、日本铁道、山阳铁道等公司的缴纳征收与新股票募集的分配问题，进而在第三节的公债偿还与股票出售一项中指出，整理公债的出售以及"日本邮船股票，日本、九州、山阳、关西四铁道公司的股票出售"之事将涉及颇为庞大的金额。其中甚至按照种类进行了划分，详细地记录了买卖额等信息，包括股票缴纳额 187 万日元、合资金缴纳额 24.6 万日元等，合计 212.3 万日元，较上一年度减少 53.5 万日元。其中的股票情况是：九州铁道 104.6 万日元、日本邮船 22 万日元、日本铁道 14.3 万日元、山阳铁道 13.3 万日元、岩越铁道 10 万日元等。而出售额则是股票 84.6 万日元、公债与社债偿还金 3.9 万日元等，共约 88.5 万日元。日本铁道、九州铁道、关西铁道等股票已经在出售，其中日本铁道的 600 股股票平均售价 70 日元，比缴纳额 50 日元高出不少，故应该说获得了不少利润。由此可以窥知其正在积极销售以铁路公司为中心的各类有价证券。但是，因为上一年度仍处在甲午战争之后的经济萧条期，若与其合并计算，则缴纳额仍是高于销售额的，故不得不通过包括利润在内的"奥帐场之收入来填补这一差额"。这切实反映出奥帐场当时苦于应对缴纳额的困境。换言之，正如报告中所指出的那样，"为了在应对缴纳额的同时充分满足三菱公司的资金需求，奥帐场正面临着巨大的资金压力"，它在资金面上承担着支撑三菱合资公司的重任，所以在当时应是一种负责处理股票与公债销售等各类资产事务的独立机构。

　　该报告的第三章是对盈亏统计书的分析。其中记载了奥帐场的主要收入项目——"构成收入的要素包含股票分红、三菱公司分红以及该公司借贷利息三类"，故可以认为这三方面是奥帐场当时的主要收入来源。由于公债与社债利息总额作为资产项目之一在该年度不断降低、收入偏少，所以资料中关于此点谈论的不多，但即便如此它作为收入的定位是毫无疑问的。同时，该章对于支出项目做出了四种分类：第一生计费[①]、第二生计费（关于生计费的区别见后述）、家用费[②]、其他费用。由于其中包含了家用费这种私费性质的开支，故家计与奥帐场的经营应处在尚

---

① 生计费的具体明细不详，此乃日后研究之课题。

② 1908 年的「御家用費明細表」对各家的家用费额度进行了规定。此外，亦存在临时费，其中包括所持房屋的建筑费与其他经费。参见『奥帳場決算表』，明治 41 年（IWS546）。另，在关于地产的史料中提到过如下内容："宅邸等所谓家用相关之诸项结算勘定乃作为以往之家用勘定经各负责人批准后予以支付。"参见『参考書』（MA6073）。对各家的修缮费等也进行管理。可认为这与『岩崎家代理勘定帳』（MA5818）中「家用立替払」所使用的"家用费"同义。该史料显示，家用费主要包括茅町宅邸与骏河台宅邸的餐饮费、通信费、修缮费等日常经费，故家用费即岩崎家维持私人家计的费用。其中，岩崎家租赁房屋与土地的会计业务似乎是由三菱合资公司地产科负责处理。参见『参考書』（MA6073）。

未分离的状态，即从其收支结构来看，奥帐场虽然在收入方面是集中处理有价证券与三菱合资公司出资的投资机构，在开支方面却带有负责家计支出的"奥"的性质。[①] 当然，鉴于该年度的收入为 1627221 日元，支出为 525285 日元，其利润高达 1101936 日元，即便作为普通的家计报告来说也过于庞大，[②] 因为当年三菱合资公司的利润还不到 45 万日元。

奥帐场作为投资机构的性质在《结算报告》的第四章"资金运用"、第五章"下年度预算"中都可以窥见。1898 年度是其资金周转颇为困难的一年，《结算报告》第四章中具体介绍了收入与支出的细目以及填补该年度资金空缺的方法，如为了完成股票的缴纳额而对此前贷予三菱合资公司的 12.3 万日元进行回收等。但由于三菱合资公司当时向银行部借入了至少 205 万日元的贷款，奥帐场表示"无力予以救济"，这也从一个侧面说明了三菱合资公司与奥帐场之间结为一体并实施"自我金融"的局限性。而在下年度预算中，随着第一一九银行的倒闭与清算，出现了 205 万日元的清算金，扣除掉该行的 100 万借款之后还剩余 105 万日元。这笔款项，最终被纳入下一年度即 1899 年度的收入。

虽然我们可以从《结算报告》的内容中得知其末尾还附有 23 张统计报表，但很遗憾它们并没有留存下来，唯有各表标题可供胪列：

---

① 在日文中"奥"的意思是内部、里面。——译者注
② 《结算报告》中记录的净利润与表 1 – 13 中 1898 年的部分是一致的，但在利润与亏损方面都比表 1 – 13 该年度的记录高出 49285 日元。其原因不详。

第一表　奥帐场资本金累年增加

第二表　资产负债

第三、四表　公债社债与股票缴纳

第五表　十二月二十二日公债股价计算

第六表　缴纳额与账簿金额（第五号）比较

第七表　公债股票名义

第八表　上年度与本年度股票缴纳额

第九表　股票每月缴纳额明细

第十、十一表　各股票与合资金缴纳额调查

第十二表　上年度与本年度公债偿还与股票出售额

第十三表　公债股票每月偿还出售额

第十四表　各公债偿还额

第十五表　各股票出售额

第十六表　明治二十七年以后盈亏计算对照比较

第十七表　奥帐场收入组成

第十八表　最近三半间各股票红利率

第十九、二十、二十一表　生计费（第一、第二）月表、各费月表、家用费等费用明细

第二十二表　资金运用

第二十三表　下年度收入预算

可以看到，上述 23 张表中从第三表到第十五表以及第十八表共 14 张是与有价证券相关的。这意味着奥帐场当时对于有价证券的投资最为关心。和这些表一样，《结算报告》也将股票与公债的动向作为重点，故可认为两者实乃一体。且《结算报告》

因为缺失了一部而并不完整。

2019 年三菱史料馆新收录的《岩崎家史料》中虽然没有包含《结算报告》，却能够发现此时期前后的一些史料断片。若对其加以充分利用，或许可以对《结算报告》中的记载略做补足。为了完善刚才的诸项分析，以下将对史料断片中涉及奥帐场资产负债与有价证券的内容做一介绍，尤其是 1899 年奥帐场的借贷估算表及 1895 年、1898 年的主要资产明细表。这些表格，恐怕也和《结算报告》中缺失的各表一样是每月制定的，记载的内容与格式也应大体一致。

虽然结算年份有一年之差，但我们仍能从 1899 年的奥帐场借贷估算表中看到，其资产结构包括向三菱合资公司投资的 1450 万日元、公债与社债 184 万日元、股票 877 万日元等（见表 1-1）。其中投资给三菱合资公司的数字，与三菱合资公司资产负债表中算出的资本金、岩崎家勘定额、盈亏勘定额的总数基本一致。① 估算表对年末的资产负债余额与年中的收支均有明记，表中的网状部分正对应奥帐场的盈亏数据。其中记载，以股票分红为中心的 1899 年存款利息、三菱合资公司分红等收入将近 146 万日元，而生计费、家用费、其他费用等支出为 41 万日元，故当年的收支结果为约 104 万日元盈余。而这一收支规模与前述 1898 年的情况没有太大差别。由此可以推测，当时奥帐场每年获得了约 100 万日元的盈余并将其追加投资到证券之中，这

① 三菱合资公司的数据出自『三菱社誌』第 19 卷（明治 31 年）卷末所载三菱合资公司资产负债表。

也同时成为当年奥帐场所增加的资产。此外在这份估算表的原件中，除了账面价额之外，另将"缴纳额"与公债、社债、股票记载在一起。即公债的账面价额为 118 万日元，缴纳额为 184 万日元；社债的账面价额为 66 万日元，缴纳额为 64.6 万日元；股票的账面价额为 875 万日元，缴纳额为 994 万日元。

表 1-1　奥帐场借贷估算（截至 1899 年 12 月 31 日）

单位：日元

借方	金额	贷方	金额
通货	727145	资本金	24359014
三菱合资公司	14502872	第一一九银行	1004282
千川水道公司	40000	东京仓库股票	65351
公债	1117340	收入	1455179
社债	660920	股票分红	713439
股票	8765197	社债利息	41198
其他账户	597005	公债利息	37712
第一生计费	94500	职员报酬	10907
第二生计费	70830	杂收	371
家用费	164079	利息	351553
其他费用	83938	三菱合资分红	300000
合计	26883826	合计	26883826

资料来源：『奥帳場貸借試算表』、明治 32 年 12 月 31 日（IWS001033）。

而关于《结算报告》中重点记载的公债与股票，则有表 1-2 等资料留存下来。[1] 通过该资料能够发现，1895 年至 1898 年

① 关于截至 1894 年末的三菱所持股票情况，参见中村尚史「明治期三菱の有価証券投資」『三菱資料館論集』2001 年第 2 号，第 82~83 页。但由于该年度《三菱社志》包含的资产负债表中完全没有统计股票数额，故中村在"三菱合资公司所持有价证券一览"中罗列的有价证券可被理解为归属奥帐场管理经营。

6月的两年半时间里，其总体资产有过相当幅度的变动，尤其是投资额出现了骤然增加的情况。虽然增加的是向三菱合资公司的出资，但其出资的资本额度似乎停留在500万日元，未发生任何变化。所以这批增加的数字，应该表示奥帐场以岩崎家账户的形式融通到三菱合资公司的数额增加了将近700万日元。当时在合资公司中存在荒川矿山、佐渡矿山、生野矿山、大阪制炼所、山田煤矿、方城煤矿等企业的收编与长崎造船所的扩大，由此才会引发投资额的暴增。而这笔资金需求或许正是由奥帐场负责回应的。因而在《结算报告》中记载的忙于筹措资金一事极有可能是合资公司投资增加所导致的资金周转固化。奥帐场在这一情况下放弃了当年的339万日元国债，也恰与中村尚史的结论相符，即1896年的256万日元军事公债等由于被划归"向御料局缴纳"一项，被其用来充当佐渡、生野等矿山的下拨款。[1] 而每年约100万日元的剩余资金累加三年为300万日元，这笔钱被拿来作为三菱合资公司缴纳款净增200万日元时的借贷增加额。在这一过程中，奥帐场所持证券开始呈现向股份集中的趋势。其间的增减额度若与1898年的缴纳额相比，则可看到相较于九州铁道的104.6万日元，1895年至1898年6月增长了86万日元。这是一个不小的数额，因此可以认为奥帐场当时一直在持续进行股票等方面的交易，其目的显然是获得销售利润。

---

① 中村尚史「明治期三菱の有価証券投資」『三菱資料館論集』2001年第2号、74頁。

表 1－2 奥帐场各股票、公债及其他项目比较

单位：日元

种类	名称	1895 年末	1898 年 6 月末	增减
投资	三菱合资公司	7558929	14558929	6945968
	第一一九银行	1000000	1000000	0
	千川水道公司	40000	40000	0
公债	五朱金禄公债	1133550	0	－1133550
	新公债	254275	0	－254275
	军事公债	470000	0	－470000
	整理公债	1531650	0	－1531650
	东京市公债	90000	78000	－12000
	京都市公债	5900	5650	－250
	长崎市公债	40200	34700	－5500
社债	日本邮船	357500	347500	－10000
	山阳铁道	300000	292500	－7500
	九州铁道	111000	70000	－41000
股票	日本邮船	1408200	1357350	－50850
	日本铁道	886115	1124736	238621
	山阳铁道	1448190	1357576	－90614
	九州铁道	2264753	3127313	862560
	关西铁道	508150	596422	88272
	参宫铁道	18656	26724	8068
	北越铁道	400	15000	14600
	岩越铁道		100000	100000
	西成铁道		15870	15870
	土佐铁道		300	300
	城西铁道		21000	21000
	东京海上保险	142000	207625	65625
	明治生命保险	35500	35500	0
	明治海佐保险	25000	25000	0
	东京仓库	30000	65840	35840
	日本银行	113550	151400	37850

种类	名称	1895 年末	1898 年 6 月末	增减
	正金银行	245300	499200	253900
	支日银行*	10504	28004	17500
股票	帝国宾馆	42000	42000	0
	火车制造		27500	27500
	神户造纸所	150000	500000	350000
	土佐地产	26981	31505	4524
合计		20237799	25701108	5463309

注：＊支日银行的股票以英镑计算，故未包含在合计数额内。

资料来源：『奥帐場諸株式公債その他比較表』（IWS001029）。

1908 年、1909 年的奥帐场

由于现存史料的局限，迄今为止对于奥帐场总体情况的考察除了前述 1898 年的情况以外，唯有对明治 41 年（1908）与明治 42 年（1909）的考察。故以下将奥帐场在这两年的收支情况与 1898 年做一对比分析。

具体的考察对象是现存资料《明治四十一年奥帐场结算表》[①]，它与前述《结算报告》附带的 23 张表类似。其结构如下：

一、奥帐场资产负债表

---

① 『明治四拾壱年奥帳場決算表』（IWS546）。包括 17 页（含 1 页白纸）共 10 个种类的报表，在各表末尾均有 "矶崎" 字样的红色印章，应是指总公司事务员矶崎道二。在第 2 页，有「奥帳場明治四拾壱年度決算勘定書目録」。

二、资产增减调查表

三、小额度贷款及未明确账户明细表

四、奥帐场盈亏账户

五、各费用中纳捐金明细表

六、各费用中支付金明细表

七、各费用中物品及杂费明细表

八、家用费明细表

九、收入明细表

十、奥帐场资本金累年增加表

与《结算报告》中的 23 张报表相比，上述诸表的结构虽然略有差异，但除了月度报告之外，1898 年《结算报告》的表格中有 10 张与此类似。且在这些表格以外，尚存当年的"茅町所持投资公债及股票明细表　明治四十一年十二月三十一日止"（共 4 张）、1909 年的预算表"利息及红利收入概算调查表　四十二年度"（共 2 张）① 以及后续资料"茅町宅邸总资产明细表　四十二年十月三十一日止"②。

表 1-3 能够明确展现 1908 年度奥帐场的资产结构。可以看到，与 1898~1899 年相同，向三菱合资公司的投资、借贷、有

---

① 『明治四拾壱年奥帐场决算表』（IWS546）。此处亦盖有"矶崎"印章。

② 「茅町御邸総资産明细」（IWS568）。共 4 页，其中 2 页为「茅町御邸総资産明细」，另有「地所課ニテ評価ノ土地家屋」「会社出資金評価」各 1 页作为参考。所有报表均有"庄"字印章，应指总公司庶务部部长庄清次郎。

价证券、存款成为其资产的主体。亦可发现新增了向三菱造纸所、小岩井农场、东山农场的投资。[①] 而负债方面，则包含了岩崎家几乎全部的资本金。1898～1908 年基本保持了此种账户项目的结构。

表 1 - 3　奥帐场资产负债（1908 年度）

单位：日元

资产	金额	负债		金额	
三菱合资公司投资	12500000	资本金			43117591
三菱造纸所投资	431857	1908 年 1 月 1 日止	41836948		
小岩井农场投资	807576	本年度纯利润	1280643		
东山农场投资	796031	大阪稻荷神社		53115	
三菱合资公司贷款	11157749	三菱合资公司透支		15995	
三菱造纸所贷款	1000000				
银行部别途存款	2700000				
银行部别户存款	4223617				
银行部账户存款	1219113				
小额借款	158029				
土佐地产	42289				
未明确账户	199931				
储备金	1545				
公债市债	264899				
社债	61300				
股票	7599647				
小岩井农场贸易	11397				
三菱造纸所贸易	11721				
	43186701			43186701	

资料来源：『明治四拾壱年奥帐场决算表』（IWS546）。

---

① 『更上一層樓——三菱製紙 90 年の歩み』、1990、14 頁。其中记载："在资本金流向方面亦是如此……岩崎久弥家的奥帐场乃久弥个人之私囊。"但奥帐场实际上并非久弥之私囊，而是岩崎家三菱合资公司的重要投资部门。

奥帐场的总资产额较 1898 年的 2326 万日元增加了约 0.86 倍，达到了 4319 万日元，其中，对三菱合资公司的投资额与借贷金共增长了 916 万日元，而其他的 1000 多万日元中有 814 万日元是存款增加的数额。公债社债股票共计 963 万日元，较 1899 年减少了 267 万日元。可以认为这一减少与后面将要涉及的 1900 年奥帐场作为"分家"从"本家"脱离时分给弥之助大量公债社债一事有很大关系。截至 1908 年末，弥之助家（骏河台宅邸）的奥帐场一共持有股票 195 万日元。从此处亦可看出，上述存款增加而公债、社债、股票减少的情况意味着当时奥帐场在投资方面的持续性变化。①

另一个需要注意的地方是，在表 1－4 中作为主要资产之一的有价证券是被囊括在"收购价格"一项中的。在《结算报告》中，有价证券被描述为"账簿价格"，到了 1908 年却被改称"收购价格"。② 而表 1－4 中额面金额与缴纳金额的合计数量则对应《结算报告》中的"缴纳金额"一项。不知是否因为时价频繁波动变化，《结算报告》中记载的时价也在该表中不见踪影。故总体而言，若与《结算报告》相较，1908 年的缴纳金额（即额面金额与缴纳金额之合计值）为 22934132 日元，收购

---

① 岩崎家关于奥帐场的史料中出现过一些 2019 年春刚获赠的新资料，尤其包括结算资料『高輪邸決算書類其他諸表　明治四十年度から大正元年度』（IWS01861）等，本书涉及岩崎家股票所持份额的内容即参考了该资料。关于骏河台宅邸、高轮宅邸等弥之助家资产与奥帐场的具体情况，亦可通过该资料得到反映。关于该问题，笔者将再予研讨。

② 关于以岩崎家股票投资为中心的资产形成情况，中村尚史在「明治期三菱の有価証券投資」（『三菱資料館論集』2001 年第 2 号）中首次进行了具体考察，详细内容参见相关研究成果。

（账簿）价格为 20857702 日元，缴纳金额显然比账簿价格高出了 2076430 日元。

表 1 - 4　茅町邸所持投资公债与股票明细
（截至 1908 年 12 月 31 日）

单位：日元，%

（1）投资与公债

名称	名义人	投资与公债等		小计	收购价格
		利率	额面金额		
三菱合资公司投资	茅町			12500000	12500000
三菱造纸投资	茅町				
	高轮				
	南部				
	庄			500000	431857
火车制造公司投资	茅町				
	瓜生			80100	80100
东京赛马会投资	茅町		350000	500	500
记名整理公债	茅町	5	50000	26100	25963
不记名整理公债		5	50000	108700	106148
记名军事公债	茅町	5	50000	600	587
不记名军事公债		5	61600	2500	2441
不记名海军公债		5	18500	1200	1053
京都市公债	茅町	5		2350	2496
长崎水道公债	茅町	6		6600	6600
不记名长崎港湾改良公债		6		10000	90000
不记名甲号帝国五分利公债		6		40200	29612
日本邮船公司社债	茅町	5		60000	60300
交询社社债	茅町	6		1000	1000
小计				13339850	13338655

（2）股票

名称	名义人	种类	股数员数	小计	缴纳比例	缴纳金额	收购价格
日本邮船	茅町		15947				
	瓜生		100				
	丰川		100	16147	50	807350	807350
日本铁道	茅町	旧	5029		50	251450	
	茅町	8		16853	35	589855	524946
关西铁道	茅町		2				
	寺西		100	1922	50	96100	29781
参宫铁道	茅町	本	621				
	茅町	新	93	714	50	35700	
	茅町	新5		677	32	21667	57364
山阳铁道	茅町	旧	7516				
	庄田		200				
	寺西		200	7916	50	395800	
	茅町			13567	50	678350	298424
北海道铁道	茅町			1000	50	50000	50000
北越铁道	茅町			300	50	15000	15000
岩越铁道	茅町			8000	22	176000	170000
西成铁道	茅町			345	50	17250	17250
南满洲铁道	茅町			18	20	360	360
九州铁道	茅町		41640				
				庄田175、仙石275、江口112、松田100、三浦62、丰川500、末延200、白石200、枡乡250	43514	50		

（2）股票（续）

名称	名义人	种类	股数员数	小计	缴纳比例	缴纳金额	收购价格
	茅町			25029	50	3427150	
日清汽船	茅町			25396	45	1142910	3539573
横滨船渠	茅町			540	50	27000	25000
浦贺船渠	三村			100	33	3300	4945
函馆船渠	庄			5	50	250	266
	茅町			350	50	17500	
	茅町			175	37	6563	20913
东京海上保险股票	茅町			9225	13	115313	
	茅町			7474	13	93425	331280
明治生命保险股票	茅町			355	100		
	枡乡			10	100	36500	44699
明治火灾保险股票	茅町			500	50	25000	25000
日本银行股票	茅町			757	200	151400	228240
正金银行股票	茅町	旧	3000				
	丰川		100	3100	100	310000	
	茅町	新	4000				
	丰川		100	4100	100	410000	634286
帝国宾馆股票	茅町	旧	420				
	茅町	新	160	580	50	29000	36250
	茅町	第二新		580	13	7250	
万国东洋股票	茅町			100	法500	19592	19593
大阪瓦斯股票	片冈			500	50	25000	25000
麒麟啤酒股票	茅町			5500	50	275000	270500
樱花水泥股票	米井			2000	18	43000	43000
千川水道股票	茅町		200				

名称	名义人	种类	股数员数	小计	缴纳比例	缴纳金额	收购价格
			庄田30、寺西30、瓜生30、丰川30、桐岛50、二桥30	400	100	40000	42943
Celluloid 股票	丰弥丰川		2500 500	3000	13	37500	37500
东洋汽船股票			丰川1000、南部1000、三村1000、庄1000、米井1000、江口500、大木500、原田500、	13000	13	162500	159403

名称	名义人	种类	股数员数	小计	缴纳比例	缴纳金额	收购价格
东洋汽船股票			串田500、武市500、加藤500、桐岛500、植松500、笹冈500、矶崎500、芝田500、片冈1000、町田1000	13000	13	162500	159403
东洋拓殖股票	茅町		140		13	1750	1750
日本氮肥股票		旧股	白石100、米井300、丰川200、仙石100、串田50	750	50	37500	

名称	名义人	种类	股数员数	小计	缴纳比例	缴纳金额	收购价格
		新股	白石100、米井300、丰川200、仙石100、串田50	750	20	15000	58433
总计							20857702

资料来源:「茅町様御所有ノ出資公債及株式明細表」『明治四拾壱年奥帳場決算表』(IWS546)。

缴纳余额与账簿价格的差值是从三菱造纸所的投资与整理公债中产生的,其出现原因在于日本铁道、关西铁道、山阳铁道、九州铁道等股票比起缴纳额来说原本就是相当低廉的"收购价格"。当然东京海上与明治生命、日本银行等处的股票中也存在高于"收购价格"的情况。由于铁道公司的股票太过低廉,所以当时依此来判断总体的时价是不可能的,毋宁在市场实际购买时再直接记录其金额更为妥当。或许正因如此,我们可以推测收购价格并非结算时所做的评估,而应该是收购时所花费的实际金额。此外亦可明确,当时账簿上的价格被限制在了较低的层次,若与缴纳额相比之后再与时价进行对照则可发现,实际上其中包含了相当庞大的资产。[①]

1909 年 10 月 31 日的资产情况也是值得注意的。在表 1 - 5 记载的总资产明细中，所谓"账面"对应为收买（账簿）价格，"额面重新评估"则对应为缴纳金额。额面重新评估（缴纳金额）比账簿价格高出 19116800 日元。而这种大幅高出的现象主要出于三个原因。第一，为了准确了解当时投资三菱合资公司的资本，需要像表 1 - 6 那样做出一定的评估。久弥家的 1250 万日元资产（后述）曾在 1908 年原封不动地归入额面（缴纳）金额，但如表 1 - 6 所示，1909 年却又按照对久弥家的投资比例评估了相当于自身资本的投资额。

表 1 - 5 茅町邸总资产明细（截至 1909 年 10 月 31 日）

单位：日元

资产类别	账面	额面重新评估	资产类别	账面	额面重新评估
各公债			南满洲铁道股票	360	360
整理公债	25963	26100	横滨船渠股票	4945	3300
整理公债	106148	108700	浦贺船渠股票	266	250
军事公债	587	600	函馆船渠股票	20913	24063
军事公债	2441	2500	东京海上保险股票	331280	208738
海军公债	1053	1200	明治生命保险股票	44699	36500
长崎市水道公债	5600	5600	明治火灾保险股票	25000	25000
长崎市港湾改良公债	60500	70500	日本银行股票	228240	151400
甲号公债	29611	40200	正金银行股票	634286	720000
甲号公债	4182673	12079050	帝国宾馆股票	36250	36250
小计	4414575	12334450	万国东洋股票	19593	19593
火车制造公司投资	80100	80100	大阪瓦斯股票	25000	25000
东京公司投资	500	500	千川水道股票	42943	40000
交询社投资	1000	1000	樱花水泥股票	43000	43000

---

① 关于时价，可参考中村尚史「明治期三菱の有価証券投資」（『三菱資料館論集』2001 年第 2 号）中的第 15 表。

资产类别	账面	额面重新评估	资产类别	账面	额面重新评估
日本邮船股票	807350	807350	Celluloid 股票	75000	75000
日清汽船股票	25000	27000	东洋拓殖股票	1750	1750
东洋汽船股票	90880	97875	麒麟啤酒股票	270500	275000
日本氮肥股票	74970	71250	三菱合资公司透支	301951	301951
日美收音机制造股票	5000	5000	储备金	1245	1245
韩国银行股票	1650	1650	小计	22012823	22012823
小计	2890474	2776928	**投资及其他**		
存款及借款			三菱合资公司投资	12500000	20527977
三菱合资公司借款	11157749	11157749	三菱造纸所投资	431857	500000
三菱造纸所借款	850000	850000	小岩井农产投资	807576	807576
小额借款	412323	412323	东山农场投资	1000489	1000489
未明确账户	334845	334845	小计	14739922	22836043
银行部别途存款	2700000	2700000	土佐地产投资	43348	18189
银行部别户存款	4336786	4336786	土地		2856432
银行部账户存款	1762136	1762136	房屋		383079
小岩井农产贸易	33762	33762	总计	44101142	63217943
三菱造纸所贸易	122025	122025			

注：原表"投资及其他"一项的小计中并未包含土佐地产投资额，此处补入。

资料来源：『茅町御邸総資産明細』（IWS568）。表中对数据的小数部分进行了四舍五入处理，下同。

表 1-6　公司投资额评估（截至 1909 年 10 月 31 日）

单位：日元

总公司	
资本金	15000000
火灾保险费储备金	199425
海上保险费储备金	482454
储备金	482454
恩统基金	1608765
矿业部	
船舶大修储备金	274971
银行部	
滚存金	4433850
合计	24633573
将 1250 万日元归入	
（125/150 ×24633572.549）	20527977.124

资料来源：『茅町御邸総資産明細』（IWS568）。

第二，"甲号公债"的差额能够反映出与铁路国有化相关的公债评估结果，因此中村尚史曾推测道："这是考虑到公债价格跌落的风险中存在收益能力上公债与铁路股票的差异。"[1]

第三，对土地与房屋的评估。1908年，账簿价格中包含了土佐地产的资产。但到了1909年，土佐地产被计入"额面重新评估"中，如表1-7所示，被描述为"土地资产"。虽然目前尚不清楚当时究竟是以何种理由自该年开始改为此种评估方式，账簿价格中为何不再对此予以评估，[2] 但我们可以确认的是，制作该表的目的是全面掌握岩崎家总资产的情况。

此外，需要特别注意的是，前面提到对三菱合资公司的投资额为1250万日元，这实际上仅是久弥家的部分而已。众所周知，该年度三菱合资公司的资本金共增资了1500万日元，所以表1-3中所列投资额1250万日元按道理来说并未包含弥之助的150万日元与小弥太的100万日元。表1-8和表1-9记载了1908年的内部资产结构与收益基础，表1-10则有1909年的预算收入。若观察其投资额便会发现，三张表中关于久弥部分的计算是一致的。尤其是表1-9中将投资额作为计算分红的根据，记载了2月14日增资前久弥家拥有的250万日元。而记有股票名义人的表1-4则是《明治四十一年奥帐场结算表》中的一份资料，标题为"茅町所持投资公债及股票明细表"，其中明确地

---

① 中村尚史「明治期三菱の有価証券投資」『三菱資料館論集』2001年第2号、121頁。

② 1908年10月1日起，三菱合资公司的地产调度课改为地产课，由此导致的下一年度（1908年11月1日以后）组织系统变革亦是原因之一。

表 1 – 7　地产课所评估的土地房屋（截至 1909 年 10 月 31 日）

单位：日元

土地		房屋	
茅町御邸	594741	茅町御邸	139948
汤岛	21977	龙冈町	1928
驹込	1116268	两门町	1855
麴町四番町	34514	汤岛梅园町	68
神田铃木町	49173	驹込	21835
牛込砂土原町田町	82747	麴町四番町	7041
赤坂南町	19821	神田铃木町	1387
牛込仲之町	22213	牛込砂土原町	12752
牛込佐内阪	6528	牛込田町	1886
深川御别邸	775112	赤坂南町	8994
麻布箕町	26442	牛込仲之町	17201
小石川金富町	27363	牛込佐内阪	3448
沼津	15467	深川	103052
伊香保（山林树林）	33604	金富町	14855
七荣	21482	明石河岸	3060
土佐	18189	沼津	5036
日光	9000	伊香保	17500
		七荣	233
		高轮	21000
合计	2874641	合计	383079

资料来源：『茅町御邸総資産明細』（IWS568）。

罗列了久弥家的资产。从实际名义人来看，以弥之助之名的投资仅为三菱造纸所的 5 万日元而已。[1] 意即，奥帐场并未将弥之助家的资产包括在内。

---

[1] 此 5 万日元乃 1898 年久弥出资 50 万日元设立三菱合资公司神户制纸所（1904 年改称三菱制纸所）时划归其名下的一部分。此外也划归给南部、庄等人 5 万日元，故弥之助的部分实际上是名义上的贷出。

表 1 – 8　奥帐场资产增减调查（1908 年度）

单位：日元

资产类别	截至 1908 年 1 月	增减	截至 1908 年 12 月 30 日
股票			
日本邮船股票	807350	0	807350
日清汽船股票	25000	0	25000
东洋汽船股票	0	159403	159403
京釜铁道股票	30000	– 30000	0
岩越铁道股票	170000	0	170000
山阳铁道股票	437334	– 138910	298424
西成铁道股票	17250	0	17250
九州铁道股票	3926823	– 387250	3539573
北海道铁道股票	50000	0	50000
北越铁道股票	15000	0	15000
关西铁道股票	29781	0	29781
参宫铁道股票	57364	0	57364
南满洲铁道股票	360	0	360
横滨船渠股票	4945	0	4945
浦贺船渠股票	266	0	266
函馆船渠股票	20913	0	20913
东京海上保险股票	331280	0	331280
明治生命保险股票	44699	0	44699
明治火灾保险股票	25000	0	25000
日本银行股票	228240	0	228240
正金银行股票	634286	0	634286
帝国宾馆股票	36250	0	36250
万国东洋股票	11765	7828	19593
大阪瓦斯股票	18750	6250	25000
千川水道股票	35000	7943	42943
麒麟啤酒股票	290000	– 19500	270500
樱花水泥股票	36000	7000	43000
火车制造公司股票	80100	0	80100

资产类别	截至 1908 年 1 月	增减	截至 1908 年 12 月 30 日
日本铁道股票	524946	0	524946
赛马会股票	500	0	500
Celluloid 股票		37500	37500
东洋拓殖股票		1750	1750
日本氮肥股票		58433	58433
小计	7889201	− 289554	7599647
投资、贷款、存款			
三菱合资公司投资	12500000	0	12500000
三菱造纸所投资	431857	0	431857
小岩井农场投资	578176	229400	807576
东山农场投资	394763	401269	796031
三菱合资公司贷款	11157749	0	11157749
三菱合资公司透支	107800	− 107800	0
三菱造纸所贷款	925000	75000	1000000
银行部别途存款	2700000	0	2700000
银行部别户存款	4000000	223617	4223617
银行部账户存款	534163	684950	1219113
小额贷款	120200	37829	158029
小计	33449707	1544265	34993972
杂项			
土佐地产	42289	0	42289
未明确账户	158013	41918	199931
小计	200303	41918	242220
公债市债			
记名整理公债	25963	0	25963
不记名整理公债	106148	0	106148
记名军事公债	587	0	587
不记名军事公债	2441	0	2441
不记名海军公债	1053	0	1053
京都市公债	2646	− 150	2496

资产类别	截至 1908 年 1 月	增减	截至 1908 年 12 月 30 日
长崎水道公债	7600	−1000	6600
不记名长崎港湾改良公债	90000	0	90000
不记名甲号帝国五分利公债		29612	29612
小计	236437	28462	264899
社债			
日本邮船社债	60300	0	60300
交询社社债	1000	0	1000
小计	61300	0	61300
总计	41836948	1325090	43162039

资料来源:「2. 资产增减取调表」『明治四拾壱年奥帐场决算表』（IWS546）。表中对数据的小数部分进行了四舍五入处理。

表 1−9　1908 年度奥帐场收入明细

单位：日元

项目		时间	比例	金额
各类收入				
三菱合资公司投资分红	2 月 14 日前 2500000 2 月 15 日前 12500000	1907 年度	6%	676027.4
三菱造纸所投资分红	资金 500000	1908 年度	20%	100000.0
三菱合资公司透支利息		1908 年 1 月 1 日 至 12 月 31 日	4%	2730.9
银行部账户存款利息		1907 年 12 月 16 日 至 1908 年 6 月 15 日	日 0.008%	9479.7
银行部账户存款利息		1908 年 6 月 16 日 至 12 月 15 日	日 0.008%	16111.1
银行部别途存款利息	2700000	1908 年 1 月 1 日 至 6 月 30 日	日 0.018%	87972.0
银行部别途存款利息		1908 年 7 月 1 日 至 12 月 13 日	日 0.017%	86661.0

项目		时间	比例	金额
银行部别户存款利息	4000000	1907 年 12 月 16 日至 1908 年 12 月 13 日	5%	100274.0
银行部别户存款利息	4100274	1908 年 6 月 16 日至 12 月 13 日	6%	123343.0
三菱造纸所透支利息		1907 年 9 月 26 日至 1908 年 9 月 25 日	4%	36000.0
小额贷款利息 *				1648.6
小计				1240247.6
社债				
日本邮船社债利息		1908 年度	6%	3528.0
交询社社债利息		1908 年度	6%	36.0
小计				3564.0
公债、市债				
不记名海军公债利息		上、下半年	5%~2%	58.8
不记名整理公债利息		上、下半年	5%	5326.5
记名整理公债利息		上、下半年	5%	1278.9
不记名军事公债利息		上、下半年	5%	123.0
记名军事公债利息		上、下半年	5%	29.5
记名长崎水道市债利息		上、下半年	6%	422.4
不记名长崎港湾改良市债利息		上、下半年	6%	5880.0
记名京都市债利息		上、下半年	6%	142.6
甲号帝国五分利公债利息		下半年	5%	984.9
小计				14246.6

项目		时间	比例	金额
股票与投资				
日本铁道利息		1907 年 7 月至 12 月	11.5%	53429.9
日本铁道利息		1908 年 1 月至 6 月	12%	50478.3
岩越铁道利息		1907 年下半年	3.82%	3360.0
岩越铁道利息		1908 年上半年	3.72%	3280.0
山阳铁道利息		1907 年 10 月至 1908 年 3 月	11.15%	74753.1
山阳铁道利息		1908 年 4 月至 9 月	10.16%	54545.3
西成铁道利息		1907 年上、下半年	8%	690.0
西成铁道利息		1908 年上半年	5.40%	465.8
参宫铁道利息		1907 年 10 月至 1908 年 3 月	9.08%	2602.4
参宫铁道利息		1908 年 4 月至 9 月	9%	2581.4
九州铁道利息		1907 年 10 月至 1908 年 3 月	10.03%	242054.4
九州铁道利息		1908 年 4 月至 9 月	9.47%	216433.0
北越铁道利息	1908 上半年与 1909 年 1 月收入	1907 年下半年	1%	75.0
关西铁道利息		1907 年下半年	5.92%	2844.6
关西铁道利息		1908 年上半年	6.08%	2959.9
京釜铁道利息	1908 上半年与公债兑换	1907 年下半年	6%	900.0
南满铁道分红		1907 年下半年	6%	10.8
南满铁道分红		1908 年上半年	6%	10.8
日本邮船分红		1907 年下半年	12%	48441.0
日本邮船分红		1908 年上半年	12%	48441.0
日清汽船分红	1907 年下半年利润因来年缴纳而不计入	1908 年上半年	2.5%	337.5

项目		时间	比例	金额
东洋 Kisein 优先分红		1908 年上半年	12%	2400.0
函馆船渠优先分红		1907 年下半年	8%	262.5
函馆船渠优先分红		1908 年上半年	4%	131.3
横滨船渠分红		1908 年上半年	12.1%	200.0
横滨船渠分红		1908 年下半年	12.1%	200.0
浦贺船渠分红	1907 年下半年、1908 年上半年	无分红		0.0
东京海上保险分红		1907 年度	32%	66796.0
明治生命保险分红		1907 年度	16%	5840.0
明治火灾保险分红		1907 年度	20%	5000.0
日本银行分红		1907 年下半年	12%	9084.0
日本银行分红		1908 年上半年	12%	9084.0
正金银行分红		1907 年下半年	12%	43200.0
正金银行分红		1908 年上半年	12%	43200.0
帝国宾馆分红		1907 年下半年	9%	1631.3
帝国宾馆分红		1908 年上半年	9%	1631.3
万国东洋分红		1907 年度	6%	872.1
大阪瓦斯分红		1907 年下半年	8%	750.0
大阪瓦斯分红		1908 年上半年	8%	984.4
麒麟啤酒分红		1907 年下半年	8%	11600.0
麒麟啤酒分红		1908 年上半年	8%	11000.0
火车制造分红		1907 年度	9%	6968.7
赛马会奖金			60%	150.0
赛马会奖金			12%	30.0
千川水道分红	1908 年起准备解散，无分红	1907 年下半年	6%	1047.3
小计				1030756.8
临时杂项收入				
宫城土地调查金返还				50.0
木村久寿弥太归还				10000.0

项目		时间	比例	金额
房屋销售费				1700.0
小岩井农场与奥帐场交易差额				0.0
印纸返额				10.5
小计				11760.5
总计				2300575.5

注：＊在小额贷款利息中，龟冈207610日元，上海日本人协会811380日元，佐佐木629580日元。

资料来源：「9. 收入金明细表」『明治四拾壱年奥帐场决算表』。

表 1－10　1909 年度奥帐场利息及分红收入概算调查

单位：日元

项目	金额	比例	收入	小计
三菱合资公司 1908 年度分红	12500000	6%	750000	1374552
三菱合资公司透支平均概算	500000	4%	20000	
三菱造纸所 1908 年度分红	500000	20%	100000	
三菱造纸所透支平均概算	950000	4%	38000	
银行部别途存款	2700000	日 0.017%	167535	
银行部别户存款	4223617	6%	253417	
银行部账户存款平均预算	30000	日 0.008%	43800	
贷款利息		6%	1800	
火车制造分红	80100	9%	6969	25881
赛马会分红	500	12%	60	
记名整理公债利息	26100	5%	1279	
不记名整理公债利息	108700	5%	5326	
记名军事公债利息	600	5%	30	
不记名军事公债利息	2500	5%	123	
不记名海军公债利息	1200	5%	59	

项目	金额	比例	收入	小计
京都市债利息	2350	6%	138	25881
长崎水道市债利息	6600	6%	388	
长崎港湾改良市债利息	100000	6%	5880	
甲号帝国五分利公债利息	40200	5%	1970	
日本邮船社债利息	60000	6%	3600	
交询社社债利息	1000	6%	60	
日本邮船股票分红	807350	12%	96882	994960
日清汽船股票分红	27000	2.5%	675	
日本铁道股票概算利息	841305	12%	100957	
岩越铁道股票概算利息	176000	3.33%	5866	
山阳铁道股票概算利息	1074150	10.16%	109091	
西成铁道股票概算利息	17250	5.40%	932	
九州铁道股票概算利息	4570060	9.47%	432876	
北海道铁道股票概算利息	50000	0%	0	
北越铁道股票概算利息	15000	4%	600	
关西铁道股票概算利息	96100	6.08%	5843	
参宫铁道股票概算利息	57364	9%	5163	
南满铁道股票分红	360	6%	22	
横滨船渠股票分红	3300	12.1%	400	
浦贺船渠股票分红	250	0%	0	
函馆船渠股票分红（优先）	17500	0%	0	
函馆船渠股票分红（普通）	6563	4%	263	
东京海上保险股票分红	208738	32%	66796	
明治生命保险股票分红	36500	16%	5840	
明治火灾保险股票分红	25000	20%	5000	
日本银行股票分红	151400	12%	18168	
正金银行股票分红	720000	12%	86400	
帝国宾馆股票分红	36250	9%	3263	
万国东洋股票分红	19593	6%	1176	
大阪瓦斯股票分红	25000	8%	2000	

项目	金额	比例	收入	小计
千川水道股票分红	40000	0%	0	
麒麟啤酒股票分红	275000	8%	22000	
樱花水泥股票分红	43000	0%	0	
Celluloid 股票分红	37500	0%	0	994960
东洋汽船股票分红	162500	12%	19500	
东洋拓殖股票分红	1750	0%	0	
日本氮肥股票分红	52500	10%	5250	
总计				2395393
1908 年度利息及分红实际收入额				2300576
1908 年度利息及分红收入预算额				2252108
结算后增加额				48467

资料来源：「利子及配当金収入概算調　四拾弐年度」『明治四拾壱年奥帳場决算表』（IWS546）。

1908 年的盈亏账户也是值得关注的。表 1 – 11 是介绍该年度盈亏状况的调查书，它与 1898 年相较而言的变化是：生计费并未像《结算报告》那样分成第一生计费与第二生计费。这显然与奥帐场不包含弥之助家资产一事相互呼应。在资料中，1898年股票贸易的盈亏情况完全没有得到反映，[①] 1908 年移交的股票（表 1 – 4）中也只记载了两项名称。而原本应该记录收入明细的表 1 – 11，也没有计算这两项的销售收入，而是将簿价的"原价"作为亏损记录了下来。这是非常奇妙的现象。若从账簿来看，这两项股票是从外部免费移交而来的，所以在账簿价格一项中计算成了亏损，但此事似乎仍有推敲的余地。

———————

① 表 1 – 12 1905 年以前的内容中仅记录了大额亏损的数额。

表 1 – 11　1908 年度奥帐场盈亏账户

单位：日元

项目	金额	项目	金额
山阳铁道股票（让与外方 1 万股之原价）	138910	收入	2300576
九州铁道股票（让与外方 1 万股之原价）	387250		
家用费	290501		
生计费	116745		
其他费用	86526		
结算纯利润	1280643		
	2300576		2300576

资料来源：「4. 奥帐場損益勘定」『明治四拾壱年奥帐場決算表』（IWS546）。

二　收支结构变化与阶段划分

前述《明治三十一年度结算报告》与 1908 年、1909 年各报表无一例外地明确展现了奥帐场与三菱合资公司在会计业务上的分离状态。奥帐场的资产，由有价证券、三菱合资公司投资与贷款、存款等内容组成，通过其分红与利息来实现增资。同时以这笔收入充当生计费、家用费等家计开支。因此，奥帐场实际上是负责岩崎家资产形成与私费支出的机构。它不仅拥有公债与股票，也颇为积极地通过买卖活动单独开展了与三菱合资公司完全不同性质的投资经营。原本在 1898 年提供给三菱合资公司的投资额中包含了久弥家、弥之助家的资产，但到了 1908 年情况发生了改变，包括其他有价证券投资在内的所有弥之助家资产被排除在外，奥帐场仅负责久弥家的投资。这显然意味着岩崎家与奥帐场之关系的变化。那么，奥帐场究竟发生了何种变故呢？

解决这一难题的线索或许可以在表 1 - 12 "1882 ~ 1893 年奥帐场收支盈亏情况"、表 1 - 13 "1894 ~ 1905 年奥帐场收支盈亏情况"① 与表 1 - 14 "奥帐场资本金累年增加情况" 等资料中找到。表 1 - 12、表 1 - 13 中明确记载了奥帐场 1882 ~ 1905 年的收支结构，表 1 - 14 则包含了 1908 年的 "奥帐场结算表"，能够向我们展示 1882 ~ 1908 年奥帐场资本金的变化情况。这两类报表对其盈亏情况做了清晰的记录，即便没有对相当于纯资产总额的 "奥帐场资本金额" 以外的资产进行详细说明，也仍能有力地证明奥帐场坐拥巨额有价证券、存款并依靠其红利与利息形成资本的事实。② 故以下通过对这些资料的分析，研究奥帐场及其与三菱的关系，以描绘出其总体样貌。③

　　首先，概观表 1 - 12、表 1 - 13 中奥帐场的总体收支情况便可发现，在三菱合资公司创立以前其年平均收入约为 171 万日元、年平均支出约为 66 万日元，这一数字到了合资公司成立后的 1905 年变成年平均收入约 180 万日元、年平均支出约 56 万日元。这说明奥帐场的纯利润是此前每年约 105 万日元，此后每年约 123 万日元。

---

① 「奥帳場収支損益表・資本金累年増加表　明治一五～三八年」（IWS588）。其中「奥帳場収支損益表」包括「奥帳場収支損益表」「奥帳場収支損益勘定表」两类。上面盖有 "笹冈" 的印章，应是指总公司事务员笹冈雅德。『三菱社誌』第 21 卷、明治 44 年、1365 頁。

② 「明治三十年　綱本補遺上」（MA6035、421 頁）。其中收录了久弥、弥之助分别向东京府上报的所得收入数据，但与表 1 - 13 中的记载有出入。此外，给三菱合资公司的分红并未包含在久弥的部分中，此处存疑颇多，其原因或许在于上报书的性质。

③ 此外，1882 ~ 1905 年的「奥帳場資本金累年増加表」也与表 1 - 12、表 1 - 13 保存在一起。1905 年以前的数据与表 1 - 12、表 1 - 13 完全一致，故列出了表 1 - 14 以展示 1908 年以前的数据。

表 1-12　1882～1893 年奥帐场收支盈亏情况（1906 年 2 月 26 日）

单位：日元

收入	1882年	1883年	1884年	1885年	1886年	1887年	1888年	1889年	1890年	1891年	1892年	1893年	合计
股票分红	38576	49959	60899	76462	408591	283120	378214	333111	357074	382842	368349	388950	3126148
公债利息	106315	107406	135791	136374	157623	193893	275474	322923	266707	263177	212052	242695	2420429
利息	33442	11241	30868	9365	57717	99039	98089	165879	123646	41645	50229	38573	759734
高岛煤矿资金利息	94097	76088	16541							14716			201442
各矿山资金利息					20389（吉冈）		26664	60534	104838（别途借款利息）	135685	151921	103569	603601
股票销售额				34559								26286	60844
公债销售额		11142	3546						5321	181395	55819	62165	319388
外债销售额								73382					73382
地产销售额		2845（长浦地产）	4916（兵库地产）							1296（胜浦地产）			9058
地产房屋收入					4279	4756	3735	11763	43261	42746	46332	69273	226144
杂项收入	19517	9931	54	23	1193	7145	857	1214	8799	888	21591	12060	83270
交换（黄金移交差价）		48000	263415	152860		412554							876829
贸易商会				24200									24200

收入	1882年	1883年	1884年	1885年	1886年	1887年	1888年	1889年	1890年	1891年	1892年	1893年	合计
回漕部账户				2838806									2838806
财产继承所得													611166
汇兑店利润	184587	180000	60000	186579			38278	57956	20552	88590	51765	45500	444703
长崎造船所利润				12000	79202	50859						647931	878711
吉冈矿山利润	49007（自开办至当年）		1774				730000	530000	730000	491482	302947	462075	4478980
高岛煤矿缴纳金				458914	463563	310000	116469	12755	164063	118681	236466	196239	851760
中之岛煤矿缴纳金						7088						138269（自1891年起）	138269
瑞岛煤矿缴纳金												762784	762784
长崎分店缴纳金												17737	17737
若松分店从合资公司继承金												434933	434933
尾去泽矿山从合资公司继承金											263751	263751	
面合矿山从合资公司继承金							73052	97519	110640	118493	111033	182624	1327682
槇峰矿山从合资公司继承金												61038	61038
收入总额	525539	496611	577804	3930142	1192557	1368454	1667781	1629517	1834261	1833142	1537472	3973828	20567108

支出	1882 年	1883 年	1884 年	1885 年	1886 年	1887 年	1888 年	1889 年	1890 年	1891 年	1892 年	1893 年	合计
各种费用	136130	87333	122358	194144	40256	54102	169452	173280	191380	186652	188750	209182	1518114
生计费					291173	108245	192401	203664	214439	186899	242877	241623	1828725
家用费					174218	372604			411895	24079			435973
深川宅邸建筑费									66173	45623	45718	43138	200651
所得税					67290	17254（稻荷社建筑费）	30000（特别费）						84544
回漕业继承结算					677290（自回漕业继承业等）								707290
特殊销售									14825				14825
通运公司股票亏损	4355	3834	5711	233110（折旧费等）									246724
地产房屋费	4069	62739	290774	155484					1585	1059	1879	6358	524232
交换（金条购入与差价）										35005			35005

续表

支出	1882年	1883年	1884年	1885年	1886年	1887年	1888年	1889年	1890年	1891年	1892年	1893年	合计
盗窃损失								53797（多田、永森矿山）	2214	82929	170603（小真木矿山）	162	309706
矿山废弃损失									122649				122649
松岛煤矿试掘费											289442		289442
古贺山煤矿损失												12037	12037
鲶田煤矿从合资公司继承损失													
新入煤矿从合资公司继承损失												314201	314201
支出总额	144553	153907	418843	582737	1250227	552204	464904	528260	1135800	680739	1050302	1009326	7971802
纯利润	380986	342705	158961	3347405	-57669	816250	1202876	1101257	698461	1152403	487171	2964502	12595307

资料来源：『奥帐场收支损益表』（IWS588）。表中对数据的小数部分进行了四舍五入处理。

表 1－13 1894～1905 年奥帐场收支盈亏情况（1906 年 2 月 17 日）

单位：日元

收入	1894 年	1895 年	1896 年	1897 年	1898 年	1899 年	1900 年	1901 年	1902 年	1903 年	1904 年	1905 年	合计
股票分红	469426	814216	782966	769318	743609	713439	710736	745294	828487	875912	840014	949864	9243280
公债利息	181555	197557	149974	8133	7105	37712	38468	38099	37953	38463	34413	33813	803246
社债利息	55220	53020	46835	45485	44032	41198	38210	36098	33746	30895	28151	24275	477164
存款与贷款利息	47929	7661	10352	1014	162		25623	6329	19387	38263	46455	79587	282764
三菱合资公司分红	250000	300000	300000		200000	300000	150000		150000	150000	150000	150000	2100000
第一一九银行分红	60000	60000	60000	60000	30000								270000
三菱合资公司贷款利息	65340	61402	208097	417123	484671	351553	384085	404380	405627	405654	394001	378584	3960516
其他公司人员报酬	7758	9236	10999	10020	7152	10907							56072
小真木矿山利润	20029	5928	19862	5154									50973
黑森矿山折半纯利润	2612	2060	665				269						5605
长崎造船所利润	42786												42786
三菱造纸所分红										255000	150000	150000	555000
杂项收入	53	916	331	3451	316	371	1917	970	472	8412			17209
交换（黄金移交差价）		37337											37337

收入	1894年	1895年	1896年	1897年	1898年	1899年	1900年	1901年	1902年	1903年	1904年	1905年	合计
邮船等股票出售所得			2078688	3137									2081825
新公债偿还所得			103368										103368
军事公债移交所得			69125										69125
家用地产房屋出售移交	60657（家用地产房屋公司）	15155（汤岛三组町地产费）		3807	60891（那须开发地产费）			18932（巢鸭、酒出川町地产费）	46121（茶臼山地产费等）			11919（铃木町房屋费,茨岛地产房屋费）	217482
巴黎博览会出货分红								5952	1000				6952
驹込宅邸牛舍存款								9410					9410
井上共同开垦地继承款							15119						15119
大阪铜吹场所得							26247	1322					27569
第一一九银行解散清算金						1004282							1004282
东京仓库公司事业						65351							65351
改革相关股票差额													0
收入总额	1263364	1564489	3841262	1326640	1577937	2524812	1390674	1266787	1522793	1802599	1643034	1778042	21502434

支出	1894 年	1895 年	1896 年	1897 年	1898 年	1899 年	1900 年	1901 年	1902 年	1903 年	1904 年	1905 年	合计
第一生计费（骏河台）	178545	105600	286000	313948	137000	94500							1115593
第二生计费（茅町）	5900	69663	63762	104903	37706	70830	100824	130302	74117	80984	130011	119247	988248
家用费用	139839	96869	138294	236725	215912	164079	178763	148414	184412	277428	285079	158193	2224007
各种费用	3212	7212	9405	23647	19753	15277	11113	5109	32928	33190	2981	3899	167726
茅町宅邸第一次建筑费				475947									475947
交换（金条购入与差价）	6714												6714
面谷矿山移交结算尾款	104800												104800
尾去泽矿山移交结算尾款													0
冈田平太（洋行费）补助	25000												25000
高岛煤矿旧三菱账户尾款	1946												1946
端岛煤矿亏损	8144												8144

支出	1894年	1895年	1896年	1897年	1898年	1899年	1900年	1901年	1902年	1903年	1904年	1905年	合计
借人款利息	10800	57463											68263
残留借款忽略尾数		43584											43584
公债股票等亏损	120			6130	240	77100（井上共同开垦地事业改良亏损）					251216（日支银行股票解散亏损）	5920（大铁社债偿还亏损）	340726
所得税及附加	37621	37884	41639	44552	47632	38247	29384	33203	34194	36508	43014	71451	495330
捐款与赠予	42466	34868	11809	9063	17758	30414	71023	49627	121126	66681	70095	59929	584859
矿石标本费												50000	50000
支出总额	565106	453143	550909	1214914	476001	490447	391108	366656	446776	494791	782397	468639	6700886
纯利润	698258	1111346	3290353	111726	1101936	2034365	999566	900132	1076017	1307808	860637	1309403	14801548

资料来源:『奥畑场收支损益勘定表』（IWS588）。表中对数据的小数部分进行了四舍五入处理。

但是这里所谓的奥帐场"纯利润"实际上并未与其家计实现分离，大体而言是一种"经营收入＋分红与利息收入－家计诸费用"的状态。换言之，原本的状态应是"经营收入＋分红与利息收入－发放给投资者的分红"之后的经营结余，与"分红收入等家计收入－家计诸费用"之后的家计结余进行区分，由此最终确认投资活动的盈亏。但当时奥帐场在没有进行此类区分的情况下把家计结余归为纯利润来统计资产的增长，这是有必要加以关注的。更何况与土地投资相关的收支并未在此得到记录，股票交易中获得的利润也没有被归入收入来源。这意味着"纯利润"并非我们今天所理解的含义。

以下对其进行阶段划分并展开进一步的探讨。

在三菱邮政汽船时代的 1882～1885 年，奥帐场的会计事务与三菱邮政汽船公司明确分离并独立构筑了资产。之所以要在1882 年建立奥帐场，乃因为当时第三命令书的颁发。此问题将在第二章具体分析。《三菱社志》的"岁末杂载"曾刊载此时期三菱邮政汽船公司的各类财务报表并因此明确了岩崎家的资产内容。其内容仅限于海运事务，而有价证券等其他事务是交由奥帐场负责的。这种情况从表 1－12 的收入栏中统计有价证券利息分红、高岛煤矿与汇兑店收入中表现出来。

1885 年三菱回漕部与共同运输公司合并成立日本邮船公司后，又于翌年 3 月正式成立了三菱社。其在成立之初明文规定，"为管理岩崎家所有之事业及家政等一般事务并规范其秩序，将设立事务所。……事务规定：第一，岩崎家事务所之称谓为三菱社"，[①]

---

① 『三菱社誌』第 15 卷、明治 19 年、28 頁。

负责统管各类经营与家政。然而从该年至三菱合资公司成立前的1893 年，其各类财务报表并没有被《三菱社志》收录，以往研究主要是从《三菱社史 第二代社长时期》[①] 记载的《给东京府的报告》中获取当时三菱的财务数据的。[②] 这不仅引发了"相关收入数据究竟能在多大程度上反映实际情况"的疑问，以往研究本身也对三菱社的总体收支情况语焉不详。表 1 - 12 正是通过奥帐场盈亏账户对其收支结构做了一定程度的展现，由此使对资产细目的推测成为可能。

此时期其主要收入与 1885 年以前相同，包含了有价证券的利息分红及高岛煤矿的缴纳金、各矿山收入等。其中的"各矿山资金利息"可推测为对矿山经理征收的利息。[③] 长崎造船所的利润也被计算在内。[④] 虽然出售股票的收益几乎被忽视了，但四年间的公债收入大多被涵盖进去。

在支出方面，新增加了生计费与家用费。[⑤] 这两项在表 1 - 12、表 1 - 13 中被区分出来，开始于 1886 年。而早在 1882 年便

①　『三菱社史　二代社長時代』（MA6046）、574～593 頁。

②　旗手勲『日本の財閥と三菱』、57 頁。

③　『三菱社誌』第 15 卷、明治 20 年、246 頁；『三菱社誌』第 16 卷、明治22 年、269～270 頁。此外表 1 - 12 "吉冈矿山利润"中 1889～1891 年的数额与「各鉱山総勘定書」（MA6099）所列吉冈矿山资产负债勘定书中的"本社缴纳金勘定口"一致，事实上就是对应了吉冈矿山的缴纳金。

④　但是「社業統計輯覧」中所列的长崎造船所纯利润与此存在出入。1885～1893 年的统计数据与此接近。造船所在 9 月末统计的数据与奥帐场在 12 月末结算时的数据有出入，其具体情况不明。

⑤　「各邸経費年額」在 1886 年规定茅町、驹込、骏河台、深川等各宅邸的合计应为 28060 日元，可以认为其中或许包括了家用费。参见『三菱社史二代社長時代』。

已在实际账簿中被明确列出来，因为 1882～1884 年各种费用和账簿中记录的生计费与家用费总和几乎完全一致。[1] 同时，从"深川宅邸建筑费"单独列为支出项目可知，三菱社在创立伊始就"管理着家政等一般事务"，并未与家计明确分离。在有价证券的支出上仅有"通运公司股票亏损"一项存在，除此以外，贸易支出与亏损均未被计入其中，甚至 1886 年以后的收支与地产房屋费用也几乎未有列入，所以在表中我们也无法找到丸之内下拨款项时的各类支出数据。

在三菱合资公司创立前夕的 1893 年，矿山等经营部门的财政状况以"三菱合资公司继承收益"、"三菱合资公司继承亏损"或缴纳金的形式被记入。此处数据的来源与依据已不得而知，但我们可以确认的是，在此之前对于三菱社来说仅能获得矿山主上交的费用而已，相关的利润均被拿来充抵资本的偿还。[2] 因此在

---

[1] 此时期奥帐场的情况前文已有所提及，亦将在本书第二章中详述。

[2] 当时曾指示将各矿山的利润用来抵扣资本。参见『三菱社誌』第 15 卷（明治 20 年、245～246 页）等。实际上能够确认总公司实现了资本返还。参见「壱万円之资金返纳之件　明治二六年五月二〇日　尾去沢鉱山支配人大江松太郎より岩崎弥之助宛书简」『尾去沢鉱山来翰』（MA4355）等。此外，关于地产的情况，表 1－12 中未列出，但在三菱地产有限公司社史编纂室编写的『丸の内百年のあゆみ　三菱地所社史　上卷』（1993）中有「地所家屋収支勘定」「御家用地所収支勘定」（1893 年 12 月 15 日）两张表，从其土地项目来看，在「地所家屋収支勘定」中记载了丸之内与三崎町等三菱合资公司此后管辖的土地，「御家用地所収支勘定」则记载了表 1－7 中岩崎家此后获得的地产房屋（但土佐的数据当时也被包含在「地所家屋収支勘定」中）。该表正如社史正文中所述，乃"三菱合资公司继承三菱社制作而成的一年间之收支表"。但在当时三菱社统一管理家政与"岩崎家所持之事业"的情况下，若认为该表的存在与岩崎家及公司的地产房屋"得到明确区分处理"相关是很难成立的。或许在三菱合资公司成立之际，地产房屋是暂分为两类的。

三菱合资公司创立并进行核算之际，其只得采取"重新出资"的形式进行处理。[1]

1894 年三菱合资公司成立以后，原始史料的用纸随之发生改变（见表 1-13），各具体款项也有了很大变化。由于经营部门从合资公司分离，该方面的收入不见踪影，合资公司分红、合资公司贷款利息[2]和此前的股票公债投资收益一道成为新的收入来源。第一一九银行解散的 1898 年以前投资获得的分红，以及解散后 1899 年获得的清算金也都作为利润被计算在内。

至于有价证券的利润，《明治三十一年度结算报告》第二章第一节"诸公债股票之处理"中写道："奥帐场诸公债股票如第七表所示，列入两位大人及庄田氏共二十二人名下。"这意味着此时期包括三菱合资公司高层和职员名义股票在内的两户岩崎家资产是交由奥帐场统一管理的。《三菱社志　第二代社长时期》中还将 1886~1893 年的各项收入按照"岩崎久弥名义""第二代社长名义"的形式进行了区分记载。[3] 这很可能是由于《给东

---

① 关于 1893 年尾去泽矿山及其分公司的情况，仅有「損益勘定概算書」遗留下来。参见『尾去沢・大葛・小真木・細地各鉱山損益勘定概算書　明治二六年』（MA5537）。其中「二十六年十二月残鉱鋼概算高」「明治弐拾七年度尾去沢外弐支山決算勘定書」『社誌附表　各鉱山決算勘定書』（MA6103）的「二十六年十二月尾去沢残鉱高」并非完全一致。其原因或许在于 1893 年的资料仅是概算。由于当时规定在合资公司资产继承的问题上"三菱社之财产将重新评估后移交新公司"，所以很可能合资公司在成立后的结算数据无法与其保持稳定的连续性。参见『本社来翰長崎書記係　明治二〇年以降』（MA3975）。

② 关于三菱合资公司的贷款额参见『三菱社誌』资产负债表中的「岩崎氏勘定」。

③ 旗手勲『日本の財閥と三菱』、57 页。其中有以此史料为基础制作的报表。

京府的报告》引发了名义上的分割。但无论在实际的管理上、收入上还是支出上，无论是三菱社时代还是三菱合资公司创立后的 1894 年，明确的区分都未能实现。

如前所述，当时的经营部门集中移交到三菱合资公司。表1－13 却显示了一个例外：小真木矿山、黑森矿山分别在 1897 年、1900 年以前被判定为奥帐场的收入来源。前者是 1888 年从杉本正德那里接手而来，挂在弥之助名下的矿山，此后成为尾去泽矿山的分公司。但三菱合资公司成立之后将尾去泽矿山及其所有部门划归该公司名下时，小真木矿山却"权且"沿用了弥之助的名义。① 在其管理上，则"接到命令，须按此前修订组织时所定，小真木矿山之相关收支及其他一切均分离出去，暂作为矿山置于此山范畴（尾去泽）"，② 与三菱社时代一样被划归尾去泽的一部分。结果其利润亦成为奥帐场的收入。但略有不同的是，三菱社时代的矿山收入是以资本金利息的方式进入奥帐场的，而三菱合资公司成立以后小真木矿山和黑森矿山的收入确实是作为纯利润计算进去。③ 那么，为何这两座矿山仍要保持久弥、弥之助的名义呢？对于成立三菱合资公司所引发的经营部门移交，是否果真有必要设置数

① 当时记载称"可批准小真木经营事业之主旨暂时沿用以往方式处理，该矿山资金亦可一如既往"，参见「明治二六年十二月二六日尾去沢鉱山支配人大江松太郎より岩崎弥之助宛書簡」『尾去沢鉱山来翰』（MA4355）。

② 「三菱合資会社尾去沢鉱山支配人大江松太郎より三菱合資会社宛書簡 明治二七年三月二四日」『尾去沢鉱山来翰』（MA4645）。

③ 关于小真木矿山的情况，参见「尾去沢鉱山外三支山 三十年度決算ニ係ル別伸 尾去沢支配人瓜生震より三菱合資会社社長宛 明治三〇年十二月十七日」『尾去沢鉱山来翰』（MA4729）。关于黑森矿山的情况，参见『三菱社誌』第 17 巻（明治 24 年、205 頁）。

年的移交期呢？此点有待进一步考察。

首先是黑森矿山的情况。该矿山于 1891 年从名义人岩崎久弥那里借贷给五代龙作，并缔结了利润折半的契约。[①] 该契约正如表 1-13 所显示的，以"黑森矿山折半纯利润"的形式由三菱合资公司继承。这笔款项在 1897 年以后，除了 1900 年的部分外，都没有出现在表中。其原因或许并非奥帐场移交给了合资公司，而是因为 1897 ~ 1902 年除了 1900 年外都未能获得收益。[②] 之后的 1903 年的情况尚不清楚，但可以确认黑森矿山最终在 1904 年由岩崎久弥转让给了五代龙作。[③]

其次是小真木矿山的情况。如前所述，1888 年杉本正德将其移交给岩崎弥之助，且在当时的契约中规定：完成移交后须以 15 万日元为限，将其中净利润的三分之一作为红利返给杉本正德。该条款在 1898 年 6 月的资料中亦可得到确认，即"小真木矿山与杉本正德之间关于利润分红之契约，如今仍存在并继续有效"。[④]

但是该矿山的经营情况并不乐观。如在 1893 年 3 月的报告中曾提到"小真木矿山原本遗留的经营事故"问题，[⑤] 1894 年 1

---

① 『三菱社誌』第 17 卷、明治 24 年、203 頁。

② 『三菱社誌』第 17 卷、明治 24 年、205 頁。由于亏损时岩崎久弥"无须负担"，故未体现在表 1-13 中。1898 年五代龙作的报告书中也记载了贫矿的情况，"因矿质粗劣故不再呈报"，"矿工大量减少而使规模缩小"。参见『明治三十一年　綱本補遺』（MA6040）。

③ 『三菱社誌』第 20 卷、明治 37 年、707 頁。

④ 「三菱合資会社尾去沢鉱山支配人瓜生震より三菱合資会社社長宛書簡　明治三一年六月二日」『尾去沢鉱山来翰』（MA4730）。

⑤ 「尾去沢鉱山支配人大江松太郎より岩崎弥之助宛書簡　明治二六年三月」『尾去沢鉱山来翰』（MA4355）。

月的书信中亦曾涉及"小真木挖掘之矿脉长短问题，将意味着该矿山可不移交给新公司而仅接受新公司之经营监管"，[①]"可以认为小真木之挖掘矿脉状况或在本年内导致其走向停业"等内容。[②] 同年2月的书信还强调："该矿山尤其与杉本正德氏关系密切，若完全废弃，则势必将在收支上造成不同意义的变化。"[③]

意即，鉴于与杉本有约在先且该矿山失去了开发的前景，要将其置于奥帐场的管理之下，同时由于1898年三菱合资公司提供给杉本的贷款尚处在无法偿还的状态，基于长期以来的关系，认为可免除其偿还。由此，契约中规定的小真木矿山利润分配给杉本的条款最终被取消，而其名义也从弥之助变更为三菱合资公司。这便是小真木矿山有别于黑森，在1898年11月变为三菱合资公司产业并从表1－13中消失的原因所在。[④]

基于以上史实可以判断，之所以在三菱合资公司成立后要将

①　「岩崎久弥から尾去沢鉱山支配人宛書翰　明治二七年一月十五日」『明治二七年　綱本補遺』（MA6028）。

②　『尾去沢鉱山　明治二七年　本社』（MA4645）。

③　「岩崎久弥から尾去沢鉱山支配人宛書簡　明治二七年二月十六日」『明治二十七年　綱本補遺』（MA6028）。

④　『小真木支山々史』（MM1792）。关于名义的变更决定，参见同年6月的『明治三十一年　綱本　三冊ノ内』（MA6038）。此外，表1－3中虽然未列出，但同年6月之前置于滨政弘名义下的赤谷矿山曾转为三菱合资公司名义之下。该矿山是三菱合资公司成立之后的1895年被移交过去的，但它严格地说并非三菱合资公司的名义，而是三菱合资公司高层的名义。参见『三菱合資会社社史　三代社長時代史　未完略稿』（MA6047）。虽然赤谷矿山的名义变更与小真木矿山几乎同时，但在同年末决定自1899年1月至1902年因"交通不便等缘故"停业，进而在1899年8月被移交给农商务省制铁所，不再保持任何关联。参见『明治三十一年　綱本補遺』（MA6040）。

这两个矿山"按此前的做法"留给奥帐场,其原因正在于小真木矿山与社外人员缔有契约,且两矿山并无太大的发展前景。设立合资公司,是为了将合资公司与奥帐场之间围绕经营部门和有价证券的投资活动进行明确分离。虽然三菱对于某些存在特殊情况的经营部门采取过特别措施,但终究没有为组织机构的改革设置过渡期。

与此同时,在收入方面还存在一个值得注意的地方,即作为"出售邮船等股票所得款"于1896年记载在册的约208万日元。在该年度,日本邮船公司增资了1320万日元,而三菱合资公司则向佐渡矿山、生野矿山及大阪冶炼所下拨了173万日元。或许是受到下拨款项的影响,该年度奥帐场提供给三菱合资公司的贷款增加了446万日元。而为了满足这笔资金需求,其除了出售国债等资产外,还变卖了邮船的旧股,从而获得了大量利润。

在1894年的报表中还列有"家用地产房屋公司出售移交等"一项。这里所说的"家用地产房屋"具体指的是什么目前并不清楚,但至少可以推测是表1-7中所列土地的一部分。在1895年以后该项目改写成了"某某地产费"。故与其说是地产房租收入,不如考虑为出售利润更为合适。其部分地名已在表1-7中列出。这些地产在1905~1909年被奥帐场回购,但其具体情况暂时无从得知。

支出方面,1894年遗留下三菱社的若干清算项目。它们在表1-13所列整个时间内大多数是岩崎家的生计费与家用费。其变迁在于,1893年以前生计费尚属于勘定项目之一,并不存在久弥家、弥之助家的区别，但此后被划分成"第一生计费［骏河台（弥之助）］"与"第二生计费［茅町（久弥）］"两类。当然即便做出了如此划分，在"所得税及附加"的名义上仍未进行区别。此点亦可证明，除了收入上未加明确区分之外，在支出方面久弥家和弥之助家的家计也是由奥帐场一同负责的。

1897 年茅町岩崎久弥宅邸的建筑费也是由奥帐场承担的，故可以认为奥帐场不仅是岩崎家资产积累的勘定部门，亦是当时的家计部门。

此外，与股票相关的买卖盈亏计算在表中并没有得到充分的反映。若观察报表中的支出一栏便可发现，虽然当时对由转让等引发的重大亏损会有所记载，对在销售过程中出现的利润移交的相关会计处理却并没有进行，这自然说明了其制度的不甚成熟。所以销售后取得的收益很可能只是简单地从总额中被扣除掉，进而在此后作为年末余额进行了结算。前面提到账簿价格被压在较低水平导致大量账外收入出现，或许很大程度正因为此种会计处理的不足。

在表 1 – 13 中，我们还能够看到 1900 年发生的另一变化，即自该年度起，生计费只计算久弥家的份额。原本向三菱合资公司的投资是包含久弥家与弥之助家一共计算为 150 万日元的，从三菱合资公司成立到 1899 年，该投资产生的分红亦会如表 1 – 13 那样明确记载两家各为多少。但 1900 年以后这笔利润只有一半即久弥家的部分被记录下来。所以 1908 年奥帐场勘定中仅列出了久弥家的资产，应与此时期的变化有极大关系。从表 1 – 14 可知，奥帐场曾于 1900 年将弥之助家的资产分离出去，尤其是该表记载的"高轮（岩崎弥之助——引者注，下同）转账"①　即意味着约500万日元的资产从奥帐场划分出来，作为弥之助的资产另行结算。②　其中的250万日元或许正是向合资公司投资的弥之助家部分，而另外250万日元则是移交的资产额。根据《三菱社志》所载的合资公司资产负债表，除部分有价证券外，当时该公司从岩崎家获得的贷款"岩崎氏账户"为1339万日元，与1908年久弥家账户的金额（表1-5中"三菱合资公司借款"1116万日元）相比存在较大偏差。这一差额或许正是弥之助家提供的贷款，故可认为该部分亦被包含在分离时的"转账"资产中。

表1-14　奥帐场资本金累年增加情况

单位：日元

时间	纯利润	资本金累加
1882年1月1日止		5450088
1882年12月31日止	380986	5831074
1883年12月31日止	342705	6173779
1884年12月31日止	158961	6332740
1885年12月31日止	3347405	9680145

①　岩崎弥之助1900年居住于骏河台，但1907年（明治40年）搬迁到了高轮，故制作表1-14时将弥之助家称为"高轮"。

②　关于三菱合资公司的贷款自该年以后是如何分配的，是否仅从久弥家借入等问题，目前尚不清楚。根据表1-3（1908年）与表1-5中（1909年）的统计，三菱合资公司的借款约为1116万日元。另据同年的『三菱社誌』，借入款的勘定额为1339万日元。两者间的差额或许正是从岩崎弥之助家勘定额中借贷而来，但目前尚无法确认。1906年以前向三菱合资公司提供的贷款曾记载在合资公司的资产负债表"岩崎家账户"中，但1907年的贷款额则自固定化以后改记为"借款账户"。

时间	纯利润	资本金累加
1886 年 12 月 31 日止	− 57669	9622475
1887 年 12 月 31 日止	816250	10438725
1888 年 12 月 31 日止	1202876	11641602
1889 年 12 月 31 日止	1101257	12742858
1890 年 12 月 31 日止	698461	13441320
1891 年 12 月 31 日止	1152403	14593723
1892 年 12 月 31 日止	487171	15080893
1893 年 12 月 31 日止	2964502	18045395
1894 年 12 月 31 日止	698258	18743653
1895 年 12 月 31 日止	1111346	19854999
1896 年 12 月 31 日止	3290353	23145352
1897 年 12 月 31 日止	111726	23257078
1898 年 12 月 31 日止	1101936	24359014
1899 年 12 月 31 日止	2034365	26393379
1900 年 12 月 31 日止	999566	27392945
高轮家转账	5096000	22296945
1901 年 12 月 31 日止	900132	23197077
1902 年 12 月 31 日止	1076017	24273095
1903 年 12 月 31 止	1307808	25580903
1904 年 12 月 31 日止	860637	26441540
1905 年 12 月 31 日止	1309403	27750943
1906 年 12 月 31 日止	1152854	28903797
1907 年 12 月 31 日止	12933151	41836948
1908 年 12 月 31 日止	1280643	43117591
1882 年 1 月 1 日止		5450088
1882 ~ 1908 年净利润		42763502
净利润合计		48213591
高轮家转账		5096000
扣除 1908 年 12 月 31 日止		43117591

资料来源：「10. 奥帳場資本金累年増加表」『明治四拾壱年奥帳場決算表』（IWS546）。

《岩崎弥之助传》中也涉及岩崎家资产分离的事情，即记载了 1891 年家政改革之际区分本家资产与分家资产的工作，[①] 但其出处并不明晰。虽然关于人事层面的家政改革存在史料佐证且无法否定财产分割的可能性，但只要查阅前述结算报告与各类报表便可发现，即便该年度在资产上发生了某种程度的变化，也不过是名义上的变化而已。从该传记 1891 年的内容中也无法看到奥帐场总资产在管理方式上的调整。

以上结合《岩崎弥之助传》的记载，通过探讨岩崎弥之助与岩崎久弥向三菱合资公司投资一事，对 1894 年弥之助家与久弥家的资产分割情况做了考察与确认。可以看到，他们虽然向创立伊始的三菱合资公司进行过投资并提供了其他资产，但在此过程中实施的资产分割不过停留在名义上。两者资产终究是由奥帐场来统一管理的，合资公司的利润亦是由其统一勘定并拨付的。而且两者都是通过奥帐场这一利益主体来随时调用资金，在生计费上也没有受过不同的限制。其原因在于记载的内容每年都在发生流动变化，且两者的开支与资产并非均衡，弥之助家的消费额当时是占据压倒性优势的。而其最终得到明确分割应是 1900 年的事情。在那以后，奥帐场的资产才正式与弥之助家分离，从而发展为久弥家单独的资本积累之所。

---

① 岩崎家傳記刊行会编『岩崎弥之助傳』上卷、東京大学出版会、1979、297 頁。实施家政改革的主要目的在『諸達　明治一九～二九年』（MA1109）的 1891 年 12 月 11 日等项下有所记载。

三　两个划时代的标志

若对前述奥帐场的变迁过程进行梳理便可看到，表 1－12、表 1－13 中涉及的 1882～1905 年可具体划分为四个阶段。首先是 1882～1885 年的三菱邮政汽船公司时代。在此时期，岩崎家的个人资产在奥帐场中逐渐形成并与回漕部的账户结算保持分离状态，同时在奥帐场向高岛煤矿与汇兑店提供投资的过程中获取了利息。

第二阶段是 1886～1893 年的三菱社时代。此时期与 1881 年以前相同，岩崎家的资产尚未与经营部门分离。其经营的产业包括长崎造船所、各种矿山、煤矿等，以定额资本之缴纳金的方式获取了利益。

第三阶段是 1894～1899 年。随着三菱合资公司的成立，公司资产与岩崎家资产开始分离，使奥帐场成为岩崎家（久弥、弥之助）资本积累的场所。

第四阶段即 1900 年以后，弥之助家的资产与奥帐场分割，使之最终成为岩崎久弥家单独的资产积累之所。

可以看到，第一个阶段三菱主要侧重海运业，与 1886 年以后的各个阶段有着显著的不同。而 1886 年以后的各个阶段就奥帐场而言又有两个划时代的标志：第一个标志是 1894 年，经营部门的资产从奥帐场分离出来；第二个标志是 1900 年，弥之助家的资产与奥帐场分离。以下将集中探讨这两个时间节点对于奥帐场及三菱合资公司来说究竟有何意义。

首先对 1894 年前后奥帐场变化的具体情况做一梳理。它此前作为总体管理经营、有价证券投资、家计的部门而存在，即"三菱社＝奥帐场"。但 1894 年以合资公司的成立为契机，经营部门被划分出去，仅剩下有价证券投资与家计事务归其管理。在此情况下，有价证券投资带来的收益在 1900 年以前为奥帐场提供了年均 6% 的资产增值，使之不断壮大。而这些增值的资产从收入项目种类来看并没有被运用到股票等方面的追加投资上，而是像贷款利息收入暴增所展现的那样成为向三菱合资公司的追加贷款。换言之，奥帐场的有价证券投资乃基于其利润，以向三菱合资公司供给资金的方式为其提供重要支撑。但是我们也能了解到，即便奥帐场的会计负责人兼有三菱合资公司职员的身份，由于两者终归是各自完全独立的机构，所以奥帐场在遭遇资金困难而回收资金并制作结算报告书时，必须与合资公司分而论之。

那么为何三菱合资公司几乎完全不从事有价证券投资而让奥帐场代为负责呢？目前关于此点确实尚无任何史料可资参考。而 1894 年奥帐场之所以与经营部门发生分割，乃因为三菱合资公司的成立。可以认为这是受到了 1893 年实施商法的外部影响，而非出自三菱内部的原因。三菱在弥太郎创业以后尤其是三菱社时代，一直坚持重视"岩崎家所有产业及家政"，名为公司，实际上是为岩崎家经营事业。合资公司成立时负责出资的也是岩崎两家，且估计其出资形式也一如既往，所以该公司实际上同样是岩崎家的产业。或许正是在这一影响下，有价证券几乎全都保持了个人的名义并交由奥帐场管理。由于当时股票等有价证券投资时常无法以法人名义持有，在名义上将其区分为公司与个人应该也属于正常现象。①

从 1882 年奥帐场成立到 1885 年分离出回漕部的几年时间里，有价证券一直是由奥帐场掌管的，与回漕部无关。故可以认为，岩崎家奥帐场所拥有的巨额有价证券不仅在日本邮船公司成立以后一直有力地支撑着三菱的发展，而且对 1894 年以后三菱公司的相关组织形态做出了规定。

此外 1894 年度还存在一个需要提及的、表 1 - 12 中未能体现出来的变化，即在久弥所持股票的相关事项中以往赋予了弥之助"岩崎久弥总代理人"的名义，但在此之后其名义人变回了岩崎久弥。②

接下来将考察第二阶段，尤其是为何奥帐场要在 1900 年与弥之助家资产分道扬镳的问题。目前我们可以想到的理由是：当年 3 月岩崎弥太郎与弥之助的母亲岩崎美和去世。③ 长期以来，

① 为压缩税款而使"成为法人"变成问题的事情发生于第一次世界大战前后。参见武田晴人「資本蓄積（1）財閥」大石嘉一郎編『日本帝国主義史 1』（東京大学出版会、1985）。该论文被润色修改后收入武田晴人『日本経済の発展と財閥本社——持株会社と内部資本市場』（東京大学出版会、2020）。

② 在「御届控」中有书信记载："敬呈　关于本人所持贵社股票之件，此前乃以总代理人名义处理，此后将以本人名义处理之，故在此告知。明治 27 年 8 月 6 日。岩崎久弥（岩崎久弥总代理人岩崎弥之助）。东京海上保险股份公司。"同样的书信在 8 月 1 日、11 月 10 日分别寄送给了日本铁道公司、参宫铁道公司。参见『他向送翰写　明治二七～三一年』（MA9903）。久弥在 1886 年 5 月留学之际曾向日本政府提交委任弥之助为岩崎久弥总代理人的申请，直至 1891 年才提交撤销的请求。但在股票方面，似乎弥之助的总代理人身份一直持续至三菱合资公司成立之际。

③ 可以认为此前一年对所得税法的修订亦是一个缘由。它在名义上 1900 年以前便被分割，故认为它是弥之助资产从奥帐场分离出来的理由是极不充分的。此外，由于 1898 年明治民法施行，作为家族成员亦可以获得资

弥之助协助兄长弥太郎培养其儿子久弥，为发展岩崎家的三菱公司发挥过巨大作用。但是在母亲美和死后，从羁绊中解放出来的弥之助却将自己的约 500 万日元资产（约占奥帐场总资产的两成）从奥帐场分离出来，明确表达了要使奥帐场成为久弥即岩崎本家之独立经营主体的意图。

弥之助甚至在三菱合资公司成立后的次年即 1895 年表达过引退的想法。这在岩崎美和的记录中也能够看出："弥之助在（明治）28 年 2 月表示，我曾揣测并理解家兄之意，考虑到两家子孙并不繁盛，遂毫无保留地关照着晚辈久弥。但昨年忽而想到久弥早已长大成人，如今无疑对诸事了已若指掌，即便我退隐而出亦无大碍，遂时常提及此事，但始终未能奏效……"①

如此看来，弥之助当时确实在考虑将诸事全部移交给久弥，但其母亲美和总是不肯答应。弥之助从幼年开始便"对弥太郎恪守忠义"，② 虽然在其逝后接替了三菱社的社长职务，但终究是作为久弥的幕后支持者与代理人而存在的。譬如在其担任社长而久弥外出留学并未参与公司事务的 1886 年，绝大多数的产业与股票仍在久弥的名下，此点也可作为佐证。而在三菱合资公司成立以后，弥之助索性将社长职务让予久弥，这或许也能够说明

产，故当时的三井出台了家法，对家产的各自持有问题进行了明文规定。但岩崎家在该法实施以前便将久弥、弥之助列为户主，此时并无必要进行特别的改革。

① 『弥之助殿の事かきおく』、1895 年 10 月（IWS002 – 063）。该史料已被影印出版，见三菱史料馆编『美福院手记纂要』，2005。但此处引用的是原本。

② 岩崎美和在提到弥之助时经常强调其对弥太郎尽忠尽义的行为。

其试图卸下重任交给晚辈。由此才会出现前述取消弥之助总代理人身份的事情。

但是因为顾及母亲的意见，弥之助将社长职务让予久弥之后仍作为监务人继续承担指导经营工作的重责。所以奥帐场在处理收入账目时延续了三菱社时代的做法，未对两家做出明确的区分。虽然合资公司成立以后在开支方面对久弥家、弥之助家的生计费进行了分别勘定，但统一交由岩崎家奥帐场进行处理则是未发生任何变化的事实。因此可以认为，弥之助若要真正实现引退的愿望，必须在卸下三菱合资公司监务一职的同时分到可以保障退隐生活的必要财产，并从奥帐场这一合资公司出资母体中完全脱离。只有如此处理，三菱才会在名义和事实上都真正归久弥家所有。

1900 年母亲美和去世以后，弥之助在几近断念之际终于又看到了退隐的希望，① 这才下定决心从奥帐场中分离出自己的资产。尤其是分离出了能够获得稳定收益的对三菱合资公司投资额，以及岩崎家总资产中弥之助名下的股票，以此作为其维系骏河台宅邸诸项费用的资产。其意图或许正是让奥帐场管理的岩崎家产业与资产在名义和事实上都完全归属久弥。②

以往的财阀研究与前述奥帐场的情况究竟有何关系，需要在此加以探讨。事实上存在一个重要的论点，即三菱（岩崎家）

---

① 在股票方面，1900 年 1 月以后发生了名义的变更，而从『公债券勘定帐』（MA5811）"移往别帐"则是 1900 年 9 月至 1901 年 5 月的事情。

② 弥之助担任三菱合资公司监务直至去世，但查阅《三菱社志》，无法看到1898 年以后关于三菱合资公司业务的记录。

的制度是否可以像其他财阀那样被评价为"同族所有制"或"总有制"。① 从本章所使用的奥帐场相关史料之年代范围来考虑，为了解答这一问题，首先需要思考并分析岩崎久弥家与岩崎弥之助家对三菱投资的具体情况。

如前所述，在三菱社时代，经营事业与家政始终捆绑在一起。根据《三菱社志　第二代社长时期》的记载，当时造船业以外的各产业以及公债均是挂在久弥名下的。而股票方面，除若干属于弥之助名下外，其余绝大多数亦归属久弥。但这些终究只是名义而已，实际上很难说奥帐场对弥之助、久弥的所持资产做出过明确的区分。当然，各个产业都会有对应的名义人，但终究都是在奥帐场这一勘定机关得到统一处理的，并非"私人所有"。虽然在投资上确实也存在分割的可能，但若从"总有制"的角度来看，事实上也并不存在与分割相关的具体规定，故可以说这种可能性仅在各个产业拥有对应名义人的层面存在。由于当时出任社长的是弥之助，久弥尚在留学期间（回国后仍作为副社长在积累经验），所以分割资产的念头本身也不可能出现。换言之，此时期将经营事业与家政合二为一的岩崎家绝不会产生出"本家（久弥家）"与"分家（弥之助家）"的想法。三菱社终

① 如森川英正『財閥の経営史的研究』（東洋経済新報社、1980），長沢康昭「三菱財閥の経営組織」（三島康雄編『日本財閥経営史　三菱財閥』日本経済新聞社、1981），阿部武司「政商から財閥へ」、武田晴人「多角的事業部門の定着とコンツェルン組織の整備」（法政大学産業情報センター・橋本寿朗・武田晴人編『日本経済の発展と企業集団』東京大学出版会、1992），橘川武郎『日本の企業集団』（有斐閣、1996），安岡重明『財閥形成史の研究　増補版』（ミネルヴァ書房、1998），等等。

究是整个岩崎家的事业，使用两个不同的名义不过是表面工作而已。①

三菱合资公司成立以后，虽然两家各提供过 250 万日元的对半投资，但在公司契约中仍有所持份额处理限制，且对第三方的加入亦有管控。正因如此，长泽康昭曾评价称"这是要将所有权置于同族手中"，"昭和 12 年（1937）实现股份公司化以前，三菱应是岩崎两家同一家族的产业"。② 长泽进而以 1894 年个人所得利息与分红为例指出，产业以外的财产"是基于土佐藩乡士的传统家族主义，依照重本家而轻分家的原则进行分配的"。但当时弥之助选择此种投资形式的原因是否果真在于其具有"要将所有权置于同族手中"的"本家与分家"思想意识，尚且存疑。

前文已经阐明，1899 年以前岩崎两家从三菱合资公司投资中获得的利润乃由奥帐场统一进行勘定管理。由于生计费是区分成久弥家与弥之助家来记载的，所以或许可以将两者分别视作两家的主人，并认为其已萌生出"同族"意识。正因如此，从三菱合

① 岩崎美和曾记载弥太郎的遗言："……久弥为嫡系，弥之助为监护人……"岩崎家传记刊行会编『岩崎弥太郎傳』下卷、599～600 頁。此外还有以下记录："……弥太郎生前曾说，岩崎家嫡系当然由久弥继承，若他不具备继承条件，则由弥太郎负责而让弥太郎负责监护，其与弥之助子孙并无区别……"三菱史料館编『美福院手記纂要』、497 頁。美和也在该资料中称："……（弥之助）完全不考虑个人而全心全意守护了兄长的家业……"三菱史料館编『美福院手記纂要』、567 頁。该资料作为一手史料与弥之助当时对于岩崎家事业的定位和处理是相符的。当然在户籍上他们是完全分开的。
② 長沢康昭「三菱財閥の経営組織」三島康雄編『日本財閥経営史　三菱財閥』、78 頁。

资公司成立到 1899 年对三菱合资公司的投资应是一项共同财产，三菱合资公司以该投资为基础所持有的产业资本，从形而上的角度而言可以认为是"同族所有"或"总有制"的一种形式。

但是到了 1900 年，弥之助名下的投资收益不再由奥帐场管理，而是移交给弥之助家自己的勘定机关。同时，三菱合资公司创立伊始的契约，与 1900 年一样保持了对其处理的诸项限制。从这一层意义而言，或许 1900 年以后三菱仍维持了所谓"总有制"。但也不能认为此项投资在 1900 年前后并未发生任何本质性的变化。尤其是与奥帐场的分离，在岩崎家与三菱的投资问题上同样是需要得到重视的划时代事件。因为在此以后向三菱合资公司提供投资的所占比例已开始明确地以利益分配为基准。原本在 1898 年结算报告关于资金运用的一章中，就合资公司的利润写道："然与上述开支相对应之资金，包括收入与股票出售、公债社债偿还金在内共为二百五十一万一千九百七十九元七十七钱而已。故存在十三万六千三百五十二元四十二钱二厘之赤字。又因为收入中包含三菱公司本年度利润二十万元，故若除却该利润，则赤字实际将达三十三万六千余元……"

这笔 20 万日元的利润，正是久弥家与弥之助家合计的数额。故此处显然意味着奥帐场当时对于两家的利润收入是合并处理的。

在有价证券方面亦是如此。此前，奥帐场有价证券账簿中挂在弥之助名下的部分在 1900 年以后逐渐"移往了别账"。但 1905 年的《债券与股票明细调查之稿本：两宅邸及公司部门》中仍将久弥家、弥之助家、三菱合资公司的有价证券放在同一处。这是一份用铅笔书写的材料，应是出于某种必要制作而成的。虽

然它无法证明 1900 年以后奥帐场仍在稳定地统一管理两家资产，[①]
但如果当时依旧将弥之助家的资产与三菱合资公司放在一起处理
的话，似乎并无必要专门制作该份资料。从资料的情况来看，包
括表 1-2 在内，记录奥帐场（久弥家）资产的史料目前有不少，
其中并未计算弥之助家的资产，而类似的报表以及作为弥之助家
有价证券账簿的"别账"也没有和久弥家的报表保存在一起。[②]

前面提到，弥之助在三菱合资公司成立的第二年便将家族产
业全部移交给久弥，在此之前他一直作为久弥的监护人、代理人
支撑着岩崎家的事业发展。故与其说他是相对于岩崎本家的
"分家"，毋宁说是弥太郎向久弥过渡期间一个承担"整个岩崎
家事业"的重要人物。或许在他看来，以成立合资公司为契机，
将社长一职让予久弥实际上正是让三菱恢复到它应有状态的举
措。因此可以认为，即便当时对于投资比例有所规定，也绝不会
带有以利润分配为基础的实质性意味。弥之助应该不具有作为一
名独立投资者参与事业的意识。

奥帐场自 1900 年起仅处理久弥家的资产，这一变化较以往
将岩崎家视为一体的观点更进了一步，是当时意图将奥帐场明确
改革为管理岩崎家事业与资产并置于岩崎久弥经营之下的结果。
因此，将弥之助的资产从奥帐场中独立出来不过是其副产品而

---

① 不仅是有价证券，三菱合资公司各矿山、分店的资产等亦有同样的资料，
由于这些资料制作于 1904～1905 年，故可推测是在当时应某种需要而形
成的。

② 标记了骏河台宅邸、高轮宅邸的资料是 2019 年追加收录的资料。其中 1900 年
12 月的「骏河台邸勘定贷借试算表（明治三年十二月分）」（IWS1863）
是最老的一份，可认为是通过"移往别账"制作出来的最初史料。

已，很难将其理解为强调弥之助持有三菱产权的主张。当然我们也无法否认，此后两个岩崎家的存在会带来三菱重建投资者关系的必要。在1900年的资产分割中，久弥家与弥之助家的资产比例为4.4∶1，其判断依据是不明晰的。而到了1907年三菱合资公司增资之际，以往维持1∶1比例的投资额则变成了5∶1。可以认为，这一投资比例的变化源于1900年奥帐场的资产分割。从某种意义上说，这种将有价证券投资形成的资产分别划归本家与分家的做法是可以巩固两家家计之基础的。而另一方面，从小真木矿山等案例亦可得知，在奥帐场向三菱诸事业投资的过程中，三菱合资公司成立前后出现的范围模糊问题逐渐得到了解决，大多整理并统一到了"三菱"的旗下。所以对于两个岩崎家来说，若要在"总有制"的观念下将事业与资产对象化，是在合资公司的经营内容得到明确以后才有可能实现的。

岩崎家与三井家、住友家不同，早在明治时代便已开启经营事业，至三菱合资公司成立时已迎来第二代接班人。从以往史料来看，所谓的"同族"或"本家"、"分家"等概念乃财阀史研究中讨论"总有制"的前提。因此，讨论三菱社与三菱合资公司初期是否存在与三井家、住友家同等意味的概念，是考察的前提。[1]

---

[1] 此前公开的财阀史相关史料，存在"仅关注三井财阀的案例并直接据此引出所有财阀情况以下结论的倾向"。参见森川英正「三菱財閥史研究の動向と問題点」『UP』79号（東京大学出版会、1979）。这也同样适用于对"总有制"的讨论。虽然很多问题有待日后的进一步考察，但在问题的理解上与本书作者之一武田晴人关于三菱总有制的评价并无出入。参见武田晴人『日本経済の発展と財閥本社──持株会社と内部資本市場』（東京大学出版会、2020）。

与三井、住友相较而言，若非要给岩崎家①初期（三菱社与三菱合资公司时代）的情况套一个"同族各家"或"总有制"的概念，恐怕会对此时期岩崎家与三菱的资产形成情况产生误解。至少在三菱社时代，岩崎家"同族"的观念应是颇为淡薄的，认为它与三井、住友类似并研究其"总有制"问题也是不妥当的。而且在1900年两家资产分割以后，以往奥帐场通过有价证券投资等方式形成的资产也没有移交给三菱合资公司，而是作为两家各自的固有资产交由其自行管理。从这一层意义而言，它与三井那样将同族所持资产全部纳为"总有"对象的做法完全不同。

那么奥帐场对于三菱来说究竟意味着什么呢？在日本邮船公司成立以前，三菱邮政汽船公司虽然在名义上是独立公司，但实际上仍是岩崎家的产业。当时为了应对第三命令书，有必要将漕运业以外的资产独立出来，所以才会创立奥帐场以作为岩崎家积累资产的机构。在三菱社成立以后，由于兼营限制的解除，奥帐场又开始扮演三菱社尤其是"岩崎家事务所"的角色。进而随着商法的实施，三菱开始呈现出公司的形态并决定建立私人产业色彩浓厚的合资公司。在此情势下奥帐场依然承担巨额有价证券投资管理业务，其理由是不甚明确的。但是对具备商法之下公司组织形态的三菱来说，奥帐场作为资金源继续以有价证券经营利益为基础确保诸项事业的资金供给，可以使其免去从其他方面筹措增资的烦恼，从而维持其三菱社时代以来作为岩崎家私人产业

---

① 1907年，通过1000万日元的增资，弥之助长子小弥太所持有的出资额也在资产分割前后明确展现出本家与分家的意识。弥之助去世、小弥太成为分家领袖以后，小弥太家可能呈现总有制意义上的"同族各家"色彩。

的状态。故可以认为奥帐场的地位是极为重要的。或许正因如此，奥帐场才会在整个三菱时代确保了岩崎家私人产业的延续并根据各个不同时期的需要而流动变化，由此发挥了积累资金的作用，并为三菱的经营事业提供了实质性支撑。

第二章　三菱早期的组织与经营

关于明治时期三菱的事业经营情况，第一章已经阐明如下问题：1885 年岩崎家在分离回漕部并创立三菱社之后，通过奥帐场对事业部门进行了投资，进而在成立三菱合资公司之后使事业部门分离，通过奥帐场开展有价证券投资。而本章将把此前一个时期即以回漕部①为核心的时期，尤其是明治 10 年代作为论述的中心，讨论包括三菱邮政汽船公司在内的整个岩崎家事业究竟是在怎样的经营组织下运转的。研究此时期的运营组织结构，亦是在探究奥帐场的形成史。

以下所用"三菱"一词，均指代岩崎家出资并开展所有事业的经营实体。

1875 年 5 月制订的《三菱汽船公司规则》中"立社形式"第一条便开宗明义地强调："本公司虽暂以公司为名、以公司为体，然实为一家之事业，与其他募集外界之资金而组成的结社大相径庭……"② 由此明确将其规定为岩崎家的家业。

---

① "回漕部"在本书中对应海运（漕运）业。
② 『三菱社誌』第 2 卷、明治 8 年、37 页。既有研究大多认为"三菱商会"后改为"三菱蒸汽船公司""三菱汽船公司"，又在 1875 年 9 月改称"三菱邮政汽船公司"。但实际上"三菱商会"这一名称经常与"三菱蒸汽船公司""三菱汽船公司"混在一起使用。因此对于 1875 年 9 月以前，使用"三菱商会"一词更加合理。

同年 9 月 18 日，三菱汽船公司正式更名为"三菱邮政汽船公司"。以往对三菱公司从此时以后的研究一直沿用"三菱邮政汽船公司"的称谓。若要在研究中对三菱的历史进行回顾，一定会从"九十九商会"开始，介绍其经过数次更名后至 1875 年改为"三菱邮政汽船公司"的历史过程。然而以往的研究又极少提及在此之后即放弃回漕部至三菱社成立这十年左右该如何称呼的问题。即便有研究写有"此后将三菱邮政汽船公司简称为'三菱'"之类的内容，但其大多数是在叙述 1875 年改称三菱邮政汽船公司之后将其缩略为"三菱""三菱公司"的情形，并未明确"三菱"一词所指代的内容。诚然，在尚未确立商法的这一时期，当事人自己也未必会有意识地区分公司的名称，但也不可由此便断言他们当时毫无察觉。

长泽康昭曾系统地总结这一时期三菱邮政汽船公司的组织结构。[①] 其研究的末尾虽然也提到了三菱制铁所、高岛煤矿等海运以外的各事业部门及其组织，但是对于它们与三菱邮政汽船公司在组织结构上的关系或者与整个三菱的其他事业部门之间的关系仅做了如下说明："由于海运业极其庞大，海运以外的其他管理组织未能得到重视。虽然明治 8 年（1875）10 月曾设立梅园店以统辖海运以外的事业，但是翌年即被废止而改由社长直接管理。至明治 11 年（1878）3 月，总公司又设立了'内方'，将矿

---

① 長沢康昭「初期三菱の経営組織——海運業を中心にして」『経営史学』第 11 巻第 3 号、1977 年；長沢康昭「明治期三菱のトップ・マネジメント組織」『経営史学』第 14 巻第 1 号、1979 年；長沢康昭「三菱財閥の経営組織」三島康雄編『日本財閥経営史　三菱財閥』。

山与煤矿置于其管辖下，但翌年 3 月亦改由社长直接负责。"[1]

问题是，长泽在这里讲的"总公司"一词究竟指代什么。根据其上下文来看自然是指三菱公司总公司，但如此一来便意味着长泽虽然做过一些尝试，其最终结论却仍停留在海运以外的事业亦由三菱公司来管辖这一层次。该结论以三菱公司兼营非海运部门为前提，事实上与传统研究结论一致。而大多数的研究中也都提到 1881 年以后逐渐开始有人指责三菱违反政府命令书中"禁止兼业"的规定。但需要注意的是，只有在煤矿、汇兑等完全置于三菱邮政汽船公司这一事业部门的前提下，此种质疑与非难才能够成立。而且正因有了这个前提，以往关于三菱邮政汽船公司组织结构的讨论止步于此，其海运、矿山、金融、证券投资等事业部门的情况以及下文讨论的"三菱"这一经营实体的实际情况未能得到进一步的研究。有鉴于此，下文将致力于理清当时三菱的各种组织结构。

一 三菱公司与三菱邮政汽船公司

从规则与公文纸观察其组织情况

图 2 - 1 是一个略显大胆的假说，展示了 1882 年末三菱的组织结构及其投资关系。

---

① 長沢康昭「明治期三菱のトップ・マネジメント組織」『経営史学』第 14 卷第 1 号、1979 年、34 頁。"内方"是三菱早期设置的一种职务，负责处理社长的一切琐碎杂务，如社长家的会计业务及其私人事务等。——译者注

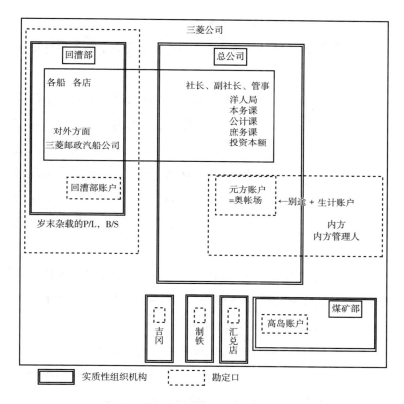

图 2 - 1　1882 年末的三菱经营组织及其投资关系

　　迄今为止的研究大多认为三菱邮政汽船公司承担了此时期岩崎家的全部经营事业，但它只是一个对外的表象而已，实质性的组织机构应该是"回漕部"这一事业部门。岩崎家的事业从整体上说是一个双重组织，而且此后在奥帐场设立了各个事业的投资与统辖部门，使之成为三菱公司的"总公司"与"内方"。此外，总公司的各种局与课，虽然从规定上来看属于三菱邮政汽船公司的总公司组织，但在图 2 - 1 中示的 1882 年实际上是作为总公司的间接部门来对回漕部、煤矿部、汇兑部等其他各个事业进行投资并处理各领域事务的。该图乃通过研究以下各类零碎史料制作而成。

首先，1882 年 1 月 13 日与 9 月发生的两次对公司规章的订正可以作为考察依据。① 其中 1 月的规章标题为《三菱公司规则第三次订正》。需要注意，这里使用的称谓不是"三菱邮政汽船公司"，而是"三菱公司"。鉴于 1878 年与 1880 年的数次订正中也使用过"三菱公司"一词，我们可以大致判断创业初期的三菱或岩崎家，是将所谓"三菱公司"作为其经营组织之名称的。②

若要问这种重要文件标题中使用的"三菱公司"究竟意味着什么，则需要将视线定格在 1882 年，从各种文书资料中梳理会计处理的实际情况之后再做解答。

仔细研读 1882 年的公司规章便可发现，在第三章"文书"一项中记有如下内容："将递交给各政府机关的申请表作为重点，在事件一栏中记载位于东京的三菱邮政汽船公司社长姓名，其不在之时则记为代理人之名。总公司仅由管事代理，分公司仅由经理代理。"在前两次的规章中也出现过相同的规定。1875 年第一次制订的规章标题为《三菱汽船公司规则》，其中对文书做

① 『三菱社誌』第 10 卷、明治 15 年、19 頁。
② 『三菱社誌』第 5 卷、明治 11 年、5 頁；『三菱社誌』第 8 卷、明治 13 年、30 頁。但三菱公司似乎第一次并未明确公司名，制订公司规则是在 1875 年 5 月，题为《三菱汽船公司规则》。『三菱社誌』第 2 卷、明治 8 年、37 頁。

出了"应记三菱汽船公司管事之名"的规定。① 但此后的三次规章标题却改成了《三菱公司规则第×次订正》。同时，随着公司名称的改变，其规则亦改为"记载三菱邮政汽船公司社长之名"。由此可见，三菱从此时起就已经有意识地区分使用两种名称。

当时日本各级政府部门所收到的文书中，标记的均是"三菱邮政汽船公司社长岩崎弥太郎"的称谓。而以社长名义向公司内部传达的文件则大多数写作"社长岩崎弥太郎"或"三菱公司社长岩崎弥太郎"，且由各分公司提交的正式文件中未出现过"三菱邮政汽船公司社长"的称谓。同时，在公司规章第六章"回漕"的汇票一栏中还记有借据的书写样本，其中涉及"三菱邮政汽船公司（某人）·挂号人（某人）""三菱公司（某人）阁下"等形式，在定金借据中还记有"在将钱款交付收款方之后请将汇票返还三菱总公司……（地址）三菱邮政汽船公司○董事　阁下"的内容。② 这种情况与两年前即1880年的第二次订正也是一致的。

那么这里的"三菱公司"或"三菱总公司"与"三菱邮政汽船公司"之间到底是怎样的关系呢？我们至少可以先认为，这些称谓显然带有不同的含义。

如书信或文件所使用的公文纸就可以作为相关资料加以考察。三菱从其早期开始一直使用自己的公文纸，而且根据发件地

---

① 『三菱社誌』第2卷、明治8年、50頁。
② 『三菱社誌』第10卷、明治15年、128～129頁。

点的不同，其公文纸的种类亦有所不同。从 1873 年至 1880 年前后，最为广泛使用的是一种标记了"三菱商会"字样的公文纸。虽然此时期已逐渐不再使用"三菱商会"这一名称，但或许是因为此前印制的纸张仍有剩余，当时的一段时间内仍在继续使用。再到后来，印有"三菱公司"的公文纸开始逐渐取代"三菱商会"公文纸而得到了广泛使用。

可以看到，在 1880 年以后，由分公司发出的几乎所有书信都采用了画有蓝色竖线的 A5 大小纸张，其右下角印有"三菱邮政汽船公司"字样。与此相反，大多数从总公司发出的以及小部分从分公司发出的文书却使用了横向的 A4 大小蓝线纸张，并在中央部分的夹缝处印有"三菱公司"字样。此种纸张的订购与印刷时间目前已无法确认，且与之类似，印有"三菱公司"字样的纸张还有其他几种（比如文字位置不同）。因此，与其认为是此前大量印刷而使此后数年一直在继续使用，毋宁说是此后时不时地在追加订购并印刷。而且后者的可能性应该更大。

此外与货主所使用的约定书中，中央处亦印有"三菱公司"字样。其开头还印有"此次货主××与三菱邮政汽船公司间为运输货物而约定以下各条款"的字样。①

三菱当时一方面在海运业的分公司或对外公文中使用标有"邮政汽船"之称的"三菱邮政汽船公司"公文纸，另一方面又在其总公司内部称呼自己为"三菱公司"，这种现象究竟能否被

---

① 虽然每份文件的署名栏中都写有"船主　三菱公司"，但是可以认为这只是"三菱邮政汽船公司"的一种简称。此外，也有分公司的署名记为"××（地名）三菱分公司"。

理解为一种"简称"呢？结合此前的公司规章制度来看，这两种称呼应是具有不同含义的。

《回漕部勘定元账　收支差额记录表》（以下简称《回漕部勘定元账》）所使用的公文纸能够更明确地体现这一点。它与1881年以后《三菱社志》"岁末杂载"中资产负债表所使用的纸张是完全相同的。对于其具体内容，本书将在后面再做讨论。此处先从纸张来看，右侧印有"社长管事勘定役"（印章）① 和"回漕部总勘定元账　收支差额记录表"字样，中间则印有"三菱公司"。② 如后所述，这种公文纸是随着会计制度的变化而制作出来的，其时间无疑是1882年1月前后。而该史料中1884年使用的公文纸是随着会计制度的改革而新加印的。虽然与1882年的样式有所不同，③ 但纸张右侧印有"回漕部总勘定元账　收支差额记录表"，中间印有"三菱公司"等处并没有发生变化，这意味着1884年对于该组织的认识尚未发生改变。

但需要注意的是"回漕部"这一名称。即该会计账簿不是"三菱邮政汽船公司"的总账目，而是隶属"三菱公司"的回漕部的会计账簿。可以说大量印刷带有公司组织名称的公文纸，正

---

① 这是三菱负责管理收支情况的一种职务。——译者注
② 『御手許御用　回漕部勘定元帳差引残高記入表』（IWS323～326）、『総勘定元帳記入表』（IWS327）。另分别印有借方与贷方等账户名称。但1883年10月31日至1884年1月21日所用的纸张上仅印有条纹，原因不详。
③ 如金额一栏分为银货与普通货币以及账户名称的变更，纸张右侧印章一栏的"管事"变为"课长"，等等。

是反映此时期组织认识的宝贵证据。

回漕部的账户结构与"岁末杂载"中三菱邮政汽船公司的账户结构完全相同，是证明"隶属三菱公司的回漕部其实正是三菱邮政汽船公司"这一假设的重要线索。

三菱公司、总公司、回漕部

虽然没有明确的证据能够表明"回漕部"这一称谓究竟自何时起开始使用，但据笔者所知，最早的相关史料乃 1881 年的文献：

史料 1

川田小一郎阁下：

隶属总公司回漕部的内外人士为处理煤矿事务，前去通知报酬等事。对此，敝人已有所考虑：无须当地直接发放，应使总公司与煤矿事务泾渭分明，若按物件区分感到困难可随时向上呈报。呈报时可将事项逐一列出以便了解情况，如此处理或较妥当。

岩崎弥太郎

明治十四年七月二十七日①

---

① 『坑主来翰綴　明治一四年四月～一二月』（MA3968）、『高島往翰　明治一四年七月～一二月』（MA971）。着重号为笔者所加，下同。『高島炭鑛史』亦引用过此史料，"回漕部"一名出现于该书词条中且有关于回漕部与高岛煤矿关系的记载，但未涉及三菱的组织。参见『高島炭鑛史』（三菱鉱業セメント株式会社、1989），第 68、76、77 页。

估计是因为收购了比以往其他事业规模都要庞大的高岛煤矿，所以当时带着"泾渭分明"的意识使用了"回漕部"这一称谓。这份史料虽然将回漕部定位成隶属总公司的机关，但在涉及煤炭事业时使用的"总公司回漕部"以及随后使用的"总公司"这两个称呼并未得到具体的区分。关于此点，1882年以后还有如下史料可资参考：

史料 2

高岛煤矿长崎事务所　川田小一郎阁下：

……一、去年接手煤矿以来，虽然煤矿主手头仍有资金，也无须将其逐一囊括在内。迄今为止每当预付之际均由其出资且最终仍归于煤矿部费用，故应对此前出资情况展开调查，直至今年三月为止……该部分归属煤矿部，故将安排其逐步归还……

岩崎弥之助

明治十五年五月十日

史料 3

高岛煤矿长崎事务所　川田小一郎阁下：

……一、在此重申，负责向各地运输煤炭者之账户中如附录所写，用于回漕部之款项均由煤矿部收取并计入此次计算书中，日后可每月分十二次核对计算。

煤矿主代理　庄田平五郎

明治十五年十月十八日

除此之外当然还有一些其他的史料。① 但此处要体现的是高岛煤矿"煤矿部"这一机构与"回漕部"为并列组织的事实。那么，统合这两个部门的管理组织又是否存在呢？若存在，它又会是怎样的一种组织呢？

史料 4

高岛煤矿长崎事务所　川田小一郎阁下：

……一、此次将改革职员薪酬规定并废除此前储金制度，设立特别勤续奖赏金之内部规则。关于向总公司会计提交附表一事，煤矿部职员可同样被计算在内。虽然此前惯例乃每月将储金交予总公司以便保管，但因目前规则已取消应交付之储金，故属于煤炭事务相关职员之部分将由其账户人员通知总公司账户人员以平等对待……

岩崎弥之助

明治十四年九月十四日

史料 5

高岛煤矿长崎事务所　川田小一郎阁下：

……扣除金　煤矿部职员薪酬的百分之十即扣除金一事，迄

---

① 虽然迄今并未特意指出，但『三菱社誌』中记有"回漕部发来一则通知，称煤矿部亦将……"的内容。『三菱社誌』第 10 卷、明治 15 年、462 页。"以往高岛煤矿部调查一职　月薪一百五十元　长谷川芳之助　吉冈矿山长　月薪一百五十元　明治十六年三月八日。"『三菱社誌』第 11 卷、明治 16 年、25 页。此外还有『本社本来翰缀』（長崎事務所、1882 年、MA4435）等史料。

今为止仅限由事务所负责保管，但因不断有职员被调往其他地方，故如以上所述，账户改为双方保有。发生中途解雇情况时恐遭计算不便，故日后将由总公司单独汇总整理，在其事务所进行抵消时全部上交己方，此后每月交予己方即可解决此事……

煤矿主代理　庄田平五郎

明治十五年十二月十三日①

从"史料4"的"总公司会计"中可以看出，两份史料提到的"总公司"即对应《三菱公司规则第×次订正》中的"总公司"。该规章名为"三菱公司规则"，实则在内容上是与回漕部有关的一些详细规定，也包括此后追加的关于高岛煤矿或吉冈铜山等规则，并未提及任何组织的名称。换言之，三菱此时在规则上仍是专营海运业的组织，但事实上已经扩大到其他产业。而总公司中为海运业服务的、对各地分公司负责的部门统辖着其他部门。由此，在史料中用"总公司"一词来表达时便出现了两种意思：一是本章中所说的"三菱"公司整体的总公司（如"史料4"）；二是相对于在各地开办的分公司而言的"总公司"（如"史料1"）。②

由此可见，"总公司"的内涵变化能够反映出对公司名称的认知变化。意即，我们必须注意到文书中使用"三菱公司"一词时所兼具的两种意涵。若将第一种情况视为回漕部并加上高岛

---

② 虽然难以确认最初的"总公司回漕部"究竟指代什么，但从其后与"总公司与煤炭事务"的并用可以看出，这里的"总公司"指的应是回漕部。

① 所引这几段史料皆出自『高島往翰　明治一四年七月～一五年一二月』。

② 虽然难以确认最初的"总公司回漕部"究竟指代什么，但从其后与"总公司与煤炭事务"的并用可以看出，这里的"总公司"指的应是回漕部。

煤矿等各事业的"三菱公司"的话，那么第二种情况就是将三菱邮政汽船公司的"邮政汽船"四字删去，从而简称为"三菱公司"（与之前所说的"总公司"相对应）。实际上在文书中大多数情况都属于第二种。从外部发出的文书、文件或是当时杂志上刊载的对三菱的批评等，使用"三菱公司"一词时几乎都带有第二种含义。而从三菱内部向外部发声之际，则如前所述，公司规章中记为"三菱邮政汽船公司"，几乎没有用过简称。① 正因如此，从外部收到的文件、从货主收到的文书以及有关政府部门或法院的正式文件等，很大一部分会使用"三菱公司"的称谓。此外，亦有分公司的职员对货主使用"三菱公司"的情况，这自然也属于第二种含义。

随着"三菱公司"所指代事业范围的扩大，其组织虽然从外部来看是三菱邮政汽船公司，但事实上会自然而然地拓展新业务并将其纳入三菱旗下予以管理。正出于这一缘故，当时批判其违反"禁止兼业"规定的声音不绝于耳。

既有研究将这一时期的三菱称为"三菱公司"时亦大多对应第二种情况，而称之为"三菱"时包含了回漕部以外的业务。然而正如本章开头所述，既有研究在其论述中并未将这一点明确

---

① 『三菱社誌』第 11 卷（明治 16 年、154～155 页）中有如下记载："汽船隅田丸驶抵下关海峡盖井岛附近暗礁进行贸易，若有意向可于八月间以书面向总公司提交申请。南茅场町三菱公司。如上所述将于贵社报纸上自本日或明日起连续七日刊发广告。明治十六年八月十日。三菱邮政汽船公司。时事新报社、朝野新闻社、东京横滨每日新闻社、报知社日报社。"在该文件中标记了"三菱邮政汽船公司"，但在实际的广告内容中使用了"三菱公司"的称谓。或许是为了避免舆论对其垄断海运的批判，刻意回避了"三菱邮政汽船公司"这一关涉海运业的称谓。

指出。

此外，虽然在改称为"三菱邮政汽船公司"的三天前即1875年9月15日，日本政府在其发布的第一命令书中有"三菱公司　收"的字样，但这只是因为此时期公司总体上包含了三菱商会、三菱汽船公司以及三菱公司。① 由于第二命令书、第三命令书是在正式公司名称确立之后颁布的，② 所以改成"三菱邮政汽船公司　收"。

关于此时期的职员调动情况，也有《职员履历》《职员升降职报告》等资料予以记载，对此当然亦有必要加以考察。可以看到，当时有职员从回漕部调往吉冈铜山、从总公司的事务部门转入高岛煤矿，抑或从"内方"转至其他部门。但是并不存在调往"三菱邮政汽船公司"的记载。与回漕部相关的人员全都记为"某分公司"、"某丸（船名）"或"总公司某课"，若是煤矿部则标记为"高岛煤矿"。换言之，作为"三菱公司"的成员，即使属于回漕部，在公司内部也不会被称为"三菱邮政汽船公司"职员，而是跳出三菱邮政汽船公司的事业范围，在其他各事业领域之间进行调动。

从收购高岛煤矿前后的此段时间可以看出，对"三菱公司"的认识变化已然初显端倪。它虽然是以收购高岛煤矿为契机发生

---

① 1875年9月以前的『三菱社誌』中可见数例。

② 第一命令书第十二条"以后不得以该公司名称从事其他事业"一句被认为与以三菱邮政汽船公司为收件方所颁布的第二命令书第一条"应同时遵守两份命令书"相关，三菱曾解释称"公司名称"是被改成"三菱邮政汽船公司"的。

的，但实际上，岩崎家在此之前早已将海运业的利润挪用为证券投资的本金，抑或在其他方面构建起了足以支撑家计的、具有一定特征的组织形态，以至于最终引发了对"三菱公司"认知的重要变化。关于这一点，本书将在第三章基于会计账簿的记录加以阐明。

二　三菱公司的会计系统及其组织构成

会计系统的形成期

第一章已对 1882 年岩崎家成立奥帐场的情况进行了分析与说明。但是关于岩崎家究竟在何时将内部账户称为奥帐场，依然不甚明确。1882 年，其账户名称为"元方"①。而在该年前后，岩崎家的账簿还包括了 1870～1881 年的三册《别途勘定账》以及一册《生计费勘定账》②，共两类四册。另有 1882 年 1～6 月的《生计费御用　元方正金银出纳日报》（IWS308）、1882 年 7 月至 1883 年 12 月的《资产备忘录》（IWS690，1882 年、1883年）、1884 年的《生计费用资产备忘录》（IWS507）等七册。这些资料和此前提的 1882～1884 年《回漕部分类账》作为日式制本，都采用了墨书与汉数。

---

① "元方"在日文中的字面意思为投资方。——译者注
② 1879 年与 1880 年的合并在了一起。参见『别途勘定帳』1879 年、1880年（IWS504），『御手許勘定帳』1879 年、1880 年（IWS505），『别途勘定帳』1881 年（IWS503），『御手許勘定帳』1881 年（IWS506）。

在这些资料中，1882 年上半年的《生计费御用　元方正金银出纳日报》正如其标题所示，仅记录了现金的进出，故无法展现奥帐场的全貌。但是它在 1 月 3 日的统计中将"旧别途勘定口""旧生计费勘定账""旧助成金口"的现金进行了合计处理并明记为"旧账户"，可以说体现了此时期会计处理的一种变化。为了探讨这种变化的意义，以下对这三个账户尤其是前两个账户展开讨论。

关于 1878 年以前的情况，很遗憾除了《三菱社志》的"岁末杂载"之外，目前无法查得其他体现财务状况的资料。众所周知，三菱在 1877 年 7 月制订了《三菱邮政汽船公司簿记法》，该法在当时已算是较为完备的会计制度，故得到了较高的评价。然而实际上在《三菱社志》"岁末杂载"的资产负债表中，每年的项目结构大相径庭，很难让人具体把握三菱早期的会计情况。另外，此前的"立社形式"中虽然规定三菱公司为岩崎家的企业，在该簿记法中作为"三菱邮政汽船公司"的规定却仅提到了回漕部的会计处理方法。

下面以 1879～1881 年的两种账簿为对象，考察其与记载三菱早期财务数据的"岁末杂载"的关系，同时探讨其作为三菱早期财务数据具有什么性质。

首先需要对这两个账簿进行简单扼要的说明（见表 2－1）。表 2－1 中的《别途勘定账》是以公债、股票的交易以及对三菱制铁所、三菱汇兑店（1880～　）、高岛煤矿（1881～　）的投资为中心的勘定口。该表按照发生的时间顺序将各个会计项目的增减情况整理好，并且随着年末对余额的计算被统计在一起。同时，表中有作为现金出入的利息、分红、缴纳与岩崎家的各类开销。这些出入资金是通过现金账户或其他资产的增减来体现的。其中的收入款项包括回漕部的盈余储备金、政府补助金等，支出款项则是在此勘定口中对政府的借款进行了返还。而生计勘定账是以公债、银行存款为中心的勘定口，而且从 1880 年下半年开始股票逐渐成为其中一种资产形式。此外还有"缴纳生计费"这一支出项目，可以认为是岩崎家的私人支出。在 1881 年，这种生计费的缴纳仅仅记为"缴纳生计费"，若是给某个特定人物的话，则记成"缴纳某某""家用"，共存在三种粗略的记载方式。当然，亦有记为"职员补贴"的情况。虽然没有资料能够提供可参考的线索，但我们可以推测"家用"实际上指的就是家计费，而其余的则是包括捐赠款项在内的岩崎家各类经费。

这两种账本自 1879 年起保存至今，但若从 1879 年初的账簿开始进行梳理便可发现，在记载事项的内容与数量上将其分为两种勘定口的做法实际上是从同年 7 月开始的，而 1~6 月即上半年的记账被置于不同的会计系统进行，此后才将其分为别途口和生计口。① 意即，岩崎家的会计制度曾以 1879 年 6 月末为分界点进行改革，然后才出现了两种勘定口。只是在《三菱社志》或

① 依笔者所见，1879 年上半年只有『别途勘定口出納』（IWS297）一份史料来反映岩崎家与三菱的整体会计情况，其中包含了回漕部以外的事业。『别途勘定口出納』1879 年 2 月 21 日至 3 月 14 日这一短时间的资料记载了"会计方金库负责人"每天的出纳情况与银行余额。可以推测，此前所述的『别途勘定帳』『御手許勘定帳』是整理之后的账簿，而该资料是每天当时所做的记录，主要涉及海运相关的支出情况，也就是回漕部的出纳状况。

表 2 - 1　各勘定账簿的主要账户项目

别途账户	生计账户	元方
1879 ~ 1881 年		1882 ~ 1885 年
吉冈弥高铜山资本	公债	公债
高岛煤矿资本（1881 年）	股票	股票
三菱制铁所账户	银行	银行
汇兑店资本	个人贷款	个人贷款
汇兑店别账户	汇兑店账户存款	吉冈铜山资本
汇兑店别存款	汇兑店别途存款	汇兑店资本
汇兑店临时存款		高岛煤矿资本
外币账户		汇兑店存款
公债		千川水道
股票		回漕部返纳（扣除 1882 年）
银行		回漕部资本金
账户贷款勘定		购入新船资本金
	缴纳生计费	缴纳生计费
利息分红缴纳	利息分红缴纳	利息分红缴纳
辅助金缴纳		
回漕部扣除金		

注：表中省略了有价证券、存款额的种类以及银行名称等。
资料来源：『别途勘定帐』『御手許勘定』『資産覚書』『御手許用資産覚書』。

其他资料中并未见到关于此时期会计制度改革的记载。或许这不过是与回漕部表面会计工作进行分离时的一项改革。

若参考 1879 年 2 月的一些片段性史料[1]可以确认，当时三菱的会计账户存在"总勘定方"（也称"地盘勘定口"，由会计方金库负责人管理现金）和"别途勘定口"的区分，每月都会从

---

[1]　会計方金庫係『金銀出納（日報）』（IWS297）。

"总勘定方"向"别途勘定口"的储备金账户中支出储备金。若考察金库负责人的出纳日报即"总勘定方"账簿便能发现，运输收入、船舶维护的经费支出等几乎所有的项目均会在回漕部相关的勘定口运行，此外亦有"深川邸诸费"之类与家计有关的支出。因此三菱是每月从"总勘定方"向"别途勘定口"划去扣除金，在别途账户购入公债，进而使用别途账户储备金向弥太郎提供生计费的。[①]

回顾历史可以看到，从 1878 年 3 月设立"内方"至 1879 年 6 月对会计系统进行调整的一段时间里，三菱与岩崎家一共拥有两个账户：第一个是"总勘定方"，除了与回漕部相关联以外，还负责岩崎家各宅邸的诸费用与地产收入；第二个是"别途勘定口"，用以收纳回漕部的利润并以公债、股票的形式积累资产或向吉冈铜山投资。

之后，自 1879 年 7 月起，会计制度进行了改革。此时新成立的生计费账户是从此前"别途账户"分离出来的。具体而言就是将积累的约 240 万日元资产中近 150 万日元转移到新设立的生计费账户，如表 2 - 1 所示，仅将有价证券的利息分红作为收入并负责与家计有关的经费开销，而与事业部门有关的经费则置于新的别途账户加以处理。

1878 年 2 月以前，《三菱社志》的"岁末杂载"能够体现别途账户之存在，但除此之外也无法再说明其他问题。

---

① 此外还出现了"内方账户"一词，估计此时期与"别途勘定"所指代的是同一勘定口。

1879 年 5 月，根据《生计费勘定账》（此后被划分为两类账簿）的规定"在明治九年（1876）以前由社长投资的吉冈铜山资金今后将由总勘定方负责收纳"，产生了大约 4 万日元的收入，而且在《别途勘定账》中记有相同数额的支出。这意味着"由社长（支出）"的事情在"明治九年以前"是并不存在的，其原因恐怕在于 1879 年整理以前账目时，是将其算作生计费投资的。

以上所列事实能够说明，当时岩崎家对家计与经营进行了分离，抑或为了明确投资账户事宜而进行过反复摸索。

《别途勘定账》和《生计费勘定账》（1879 年 7 月至 1881 年）

若想考察 1879 年 7 月以后岩崎家、三菱的资产，需要首先查明前述两类账簿的资金动向。

首先，关于勘定口的称谓，《生计费勘定账》中将别途勘定口叫作"总勘定方"，而在《别途勘定账》中则将生计费勘定口叫作"内方"。它虽然是 1878 年所设"内方"的延伸，但作为会计组织与其设立之初仍存在不同。

"内方"与"内方元缔役"是随着 1878 年 3 月总公司进行的组织变更而在同月设立的。它负责"社长内家的普通事务"与"内家会计之统理"，同时前往吉冈铜山、新宫、大阪薪炭店处理事务。[①] 所以内方在设立之初并不仅仅是处理岩崎家家计的

① 『三菱社誌』第 5 卷、明治 11 年、353 页。梅园店作为处理矿业与家族内部事务的组织在 1875 年设立，一年后即被废除。可参考如下内容："现设立梅园店以处理此前三菱商会合并事务，回漕以外之事业（矿山、薪炭、

行政组织，也负责矿山行业的事务。但是吉冈铜山、大阪薪炭店于次年3月再次回到由总公司管理之后，[①] 内方的工作开始单纯地集中在"社长内家的普通事务"上。此后三菱公司的第二次、第三次规则订正继续对"内方"进行相同的规定，从而使之作为三菱公司的隶下组织一直延续到1885年。虽然其职务中仍存在"内家会计之统理"的规定，但仍可以认为"内方"的账簿正是"生计费勘定账"。

从上述称谓中可以看到，"生计费账户"实际上就是岩崎家的"内部"即私人的勘定口，而"别途账户"则是岩崎家事业的三菱勘定口。三菱公司的日常业务中包含了岩崎家的家计类事务，这可以说体现了其作为一个企业组织的不成熟性。从另一方面来看，三菱公司的业务包含了回漕部以外的事业，也意味着三菱邮政汽船公司作为一个表面上的公司组织，事实上与三菱公司之间出现了乖离的萌芽。

"总勘定方"与"内方"等史料上对各账户的称呼在1880年后又分别变成了"别途"与"生计费"。

接下来将考察回漕部与此前提到的1879～1881年两类账簿的关系。首先是关于回漕部的有价证券问题。1879年、1880年

樟脑、家用一类）则由上述机构处理，以上相关事宜将向泷宁静传达以处理。明治八年十月二十九日　岩崎弥太郎。"『三菱社誌』第2卷、明治8年、347页。此外还可参考如下内容："曾设立名为梅园店之机构以处理矿山等事务，但因目前已废除该机构故大小事务，可直接报告我本人。明治九年九月六日　三菱公司社长　岩崎弥太郎　吉冈矿山事务长场　近藤廉平阁下。"『三菱社誌』第3卷、明治9年、370页。

① 『三菱社誌』第7卷、明治12年、113页。

《别途勘定账》中记载的公债券借据、股票的金额，与"岁末杂载"中所列资产负债表的公债、股票额大体一致。[①]

而1879年、1880年"岁末杂载"中盈亏勘定书的"特殊收纳"之股利也与《别途勘定账》的数值几乎相同。这说明《别途勘定账》中所记载的资产与"岁末杂载"中所体现的资产有一部分是重复的。此外，别途账户中对政府补助金的投入、向政府返还钱款、对制铁所的投资等也能够证明"岁末杂载"中回漕部的账户与别途账户资产之间存在重复。换言之，1879~1881年"岁末杂载"中的资产负债表应是对别途账户和回漕部账户的综合体现。

此外，《别途勘定账》中还写有回漕部曾于1879年、1880年作为"储备金"以及1881年作为"由金库出纳中扣除的部分"向别途账户每月转入五六万日元。[②] 自1879年下半年至1881年，其总额合计达到155万日元。这在"岁末杂载"中是没有记录的。[③] 虽然我们目前无法明确这究竟是怎样的一笔款项，但或许可以将其判定为对回漕部投资所进行的回收。这笔储备金在进入别途账户以后，大多成为对汇兑店的投资或存款。

当时有价证券经常是在别途账户和生计费账户之间转入转出

---

① 虽然"岁末杂载"中并无关于1881年末股票的记载，但实际上应存在约4万日元，或许是由此段时间会计制度的改革所导致的。

② 1879年7月与1880年6月的记为"某月储备金"，1880年7~12月的记为"某月别途储备金"，1881年1月与2月的记为"由金库出纳划去部分"，3~12月的记为"某月划去"，直至1881年2月为止每月有5万日元，3~12月每个月有6万日元入账。

③ 《别途勘定账》中没有1880年2月的5万日元（该年每月均有5万日元）的储备金记录，实际上1881年末以前的总额有可能已达到160万日元。

的。譬如，1879 年下半年曾有约 17 万日元从生计费账户转入别途账户，1880 年上半年、下半年又分别有约 38 万、28 万日元由别途账户向生计费账户转出。而更为具体的内容还可以通过史料来确认，比如别途勘定账上记有 1879 年 10 月 16 日"买入金禄公债① 168552 日元"的内容，与此相应，当天在生计费勘定账上则记有"卖出金禄公债 168552 日元"。② 1879 年，别途账户还曾向回漕部转入储备金，用来充当买入公债的本金，而把提供给生计费账户的汇款命名为个人贷款。

　　由于生计费账户中记载的资产与别途账户不同，并没有记入"岁末杂载"的资产负债表，因此像 1880 年那样将别途账户中的证券卖给生计费账户，三菱邮政汽船公司的资产自然就会减少。到了 1880 年，生计费账户还曾取出银行存款③以充作购入公债的资金，与此相应，别途账户则将出售公债的收益充作汇兑店的资本。这实际上意味着生计费账户中作为银行存款的储备资金被换作股票转入别途账户之中，进而又成为汇兑店的开店资本。

　　1881 年，大多数的股票④从别途账户转卖给了生计费账户。

---

①　"金禄公债"是明治政府向华族、士族发行的一种公债。1867 年，明治政府正式颁布《金禄公债借据发行条例》，在废除俸禄制度的同时对其领取俸禄的特权实行了一次性买断。——译者注

②　在此之前，1879 年上半年约有 49 万日元的公债从生计费账户转入别途账户。即从 1 月开始依次购入的带有七朱（江户时期的一种货币单位，1 朱为 1/16 两）利息的金禄公债。但如前所述，这只是事后操作，故并不重要。

③　史料中记为"某某银行借款"。

④　具体包括东京股票交易所、贸易商会股票、第一银行、横滨外币交易所、东京海上。

104

前者用卖掉股票所获得的资金于 6 月另设了补助金账户。此后，以往按命令书直接进入别途账户的助成金及各航路的补助金等开始流入补助金账户，并通过该勘定口完成了对政府借款的归还以及对高岛收购费（大藏省①借款）的归还。换言之，是在表面上用政府的补贴和其他渠道的收入来偿还政府的债务。而 8 月股票交易产生的 158550 日元，实际上正是将汇兑店的账户存款用作生计费股票购入资金的同时，又将别途账户卖出股票的收入原封不动地全部划归汇兑店临时存款。

由此可以认为，1880～1881 年别途账户与生计费账户之间发生的有价证券置换现象，并不是单纯地以筹备汇兑店出资为目的。需要向政府备案报告的回漕部账户与别途账户连接在一起，从外表看是一体的，但实际上积累起来的未分配利益成为证券投资的资金来源。下文也会提到，在发生此种置换的时间内"岁末杂载"的资产负债表中亦展示出资本账户余额突然归零这一不寻常的变动。所以若将两者联系起来考虑，或许这种置换也意味着从三菱邮政汽船公司的资产项目中抹去大量有价证券的会计操作。我们可以通过这种操作，看到三菱隐瞒其资产的意图。而且在"岁末杂载"的资产负债表中，股票与公债的数额每年都会发生巨大的变化，使其看起来像是"公债与股票经常在股市进行交易"，② 但事实上这不过是三菱内部的一个置换操作，并非三菱将大额证券放在市场上进行买卖。

---

① 近代日本的大藏省相当于财政部。——译者注
② 旗手勲『日本の財閥と三菱』、57 頁。

当然，这也意味着两类勘定口之间的资金流动即回漕部的日常资金流动，与另行管理的运费收取和经费支出并无直接关联，所以才能够在上述账户中得到处理。由此可以推测，当时的回漕业务与总公司之间实际上处于分离状态。

1881 年的《高岛矿山勘定账》中曾将别途账户称作"三菱勘定口"，并将从别途账户借来的款项定义为"从三菱公司借入的款项"①。但同年 9 月以后，该勘定账又将其改成了"从总公司"②。同时，在《别途勘定账》涉及回漕部账户时，使用了"金库负责人""金库出纳勘定""总勘定口"等词。

史料 6

小一郎阁下：

……日后在海外出售煤炭的费用、在长崎出售煤炭的费用，皆由总公司进行处理。且高岛煤炭业所需资金无论是其总额增加还是在投资后接受订单，均应经总公司兑为纸币后再行处理，故现向诸位传达此事。彼时当□亦谈过，因存在与英一之间的账户，故将一直设立总公司和高岛之间的结算账户。由总公司收取的煤炭出售费用、从英一处收取的部分以及从三菱收取的煤炭销售费用等都将作为高岛之贷款。而此处提供之纸币将作为高岛之借款。其期限如每半年结算一次即可。尤其是班轮，每月应有一次我方之结算。以防万一，

---

① 『高嶋石炭山勘定帳』（IWS199－1）。1881 年的史料中无法找到其他年份的类似记录，但其账簿的形式与别途勘定账等完全一致，从笔记来看应是同一机关制作而成。
② 其后省略的内容应为"而来的勘定口"。——译者注

在此告知。

平五郎

十八日^①

从上述文书来看，很明显存在三类账户——总公司、高岛、三菱。其中的高岛自然是指高岛煤矿长崎事务所，那么"总公司"和"三菱"又指代什么呢？或许这里的"总公司"，是指与高岛间存在结算勘定的别途账户（与前述《高岛矿山勘定账》9月以后的称谓相同）。而这里的"三菱"，从"三菱收取的煤炭销售费用"一句，可知指代回漕部。因此，通过有关如何处理煤矿费用的文书能够看出，作为勘定口的总公司与回漕部（该史料表述为"三菱"）之间是存在区别的。庄田等高层之间谈论的"总公司"显然是指其他组织而非回漕部。

基于如上考察对此时期三菱的勘定口与"岁末杂载"的关系进行梳理，能够形成图 2－2。前述《高岛矿山勘定账》中记载的是"三菱公司"＝总公司＝别途账户，而在庄田文书中则是"三菱"＝回漕部账户。因此需要重点关注的是，在三菱的实际组织之中，回漕部在此后逐渐开始被视为诸多部门中的一个，而"三菱邮政汽船公司＝回漕部"的图式不再用来表达整个三菱了。

1882 年前后的会计系统改革

如前所述，1882 年初，别途账户和生计费账户整合成了一

---

① 庄田平五郎致川田小一郎，1881 年（月份不明）。参见『坑主来翰綴 明治一四年四月～一二月』。

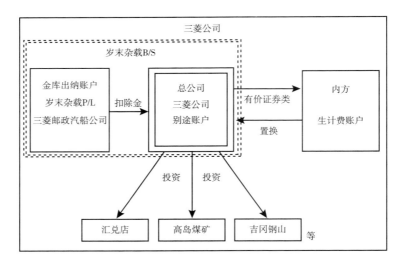

图 2 - 2 1881 年的三菱公司

注：最上方的"三菱公司"为组织结构总称，中央的"三菱公司"为资本勘定口名称，辅助金勘定口已省略。

个叫作"元方"的账户。它在此后的三菱社、三菱合资公司时代继续存在且成为岩崎家的奥帐场。第一章也提到，奥帐场在该年宣告成立。这一勘定口也是 1878 年所设"内方"（生计费）的延伸形态。此后至 1885 年，回漕部开始在三菱内部完全与勘定事务分离。

为配合这一时期的称呼，以下将该勘定口暂称为"元方"。

比照 1882 年 2 月以后的《回漕部勘定元账》① 可知，1881

---

① 『回漕部勘定元帐差引残高记入表』这一账簿关于 1882 年 2 月至 1884 年 12 月（缺少 1883 年 1～10 月的部分）共计有五册，与『三菱社誌』「岁末雑载」资产负债表 1881～1884 年的部分是同一格式。也就是说，虽然"岁末杂载"中存在 12 月 31 日的报表，但是该表实为每天（或两三天一

年"岁末杂载"中的资产负债表与其保持了同一形式。节选1881年"岁末杂载"的资产负债表与1882年《回漕部勘定元账》中数据发生变化的日期，并将其加以整理，可形成表2-2、表2-3。

首先来看1881年末的部分。1881年是从别途账户对高岛煤矿进行投资的（见表2-1），因此1881年"岁末杂载"的利润表中记有"对高岛煤矿资金收取利息"一项。若用传统的方法将别途账户与回漕部合为一体来计算，"岁末杂载"的资产负债表中理应也包括对高岛煤矿的投资，但实际上当时该表是以回漕部的勘定元账为基础制作的，故并未体现出这一点。《回漕部勘定元账》的起点是1882年2月，欠缺当年1月的内容，可认为其原因在于此时对会计系统进行了改革，并且1881年"岁末杂载"的资产负债表是在1882年2月以后制作回漕部会计账簿时事后补制而成的。所以，1881年"岁末杂载"的资产负债表中最终未出现向高岛煤矿投资的相关记录。换言之，这种操作导致前后资产负债表所包含的事业内容失去了连续性。

那么我们应该如何看待别途账户与回漕部的关系呢？

如前所述，1881年末"岁末杂载"的资产负债表实为回漕部的资产负债表，其勘定项目与上一年度相比有很大的变化。所以此前计算出来的资本与利润账户都没有出现在表中。而这一处

次）制作拼接而成的账簿。虽然暂不清楚1881年以前是否存在这一账簿，但考虑到1882年发生了会计系统的变化，可以认为是1882年才开始制作这一账簿的。"岁末杂载"中记有1881年12月31日相同样式的表格，因此可以认为是1882年制作余额记录表时事后制作而成的。

表 2 - 2 《回漕部勘定元账》节选（贷方）

单位：日元

贷方	1881年12月31日	1882年2月1日	1882年4月7日	1882年4月9日	1882年9月3日	1882年9月6日	1882年12月30日
元方	196713	196713	196713	552730	308863	251029	
借款	2964230	2964230	2958105	2958105	2866382	2865382	2814462
应付票据指示书	23623	69881	162075	164429	121451	125314	107675
储金	32695	31537	30188	30188	26766	26761	24595
各存款	105561	104908	138749	69209	99092	99258	107903
身元保证金	30344	31075	31833	32033	31470	31470	32167
其他店	16844	7415	12688	12688	61552	52146	
汇款	37146	20176	58519	58519	93835	92835	130322
保险储金	1045148	1045148	929358	1071712	1071712		
各店运费	282441	251533	407656	370209	453627	262552	85443
通货汇兑	201						1084
商船学校	9378	9403	1329	531			
公务类	1685	1154	5006	4995			2342
扣除金	2520	2597			15481	15481	26000
各分公司定期付款	50255	50255	160860	170148	185682	195992	112194
各分公司解下船账户	283	283		249	2093	2093	
制帆所	2133						

贷方	1881年12月31日	1882年2月1日	1882年4月7日	1882年4月9日	1882年9月3日	1882年9月6日	1882年12月30日
金库			51613	64691	20302	29506	65568
煤炭出售费用					72230	72230	162102
御用船账户					61106	61106	
车马费现金付款							14139
各地运费	2091726	2406541	2610527	40959	1611491	1804812	3335134
杂收纳金	18375	19858	40766	9491	32165	32179	106352
助成金	137080	137080	189163	64168	164336	164336	276666
交换溢价				2406			
利息账户	57663	57770	57425		85534	52737	58188
总计	7055506	7407557	8042573	5677460	7385170	6237219	7462336

注：1882年6月11日以后从"利息账户"更名为"特殊收纳"；表中仅保留整数。

资料来源：1881年的数据出自「岁末杂载」，其他数据出自「御手许御用　回漕部勘定元帐差引帐高记入表」（IWS323、IWS324）。

表 2 - 3 《回漕部勘定元账》节选（借方）

单位：日元

借方	1881年12月31日	1882年2月1日	1882年4月7日	1882年4月9日	1882年9月3日	1882年9月6日	1882年12月30日
通货	33442	58493					9145
	100	100	100	100	100	100	100
第一一二银行定期存款							

借方	1881年12月31日	1882年2月1日	1882年4月7日	1882年4月9日	1882年9月3日	1882年9月6日	1882年12月30日
公债借据	1206574	1206574	1202724	1202724	1167874		
土地房屋	506625	565349	553611	561036	637325	636417	689372
船舶成本	2097719	2098724	2457554	2339029	2362147	2362147	2428795
分公司存款	23240	40084	29482	46791	136797	136928	38816
各船储备金	7616	5899	6088	8068	6477	6477	8879
煤炭费	127254	233638	344308	345132	330105	337127	122927
仓库费	158234	161987	177128	177227	165203	165203	181653
笔纸墨	10979	13248	7504	4539	7538	7538	52
油船酒食品	16796	18868	14548	16412	14777	14777	6996
东京艀下	22063	20012	21992	21895	15448	15448	13455
各分公司艀下			611		1392	1392	3872
暂付款	333565	330630	339465	320420	289085	291125	356867
预付工资	212764	297763	223221	205221	112181	113948	85592
制帆所	2045	2849	1250	1250			1512
制铁所	60667	81497	105970	105970	96559	103593	119368
通货汇兑		844	4899	5177	126	31	
贿方*	12608	6012	29330	29870	45994	46332	
分公司定期收纳		13217	62669	62565	25556	25523	25011
总公司船陆运费		6693	153238	155214	210664	203147	85544
学费贷款	7199	7061	10402	10378	9639	9638	8868

借方	1881 年 12 月 31 日	1882 年 2 月 1 日	1882 年 4 月 7 日	1882 年 4 月 9 日	1882 年 9 月 3 日	1882 年 9 月 6 日	1882 年 12 月 30 日
补正	1	4	615	615	356	356	356
新潟高砂修缮	449176	449176					
各船在炭	122557				67272	6633	110064
陆船运费现金			29966	25110	33794	12090	
商船学校			799	799	35	35	38
现金					23669	23669	51530
公务人员					525	651	
其他店铺							13127
各船经费	1358254	1492994	1777969		1172182	1232882	2100504
陆运经费	90311	100399	287537	28253	386087	418589	902546
商业学校费	1200	1220	1477	256	644	644	1282
交换溢价	194493	194221	197900		35884	36043	52220
利息账户				401	28729	28730	43837
各地运费			211				
总计	7055482	7407556	8042568	5674452	7384164	6237213	7462328

注：1882 年 6 月 11 日以后 "利息账户" 更名为 "特殊收纳"；表中仅保留整数。

* "赔方" 指负责勤的部门。

资料来源：1881 年的数据出自「岁末杂载」，其他数据出自「御手许评御用 回漕部勘定元帐差引残高记入表」（IWS323、IWS324）。

113

理可以推测是在 1882 年对投资相关勘定工作进行变革之际实施的，因此 1881 年末的资产负债表应是事后才补制出来的。

我们在这里首先从元方《资产备忘录》与《回漕部勘定元账》之间的关联性展开考察。若翻阅元方账簿《资产备忘录》就能发现，紧接着上一年度别途勘定账之后，记载了 1882 年 7~12 月回漕部扣除金分七次转来了 446839 日元（见表 2 - 4）。但是元方将其记成"由回漕部的返纳"，回漕部的出纳账①中将其记为"向元方勘定口的返纳"之后，便再无扣除金的存在。从表 2 - 2 回漕部勘定的变化中也能够看出，1881 年"岁末杂载"的资产负债表中贷方还包括"元方"这一项目，至 1882 年末却不见了踪影。继续追查《回漕部勘定元账》的元方勘定口（表 2 - 4）便可看到，在元方的余额于 4 月 9 日增长到 552730 日元之后，《资产备忘录》中每次记录由回漕部转入的资金时其元方勘定口都会出现相同金额的减少。② 至 12 月 29 日完成第七次转入后，元方的余额最终降为零，此后便再无该项目了。

也就是说，该年的扣除金与此前每月由回漕部转入别途账户的回漕部利润储备金有所不同，如此前史料所示，系由回漕部对元方借款的"返纳"。虽然暂不清楚 1881 年末资产对照表中所

---

① 『御手許御用　回漕部正金銀出納日報』（IWS320）。该账簿正如其名，记录了回漕部每天的出纳，但亦记有各分公司、各船的收入。此外，东京各处地租汇入此账簿，骏河台等岩崎家宅邸修缮费也由此支出。

② 『御手許御用　回漕部勘定元帳差引残高記入表』（此处为 IWS323，2~8 月；IWS234，9~12 月）。

表 2 - 4　回漕部账户（元方余额）

单位：日元

日期（次数）	余额	增减额
1881 年 12 月 31 日	196714	
1882 年 2 月 1 日	196714	
1882 年 4 月 9 日	552730	356016
1882 年 7 月 3 日	475703	− 77027
1882 年 7 月 5 日（第一次）	448864	− 26839
1882 年 7 月 22 日（第二次）	378864	− 70000
1882 年 9 月 4 日（第三次）	308864	− 70000
1882 年 9 月 6 日	251029	− 57835
1882 年 10 月 10 日（第四次）	181029	− 70000
1882 年 10 月 30 日（第五次）	111029	− 70000
1882 年 11 月 29 日（第六次）	41029	− 70000
1882 年 12 月 29 日（第七次）	− 28971	− 70000

注：次数来源于『資産覚書』，对小数部分做了四舍五入处理 。
资料来源：1881 年的数据出自「歳末雑載」，其他数据出自『御手許御用回漕部勘定元帳差引残高記入表』（IWS323、IWS324）。

记回漕部向元方借入的 196713.54 日元是如何得出的，[1] 但或许可以认为，岩崎家是通过某种操作使回漕部与元方的资金关系变得看上去像是元方向回漕部借出了约 19 万日元，并且在此后整理账户时使之增加到了 55 万日元，进而在同年又由元方将此笔钱款全额回收。

---

[1]　表 2 - 3 所示的『回漕部勘定元帳』中有『資産覚書』中未出现的三次变化。关于 4 月的部分约有 36 万的增额，对此将在后文叙述。7 月的减额与借方现金账户的减少金额一致。9 月 6 日之所以发生金额的减少，乃因为当天保险储金与公债账户移交给元方，关于这一问题也将在后文展开分析。

当时业已启动的回漕部以外的三菱其他事业中，1882 年以后的制铁所、仓库、制帆所都是由回漕部负责投资的，而高岛煤矿、吉冈铜山、汇兑店等处的出资则是由元方负责。这实际上意味着与海运业直接相关的业务或者说并未"违反禁止兼业"这一规定的业务是由回漕部负责出资的，其余业务则是由元方负责处理。

如此看来，1882 年岩崎家会计系统发生重大改革的同时，回漕部也在发生改变。所以他们从 1881 年开始不断通知各分店削减经费，并在同年 5 月的通知中强调："……海陆均应实行节俭政策，修订以往惯例。本年将全年试行，自一五年初起进一步确立未来目标。"① 即是在为 1882 年初的制度改革做准备，进而在 1881 年 11 月 1 日修改了会计规则、制定了预算。

史料 7

与会计相关的规定……

（二）盈亏预算表的制作及会计年度之改革

迄今尚未有过盈亏预算表之编制，故明治十四年十一月一日起修订会计规则，新追加预算编制条款，各分公司需在下年度事先上报客货运输费用概算。进而，因同月二十四日实行事业之指针，故将以编制回漕业盈亏勘定书为目的确立会计科目规定，每月从各分公司向该科目□□，制作勘定书提交总公司。同时会通

---

① 『三菱社誌』第 9 卷、明治 14 年、166～167 頁。"一五年"即明治 15 年、1882 年。——译者注

知各分公司将过去一年两季之会计年度改为一年一季，并制定结算与各分公司勘定报告等事。①

史料8

制定会计科目规定时向各分公司传达

因按会计科目规定之别册已定，故为贯彻其主旨而传达此事

一、该会计科目乃总公司编纂之回漕部盈亏勘定书之项目规定②

如上所示，制定会计科目规则的目的是在总公司对"回漕业务（回漕部）盈亏勘定书进行编制（编纂）"以统一标准，促使向政府的汇报工作更有条理。当然，除此以外也进行了对会计规定的修正，但遗憾的是并未留下资料文献。③

此外，1882年3月编写的预算勘定书在前言中还写道："此次组织与此前之组织在原则与目标上并不相同。"④ 那么这里所说的与此前不同的该组织之"原则与目标"到底指的是什么呢？首先可以确认，其根本目的是为颁布第三命令书而做准备。当然，从前面提到的1881年5月"海陆均应实行节俭政策"这一

---

① 『三菱社史　初代社長時代』（中）（MA6044）、1274～1275 頁。
② 『社内願伺写　明治一四年自一月』（MA972）。
③ 记有如下规则修订相关内容：甲第一号（红字），明治十三年以来修正规则书令颁布一事，公司内部应一同遵守。但规则书第四章属于会计的条款将在此后另行制作颁布。明治十五年一月十三日　社长　岩崎弥太郎印。虽然也留有其他规则，但是没有附录的会计规则史料。参见『布達原記』（MA117-2）。
④ 『明治一五年度回漕部　総出納豫算勘定書　甲号』（MA9578）。

改革背景来看，编制预算的目的是节约开支，对各业务部门进行单独结算以明确把控盈亏。但这里所说的"组织"似乎与以往不同，考虑到政府收紧了第三命令书中"禁止兼业"这一规定，它索性将回漕部与其他事业部门的会计明确分离，以便将其塑造为一个单独的组织。

事实上，回漕部会计制度的改革使其自身的负债结构发生了巨大变化。1881 年末"岁末杂载"的资产负债表中，公债借据金额与 1881 年末生计费账户的公债借据金额一致。但在 1882 年的《回漕部勘定元账》中，如表 2 - 2 所示，9 月 6 日的公债与保险储金的勘定口消失了。[①] 前者在当天编入了元方（《资产备忘录》）。关于这一点，有资料留存下来：

史料 9

社长、管事：

关于账户修正一事

回漕部中保险储金之勘定口，根据明治十年已定之账户规则将于每年总勘定之际以航海船每船一年船价之 15%、碇泊船 10%的比例来计算每船之亏损，其金额作为保险储金划为保险账户，并应在该储金中进行结算。该办法仅限于内部计算，故自本年起不再属于此账户范畴，且明治十年以来之账户余额一百零七万一千七百一十二元八十六钱四厘将最终转入元方账户之贷方。

一、上述保险储金，有实价共计一百一十六万七千八百七十

---

① 『御手許御用　回漕部勘定元帳差引残高記入表』（IWS234）。

四元七十六钱八厘之公债借据置于回漕部账户资产部分之内。因上一款规定废除保险储金账户，故亦需将公债借据之所有金额最终转入元方。此公债借据，自本年一月以后收入之利息亦应一并转入元方。如上所述之修正中，本年一月以后应属保险之亏损可计入当年盈亏勘定。决议如上，特此通知。

会计勘定员　浅田正文

明治十五年九月七日①

从上引史料可以看出，1877 年设置的保留于内部的保险储金是用于购买公债的。这种通过保险储金来应对未来风险的办法，以建议仅限于"内部计算"的方式被废除，进而将此前的储金余额转入元方。这一措施是在应对保险储金账户废除的同时，让此前保留在"回漕部账户资产部分之内"的公债借据随之转入元方。此种账簿替换操作的结果正如前文所述，能够在同年 9 月的《回漕部勘定元账结算余额记录表》《资产备忘录》中看到。

然而"回漕部账户资产部分之内"的公债是从当年 1 月开始存在的。在此之前的公债几乎都保存于岩崎家资产形成口的《生计费勘定账》中，且《三菱社志》"岁末杂载"的资产负债表中也没有记录 1880 年大部分公债由别途账户转向生计费账户时与保险储金保持平衡的相关形式。事实上，1881 年"岁末杂载"的报表之所以能够保持平衡，完全在于前面提到的资产负

---

① 『社内願伺写　明治一四年自一月』（MA972）。

债表之事后制定。

　　与保险储金同样被保留于内部的还有各船的折旧亏损，截至上一年度，三菱一直是按照簿记法的规定对每艘留用的船舶进行约 10% 的折旧计算。仅汽船一项便在 1882 年折旧 14%、1883 年折旧 18%①、1884 年折旧 13%。虽然折旧率的略微增长也可能是由保险储金的废除导致，但船舶的严重老损现象也是确实存在的。

　　对上述各类分析做一总结，可以认为，岩崎家的资产账户是在 1879 年 7 月以后将此前的"别途账户"划分为别途账户和生计费账户的，以往积累起来的约 150 万日元有价证券则全部经由别途账户被纳入生计费账户中。该勘定口一方面负责家计费的开支，另一方面通过利润分红等方式保持资产积累，至生计费账户在 1881 年末被关闭时，共分别增加了约 180 万日元与 30 万日元。在此期间，生计费账户不再出现在"岁末杂载"中，而是作为隐藏的部分发挥资产积累的作用。

　　也正是在此期间，与回漕部会计事务相关的别途账户与生计费账户发生了有价证券资产的替换操作，即将资产隐藏在未公开的生计费账户中以避免舆论对三菱的指责。同时，因为别途账户包含一部分回漕部的会计并以该形式积累资产，所以"岁末杂载"中也记载了别途账户的部分数据。②

---

①　由于 1883 年隅田丸、秋津洲丸、黄龙丸搁浅，三艘船均全额折旧，除去后约剩 10%（1882 年未统计每船数据）。

②　暂不清楚"岁末杂载"中是否记有向政府递交的会计文件。虽然 1880 年尚未形成资产负债表这一形式，但也不能由此否定当时已提交大致成型之利润表的可能性。关于此点尚未探明。

1882 年，别途账户与生计费账户正式合并为元方（奥帐场）之后，以往与别途账户未能明确区分的回漕部会计完全从回漕部分离。① 不仅是别途账户与回漕部的区分，考虑到它和生计费账户之间频繁的有价证券流动，我们可以认为，即便到了这一阶段，回漕部与"内部"的区分仍不明确。前述与回漕部保险储金相平衡的公债同时保持了与别途账户、生计费账户的联系便是其中一例。

此后的"奥帐场收支盈亏表"等②与奥帐场相关资料之所以都是以这一年为起点，原因正在于自该年起"内部"终于踏上了明确分离之路。

那么为何会在这个时间点进行会计系统的改革呢？原因可以从当时收购高岛煤矿时使用"回漕部"的表述中看出端倪：由于经营事业的扩张，其管理机构呈现出错综复杂之势，故有必要将总公司的职能进行实际上的区分。同时为了节约各事业的经费，必须明确会计的分工，所以以此为契机实施了改革。在这一过程中，舆论对三菱的批评越来越多，最终随着 1882 年 2 月末第三命令书的临近发布，其改革方向大致确定下来。受此影响，三菱对会计账簿进行了整理并使其仅明确体现回漕部的收支，又将三菱、岩崎家此前积累下来的资产从回漕部分离出来，使之继

① 虽然会计账簿的样式发生了巨大变化，但就以下史料来看，制作汇总的仍是总公司会计勘定负责人浅田正文："明治十五年九月二日　会计勘定负责人　浅田正文。社长　管事。一、现副社长在大阪执行出差任务，故关于祭典费用如别纸勘定由大阪发出并计入元方账户。"参见『社内顾伺写　明治一四年自一月』（MA972）。
② 参见表 2－8 及本书第一章内容。

续作为岩崎家的事业顺畅地完成资本积累的作用。而 1882 年 2 月以后留下的回漕部勘定元账，亦可证明此次会计制度改革的目的是应对第三命令书的颁布。

此外，第三命令书曾在确认第一条关于"禁止兼业"的规定之前提出过其他方案，其中涉及了关于如何处理高岛煤矿的问题。[①] 三菱认为，该煤矿在 1882 年以前始终在与回漕部关系密切的别途账户中进行处理，所以在此之后若与回漕部分离而改由元方来处理的话，便可尽量规避第一条的规定（关于与高岛煤矿账户相关的内容将后述）。

由此可见，1882 年会计制度的改革对于三菱的会计制度来说，比 1877 年的簿记法更具有划时代的意义。

三　回漕部的出资和三菱的总资产

关于回漕部的投资

接下来将梳理此前曾提及的元方回漕部投资问题。遗憾的是，目前对于回漕部投资构想的研究存在很多不明之处。若追查"岁末杂载"资产负债表中的资本账户，可得到表 2 - 5。约在 1880 年以前，其都是将当年上半年的盈亏总额作为资本金的，同时将下半年的盈亏总额计为结算盈亏额。

---

① 详细内容参见武田晴人「史料紹介『三菱社史　初代社長時代——海運誌」」『三菱史料館論集』2000 年創刊号。

表 2 – 5　回漕部的资产积累

单位：日元

时间	结算账户	总计	备考
1875 年 10 月至 1876 年 12 月	308626		
1877 年上半年	285263	593889	1877 年"截至当季的盈利"
1877 年下半年	932712	1526601	
1878 年	– 505721	1020880	1878 年"从上半年留下的余额中扣除当季损失后余额"
1879 年上半年	201338	1222218	1879 年"资本账户"
1879 年下半年	92101	1314319	
1879 年下半年折旧费	*113585*		1879 年"当季盈利"（1879 年下半年结算账户和斜体三个数值的总和）
1879 年下半年保险积金	*135500*		
1879 年上半年保险积金	*132846*	474032	
1880 年上半年	231733	1546052	1880 年"资本账户"
1880 年下半年	459940		1880 年"当期余额"
		2005992	
1881 年上半年	440507	2446499	
1881 年下半年	345878	2803377	
1882 年	560509		1883 年"明治 15 年度结算剩余"
		3363886	
1883 年	– 45324	3318562	
1884 年	– 216948	3101614	
1885 年	– 5568	3096046	

注：备考栏与资产负债表一致。
资料来源：「歲末雑載」『三菱社誌』。

在 1882 年改革以前，1879 年、1880 年"岁末杂载"中曾有
"资本账户"一项，一直将此前的结算勘定额积累为资本。而
1877 年、1878 年，虽然不存在"资本账户"，但也有"当季前
盈利"等勘定口来对应 1879 年、1880 年的资本账户。

将 1881 年"岁末杂载"的资产负债表与 1880 年进行比较便可发现,1880 年以前"岁末杂载"的回漕部账户中包含了别途账户的一部分,而 1881 年以后的报表中却仅有回漕部,故其结构亦发生了大幅变化。受此影响,当时约有 154 万日元的资本账户不见踪影。而本应作为 1881 年资本账户的约 200.5 万日元,以及约 79 万日元的当期盈利亦无迹可寻。

如此一来,虽然回漕部看似将利润全部积累起来后并未返还给投资者岩崎家,但实际上这些利润都毫无例外地被三菱(岩崎家)使用了。换言之,1880 年以前"岁末杂载"资产负债表中记载的回漕部利润作为资本账户被积累下来这一情况,与实际存在偏差。更接近实际的情况是:资本账户一项在 1881 年以后从资产负债表中消失了。

而其他明显的变化还包括:股票由于 1881 年以后被转移至生计费账户"岁末杂载"中,已无法查看,而公债全部记录在回漕部的资产负债表上。与此相应,"各船经费"从约 7 万日元的增长到约 136 万日元,而"各船运费"从约 6000 日元大幅增加到 209 万日元。

要弄清楚这些变化的意义所在,就需要追查 1882 年以后《回漕部勘定元账》中的余额记录表(见表 2 - 2)。

之所以当时将"各船运费"改成"各地运费",乃因为从 1882 年起运费改为按照每个分店而非每艘船只的收入来计算。追溯这些数字可以发现,两种数字都曾持续微增或微减,至 4 月 7 日时"各船经费"达到约 177 万日元,"各地运费"则达到约 261 万日元。

但是到了 4 月 9 日、10 日,"各船经费"一项消失了,"各地运费"变为约 5 万日元,而且当天元方中增长了约 35 万日元。同年 9 月 7 日的情况则如前所述,"公债借据"中的 116 万日元与"保险储金"的约 107 万日元转入元方,由此,回漕部的两个勘定口最终关闭。

进而,《回漕部勘定元账》中 1882 年 12 月 30 日的报表与 1882 年"岁末杂载"① 的资产负债表完全一致。

但遗憾的是,由于缺少 1883 年 1 月至 10 月末的《回漕部勘定元账》,我们无从得知在此期间发生了怎样的操作,只能推测是该年 4 月进行过结算并清理了各地运费。翻阅 10 月 31 日的报表可以看到,其中的"一五年度结算额账户"中约有 56 万日元,而 1883 年末的各地运费约为 266 万日元,这与同年"岁末杂载"中的记载相符。②

从 1884 年 1 月 22 日起,公文纸的种类发生了改变,账户项目由手写再次改为打印。同时,银货与普通货币的明确区分记载也开始出现。③ 受此影响,21 日以前"明治十五年度结算额账户"这一项目名称在 22 日变成了"结算额账户"。

查看同年 3 月 18~21 日的报表可以发现,借方的"各船经费"约 226 万日元、"陆上经费"约 108 万日元,贷方的"各地运费"约 322 万日元以及"借入流动金"约 68 万日元等全都消失了。④ 而"盈亏

---

① 『三菱社誌』第 10 卷、明治 15 年、508 頁。

② 『三菱社誌』第 11 卷、明治 16 年、215 頁。

③ 『御手許御用 回漕部勘定元帳差引残高記入表』(IWS326)。

④ 原本三菱预计用 44 年时间还清 1883 年 7 月 4 日由政府提供的船舶费,但此后通过利润计算一次性还清了。由此产生 68 万日元差额,即"借入流动金"。『三菱社誌』第 11 卷、明治 16 年、70~73 頁。

账户"中则出现了借方银货约 79 万日元、贷方普通货币约 135 万日元，且船价减少了约 19 万日元。由于助成金账户中正好将 1883 年的助成金收入抹去了 278200 日元，故可以推测当时对 1883 年进行了临时性的盈亏计算。

与此同时，1883 年"岁末杂载"的盈亏计算书中并未算入借入流动金，该表末尾还追加了庄田的附记："……为暂时上缴船费借款的利润计算表，即便已收到流动金也应使计算结果成立，同时在利润计算中确保收入不可与商业存在关联。该表应省去以上所有账户，以展示本年所有收支盈亏，即便存在上述账户并引发龃龉，亦不可原封不动地将其作为最终结论，而应制订别册之临时盈亏勘定书来了结此事。"

回漕部的勘定元账每天都会有借入流动金的入账，而盈亏勘定书中由于"不可与商业存在关联"未有记载，为此另行制订了"临时盈亏勘定书"。呈交政府的或曰公开对外的文件中不计入流动金的盈亏计算，或许是为了回避对助成金等事的非难。虽然我们已无法查到这份"临时盈亏勘定书"，但如果"岁末杂载"的盈亏计算书包含借入流动金，可以认为 1883 年有大约 64 万日元的盈余。

在 1884 年 4 月 8 日、9 日两天，"盈亏"的名称在借方与贷方都改成"临时盈亏"，借方的临时盈亏又给借方计入了约 45000 日元的"盈亏"。

这一情况以往并未引起大家的注意，但是该表亦存在于 1883 年《三菱社志》的"岁末杂载"中，虽然其形式与记述方式略有不同，数值却是完全一样的。① 而"岁末杂载"中专门标记的若干文字值得注意，如"明治十七年四月九日即十六年度结算日资产负债勘定书"等，而且该表虽然分为资产与负债两种形式，但每种形式的第二张表都在其开头记有"明治十六年度未结算中，明治十七年度已付各项经费应暂时计入资产（负债）口的部分如下所示"等内容。

也就是在说，1883年"岁末杂载"中最初的资产负债表是在结算之前形成的，而1884年3月18日则为其给出了一个暂定的盈亏统计，至4月9日才到其结算日。

进而到了1884年5月12日，借方的临时盈亏被算入"结算账户"中，而贷方的临时盈亏与借方的盈亏口以及此前的结算额账户（1882年）合计在了一起，贷方的"结算账户"达到约188万日元的数额。关于此点，将在后文中详述，但为何在该日再行处理迄今仍不清楚。

1884年"岁末杂载"资产负债表②的内容与年末《回漕部勘定元账》③中的记载也是完全一致的。虽然1885年的《回漕部勘定元账》并没有存留下来，但1884年"岁末杂载"与1883年一样，记录了有结算日（1885年3月5日）的资产负债表。④它与上一年度进行了同样的操作，在资产中标记了"明治十七年盈亏勘定结算额"约为41万日元，在负债中则记载了"明治

---

① 『三菱社誌』第 11 卷、明治 16 年、219 頁。
② 『三菱社誌』第 12 卷、明治 17 年、401 頁。
③ 『御手許御用　総勘定元帳記入表』（IWS327）。
④ 『三菱社誌』第 12 卷、明治 17 年、404 頁。

十七年盈亏勘定结算额"约为 15 万日元。

可以认为，1883 年将翌年的 4 月 9 日（3 月 18 日为预结算）定为结算日，而 1884 年采取了相同的办法，将翌年的 3 月 5 日定为结算日。

由于 1882 年后回漕部的会计中仍有大量尚需明确之处，故在此仅作以上讨论。

对高岛煤矿的投资

表 2－6 记载了 1879～1881 年的别途账户与生计费账户的合计金额以及 1882～1884 年元方的资产账面金额，并以此作为三菱（岩崎家）的资产。

考察该表时，包含在各事业内的对汇兑店与高岛煤矿的投资值得注意。关于高岛煤矿，有如下记载：

史料 10

高岛煤矿长崎事务所　川田小一郎阁下：

……一、煤矿资本账户一事，明治十四年七月以前煤矿主之出资额与大藏省之借款额的合计金额将作为高岛煤矿之借部。另，每次运输时由本方提供的资本金将同样成为高岛煤矿之借部，而将煤炭销售费用、当地收入及上海长崎等地汇款作为贷部，始终保持一定差额。即每次运输时由本方提交的计算书之余款与高岛借部金额相应。但如此操作将使结算账户随着高岛煤矿资本额而频繁变动，煤矿主将面临整体商业预算上之不便。本年八月又有大藏省借款、煤矿主出资与从当地运来若干现金，此三

表 2－6 1879～1884 年的岩崎家资产

单位：日元

时间	现金 别途现金	现金 生计费现金	小计	公债	股票	存款	回漕部	各事业	其他	合计
1879 年 1 月	315720	479124	794844	993326	57600	265638		140012		2251420
1879 年 6 月	85767	424234	510001	1391259	55600	371578		90240		2418678
1879 年 12 月	229459	76919	306378	1372041	155600	903751		74223		2811993
1880 年 6 月	51390	24534	75924	1294762	180273	606944		1204223	31300	3393426
1879 年 12 月	174066	71186	245252	1292762	264919	136944		1862916	18313	3821106
1881 年 6 月	136461	37490	173950	1230137	314830	8190		2981417	20989	4729513
1879 年 12 月	60841	47021	107862	1230235	324030	0		3505000	20914	5188041
1882 年 7 月		0	255623	0	382330	0	552730	3140937	6315	4337935
1879 年 12 月			633921	1127716	391840	216785	0	3261160	6493	5637914
1883 年 6 月			387789	1047653	421840	317240	0	3572084	17004	5763609
1879 年 12 月			469565	1419253	584890	0	629860	2777376	69698	5950642
1884 年 1 月			470065	1419239	582364	0	629860	2765166	79380	5946074
1879 年 6 月			167060	1741762	813139	银 1788	910504	2330397	169026	6133676
1879 年 12 月			422814	1677626	813589	银 42	904215	2088238	164332	6070854

资料来源：「别途勘定帐」（IWS503/504）、「御手许勘定帐」（IWS505/506）、「御手许御用　明治 15 年 1 月」（IWS308）、「资产览书」（IWS690）、「御手许御用　资产览书」（IWS507）、「御手许御用　元方正金银出纳日报回漕部勘定元帐差引残高记入表」（IWS324）。表中数据的小数部分散了四舍五入处理。

项合计定为一百三十万元，将以此金额作为高岛之资本总金。故此后每次运输时由本方出资，而资本金将由此定额中支付。此外，若高岛贷部即煤炭销售费用不足以缴纳矿主之煤矿资本金，将由东京方面提供借款予以勘定，待此金额逐渐增值。一旦增至约五万日元，便向矿主返还，以完成消减资本额之结构。且至年末时，若发生会计法改革并从大藏省借款，则一并转入高岛账户。煤矿主之生计账户中仅记载煤矿主之出资额即可。即本年一月十八日第三十七号以后之结算计算书末尾需记录其借贷两部分。

岩崎弥之助

明治十五年二月八日①

　　意即，不是收取投资带来的利息，而是从某时间点开始回收（"消减"）出资额，在全部回收完毕时投资可正好归零。至于汇兑店，虽然没有史料能够证明它采取了与高岛类似的处理办法，但其投资亦是逐次实现回收的。当然，汇兑店从1884年起依次开始关闭，这虽不是大问题，却终究随着高岛煤矿投资额的回收不再计算为三菱的资产。如此一来，回收投资之后的高岛便继续保持经营并给三菱与岩崎家带来大量的营收。而三菱在收回投资之后其会计方面仅保有完成回收的资产。

---

① 『高岛往翰　明治一四年七月～一五年一二月』（MA971）。

表 2 – 7　三菱公司高岛煤矿资本账户

单位：日元

时间	适用	自三菱	往三菱	出资额
1881 年 3 月 2 日	发长崎现金	50000		
1881 年 3 月 9 日	发长崎现金	50000		
1881 年 3 月 26 日	发长崎现金	70000		
1881 年 3 月 28 日	出纳局电汇	60000		
1881 年 4 月 4 日	丸三银行电汇	14485		
1881 年 4 月 19 日	出纳局电汇	60000		
1881 年 5 月 6 日	出纳局电汇	30000		
1881 年 4 月 5 日	交后藤氏	100000		
1881 年 4 月 30 日	交后藤氏	7500		
1881 年 5 月 10 日	交后藤氏	7500		
	经后藤氏交英一之外币	*368768*		
	经后藤氏交中原国之助之外币	*4985*		
1881 年 3 月 30 日	据高岛调查,该所之煤炭系由英一购入至总公司,且转卖给高岛之煤炭费的外币余额	101586		
	三菱公司出资额与借款之和			924824
1881 年 4 月 29 日	大藏省借款	42000		966824
1881 年 5 月 30 日	以电汇向长崎汇款	50000		1016824
1881 年 5 月 31 日	向大藏省一并缴纳 4 月以前的滞纳金与 5 月分期款项	6720		1023544
1881 年 6 月 8 日	东京丸今日外运	30000		1053544
1881 年 6 月 9 日	在长崎交付煤矿事务所 1 万元银货	16200		1069744
1881 年 6 月 17 日	6 月 9 日在长崎由该支部汇入部分	4000		1073744
1881 年 6 月 17 日	由正金银行存款返还三菱 1 万美元部分		16400	1057344
1881 年 6 月 17 日	通货口返还部分		4000	1053344

时间	适用	自三菱	往三菱	出资额
1881 年 6 月 22 日	丸三银行电汇（本应由玄海丸外运，但突然接到银行要求，故如此）	30000		1083344
1881 年 6 月 24 日	正金银行存款中 1 万元返还三菱账户之款项		16150	1067194
1881 年 7 月 1 日	大藏省 6 月分期款中 6000 元由本行账户支付	1840		1069034
1881 年 7 月 1 日	支付查旬商社 26000 美元款，由正金银行通过香港上海银行支付		42172	1026862
1881 年 7 月 6 日	资本金由东京丸汇出	50000		1076862
1881 年 7 月	截至（明治）14 年 6 月从正金银行借入的银利息部分支付银货 7501.389 之款		12004	1064858
1881 年 7 月	大藏省借款额转入本口	205636		1270495
1881 年 7 月 14 日	支付高岛总资本 130 万美元后如此	29505		1300000
1881 年 8 月 5 日	返还		50000	1250000
1881 年 8 月 5 日	资本金内返纳		50000	1200000
1881 年 10 月 14 日	返纳		50000	1150000
1881 年 12 月 23 日	返纳（外币 42566.82 美元）		72610	1077390
1881 年 12 月 23 日	返纳		7390	1070000
1881 年 12 月 31 日	按本月 20 日决议将大藏省借款即目前余额由本行该账户中抽出，单独另行开户		169636	900364
（中略）				
1882 年 7 月 1 日	现今资本额	900000		900000
1882 年 9 月 4 日	增额	100000		1000000
1883 年 3 月 20 日	以汇兑店存款与储金返纳		60000	940000
1883 年 4 月 18 日	返纳		70000	870000
1883 年 5 月 23 日	以汇兑店存款与储金返纳		70000	870000

时间	适用	自三菱	往三菱	出资额
1883 年 6 月 7 日	返纳		20000	780000
（中略）				
1883 年 12 月 26 日	返纳（明治 17 年汇入新账）		20000	450000
1884 年 2 月 25 日	返纳		40000	410000
1884 年 2 月 27 日	返纳		20000	390000
（中略）				
1884 年 7 月 12 日	返纳		20000	30000
1884 年 8 月 13 日	返纳		15000	15000
1884 年 9 月 13 日	返纳（结算完成）		15000	0

资料来源：『高嶋石炭山勘定帐』（1881 年）、『别途勘定帐』（1881 年）、『资产觉书』（1882 年、1883 年）、『御手許用　资产觉书』（1884 年）。1881 年以前的记录，引自『高嶋石炭山勘定帐』，1882 年以后采用元方资料中的记录。

　　表 2 - 7[①] 反映了三菱与高岛煤矿的出资关系。该表由多个史料综合而成，其中 1881 年情况系基于《高岛煤矿山勘定账》制作，故可以看见"三菱公司出资额"等词句。[②] 前文也曾提及，1881 年该账户是以别途账户出资形式运作的，而自 1882 年起开始改为由元方出资。[③] 为此需要再次强调，1881 年"岁末杂载"的盈亏勘定书

---

① 据 1882 年 1~6 月的『元方出纳日报』，此时期也回收了约 5 万日元的高岛煤矿资金。但此处仅从 1884 年以前的数据来判断，并采用了同年 7 月初《资产备忘录》的数值。

② 回到前面提到的问题，此处的"三菱公司"并非"三菱邮政汽船公司"的简称。因为"三菱公司"的勘定口是别途账户，几乎以同一形式被记载在别途勘定账中，而别途勘定账并非三菱邮政汽船公司的账簿。

③ 表中斜体所示两个数值（合计 37 万余日元）不仅在别途账户中看不见相关资金流动，且高岛账户中记有别途勘定账。另外，"交后藤氏"的 2 万日元究竟从何处来尚不清楚，或许合计约 39 万日元并非从这些勘定账中支出，而是从岩崎家生计费中扣除。

中写有"对高岛煤矿资本金收纳利息"的内容，① 而翌年以后该表与高岛煤矿有关的账户消失了。这笔回收而来利息翌年继续出现于元方中，1881 年 7 月出资额达到 130 万日元以后因为要向"三菱公司"返还，所以其资本中每年 10% 的利息如表 2-8 所示，1882 年、1883 年、1884 年分别减少至 94000、76000、16000 日元。②

表 2-8　奥帐场收支盈亏（节录）

单位：日元

项目	1882 年	1883 年	1884 年	1885 年
股票分红	38576	49959	60899	76462
公债利息	106315	107406	135791	136374
利息	33442	11241	30868	9365
高岛煤矿贷款利息	94097	76088	16541	
股票销售所得				34559
公债销售所得		11142	3546	
土地销售所得		2845	4916	
杂收	19517	9931	54	23
交换		48000	263415	152860
贸易商会				24200
回漕部账户（各财产继承所得）				2838806
汇兑店利润	184587	180000	60000	186579
长崎造船所利润				12000
吉冈矿山利润	49007		1774	
高岛煤炭缴纳金				458914
收入总计	525539	496612	577803	3930142

---

① 之所以资产负债表中未有体现，乃因为该表是在第二年会计系统改革时才制作出来的。

② 『三菱社史　二代社长时代』（MA6046）。从翌年起，"最后收支所剩下的余额作为煤矿之利润在东京对煤矿主进行还款"，由此才产生了"煤矿主缴纳金"。关于返还金额，参见本书表 1-12。

项目	1882 年	1883 年	1884 年	1885 年
诸项费用	136130	87333	122358	194144
地产房屋费	4069	3834	5711	233110
交换	4355	62739	290774	155484
支出总计	144553	153906	418843	582737
净利润	380986	342704	158960	3347405

注：1883 年股票分红包括千川水道、吉冈铜山（7057 日元）。1884 年的股票分红包含千川水道的利润。1883 年土地销售所得为长浦村土地。1884 年为兵库的土地。1882 年吉冈矿山利润为截至 1882 年的累计之和。

资料来源：『奥帐场收支损益表』（IWS588）。表中数据为四舍五入的结果。

如此一来，三菱公司在 1884 年 9 月最终完成了对高岛煤矿投资的回收，元方的账户中也不再计入对高岛煤矿的投资。换言之，从表 2-6 来看，它与此后在"事业部制"组织结构下进行的针对定额投资而向总公司提供缴纳金等与投资额下降无关的办法有所不同，采取的方法是：在回收投资额的过程中减少元方账面的资产并削减上缴至总公司的利润分红。① 意即，只要高岛的

① 根据高岛煤矿长崎事务所每半年所制作的资产负债表（《纯利润勘定书》），当时存在"煤矿转让金"一项。1881 年 6 月有 1007283 日元，12 月以后有 1034960 日元，1886 年资本回收后亦记有相同金额。此外，1882 年 12 月、1883 年 6 月的本金账户和煤矿主汇款账户之差额，1883 年 12 月、1884 年 6 月本金账户的余额，都与元方的高岛煤矿资本余额一致。虽然 1881 年 12 月以后的 1034960 日元来源不明，但 6 月的"煤矿转让金"中包含了大藏省借款约 26 万日元、交后藤氏的 115000 日元、交怡和股份有限公司的 36 万日元等。12 月以后的"煤矿转让金"也同样可以认为是三菱即岩崎家的早期投资额。参见 MA4140、MA4124～4126、MA4141～4143 等；『高岛炭矿史』、第 175 页、表 2-7。汇兑店对出资的回收方法也与高岛相同。1880 年在别途账户积攒资本金后，1880 年末资本金总额达到 150 万日元，1881 年末达到 160 万日元，1882 年以后转入元方，1882 年、1883 年维持在 200 万日元，进而于 1884 年开始返还资本金。

事业资产是盈利的，其账面价值与实际上应被评估的资产额相比就会大打折扣。从这个意义上说，我们必须注意到由于三菱公司当时记账方式的独特性，其记载的资产数额被低估了。

岩崎家总资产的变化

以上主要考察了回漕部、别途账户、生计费账户的关系，下文将予以综合观察，来探究岩崎家总资产的变化情况。

首先，1881 年回漕部的会计与别途账户还处于尚未分离的状态，也未出现对回漕部出资的形式。回漕部的利润是以存款、公债等形式累积在别途账户的，而且该部分作为回漕部的会计数据被重复计算。可以推测，别途账户是回漕部的利润蓄水池，负责对剩余资金的运用进行勘定。表 2-6 即为别途账户、生计费账户合并后的情形，可据此观察岩崎家总资产的变化。

若比较 1879 年末、1880 年末的总资产可以发现，大约出现了 1000 万日元的增长。在资产构成的变化上值得注意的是，1879 年末尚不存在汇兑店的资本，但到了 1880 年末其金额已经达到 150 万日元。其中的部分金额是各银行存款增长所带来的内部资金流动导致的，另外还有此前提到的回漕部向别途账户每月转入的巨额储备金，仅 1880 年就有 55 万日元的规模。这些构成了汇兑店的资本金。除此之外的资产增加来自有价证券、制铁所、汇兑店的分红以及政府的助成金。

同样的，1880 年末与 1881 年末还出现了 130 万日元以上的增长，这也是因为回漕部的 70 万元储备金发挥了巨大作用。该年汇兑店带来的盈利甚至增长到 16 万日元。

如前所述，1882 年上半年的情况由于缺乏史料记载，尚存在很多不明确的地方。因为当时与回漕部进行过临时性的公债转换，其上半年资产有所减少，但到了年末比 1881 年增加约 40 万日元。不过因为该年进行了会计系统的改革，我们很难弄清其资产结构的变化情况。而且与 1881 年以前有所不同，该年从回漕部转入的 50 万日元还被记为"还款"，所以并不能算作资产的增长。

1881 年以前总资产的增长之所以比 1882～1884 年的增长大得多，原因主要是会计系统改革之后回漕部与岩崎家分离，此前对岩崎家总资产增加起到主导性作用的回漕部储备金即盈利与政府补助金不复存在。此外，观察表 2-8 便可发现，与高岛煤矿和汇兑店等处不同，回漕部中并不存在利润的分配。也就是说，1882 年以后元方与回漕部在会计核算上已经实现了彻底的分离，唯出于某些个别目的产生了一定限度的借贷关系而已。

然而，高岛煤矿或汇兑店都依次回收了投资并从剩余投资额中获取了利息分红，因此 1882 年回漕部对元方的还款（见表 2-3）与对高岛和汇兑店的投资性质相同，可以看作对回漕部投资的一种回报。如此一来或许可以认为，正是由于 1882 年回收了投资额，利息分红才消失。若如此，则很有可能是为了在 1882 年的结算中将回漕部与三菱（岩崎家）明确区分，才会在12 月的预结算之前就整理好关系，从而形成了表 2-3 所显示的情形。

而真正意义上的岩崎家总体资产则如表 2-6 所示，应是回漕部、高岛煤矿、汇兑店等各事业之合计。为此，不得不分析那些记录了回漕部资产的资产负债表，尤其是 1881 年前后的变化与 1882 年以后的各船经费等，这将是笔者未来探讨的课题。

观察岩崎家的事业组成情况，可以发现以往将处于以海运业为主的时代的早期三菱等同于"三菱邮政汽船公司"的研究有很多。但实际上回漕部不过是岩崎家与三菱管理其各类事业的一个部门，三菱邮政汽船公司只是一个对外框架而已。[①]

当然，这样的组织机构并不是从一开始就建立起来的。随着三菱收购高岛煤矿后业务范围的扩大，三菱的组织形式与总公司的职能从回漕部的业务中独立出来，作为其事业整体的总公司部

---

① 与本书结论相关的既有研究有大石直树「初期三菱の事業化と資金循環」（『経営史学』第 40 巻第 3 号、2005 年），其中称关口薰「初期三菱における組織と経営」（『三菱史料館論集』第 3 号、2002 年）一文"未能正确把握会计改革之动机"。关口在文中指出：第一，经费削减之必要带来了收益面改革的必要；第二，对三菱的批评产生了回漕部分离的必要。大石就其第一点进行了批判，指出以前的会计方式未能完全体现回漕部的利润情况。该批判被认为明确了收益改革的必要性，是对关口论文结论的发展与补充。由于大石完全没有涉及第二点，故无法下定论，而且"以经费削减为契机的会计制度改革"这一表述似乎也存在一些问题。因为大石论文所批判的"未能正确把握"并不明确。另外可以补充一句，大石论文是以关口论文中所示之组织变迁为基础的，含有展示"资金循环"的两张图。即便暂且不论三菱的总勘定内部存在"政府"这一点，相关图表仍能够显示出各账户与"岩崎家（三菱公司）"之间的连接关系。关于这一点，关口论文认为此时期被称作"三菱公司"的组织应是一种颇为特殊的"双重组织"，不仅指代事业整体，亦指代了具有总公司职能的核心部分。而大石则忽略或是误解了关口论文的主旨，将岩崎家与三菱公司完全对等，这一见解本身就无视了早期三菱、岩崎家事业经营的特殊性。故在此笔者想对此再次加以强调，且关口论文的主旨在于对该结论的批判。关于上述第二点，参见粕谷誠「海運保護政策と三菱」『三菱史料館論集』2002 年第 3 号。

门而发挥作用。

传统的观点之所以未能把握这一组织的性质，原因之一在于，原本三菱的会计在1881年以前没有将回漕部和三菱（岩崎家）的资产明确区分开来，由此导致"岁末杂载"的资产负债表令人费解。而且在1882年以后随着第三命令书的下达，回漕部的会计业务从岩崎家资产中明确分离出去，这又导致"岁末杂载"中的数据丧失了连续性，变得更加难以解读。针对此类问题，本章通过探明别途账户与生计费账户的实情，提出了一个观察三菱组织结构的新路径。当然，虽然从其会计记录与账簿组织上可以看见阶段性的变化，但由于该变化具有较高的随机性，即便按照本章介绍的理解方式展开研究，其组织中的具体情况仍会出现很多变数。此外，其向各事业部门投资的处理方法也是各具特色的，本章并未全部涉及。如对各部门投资的理念是否与对高岛煤矿、汇兑店一样，属于对岩崎家投资的回收等。

然而反映会计系统变化的史料仍能够揭示出一个要点，即三菱公司的经营虽然以海运业为核心，却也覆盖了其他各个领域。所以为了考察其实际情况，极有必要将非海运部门的业务与海运业区分来看。虽说会计制度的改革很大程度上是受到了第三命令书的影响，但从其经费削减政策也可以看出，来自三菱自身经营状况的影响也不小，特别是其希望明确把握回漕部收入情况的意图。在制定经费削减政策之后，三菱在松方财政改革的背景之下与共同运输公司展开了竞争。如前所述，既有研究从《三菱社志》获得的这一时期财务方面的信息与前一时期是断裂的，"三菱总公司"事实上拥有"岁末杂载"资产负债表中未记录在案的公债与股票。所以关注资产形成与回漕部经费削减政策之间的联系后，能够看到三菱邮政汽船公司在与共同运输公司展开激烈的运费降价竞争时出现的一些特殊现象。第三章将对这一问题展开进一步研究。

第三章　三菱邮政汽船公司与共同运输公司的"竞争"实情[*]

　　以往学界普遍认为，共同运输公司与三菱邮政汽船公司之间的竞争肇始于1883年，尤其在1884～1885年双方开展过一场激烈的运费降价竞赛。[①]

　　如旗手勋曾对明治时期共同运输公司与三菱邮政汽船公司的竞争有如下叙述："明治16年（1883）与共同运输公司进行激烈的殊死搏斗之后，即便是实力雄厚的三菱公司，其海运收入亦开始减少。"[②] 而《日本邮船株式会社百年史》中亦有记载称："双方的竞争从明治16年1月开始至18年9月结束，共历时两

---

[*]　本章以关口薰于2004年10月16日在经营史学会全国大会自由论题报告中的报告为基础，结合武田晴人主要执笔的第三节旧稿「郵便汽船三菱会社と共同運輸会社の『競争』実態について」（『三菱史料館論集』2010年第11号）。基本的论点与实证依据的挖掘主要来自关口的贡献。

[①]　如第二章所述，此时期岩崎家的经营组织已是岩崎家的奥帐场、集中于元方账户的"总公司"与回漕部分离之后形成的实质性单位。因此即便使用"三菱邮政汽船公司"的称谓，在1882年改革以前总公司与回漕部的界限仍是较为模糊的。本章使用"三菱邮政汽船公司"的称谓，虽然可能会引发读者对于实际情况的误解，但仍出于如下原因将回漕部称为"三菱邮政汽船公司"或直接称为"三菱"：本章讨论的是改革以后的情况。改革后，回漕部基于第三命令书中禁止兼业的规定，对外宣称作为三菱邮政汽船公司这一明确组织而存在。此外，以往各种外部资料均以社名描述三菱的航海运输业。

[②]　旗手勲『日本の財閥と三菱』、40頁。

年零九个月。在此期间，双方在数量上比拼乘客与货物的多寡并相继调低了运费价格，最终把生意做成了一场违背常理的买卖，甚至将收支平衡一事置之度外，仅仅为了去比较哪家的乘客与货物更多。"①

以上所写均系事实。如从三菱邮政汽船公司的盈亏计算书中就可以看到，公司当时确实存在收益额减少、运费下调的现象，且从当时报纸与新闻报道中反映出来的舆论以及三菱邮政汽船公司发出的意见书中也能够对其情况略知一二。《三菱社志》每年卷末的各类财务报表中记载海运业收支自1879年至1882年前后存在约50万日元的净利润，1883年收益急速衰退之后显示产生了2.5万日元的亏损，甚至到了1884～1885年前后其损失高达36万日元。② 这足以佐证前述收益额减少、运费下调的实况。

但是三菱海运经营的真实情况也未必完全如上文所述。关于此点我们将在后面进行详细讨论，这里仅想强调，在竞争走向"激化"之前，三菱公司就时常下达节约经费的指示，而且将其当作会计制度改革的契机。三菱邮政汽船公司的运费收入于1881年达到峰值之后便于1882年转入颓势，走向缩减。而会计制度的改革正是在这样的背景下发生的。此后，作为岩崎家事业的三菱公司与回漕部（即三菱邮政汽船公司）于1882年在勘定事务上完全分离，并采取了将回漕部从三菱、岩崎家的资本积累中排除出去的各种措施（详见图2-1）。这些措施虽然是为了应

---

① 日本経営史研究所編『日本郵船株式会社百年史』、1988、25頁。
② 旗手勳『日本の財閥と三菱』、40頁、表Ⅰ-6。

对第三命令书的颁布，但如此一来无论是公开的收支计算还是回漕部的实情，抑或是三菱总体的事业资产与收益情况，都变得无法准确展现了。这自然为前述三菱邮政汽船公司与共同运输公司之竞争所带来的收入减少提供了论据。

为了慎重起见，在此首先确认第二章已阐明之三菱、岩崎家事业的总体资产与利润。如表 2-6 所示，勘定的分离体现在资产层面 1882 年末回漕部的投资余额骤然从岩崎家的元方账户中消失，以及 1882 年后如表 2-8 所示，回漕部的收益不再出现于收支结算中。而 1882~1884 年展开激烈竞争的这段时间，岩崎家在回漕部以外的账户中通过公债与股票实现了资产从 433 万日元到 607 万日元的增长。可以说，当时是分红与利息等投资收益、高岛煤矿与汇兑店等处的收入增加构成了其资产积累的基础。

《三菱社志》的"岁末杂载"中仅记载了 1881 年高岛煤矿的盈利额或包含了 1881 年以前作为特殊收入的有价证券分红。因此正如表 2-8 所示，在分离出奥帐场的 1882 年以后，"岁末杂载"中所记载的数据未再包括海运（回漕）以外的收益，这可以说与此前的记载发生了脱节，导致收支减少在世人面前被放大了。[①]

基于以上认识，本章将重新思考如下问题：此时期三菱邮政汽船公司的收入减少是否真的与和共同运输公司的"激烈运费

---

① 该问题已超出本章课题所涉及的范围，但可以认为三菱与共同运输公司的竞争也存在促使三菱重新考虑其主张的可能，即海运业务的难以盈利已成为攸关公司生死的问题。

降价竞争"直接相关，进而深入考察 1882 年后三菱邮政汽船公司收入锐减之要因及双方竞争之实态。

关于这一问题，佐佐木诚治所著《日本海运竞争史序说》一书中介绍了日本政府的海运政策，并就当时舆论对三菱的批判进行了较为全面的考察。① 他认为竞争的实情存在以下特征。（1）从共同运输公司的船舶整备状况来看，竞争应始于 1884 年初日本农商务卿下达船速限制指令之时。而其真正意义上的开始，则是 1884 年下半年新造船舶抵达日本以后的事情。（2）在竞争正式开始以前（前期竞争），三菱充分借鉴了以往与外国汽船公司竞争时所积累的经验，提高了运费并在竞争中展现出优势。对此，政府又下达了航海最大次数限制令以便保护共同运输公司。（3）在这样的情况下，三菱的地位在 1884 年下半年以后下降，两者之间的关系变得越发胶着（1885 年 2 月签订了"防竞争协定"）。（4）但是该协定在短时间内便宣告破裂，三菱方面认为破裂的原因在于共同运输公司单方面违反了协定，遂又开启了积极的攻势。（5）由此产生了在乘客运费上无视结算而鲁莽降价的行为，而货物运费方面在 1881 年后经济萧条的背景下受到船舶数量过剩的影响，下调的态势被进一步加速。既有研究指出，这种"竞争导致的运费下调未必能得到货主的欢迎，毋宁说是真真切切地阻碍商业结算的预测工作"，因此当时也有很多人"迫切期待竞争的停止"。②

---

① 参见佐々木誠治『日本海運競争史序説』（海事研究会、1954）第 8 章「三菱会社と共同運輸会社の競争」。

② 佐々木誠治『日本海運競争史序説』、233 頁。

佐佐木的观点，是基于目前无从入手的三菱经营资料得出的。作为早在五十多年前的考证来说已是一项非常全面的研究成果，在学术史上值得被后世尊重。但是它也存在一些问题。第一，总体的立论是在"三菱攻势、三菱优势"的背景下讨论日本邮船公司的成立过程。第二，通货紧缩对货运价格下降的影响仅在"后期竞争"中以较为有限的方式涉及。尤其是对于三菱公司一方究竟如何看待现实竞争过程并予以应对等问题，尚欠缺考察的条件。这与三菱的"攻势竞争过程"评价和通货紧缩的过低影响是有关的，故本章将进行验证。

　　在此之后，又有服部一马的《日本邮船的建立——明治前期的三菱与之井》[1] 及小风秀雄的《帝国主义下的日本海运——国际竞争与对外独立》[2] 相继问世。前者是参考《涩泽荣一传记资料》《三菱社志》等资料来考察三菱如何应对共同运输公司成立计划；后者则从海运政策的角度批判了以往研究对共同运输公司成立后"三菱压制"政策的夸大评价。但遗憾的是，这两个研究都是在没有深入了解竞争实情的条件下进行的，所以停留在"新客源加入导致竞争加剧→运费下降→业绩恶化→用企业合并的方式解决（日本邮船公司的成立）"层面。

　　大石直树在其论文《三菱与共同运输会社间的竞争过程》[3]

①　服部一馬「日本郵船の成立——明治前期における三菱と三井（5）」『経済と貿易』横浜市立大学経済研究所、1964 年第 85 号。
②　小風秀雄『帝国主義下の日本海運——国際競争と対外自立』山川出版社、1995、第 4 章第 2 节。
③　大石直樹「三菱と共同運輸会社の競争過程——日本郵船会社の設立をめぐって」『三菱史料館論集』2008 年第 9 号。

中充分关注了共同运输公司的经营情况并着力探讨了如下问题：
（1）"共同运输公司开展经营之后并未自始至终都在展开激烈的竞争"；（2）防竞争协定在 1885 年 2 月签订，同年 6 月（以往认为是 4 月）破裂，① 其破裂"肇始于神户回漕业者的争议"，"竞争是以分裂的回漕业者为中心，在当地的主导下反复进行的。船主们为了终止竞争采取过各种各样的措施，如直接将监查人员派送至当地等，但最终并未收到任何效果"；（3）尽管两家公司为改善经营曾各自尝试实施"航路的调整与船舶分配计划的改革"等各项措施，但这些改革措施从其结果来看却"让经营环境变得更加糟糕"。②

即便如此，大石直树的论文仍在讨论三菱公司与共同运输公司的竞争过程时将焦点集中在作为"竞争后期"中心的防竞争协定之破裂给日本邮船公司成立所带来的影响上，所以才会对两家公司的竞争导致三菱邮政汽船公司经营恶化一事没有展开充分讨论。之所以如此，首先因为他把注意力集中在竞争的过程与对

---

① 大石所采用的传统论点来自三島康雄『三菱財閥史　明治編』（学生社、1979）及『日本郵船株式会社百年史』（大石直樹「三菱と共同運輸会社の競争過程」、77 頁）等，但大石也提到了 W. D. Wray 的研究。佐佐木诚治（『日本海運競争史序説』、225 頁）明确指出大石认为 6 月重启竞争的根据来自当时报纸上的一篇新闻记事"竞争在明治十八年六月早已重启"。因此，大石论文在研究史上的意义在于重新发掘了佐佐木的理论并澄清了竞争重新开始的契机，即神户港的冲突及其影响。

② 此外，大石的论文还提及，日本邮船公司成立时，共同运输公司在资金方面存在困难，若对此追加援助，"对于一直在推动财政改革□ □来说已无法容忍"，政府"鉴于事已至此，最终放弃了以往通过继□ □ □ □协调路线重启共同运输公司经营的方针，转而将方向调整为与三□（第 76 页）。

策的探讨上，从而对"非竞争路线"的情况以及竞争路线中运费降价引发的影响不甚清楚。其次，在实证方面，该论文虽然有参照三菱史料馆所藏海运事业相关资料的痕迹，譬如日本经营史研究所编写的《日本邮船百年史资料》、日本经营史研究所编撰的《近代日本海运发展史料》（1998）等，但其中几乎没有对总公司和分公司之间的来往书函等庞大原始史料加以探讨，这也是存在问题的。由此才会出现未能剖析竞争过程之实情的缺憾。

以上述对学术史的简单梳理为基础，本章将集中考察1880年代中期三菱邮政汽船公司的经营实态，通过往来书函等基础资料，具体分析两家公司之"竞争"所造成的影响。

一　共同运输公司的出现

航路的调整

首先需要确认共同运输公司航路调整的实态，这是竞争开始的前提。以往许多学者提出了类似的观点，如表3-1所示，1883年的定期航路只有北海道内的两条而已。到了1884年又扩充了四条新航路，其中三条是在当年下半年才增加的。关于此问题，佐佐木诚治以后的研究有大量论述，认为该公司置办船舶需要花费时间，故竞争只会在1884年下半年才正式开始。虽然当时也有很多不定期航路，但以往并没有证据显示它们在竞争过程中发挥过致命打击的作用。

表 3 – 1　共同运输公司的航路

时间		1883 年		1884 年
定期航路		北海道森—室兰(定期) 国后群岛(定期)		北海道森—室兰(定期) 国后群岛(定期)
			3 月 ~ 7 月 ~ 7 月 ~ 12 月 ~	横滨—四日市 横滨—神户 小樽—增毛 神户—高知
不定期航路	东京	函馆·小樽·根室	横滨	函馆、小樽、根室
	东京	函馆·鲔鲹沢·舟川·酒田·新潟	横滨	神户、马关、付木
	东京	大阪 神户	横滨	神户、长崎
	东京	大阪·马关·伏木	横滨	龟崎、长崎
	东京	石卷·折折滨·宫古·釜石·八户	横滨	折之滨·八户·宫古·久慈·釜石·山田
	东京	四日市	横滨	石滨
	东京	尾州龟崎·热田	横滨	常州礤原
	东京	唐津	横滨	函馆·青森·舟川·土崎·新潟
	东京	常州礤原	横滨	神户·马关·伏木·新潟
	东京	纪州大崎	横滨	唐津
	东京	冲绳	横滨	肥前住之江
	东京	萨摩口之江·江良部	横滨	下田·清水
	东京	朝鲜釜山·仁川·浦盐	横滨	小笠原岛
	东京	小笠原岛	横滨	函馆·小樽·舟川·酒田
	东京	朝鲜蔚陵岛	横滨	函馆·寿都·小樽
	大阪	马关·伏木	横滨	二见·新潟·土崎
	大阪	大岛	横滨	神户·岩国
	大阪	纪州大崎	横滨	下田(土州)·大阪
	函馆	小樽·根室·择捉	横滨	北海道纹别
	函馆	青森	横滨	神户·马关·加露(伯州)·函馆·根室

	1883 年	1884 年	
不定期航路	北海道沿海诸港之间	横滨	函馆・根室・千岛
		横滨	小名滨
		横滨	热田・箕岛
		横滨	八丈岛
		横滨	朝鲜仁川・上海
		神户	马关・伏木
		神户	唐津・住之江
		函馆・青森	
		函馆・根室	
		北海道沿海诸港之间	
配备船舶	开业时,汽船 5 艘,帆船 22 艘	汽船 24 艘,帆船 15 艘	
	年末,汽船 15 艘,帆船 12 艘		

资料来源:『渋沢栄一伝記資料』第 8 卷、91、96~97 頁。

船舶配备的时间与规模

下面我们来看看船舶的配备情况。直到 1884 年上半年以前,共同运输公司几乎与以往一样,并未发生任何改变。

也就是说,共同运输公司在 1883 年成立之初仅拥有 5 艘汽船,至同年末增加到 15 艘,合计约 6000 吨。其中吨位达到 500 吨以上的船舶在 1884 年上半年不过 6 艘而已。1883 年 8 月,来自函馆的一位货主在信中写道:"……共同运输公司虽然今年一月份已经创立,但其船舶数量偏少,营业的形式亦不完备,故惧怕与贵社的竞争而并未公开其运费表……"① 到 1884 年下半年该公司才增加了若干船舶，如 7 月新增 1550 吨的山城丸，9 月新增 436 吨的骏河丸与 1512 吨的近江丸，以及 552 吨的陆奥丸、838 吨的纪伊丸，10 月追加了 436 吨的出云丸、1162 吨的相模丸、1160 吨的萨摩丸，12 月则补充了 550 吨的美浓丸。即便如此，共同运输公司当时最大的船舶也不过是近江丸与山城丸。②

与此同时，三菱邮政汽船公司则拥有总计 25000 吨的汽船，且于 1884 年 8 月新增了 1298 吨的横滨丸，在竞争趋于尾声的 1885 年 6 月又追加了 2130 吨的新东京丸。三菱邮政汽船公司的船舶虽然逐渐出现老化折旧的现象，但确实在拥有汽船的整体规模上占据极大的优势。尤其是 1884 年上半年以前，可以说此种巨大的差距实际上意味着它与共同运输公司的竞争不会有想象中那么激烈。

为了确认这一点，我们可以在能够收集到的资料中观察共同运输公司早期在四日市开设的定期航路，以及三菱在四日市分公司的营业情况。如表 3－2 所示，若考虑到货物量的季节变动而将其范围限定在与上一年度同期比值，可以发现在共同运输公司开设航路不久的 1884 年 4 月，三菱四日市分公司货物量的减少幅度并不是很大。不过当时的杂志却做了如下的报道："竞争最激烈的（明治）十七年（1884），东京—神户、东京—四日市的

---

① 日本経営史研究所編『近代日本海運生成史料』日本郵船株式会社、1998、63 頁。
② 『近代日本海運生成史料』、第三章。

两条航路俨然成为两家公司的关原战场。"① 但从史料看，1884年当年并不存在三菱四日市分公司实际承包货物量大幅减少的记录，甚至在10月还出现了较上一年度有所增长的趋势。

表 3－2　三菱四日市分公司的营业情况

时间	1883 年 4 月	1883 年 10 月	1884 年 4 月	1884 年 10 月	1885 年 4 月	1885 年 9 月
吨数（t） 与前年同月比	2872	5721	2780 96.8%	7733 135.2%	5686 204.6%	6475 83.7%
货物运费（日元） 与前年同月比	6095	11892	4930 80.9%	11206 94.2%	8812 178.7%	8527 76.1%
每吨货物运费（日元/t） 与前年同月比	2.12	2.08	1.77 83.6%	1.45 69.7%	1.55 87.4%	1.32 90.9%
乘客运费（日元） 与前年同月比	6658	5166	4453 66.9%	3813 73.8%	3996 89.7%	6586 172.7%

注：由于只知道 1885 年 8～9 月的合计数据，权且将其一半作为 9 月数据。
资料来源：「各地運賃精算勘定書」『（総出納）精算勘定書』（MA859～876）。

当然，在运费收入上，当时无论是货物运输还是乘客运输确实都呈现下降的趋势，而运费率的下降自然是其主因。为了明确这一点，我们可以在同一份资料中观察四日市与高知两个分公司的运费变化情况（见图 3－1）。

① 『渋沢栄一伝記資料』第 8 卷、101 頁。原资料来自『太陽』杂志 1906 年11 月的临时增刊『明治史　第五編　交通発達史』，第 219～220 頁。另，此处所说的"关原战场"即是用日本历史上著名的关原之战来打比方，该战役发生于 1600 年的美浓国关原地区，是德川家康取得全国统治权并建立江户幕府的决定性战役。——译者注

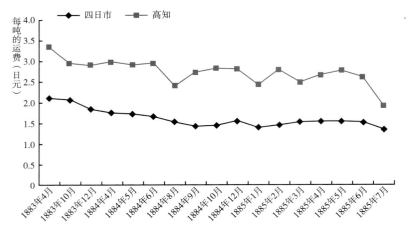

图 3 - 1　货物运费的变化情况

资料来源：「各地運賃精算勘定書」『（総出納）精算勘定書』（MA859 ~ 876）。

从图 3 - 1 中 1883 年每吨运费的下降趋势可以明显地看到，虽然高知分公司并不位于竞争航路上，也出现了类似的情况。①

由此我们可以推测，应该不是与共同运输公司的直接竞争，而是其他要因，在该公司正式参与竞争之前对运费率的下降造成了重要影响。前述佐佐木诚治的研究已经指出松方紧缩财政时期

① 大石直樹「三菱と共同運輸会社の競争過程——日本郵船会社の設立をめぐって」（『三菱史料館論集』2008 年第 9 号）中的图 1、图 2 中展示了神户与横滨之间的运费变化情况。从图 2 可以看到协定破裂后其运费发生了大幅下降，但这仅仅是乘客运费的情况。关于此事对三菱海运收入造成的影响，有必要配合该文的图 1 即货物运输情况来展开商讨。此点将在随后讨论。

经济萧条这一因素的存在，但并没有阐明其具体的实情。① 有鉴于此，笔者认为有必要重新分析竞争的实际情况。

二 对三菱竞争状态的认识

以下将把视线转回三菱邮政汽船公司，通过三菱公司内部往来的书函考察各个分公司在此时期究竟是如何把握海运界的新发展的。尤其将借此对其具体认识进行时间顺序的整理并探明其运费竞争与运费下调的原因，重点关注当时顾客的意见及其顾客关系的变化中折射出来的"非价格竞争"。

运费竞争

在共同运输公司正式参与竞争之前的 1883 年，三菱分公司的来函中涉及与共同运输公司以及其他帆船公司竞争的内容是非常少的。虽然当时出现了货物与乘客运输数量的减少，相关报告与信件中对此也有所提及，但大多认为这是"经济不景气"导致的，从而将此时的经济萧条作为数量减少的原因。

随着物价的下跌，货主们对于运费偏高的实际感觉变得逐渐强烈，遂向三菱各分公司提出降价的请求。如 1883 年 8 月函馆货主给三菱邮政汽船公司写信提出："目前商业发展势头减弱，

---

① 佐々木誠治『日本海運競争史序説』、232 頁。大石直樹的「三菱と共同運輸の競争過程——日本郵船会社の設立をめぐって」（『三菱史料館論集』2008 年第 9 号）和『マクロ経済環境が悪化したこと』都指出了三菱经营状况恶化的主要原因。

因利润微薄而不得不节约运费等开销，物价上涨与外币贬值已成事实，故贵社若能下调运费，则无论是员工生计还是商业上之不景气局面均可得以挽回。"① 该书函继而提及共同运输公司开业经营的事情，"其船舶数量偏少，营业的形式亦不完备，故惧怕与贵社的竞争而并未公开其运费表"，即隐晦地强调三菱运费过于高昂，应该"至少削减掉估算中的一成或二成"。

可见，共同运输公司参与竞争一事在当时给货主们提供了赖以交涉运费的资本。由于该公司并未在函馆开设定期航路，也没有完成营业形式的充分准备，货主们要转而与其合作是不现实的，所以也只能在与三菱交涉运费时将其作为借口。这一情况，还可在当时函馆分公司向野蒜分公司通报情况的信函中得到确认：

史料 1

野蒜信函

明治十六年三月二十二日　函馆分公司榊茂夫（寄）　野蒜分公司桓川新辅（收）

出支第十一号

高砂丸货物　该船运货者在当地入货两千石，预计有一千五百石运抵贵处。

当地货物近来骤然增加，其原因在于共同运输公司明治九前日从横滨出发至当地入港且从小樽市直接出港。该地返信称，从

① 『近代日本海運生成史料』、63 頁。

东京出港及运费之暴跌等因素导致货物堆积，各货主对于低额运费感觉迷茫，故所有船舶如今正处待命状态而未入港。高砂丸以今日为交货期限，预计明日二十三号凌晨四点出港。虽然仅宣布对运费进行微调，但货主们听闻后为尽快将货发出，如往常一般迅速行动，申请让本公司高砂丸运输货物……①

函馆分公司从上一年度就已经受到经济萧条的影响。如其在1882年3月的信件中报告过如下情况："……本地与各地都因金融环境之恶劣而丧失商业贸易活力，甚至到了如今各地进货时节还面临无法充分调度资本之大困难……"② 又在翌月的信中写道："……本地景况难以充分察明，若从表面趋势来看可发现经济萧条之严重。面对如此之不景气，真希望情况能够稍稍有所好转……"③

而在其他分公司方面，《近代日本海运生成史料》收录了神户分公司报告的"出口香港之货物减少"一事（1883年1月28日），而从大阪办事处寄来的书函中可以看到"当地一般商业情况颇不活跃"的内容。④ 同时，我们可以从下面的史料中读到类似的片段：

---

① 『野蒜来翰　明治十六年　本務課』（MA638）。该资料的原封面虽写着"十七年分"，但其中是明治16年（1883）的内容，史料馆的目录中也写着"十六年"，故按照"明治十六年"来处理。

② 『近代日本海運生成史料』、54页。

③ 『近代日本海運生成史料』、55页。

④ 『近代日本海運生成史料』、209～210页。

史料 2

神户分公司信函

明治十六年二月十八日　大阪办事处小川鉟吉（寄）　社长岩崎弥太郎（收）

出第七号

商业情况　本地外币米谷市价行情甚好，故市场里各种货物交易也应呈现活跃之景，然而，虽有来自各方之订单，实际出货量之增加却并不明显。①

史料 3

神户分公司来信

明治十六年三月十五日　大阪办事处吉川泰二郎代理岩永（寄）　社长岩崎弥太郎（收）

神户—高知下等运费由三元下调至两元一事，已在此前以电报告知，但终究因为此前意图表达不甚明确，仅用电报无法充分表明想法而被告知不许如此办理，故在此进一步陈述事实。原本上述降价之事，主因并非在于与他船之竞争，乃是近来上海航路与四日市—横滨运费下调，高知航路运费却一切照旧，导致商权逐步丧失。注意到此情况之人亦必然关注此事，尤其是社外小蒸汽船之航班运费已变得颇为低廉，致使乘坐社船往返之乘客已渐稀少。若就此旁观而置之不理，则将蒙受极大损失。故此际商议降至两元，请再做斟酌。

---

① 『明治十六年上半季　神戸支社来翰　本務課』（MA615）。

史料 4

神户分公司信函

明治十六年三月二十五日　大阪出口科（寄）　经理（收）

如您所知，发往北国之货物情况仍处于颓势，各货主普遍认为运费高昂并不妥当。自我地出发之西海航路上，大和船及风帆船保持盈利即黑字状态。但由于采取了旧运费标准，自去年（明治）十五年夏季以来，其出货情况颇不景气，去年十一月起变为赤字。而向东运输方面，京滨之间保持货物满仓状态，但阪神之间无法充分上货。若无法做到货物满仓，我地为解决运费赤字，只得将运费上调 10%，预计将使京滨货物不足但可充分出货。按照如上运费标准收货，将对京滨运费造成影响，但如前所述，本地往西海之航路能够盈利。若仅根据我地是否办理来处理运费事宜，则对于各货主并无不便之处，但运费赤字仍可能发生，无法填补运费实在令人遗憾。特汇报如上。①

史料 5

为换、煤矿、舟川、敦贺、伏木、四日市信函

明治十六年四月四日　伏木分公司经理滨政弘（寄）　社长岩崎弥太郎（收）

本第九号

近来各地均出现物价低落现象，船客运费亦因此下降，无疑将对商权造成影响。目前已接到逐步下调上海航路运费之通知，

---

①　『近代日本海運生成史料』、211～212 頁。

我港通往各地（运费）亦将进行修正……①

史料 6

本务科信函

明治十六年四月二十八日　本务课长内田耕作（寄）　长崎
分公司吉田省三（收）

甲第十四号　勘定科

诸物价下跌，各航路运费亦随之下降。故下调人工费等费乃
妥当之策。本公司决定对此进行调整后将于五月一日实施，望贵
地亦加紧调整并实施……②

史料 7

本务课信函

明治十六年六月十八日　本务课长内田耕作（寄）　长崎分
公司吉田省三（收）

……自去年末至今年，因商业不景气，公司损失惨重，令人
痛心……

史料 8

明治十六年下半季　朝鲜国元山港商况概略

今年我国物价暴跌，导致从日本海港出口之商品利润颇为微

---

① 『為換・炭坑・舟川・敦賀・伏木・四日市来翰　明治十六年　本務課』
（MA613）。
② 『本務課来翰　明治十六年分　長崎支社』（MA449）。

薄而损失惨重。出口产品之价格亦受其影响，致使贸易困难，以至于入馆之韩国商人数量随之减少……①

由此看来，当时在经济不景气的影响下，越来越多的地方开始意识到下调运费一事迫在眉睫。虽然存在共同运输公司成立并展开竞争这一潜在因素的影响，但各分公司将其作为竞争对手的想法颇显淡薄。所以在各分公司遗留下来的书信中涉及共同运输公司与帆船等其他公司船舶的内容少之又少，其中提及的几乎全是经济萧条引发运输需求减少，无法获得乘客与货物的内容。

当然在这种情况之下它们也并不是在应对共同运输公司的竞争上完全漠不关心。但能够想象以运输需求减少为背景的竞争之激化会对其经营造成多么深远的影响。关于这一点，函馆副经理榊茂夫曾给身处东京的分公司经理船本龙之助写信，进行了如下描述：

史料 9

函馆信函

明治十六年二月二日　函馆副经理榊茂夫（寄）　东京船本龙之助（收）

共同社定期船　共同运输公司收到明治丸并在东京—石之卷本港与宿祢丸交叉形成定期航路。且明治丸已于近日由横滨起航。若如此，则可预见如去年般之全力竞争，抑或势必在某处发

---

① 『元山津支社来翰　明治十七年　釜山支社』（MA60）。

生运费额停滞不前等事。若与彼方展开竞争，则不可重蹈此前与外国船或邮政汽船公司竞争之覆辙，否则，取得胜利恐将成至难之事。特期望能就此与总公司协议，进而回函告知。[①]

意即，面对共同运输公司开设定期航路之举，希望能够协商究竟是展开"全力竞争"还是静观其变。由此可见，其不同于此前与外国汽船公司、日本国内邮政汽船公司的竞争，整个过程是存在不少差异的。

在此之后又过了 8 个多月，至同年 11 月初，从总公司的本务课发来了一份信函。虽然这并不是直接的回应而是寄给伏木分公司的，但从其文字来看各个分公司应该收到了同样的内容。其中展示了总公司应对共同运输公司的策略：

史料 10

本务课信函

明治十六年十一月五日　本务课长内田耕作（寄）　伏木分公司滨政弘（收）

甲第四十四号

共同运输公司不断购入船舶并频繁往来于各地之际，我公司需预先确认意向，尽量避免与该公司竞争并保持和睦。且该公司对我公司表达过类似的恳切愿望。在前日社船抵达之际，我方社长曾带领众人邀请对方并予以周全招待，反映出进一步走向和睦

---

① 『近代日本海運生成史料』、57 頁。

160

之趋势。各分公司亦未出现不快经历而有同样恳切之愿望。望就此咨询贵意。①

这说明总公司的方针在于，即便运费呈现下降的趋势，也仍将重视两公司之和睦而避免竞争，以协调的方式来应对。

但与此相反，当地现场的人员在 1883 年末以前逐渐加强了对于共同运输公司行动的警惕。如在同年 11 月给社长去信回复关于总公司方针的通知时，函馆分公司副经理榊茂夫表达了如下意见：

史料 11

函馆信函

明治十六年十一月十五日　　函馆分公司副经理榊茂夫（寄）

社长（收）

两公司和睦　共同运输公司不断增加船舶并扩充各条航路之际，拜收贵方关于不展开竞争而确保和睦、谋求共存之通知，此通知之主旨已传达给下属……

共同运输公司竞争意图的表达　如前所述，我公司已决定以共存之精神处理运费等事，而对方亦计划以相同之船客运费加以应对。近来，下等乘客运费未发生变动而函馆—横滨之上等乘客运费下降至十五元。虽然伊势九所载上等乘客人数众多，情况不错，但货物运费因商业情况而需确认一较高下之策略。

---

①　『本務課来翰　明治十六年　伏木』（MA25）。

无疑，船客运费绝不可与之相提并论，对方若采取措施，则我方只得尽早宣布展开竞争，故关于此事切望总公司亦加以商讨斟酌，抑或先让一船出航尝试，我方将观察其后续之动向而进行上报。①

即函馆方面在复信中认为，共同运输公司未必接受了东京方面谋求和睦的提议，而是正在为运费降价竞争做准备。此种情况一直持续到同年末。

进入 1884 年后，从分公司的来信中也能够看到与共同运输公司展开竞争的内容。但像"经济之萧条尚未改善，导致发货量极少"，②"此次兵库丸所载货物因大阪神户之商况萧条而不得不采取措施进行募集……"③ 之类的报告也是随处可见。如以下史料所示，此时期总公司开始向各地发函，表达同样的认识：

史料 12

本务课信函

明治十七年三月十六日　本务课长内田耕作（寄）　长崎分公司吉田省三（收）

乙第十八号　进口科

---

① 『近代日本海運生成史料』、59～60 頁。
② 「明治一七年六月二六日仁川出張所島田盛吉より釜山支社山田季治宛」『仁川出張所来翰　明治十七年』（MA59）。
③ 「明治一七年五月五日神戸支社小川錦吉から社長岩崎弥太郎宛」『神戸支社・大阪出張所来翰　明治十七年　本務課』。

……最近各种物价下跌之际，汽船运费如附件所示，不断降低……

明治十七年四月五日　本务课长内田耕作（寄）　长崎分公司吉田省三（收）

乙第二十四号

诸物价下跌而运费也渐下降之际，若仅以节省经费为宗旨而不执行其他计划，则收支无法实现平衡，势必导致公司业务衰退，令人忧虑至极。故此次如附件所示，对本课进出货物相关之人工费予以缩减，请贵地亦尽量削减上述诸费。①

关于当时公司萧条的状况及其原因，我们还可以从《长崎分公司来翰》收录的长崎分公司与下关分公司提交社长的报告中进一步加以了解：

史料 13

长崎分公司信函

明治十七年四月十八日　长崎分公司事务吉田省三（寄）社长岩崎弥太郎（收）

本第五十二号

拜启　浪花丸总算修缮竣工并于四月十号自釜山起航，但因经济不景气，装载之货物、乘客极少，航海收入之运费已超出该

---

① 『本務課来翰　明治十七年　長崎支社』（MA459）。

船所能负担，故现以书面告知。本日第二次出港时货物不过二十三件，乘客亦仅二十三名，情况甚是惨淡……釜山—对马极为萧条，甚至无法偿付出入港之税款……仁川港方面估计也不景气，前日蓬莱丸自本地开往釜山，满载货物且目前正在运送大米。可认为近日各地亦将开始运送，但销售困难。①

史料 14

长崎分公司信函

明治十七年十月十二日　　下关分公司经理谷田籴之助（寄）

社长岩崎弥太郎（收）

本第二十三号

拜启　本地与神户之间运费一事如您所知，小蒸汽船正频繁出海，尤其是目前商业不景气之际，以该类船舶来展开竞争，可使运费降低。开往上海之邮船，因本地与神户之间并无停泊之地，需预先咨询长崎分公司是否尚有舱位。若无碍，则可在入港后直接装货，需注意节省时间……对于大幅下跌之行情实在感到痛心，且能预想到小蒸汽船之竞争会持续较长时间，不久应会有相当之运费收入。如今此种不得已之情况下只能随机应变，还请谅解。②

可以看到总公司本务课在 1884 年春的书信中开始出现苦于

---

①　『長崎支社来翰　明治十七年　本務課』（MA640）。
②　『長崎支社来翰　明治十七年　本務課』（MA640）。

经营的认识："最近各种物价下跌之际，汽船运费如附件所示不断降低……"对此，分公司则在报告经济萧条之影响的同时描述了釜山航路的惨状："货物不过二十三件，乘客亦仅二十三名。"进而提出不得不实施诸如下调人工费等谋求经营合理化的方策。

1884 年 3 月，负责运送兵器弹药的御用船也在"各种物价下跌"与通货紧缩的背景下实行了运费降价措施。① 这种御用船运费的下调与和共同运输公司之间的竞争并无关系，所以被迫降低运费的情况与前一年度相同，并未发生变化。

在上引 10 月 12 日的书信中我们还看到下关分公司的汇报："本地与神户之间运费一事如您所知，小蒸汽船正频繁出海，尤其是目前商业不景气之际，以该类船舶来展开竞争，可使运费降低。……对于大幅下跌之行情实在感到痛心，且能预想到小蒸汽船之竞争将会持续较长时间，不久应会有相当之运费收入。"这说明，被迫下调运费的较量对于三菱而言不仅意味着当年下半年正式开启了与共同运输公司的竞争，也意味着与小规模海运业者竞争时需要加以警惕。很多书信中并未将共同运输公司作为唯一对手，而是涉及了各地的海运业。

而且同一封信中提到的"能预想到小蒸汽船之竞争将会持续较长时间，不久应会有相当之运费收入"，表达了一种对未来较为乐观的预测，这也值得我们注意。因为这足以说明三菱当时

---

① 「明治一七年三月一六日　本務課長內田耕作より釜山支社支配人山田季治宛　乙第十七号」『本社来翰本務・庶務　明治十七年中　釜山支社』（MA55）。该书信被一并寄给其他分公司。

并不打算像此前与外国汽船公司竞争时那样，要坚持彻底的激烈竞争以将对手击倒。①

野蒜分公司的信件中提到将暂时以风帆船的廉价运费吸引货主：

史料 15

野蒜信函

明治十六年四月二十日　野蒜分公司经理恒川新辅（寄）社长（收）

……关于本地商况之不振已屡次汇报，近来持续萧条，运往东京之大米常使东京米价与本地米价无法平衡。世人将目光集中于汽船运费与风帆船运费之差额，而目前风帆船运费与汽船运费相差十五元。②

以往在远距离运输上，三菱虽然价格偏高，但因为其运输速度与安全性能够得到保障，得到了货主们的青睐。然而在上述情况下，观察函馆货主前面提到的要求却可以发现，本身在运费价格上风帆船就更为低廉，再加上经济萧条引发的运费下调，结果是货主们开始暂时性地选择价格较低的一方，从而给三菱的货物收购带来了消极影响。这种变化的背景与基础，在于他们认为上述情况不会持续太长时间。

---

① 这意味着三菱所理解的竞争更可能是新入者引发的竞争结构变化，即由经济变化引起的周期变化。
② 『野蒜来翰　明治十六年　本务课』（MA638）。

由此可以看到，进入 1884 年出现运费进一步下降的情况之后，[①] 三菱在各地的分公司虽然随着经济的萧条与运输需求的低迷而不得不下调运费，但在当时将其理解为一种暂时性对策。[②]

那么对于同年下半年完成整修船舶工作并正式投入竞争的共同运输公司，上述史料中是否有过特别的提及呢？

前面提到的竞争焦点之一四日市方面曾就此做出报告：

史料 16

四日市信函

明治十七年五月二十六日　四日市分公司经理春田源之丞（寄）　社长岩崎弥太郎（收）

……去年共同运输公司未有汽船，今年却拥有了定期船，这导致我分公司未能装下的货物大多被其他船舶装走。如此，每次出航都会留下未装载之货物，而使货主们觉得不公平，甚至关系到我方信誉。故对于事先已约定妥当的货主，我方感到十分抱歉，亦颇觉为难……[③]

---

① 详细内容在此省略，但可看到不仅仅是宏观经济环境的衰退，在北海道航路中作为支柱产业的渔业捕捞条件也已空前恶劣，对运费收入的下降产生了重要影响。比如 1883 年 6 月函馆的信函中写道："今年商业情况受去年不景气情况的持续影响更无青鱼，陷入了不可名状之困难，令人极为担忧。"同年 10 月，小樽根室的信函里描述了类似的凄惨情景："今年海带歉收严重，产量乃往年四分之一，与当地回漕的目标产量相差甚远。"参见『近代日本海運生成史料』，第 78、80 页。

② 尤其在提供运输服务方面，由于与小公司之间存在相互依存的关系，预测竞争状态不会持续下去。

③ 『四日市来翰　明治十七年中　本務課』（MA628）。

167

史料 17

四日市信函

明治十七年八月十五日　四日市分公司经理春田源之丞（寄）　社长岩崎弥太郎（收）

本务甲第八号

谨启　近来搭乘社船之乘客数量正每况愈下，我方甚为焦虑并研究其原因。如您所知，共同运输公司之股东均拥有航海券并可获得九折优惠。最近听闻，该公司中转站曾恳切请求其中数位股东自每家借入数十张该券并转借给无此券之宿泊乘客，使其购得九折船票。这自然导致乘客被该公司夺走。是故若置之不顾，则我方中转站之宿泊乘客无论是否持有此券，均有可能大量涌向共同运输公司一方，而使社船搭乘人数锐减。若我方给未持有共同运输公司股东之航海券者提供运费九折优惠，则虽然运费收入减少，却可应对其卑劣行为。而我公司中持有上述股券者，若来中转站求购船票，则可让其交出该券，并在我船翌日起航时提供该券对应之一成现金，即返还其三十五钱。如此便是通过中转站向乘客提供返现，至于估算现金之多寡与增减，则……①

上述第一段引文所报告的是，四日市的经济情况正在好转，结果便是装载货物量的增加，但由于货物过多无法全部装载，被共同运输公司抢走了。三个月后的第二段引文中又记载称，共同运输公司将焦点放在乘客身上，琢磨出一种"股东优惠券"之

---

① 『近代日本海運生成史料』、168 頁。

168

类的运费减价措施，以此给运费打折扣并争夺客源，该分公司遂提议三菱给持券者返现来加以应对。显然，四日市的竞争主要发生在客运层面，这一点与表3-2的运费收入情况能够形成对照。而在货运层面，8月时竞争似乎还不算激烈。①

另一个竞争的焦点，即被称为"关原战场"的神户又是怎样的情形呢？可以认为，共同运输公司给乘客提供的折扣在神户也是存在的。如同年末，该地三菱公司货物乘客服务工会的三城弥七等十四人提出："我工会将采取同样的运费折扣措施，以周旋乘船之事，并招揽乘客。"②

史料18

神户分公司信函

明治十七年十二月十二日　神户经理代理吉武藏（寄）　社长岩崎弥太郎（收）

第二十一号

拜启　共同运输公司不仅船舶数量增加，往各地之航海次数也不断攀升。而我方从神户开往横滨之乘船人数自然相应下降，神户各联络人仍按以往方式工作，致各店乘客不断减少，且返现

---

① 此后媒体对两家公司的竞争进行了夸张的报道，以往常有研究强调其政治背景。但除此以外也能看到史料中记载了共同运输公司所采取的竞争战略，包括在客运部门采取打折措施等。其结果如后所述，一些研究者忽视了当时货运部门竞争中所存在的差异。

② 「明治一七年一二月　神户三菱会社荷物船客取扱组合よりの願」（附12月20日信函）、『神户支社来翰第二号　明治十七年起七月十二月止　大阪』（MA227）。

之举尚存漏洞。在如今之生计上恳愿能统一各方且打出两块招牌，抑或使货物乘客方面与联络人形成联系等。①

针对此种情况，总公司于1884年末发出关于货物约定的指示：

史料19

本务课信函

明治十七年十一月四日　本务课长内田耕作（寄）　神户经理吉川泰二郎（收）

货物回漕协定（货主筱原万三郎与三菱公司）

第四条　第一条与第二条中虽已商定运费，但共同运输公司仍在以往运费基础上进一步降价，若货主告知其削减运费，则船主仍可在约定期限内修改至同等程度之运费。

但共同运输公司若大幅削减其运费，则在约定期限内船主需向货主通告取消约定，在此情况下对于将要取消之此前回漕货物，无论当时约定如何，仍需返还其运费额之15%（一百元中的十五元）。②

即三菱总公司批准了应对方针，规定可在一定限度内模仿共同运输公司，采取同样的降价手段来缔结回漕约定。这说明从1884年末起，其开始时刻关注与共同运输公司之间的竞争关系并重估了运费标准。

---

①　『神户支社来翰　明治十七年七月起十二月止　大阪』（MA227）。
②　『本務課来束　明治十七年度　神户三菱会社』（MA144）。

非价格竞争

接下来讨论双方竞争正式开始后 1884 年下半年以后运费以外的各类因素。众所周知，在共同运输公司参与竞争之前，人们对处于"垄断"货物运输地位的三菱抱有强烈的不满，[1]这也是三菱受到批评的根源所在。货物损坏或丢失等问题时有发生，这是货主们不愿选择三菱的原因。所以货主们要求降低运费，同时也希望三菱改善服务质量。在此情况下，能否让老货主们继续选择三菱将成为左右竞争走向的重要因素。[2]

事实上我们可以从以下史料了解到，货物交接时便利程度上的差别曾成为三菱"出货减少"的原因之一：

史料 20

总公司信函

（明治十八年　日期不详）　本务课长代理冈崎惟索（寄）

函馆分公司船本龙之助（收）

出第三百零六号

---

① 「貨物取扱方法改善についての要望書」（1880 年 3 月）、『近代日本海運生成史料』、39 頁。

② 若从服务质量层面看货主的选择可以发现，东京风帆船公司与共同运输公司的很多股东原本就是各地的货主，而北海道运输公司作为共同运输公司的母体之一，其股东中有将近十人名字出现在三菱邮政汽船公司的契约书上，其中一位还是该公司的老主顾（『近代日本海運生成史料』、39 頁）。此外，三井物产与第一国立银行亦时常找三菱邮政汽船公司运输货物。从这些事例来看，很难想象那些与三菱有密切投资关系的股东会集结起来大肆宣传"反对三菱"并最终选择了共同运输公司。

弘前约定货主三上道春氏、分公司青森三上顺一氏均为我公司约定货主，因近来我方社船出货减少，向本地联络人吉田保太郎询问其中原委，得知在青森时出货未必经联络人之手，青森之运输公司则不存在联络人而直接联系收取货物。若不经联络人之手，则返现与出货交易将发生延迟等诸多不便，故对方决定不再向三菱出货。吉田称，三菱并不认为在青森进行直接收货存在困难，反而是直接操作显得更为便利，故可照旧处理，无须担忧。若贵方愿意出货可再行协商。但不知究竟是何误解，导致货主最终做出此种决定。该氏若如此，则其他货主或许有同样之感受。请尽快针对上述情况发出否认之声明，以便消除误解。静候回音。①

而下引史料则认为乘客数量减少的原因在于共同运输公司船舶是"结构上符合审美之新船，速度也比我方更快，故博得了人气"并显示了差距：

史料 21

大阪来函

明治十七年十一月八日　大阪办事处吉川泰二良（寄）　岩崎弥太郎（收）

募亲第三号

拜启　如今关于回漕业中乘客利益之问题已毋庸赘述。从最近我公司与共同运输公司搭乘乘客之景象来看，一旦两公司船舶

---

①　『本社来翰　明治十八年一月~九月　青森出张所』（MA401）。

同日出航，则乘客中十之有七被对方夺走，我方仅占三成而已。由乘客种类来看，总数七十人中，上等乘客不过寥寥四五人，中等乘客常不下十五六人。据称其原因在于对方船舶乃结构上符合审美之新船，速度也比我方更快，故博得了人气。且在神户与横滨两港还提前起航，为乘客带来了诸多便利，故自然取得了胜利。敝人认为，我公司为予以应对，应尽量争取乘客人数并考虑其具体方法，此乃眼下之急务。以往神户—函馆定期航路所使用的高砂丸，航行过上海航路，亦曾在当时的函馆航路中使用，虽然乘客运输与货物运输均无人气，且就船舶吃水情况而言不如其他上海航路汽船入港自由，但据称在出入上并无不便。故可将该船调往上海航路，而让定期预备船住之江丸取代其负责神户—函馆运输。近来完成修理之名古屋丸与横滨丸两船，则可充作横滨—神户之定期船。前者曾在上等船舱中设置大量中等船舱，作为神户—横滨定期船无疑合适。而神户—函馆定期船自神户前往横滨，再由横滨前往神户时，可将起航时间提前至下午两点，由此使东京—神户之乘客形成愿意搭乘名古屋丸、横滨丸之趋势。同时亦需对乘客之服务多加留意，以免我方乘客被对方夺走。按上述办法提前起航时间，有可能导致横滨所出货物中外国货物与残留货物之运输发生不便，对此问题可考虑其他办法解决之。可提前采取措施予以预防。近日来，船票发售措施在货主中博得了一定人气，若乘此时机为普通乘客提供便利，则可进一步增加其人数。敝人认为，这对于我公司之利益而言影响甚大，务请斟酌商议。①

---

① 『大阪来翰　明治十七年度　神户支社』（MA147）。

甚至在三菱邮政汽船公司内部的书信中还能看到关于乘客服务方面的记载，据称共同运输公司当时实施了全天二十四小时每隔一小时进行船上巡查的措施，并向晕船的乘客发放晕船药等。与共同运输公司这种良好的待客之道相比，三菱公司在此方面是存在问题的。

史料 22

本务课信函

明治十八年五月二十八日　本务课长内田耕作（寄）

近来就各船乘客人数之逐渐减少展开了调查工作，发现共同运输公司在乘客接待方面颇为用心。如在横滨专门安排有乘客接待专员，通过他指示各船安排一切乘客服务事宜，故自然让人感觉细致周到。其中的下等乘客，不仅对于该公司之措施尤其感觉满意，且向他人宣传吹嘘并推荐其搭乘该公司船只。若问其缘由，便日共同运输公司船只即便在茶水服务上亦优于三菱，在三菱船上，乘客若请求一杯茶水或有事拜托，便会遭到谢绝抑或口头答应后不办理，让人不满，但运输公司反而派人来问是否需要茶水，抑或是请求茶水时爽快答应并立即送来，发现乘客有晕船迹象时亦不会停止送茶，而请其他乘务员同事代为询问是否有事，其服务关照实在是无微不至云云……①

---

① 『本務課来翰　明治十八年一月～十二月』（MA472）。该信函是基于1884年11月神户分公司发给董事长报告内容来阐述共同运输公司与三菱之间乘客服务之差异的。见『近代日本海運生成史料』，第223页。

而且，当时比货物与乘客服务更显重要的是航路的起止地点与出发时间等问题。有一个回应客户需求的例子。原本是三菱顾客的北海道小樽地区货主，曾打算在函馆换船将货物重新装载后前往东京。由于其他公司船舶开启了从小樽直达东京的航线，该货主准备转而搭乘该船。[①] 货主的需求在于"运费低廉，各船是否方便停泊"，[②] 因此在其做出选择之际，运费以外的因素就变得十分重要。但三菱公司当时在这方面的应对十分迟缓，从而被其他公司抢走了客源。

　　表 3 - 3 展示的是 1885 年 3 月共同运输公司与三菱邮政汽船公司的航行次数与乘客人数比较。该年 3 月，在政府的调解下，两家公司的"防竞争协定"即时生效。由于双方此后的市场份额受该协定影响不会发生太过激烈的变化，所以 1884 年下半年全面展开竞争的后果可以从该表得到一定程度的反映。在协定期间有意识地向总公司提交这种与共同运输公司进行比较的报告，显然说明三菱方面对于市场竞争的关心与认识发生了改变。[③] 若基于这一前提来观察表 3 - 3 可以发现，除了号称连平均乘客人数都要激烈竞争的横滨—神户航路之外，三菱公司在其他数据上都显得更胜一筹。同样的，从两家公司 1885 年 3 ~ 8 月敦贺港货

①　『近代日本海運生成史料』、61 頁。

②　『近代日本海運生成史料』、102 頁。

③　依笔者所见，在此以前如表 3 - 3、表 3 - 4 那样汇报两公司航行实绩的资料几乎不存在。但到了这一时期，关于竞争状态的历史文献大多保存了下来。这说明随着竞争的加剧，一直试图保持合作关系的三菱总公司终于开始将注意力转移到了解实际情况上。换言之，以前并不需要进行此种比较，故各分公司并未从第一现场自发地汇报其认识。对于各分公司究竟如何认识事态，我们只能从中略加窥探。

物出入数量比较的资料中能看到，三菱邮政汽船公司当时的货物出入数量远超共同运输公司。① 故可以认为，三菱在竞争过程中失去大量顾客、地位不断遭受共同运输公司威胁的情况，未必有想象中那么严重。

表 3 - 3　函馆分公司 1885 年 3 月乘客与货物量调查

航路		共同运输公司	三菱邮政汽船公司
函馆—青森	航行次数	12	15
	乘客人数	176	384
	平均乘客人数	15	26
函馆—釜山、江差、寿都、小樽	航行次数	6	15
	乘客人数	437	1802
	平均乘客人数	73	120
函馆—荻滨、横滨、神户	航行次数	6	9
	乘客人数	250	359
	平均乘客人数	42	40
神户—横滨—函馆	航行次数	7	9
	乘客人数	317	683
	平均乘客人数	45	76
	货物个数	6038	11109
	平均货物数	863	1234

資料来源：「十八年第四月青函航船客比較表」『雑書類　明治十八年従一月至九月　函館支社』（MA341）。

当然，两者的竞争关系即便在此后受制于防竞争协定，也极有可能发生大幅的流动与变化。如 1885 年 4 月本应是两家公司

① 「敦賀港輸出入品比較表」（明治 18 年 4～6、8 月毎月）、『敦賀出張所来翰　明治十八年一月～九月　大阪出張所』（MA242）。

保持休战状态的时期，① 但从表3－4可以看到，受到季节更替等方面的影响，4月函馆—青森航路的乘客人数与表3－3中3月的数据相比出现了大幅增加。

表3－4　1885年4月青森—函馆定期航路船舶与乘客数量比较

出航日	公司	出航时刻	出航次数	乘客人数	平均乘客人数
1～13日	共同运输	0：00	11	720	65
	三菱	23：00	7	230	33
14～28日	共同运输	04：00	7	396	57
	三菱	23：00	7	819	117

资料来源：『青森来翰　明治十八年　函館支社』（MA329）。

我们还能够发现，第一，共同运输公司将航行次数从上个月的12次增加到18次；第二，两家公司在每个月的前半段与后半段吸引乘客的能力是有一定差异的，即在前半段共同运输公司处于优势地位，而后半段三菱实现了局势的逆转。可以推测其直接原因在于三菱对起航时间进行了修改，但具体缘由不详。因此更深层次地探讨该协定给每个地区带来了怎样的影响是很有必要的。虽然笔者尚无余力加以深入考察，但从表中能够看到某些事实。如仅改变航行时间就能够使乘客数量发生巨大变化这一点来看便可知，实际上货主们对于运输服务提供的便利是相当敏感的。正因如此，两家公司在争夺客源的问题上绝不会局限于此前所说的运费下调或运输速度的竞争，而极有可能是多种因素共同

---

① 　参见大石直樹「三菱と共同運輸会社の競争過程——日本郵船会社の設立をめぐって」（『三菱史料館論集』2008年第9号）。

造成的结果。而且各地虽然曾要求总公司在这方面采取具体的行动，但似乎只要实施了一定程度的对策，问题就能够迎来解决的可能性。

再举一个情况尚有不同的具体对策实例。1885 年，三菱还与小蒸汽船公司在仙台、石卷等地展开降价竞争，进而缔结了关于继续使用小汽船为乘客提供方便的协定。① 作为一种不体现运费竞争关系变化的应对措施，这足以说明竞争的一个焦点在于客户服务质量的改善。

三菱邮政汽船公司收入减少的主要原因之一，在于汇兑店关闭导致确保货主不再流失的问题出现了困难。前面虽然对该问题有所提及，但服务质量的下降究竟给竞争关系带来了怎样的影响，值得进一步思考。可以认为，1884 年 11 月三菱关闭汇兑店的决定，给各地造成过相当影响。

史料 23

敦贺办事处信函

明治十八年四月五日　敦贺办事处山本（寄）　神户分公司岩永（收）

敦第四十九号

货物汇兑店开业　从伯州、境港发往北海各地之货物包括大米、木棉、水稻、辣椒、钢铁等。其中钢铁类在货主送货之际未

---

① 「（船主大和贞治と石卷三菱会社との）条款书　明治十八年七月付」『石卷书简　十八年六月~九月　仙台出张所』（MA–282）。

必需要汇兑，而大米、木棉、水稻、辣椒等物则属于进口货主之订货，一旦不申请汇兑处理，则无法实现出口货物之增加。然近日在贵方外出之际，我地之鸟取第八十二国立银行人员前来洽谈，按柏木之转述，该银行在大阪及境港两地设有分行，因听闻贵公司近日将往北海各地起航或设立商店，故想务必恳请在当地开设汇兑事务。依敝人愚见，若不立即按柏木意见开办货物汇兑，则无法实现货物之增加，在各银行实现开办之前我公司可率先开办。可预计其资金约为一次航海五千元，利息为进港后三日内缴纳一百元……①

由此可见，身处一线的人员在当时切实认识到了货物汇兑业务对于保证客源的重要性。当然，即便关闭汇兑店可能使货主们将注意力转而集中到运费差异的问题上，也很难想象这一举措会对竞争造成不利的影响。其理由之一在于，汇兑店关闭的时间较晚，甚至到了 1885 年 5 月、6 月仍有一些分公司的店面处于营业状态；理由之二则在于，某些分公司与当地银行之间曾签订货物汇兑协定，开启了替代性服务。以下史料可以反映高知分公司在汇兑店关闭之后的对策：

史料 24

各分公司信函

明治十八年一月二十六日　　高知分公司岩永省一（寄）　函

---

① 『敦賀出張所来翰　明治十八年　大阪出張所』（MA242）。

馆分公司船本龙之助（收）

勘第二十一号

纸张货物汇兑　贵地常野嘉兵卫氏向我地伊野与须崎货主订购之纸张，在我店关闭以前均通过我处办理货物汇兑。去年十二月我分公司关闭汇兑业务之后，运输订购纸张之汇兑业务已无处办理，对运输亦造成不便。由于神户各银行办理起来更为实惠且我分公司已停止业务，惟有三井银行设有分行，故货物汇兑事务若不在该行办理代收票据，则别无他法。此代收票据手续费为每百元收取八十钱，使本地货主颇感为难。他们若向共同运输公司出货，似乎能得到更为便利之汇兑，故本地甚至已有约定之货主若要向函馆发货，均将货物托付于共同运输公司的船只。而且本地货主有时会急需现金，若使用代收票据，则不得不花费一月时间才可取得现金货款，若无汇兑办法，则情况无疑将愈发困难。常野氏前来商讨此事，称希望本地订购纸张时，将订购纸张货款之七成或八成转入我公司，而后将其现金货款以运输票据之形式转交出来，并将情况通知对方，由此可实现订购纸张之收货与货款之交付，而为货主提供方便。我方与常野氏商讨后亦觉此举便利，故全力推荐，望听取贵方意见。①

可见，三菱当时正通过各地银行摸索办理汇兑业务的办法，但因为在高知分公司不可能实现，所以如上引两条史料所记载的那样，提出了使用运输票据来实现资金运转的公司内部对策。无

---

① 『各支社来翰（四日市ほか）　明治十八年　函馆支社』（MA339）。

法使用分公司所在地之银行的情况，应该不只是三菱的问题，因此很难说对于竞争起过决定性作用。同时如史料所示，三菱公司内部若是实施了此项代替方案，便有可能实现有效的应对。从这一层意义上说，关闭汇兑店的举措给每个分公司所造成的影响似乎不尽相同，所以很难认为这是造成三菱竞争力下降、经营状况恶化的决定性因素。

以上分析了三菱各分公司的来信。总之，可以认为，三菱邮政汽船公司意识到其经营的萧条不振应始于1882年，其当时普遍认为情况惨淡的原因在于通货紧缩的影响。但到了1884年下半年以后，一些分公司转而发现与共同运输公司的竞争才是经营萧条的主因。但当时的观点仍是多种多样的，有分公司坚持认为收入下降的原因在于竞争导致的降价与经济萧条。在这种情况下，伴随物价的持续下跌，来自共同运输公司不定期航路运输服务的潜在竞争压力以及货主们对下调运费越发强烈的要求等，使三菱不得不降低了运费价格。但就目前所能确定的情况来看，三菱公司当时并没有积极展开降价的攻势。从其一线工作者的角度而言，共同运输公司的出现显然只是总公司为应对货主要求而降低运费的一种解释性因素，充其量不过与物价的下跌属于同一层次。所以关于两家公司之间的竞争，当时虽然出现了大量报道，但事实上三菱各分公司的工作前线自发地意识到与共同运输公司之间的竞争关系应是此后才发生的事情。毫无疑问，为了阐明两者之间的龃龉，我们有必要根据其经营实情去研究经营状况恶化究竟由何种原因发展而来。下节将就此展开讨论。

三 三菱的营业实态

那么 1884 年下半年正式开启的与共同运输公司的竞争，伴随此前经济萧条造成的收入锐减，给三菱邮政汽船公司的经营具体造成了怎样的影响呢？前面曾提到，当时有报道称"竞争最激烈的（明治）十七年（1884），东京—神户、东京—四日市的两条航路俨然成为两家公司的关原战场"。从这里可以看到，竞争造成的影响不仅会因时间的不同而不同，亦会因为路线的不同而有所不同。以下基于此认识展开相关分析。

收入的减少

首先可以通过观察表 3-5 与表 3-6，确认三菱邮政汽船公司货物与乘客数量、运费收入、经费及其收益的变化情况。

由表 3-5 可以看到，货运收入在 1881 年达到了峰值，接近 356 万日元，但进入 1884 年后减半，变为 176 万日元；而客运收入则在同时期从 103 万日元减少至 64.4 万日元。其结果便是收入总额（不含补助金）从 1881 年的 463 万日元降至 1884 年的 257 万日元，共减少了约 200 万日元。而其他方面的支出只不过在同时期从 419 万日元减少至 318 万日元而已。所以从结果上看，自 1880 年巅峰时代以来，其收支情况一直呈现恶化的趋势，收益由 1882 年的 23.3 万日元盈利（不含补助金）一口气跌落到 1883 年的 38.2 万日元亏损。虽然存在上一年度以来加大折扣力度引发的负担以及专用船收入减少等因素的影响，但货运收入较

表3-5 三菱邮政汽船公司的货物与乘客数量及收支情况

		1875年10月至1876年12月	1877年	1878年	1879年	1880年	1881年	1882年	1883年	1884年	1885年
运送量、航海次数	总吨位(吨)					442267	639135	601144	555207	551670	529640
	乘客人数(人)			169206	211758	244789	310247	253514	195267	157498	—
	汽船航行次数(次)	395	235	553	625	703	770	820	899	910	1036
	航行里程(里)	433811	506860	493795	565034320	648145	744866	733006	790088	768836	807891
收入(日元)	补助金	320299	262700	266666	280500	286166	280996	280416	278200	268800	201402
	货物运费	1321165	721473	1922513	2131137	2887207	3561164	3074456	2276661	1758330	1103961
	乘客运费	489711	441566	620465	683053	803178	1027874	907298	817979	644212	513077
	专用船收入	179237	2999432	59575	39214	12200	9201	236138	83759	77451	93339
	艀船 * 收纳		967	3667	6322	11243	29283	68405	76722	91974	72595
	收入总计	2310412	4426048	2872886	3140226	3999994	4908518	4566713	3533321	2840767	1984374
	收入总计(除补助金)	1900113	4163348	2606220	2859726	3713828	4627522	4286297	3255121	2571967	1782972

		1875年10月至1876年12月	1877年	1878年	1879年	1880年	1881年	1882年	1883年	1884年	1885年
支出（日元）	船费	1230739	1405814	1189626	1287682	1642262	2234911	2264639	1826795	1463069	1116406
	陆费	602975	684516	638881	652496	821941	1012084	979614	939213	932330	913823
	小蒸汽船仓库船经费	10769	24130	27436	21834	34875	45621	66274	67888	53487	43802
	船舶修理费	191866	337963	682342	397968	415445	647383	336007	366106	398715	13472
	艀船经费		303	3987	9464	9237	25808	75662	80070	89968	70334
	折扣		331849	782835	201547	214019	227357	331393	356552	239166	
	支出总计	2036349	2784575	3325017	2570991	3137779	4193164	4053589	3636624	3176736	2157837
收支（含补助金）		274063	1641473	-452131	569235	862215	715354	513124	-103303	-335969	-173463
收支（不含补助金）		-46236	1378773	-718797	288735	576049	434358	232708	-381503	-604769	-374865

* 在陆地与停泊大船之间负责运送货物或乘客的小船。——译者注

资料来源：『三菱社誌』各年；『三菱社史 初代社长时代』（下）（MA6045），1506～1507页；『三菱会社明治十一年ヨリ十七年二至ル荷物船客调』（MA12069－3）。

表 3-6　三菱货运与客运运费收入占上一年度的比例情况

单位：%

年份	货物量	乘客人数	客运收入	货运收入	合 计 运 费 收 入
1880		116	118	135	131
1881	145	127	128	123	124
1882	94	82	88	86	87
1883	92	77	90	73	77
1884	99	81	79	78	78
1885	96		106	84	90

注：基于 1885 年换算值计算出占上一年度之比例。

资料来源：『三菱社史　初代社長時代』（下）（MA6045）、2018 頁。

上年大幅下降才应是其业绩恶化的决定性因素。如本章开头所述，《三菱社志》关于以往收支的记载显示，1883 年仅亏损了 2.5 万日元，损失更大的应是 1884 年。这导致研究者对于回漕部即三菱海运经营恶化的实情做出了错误的判断。事实上，从 1883 年起，其海运经营就已经直面严峻的形势。

为了查明收入减少的原因，我们可以比较其每年运输量与收入金额。可以发现，三菱公司 1882 年的货物数量只是略微减少（较上一年度减少 6%），乘客数量减少了 18%，运费减少了 13%。这清楚地表明，1882 年收入减少的主要原因在于经济萧条。而 1883 年是下降最严重的年份，货物数量与客运收入减少了一成，乘客数量、货运收入则减少了约两成。进入 1884 年后，虽然其货物数量并未发生变化，但乘客的减少率仍达到了两成。而竞争最为激烈的 1885 年，由于数据是截至同年 9 月，很难加以判断，但我们可以依据表 3-6 将同年的数值进行换算，以推测其收益的增减情况。可以看到，1885 年的货物数量并没有太大波动，但明显的特点在于货运收入的骤减。而货运运费骤减的原因似乎可以归结为当年与共同运输公司的竞争。不过，同年客运收入的增加与各年变动的趋势却与此相悖，这些都是值得关注的问题。

货物运费是收入减少的最大要因。所以为了弄清不同地区各分公司的运费情况，可以通过表 3 - 7 了解 1882 年货运收入金额在 10 万日元以上的变化情况。从该表可以看到，1883 年货运收入与上一年度相比减少四分之三的有伏木、香港、长崎、上海等分公司，除新潟与四日市外，其他地区的分公司营业收入几乎都呈下降趋势。这一点非常引人注目，似乎说明 1883 ~ 1884 年在各地分公司报告经营状况不佳的基础之上又产生了各地收入减少的情况。此外，截至 1885 年，收入减少超过六成的有函馆、长崎、横滨、伏木、香港（废除）、新潟分公司，而四日市与神户分公司，虽然处在与共同运输公司激烈竞争的地区，其收益额却并没有下降太多，这也是值得留意的。

表 3 - 7　各店货运收入的变化情况

单位：日元，%

	1882 年	1883 年	相比于 1882 年	1884 年	相比于 1883 年	1885 年	相比于 1884 年	1882 年相比于 1885 年
神户	371993	309429	83	251191	81	248176	99	67
函馆	297509	212723	72	143017	67	114618	80	39
东京	275478	214945	78	172309	80	127997	74	46
长崎	273532	165497	61	90515	55	97590	108	36

	1882 年	1883 年	相比于 1882 年	1884 年	相比于 1883 年	1885 年	相比于 1884 年	1882 年相比于 1885 年
大阪	244405	200645	82	152268	76	141005	93	58
横滨	234405	156075	67	123704	79	86803	70	37
伏木	150425	72935	48	76459	105	57772	76	38
香港	147523	74573	51	25929	35			0
野蒜	147079	111378	76	103325	93	67662	65	46
上海	138041	91522	66	98885	108	77754	79	56
四日市	113104	109746	97	99439	91	110357	111	98
新潟	103166	108323	105	52078	48	38793	74	38
其他	520895	375541	72	342192	91	269190	79	52
合计	3017555	2203333	73	1731310	79	1437717	83	48

注：［1］ 以 1882 年货物运费收入前十名为基准选出。

［2］ 运费收入额之合计数值与表 3－5 有所不同，系根据原表之合计值计入。

［3］ 为显示与上一年度之比值，1885 年的收入额系由计算年换算后得出。

资料来源：「歳末雑載」『三菱社誌』。

　　以下将关注点置于不同航路的区别上，以进一步探寻三菱运费收入减少的原因。之所以如此，乃因为不同航路的变化情况能够更为清晰地反映当时的竞争所造成的影响。

　　图 3－2 显示了 1884 年各航路的运费收入结构。从该图来看，当时领取补助金的上海航路作为最大的海外航路，其收入占据总收入的近两成，可以说是一条颇为重要的海上路线。神户—函馆航路则位居第二，三菱所拥有的几乎全部 1000 吨位级大型汽船均配属于此。

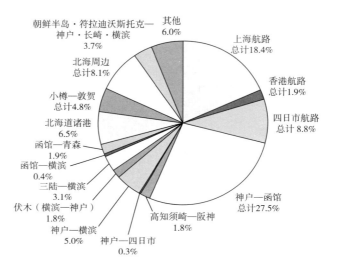

图 3－2　1884 年各航路运费收入比例

资料来源：『明治十七年中出帆船各線路及各船訳概運賃一
覧表』（MA853）。

若观察占据主导地位的上海航路便可发现，其运费收入在
1881 年迎来峰值，即在 52 次航行中共获得了约 91 万日元的盈
利。① 但是到了 1884 年，虽然航行了 53 次，在次数几乎不变的
情况下，运费收入却减少了近一半，仅有 44 万日元。同时在
1881～1884 年，公司的总体运费收入减少了 180 万日元。两者
相比照，足以说明总收入之所以减少四分之一以上，完全是因

① 参见『三菱社誌』各年「歳末雑載」及『三菱社史　初代社長時代』
（下）（MA6045）。此外，若追记每年的数据可得知，上海航路的运费收
入在 1878 年达到 62 万日元，1879 年为 73.2 万日元，1880 年为 87 万日
元，1881 年为 91.5 万日元，1882 年不详，1883 年降至 57 万日元。其航
海次数大约每年五次。

为上海航路的盈利比此前有所减少。尽管共同运输公司也从1884 年起在这条航路上不定期地派船进行航行，但如前所述，结合该公司配备大型汽船的时间来考虑，很难认为是双方的竞争造成了巨大影响，因为早在 1883 年收入大幅减少的情况就已经出现。

从以下所引史料可知，三菱在上海航路与怡和洋行（Jardine Matheson）等展开的竞争在很早以前就存在了，而这正是上海航路收入减少的原因之一。

史料 25

上海、下关、长崎来函

明治十五年五月十五日　长崎分公司代理经理小川鉧吉（寄）　副社长岩崎弥之助（收）

本第六十九号

拜启　此前"本第五十二号"信函已汇报向符拉迪沃斯托克港口运输货物之运费一事。本月三日自我港拔锚之敦贺丸负责该航路本年第二次航行，该船所载货物极少。自上海而来之货物七吨余，自本港输出者二十二吨余，合计仅三十吨而已。实在令人遗憾至极。此次将详细汇报由我分公司至上海分公司间自我港向符拉迪沃斯托克港的出货情况，并就筹货运往符港一事向您征求意见。虽目前经历时日尚短仍有增货之可能，但不幸的是迄今为止仍未见此趋势。根据现下前往符港出差之榊茂夫氏发来报告，其他公司船舶几乎均为满船且频繁入港。如您所知，目前上海方面出货量是较多的，而运往符拉迪沃斯托克之货物却是如此

（萧条）景象。我港运出之粮食、食盐、木材等物不过寥寥数件，其他大宗货物数量则更是为零，十之有九乃将运抵品再转运出去而已。甚至不经我港商人（仅中国人）之手而直接转运往符港之上海来货一眼就可识别。由如此景况观之，可认为运往符港之货物实则全为上海方面输出。若不降低上海—符港运费并在上海与他船展开竞争，则货物之增加终究难以实现。自本港运往符港货物之稀少绝非我公司独有之现象，其他公司船舶同样货物极少。如四月三十日（较敦贺丸提早两日起航）拔锚之 Jardine Matheson 商会欧罗巴号仅从我港装载了二十余吨货物（根据我方税关报告）。由此可确信自我港运往符港之货物实为少数。一月间输出货物量平均五六十吨而已。故仅下调我港运费并与他船（Jardine Matheson 商会）展开竞争终究不过是枝叶之争，而无法带来显著效果。若在上海下调运费，则自然可与他船展开竞争。而我港则因货物偏少可在运费降价上采取临机应变之措施，如此，便有可能争取胜利并压倒他船，从而将航权夺回我手。Jardine Matheson 商会驻我港代理人霍姆曾言，若我公司将运费下调至其商会以下标准，则对方亦将被迫降低至同样价位。因屡次谈及此事，故此前曾通过"本第五十二号"信函进行呈报。但若将竞争仅限于我港，并非得策。其理由在于，对方在往来航行中每当进入我港，必购入煤炭，若与之竞争为数不多之货物，则将使货主渔翁得利，并导致其他船舶停止进港。我方若在上海及长崎分公司不明确运费额度而采取临机应变之举，则无疑将激发对方的竞争心理，届时若竞争使其退出该航路而致公司利益与声誉受损，或取得一小段航路而使他事面临困难，则从我分公司角度来看，除上述竞争手段以外已别无良策。总公司若立于全局角度观察，或许会有其他方面考虑，届时可忽略愚见。[①]

表 3 – 8 展示了 1883 ~ 1885 年包含其他航路在内的各航路之运费。通过此表可以确认，三菱邮政汽船公司总体的运费收入在与共同运输公司展开正式竞争之前就已经出现减少的趋势。而且到了 1883 年，货运收入一度超越上海航路五成的香港航路因经营情况不佳而停航，这也是其收入下降的重要因素。这些在当时竞争形势不甚明显的航路在 1882 年以后随着经济萧条而收入下降的现象，足以说明三菱也是基于同样的要因而不得不直面收入下降问题。

表 3 – 8　三菱各航路运费

单位：日元

航路	货运运费			客运运费		
	1883 年	1884 年	1885 年	1883 年	1884 年	1885 年
上海线	291239	266959	186240	278580	201102	112927
美国进口	14476	7106	7610	6679	5298	2116
香港线	149861	49719		11278	5124	
符港线	39191	46683	43378	11787	5755	3620
四日市热田线	247	138	73	7601	5755	3620
国内线	1747854	1377807	866659	502055	413830	387123
总计	2242868	1748413	1103959	817979	644213	513077

注：外币方面，1884 年为 1097084 日元，1885 年为 1069376 日元（换算后）。1885 年数据截至 9 月（不包含政府货物运费）。1882 年记录不详。

资料来源：「歳末雑載」『三菱社誌』。

---

① 『上海・下関・長崎来翰　明治十五年　本社』（MA1386）。

接下来是关于国内航路中与共同运输公司展开竞争的各条线路。从表 3-9 可以看到，虽然依据 1884 年与上一年的比值，三菱的分公司在货物量与运送吨数上减少得并不算多，但运费收入减少的分公司很多。而乘客方面则显示，其人数与收入的减少根据各分公司情况不同而有所不同。

表 3-9　三菱与共同运输公司航路重叠的分公司之运费
收入与上一年比值（1884 年）

单位：%

分公司	吨数	货物运费	人	乘客运费
高知	101	109	85	79
伏木	135	105	115	118
四日市	115	91	69	68
神户	110	90	94	96
横滨	91	83	80	82
东京	106	80	95	81
大阪	100	76		
酒田	89	68	146	146
釜石	104	67	10	10
土崎	107	65	171	157
新潟	69	48	113	101
增毛	39	13	5	3

资料来源：「歳末雑載」『三菱社誌』。

在竞争中被称为"关原战场"的神户与四日市等分公司，乘客减少、收入大幅下降，但货物数量并没有出现明显的缩水。故可以认为运费收入下降的现象发生于 1884 年松方通货紧缩政策的影响越发弱化且运输需求量反而回到稳定状态的情况下。虽然它们是竞争航路，但由于共同运输公司本身的运输能力不强，

1883～1884 年即便三菱的市场占有率有所降低，其运输量也并未发生太大的改变。两者的竞争，正是在如此的需求动向之下全面展开的。

基于以上分析，再来看看其公司总体的发展趋势。表 3－5 所列出的运费收入与货物数量若转为图，便可如图 3－3、图 3－4 所示。由此可以看到，自 1882 年起，收入降低的情况不仅发生在客运方面，实际上也存在于货运方面。而从运送量来看，相较于乘客人数的快速下降，货物数量的减少并没有想象中那么多。

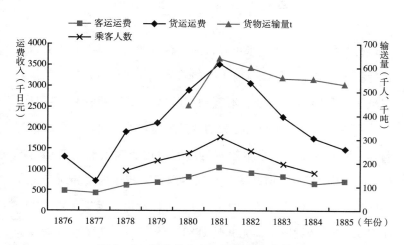

图 3－3　运费收入与运送量的变化情况

资料来源：根据表 3－5 制成。1885 年的数值由年换算得出。

客运与货运的收入趋势、运送量的差异可在平均运费率的差距上得到具体体现（见图 3－4）。换言之，由于关于 1885 年的乘客人数目前尚未发现确切的资料，在竞争最终阶段的客运运费

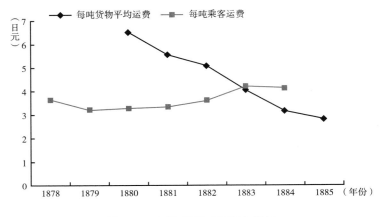

图 3-4　平均运费率的变化情况

只得另当别论。如此一来可以认为，客运的运费率变化与其说是保持稳定，毋宁说反倒具有上升的趋势。与此相对，货运的运费率虽然在 1881 年后每年都有变动，但总体保持较快的下降速度。

　　若要弄清运费率与运送量的变动究竟给收入带来了怎样的影响，可以通过曲线图显示的货运与客运运费收入额之变动情况（与上一年度相比之增减率）来观察运费率与运送量相对于上一年度的比值（见图 3-5、图 3-6）。可以看出，运送货物的收入在 1882 年后持续减少，尤其是 1883～1884 年运费率的变动成为收入减少的重要原因。相比之下，货物数量减少的影响是较为轻微的。而在客运运费收入方面，1882～1883 年乘客人数虽然减少，客运平均运费率却在上升。可以推测其原因在于下等乘客转乘其他的竞争公司船舶，所以其中上等乘客的比例有所增加。但从最终结果来看，仿佛是乘客人数的减少成为收入下降的重要原因。1884 年客运运费率的继续下降则如前所述，反映出三菱追随共同运输公司实行折扣优惠而被迫下调运费的事实。

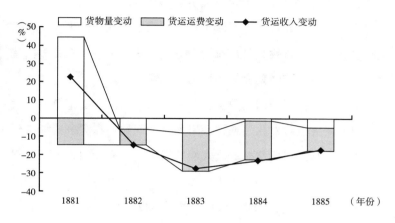

图 3 - 5　货运收入的变动要因

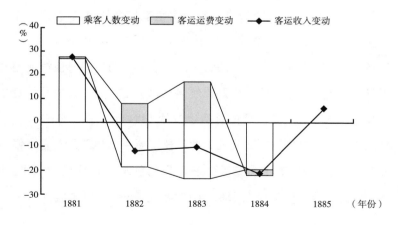

图 3 - 6　客运收入的变动要因

如上所述，即便不考虑计数不明的 1885 年乘客人数，也可以清晰地发现，三菱运费收入之所以下降，是因为货运运费同步降价，故很难说是客户大量流失引发运送量减少。虽然可以认为运费的下降在一定程度上刺激了运输需求的增加，但事实上在收入减少之际，其货物数量没有太大变化。从这一点来看，显然货运与客运的竞争实情是完全不同的。

但是，上面所使用的数据只是总公司方面的收支记录。与大石直树的研究进行对比，或许会出现一个问题：在竞争持续激烈的过程中，总公司所掌握的收入额数据可能与实际的收入额出现乖离。① 因此，我们有必要参考大石研究中使用的神户分公司数据，并将时间限定在 1884 年 1 月以后，以考虑上述判断是否存在需要补足之处。

图 3 - 7 展示了神户分公司运费收入的变化。该分公司在国内的货物运输几乎完全依靠神户—东京航路。1884 年神户—东京航路的运输总量占据神户分公司在国内货物运输量的 87%，1885 年 1～9 月则累计占比 80%，而位居第二的神户—横滨航路则仅分别占 9% 与 13%。因此该航路足以决定该分公司的总体货运收入。神户—东京航路的货运运费从 1884 年 1 月的每吨 2.55 日元降低至 4 月的不到 2 日元，此后便不断在 1.9 日元左右小幅波动，到了 1885 年 6 月以后更是下降到每吨 1.8 日元的水平。其运费的急速下降至少在 1883 年初便已经开始。由于共同运输

---

① 大石直樹「三菱と共同運輸会社の競争過程——日本郵船会社の設立をめぐって」『三菱史料館論集』2008 年第 9 号、63 頁。

196

公司在神户—横滨开设定期航路是 1884 年 7 月的事情，故可以认为其运费率的下降是在更早的时间发生的。在此期间，三菱方面似乎并没有大幅下调运费率的打算。所谓的"两公司和睦"正反映了运费收入的这种变化。

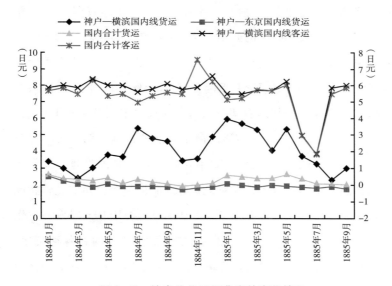

图 3－7　神户分公司运费率的变化情况

注：神户—横滨航路与国内总计的客运运费在右侧达到顶点，其他货运运费在左侧达到顶点。

资料来源：『近代日本海運生成史料』。

此时，神户—横滨航路已完全成为竞争路线。原本对于三菱来说货物的运送量并非其重点，因此运费率（平均运费）在相当大的范围内发生了波动。① 若共同运输公司参与竞争一事确实

---

① 可以认为其变动的主要原因在于，相较于神户—东京航路运送量偏少且数量上的变动很大，而与重量无关的运费差异极有可能通过货物的种类予以反映。

造成过一定影响，应该能够看到该航路的货运运费率在 1884 年
上半年不断回升之后又在下半年急剧下降，但是这种因果关系并
没有得到证实。

图 3 - 4 显示，货运运费方面的每年运费率在 1881 ~ 1885 年
呈下降趋势，而图 3 - 7 则显示其间的运费尤其是 1884 年下半年
以后仅发生了较小幅度的波动。这是有必要予以考察的问题。也
就是说，1884 年整个公司的平均货运运费比上一年度降低了
21.5%，1885 年又比 1884 年降低了 12.3%，而神户分公司在
1884 ~ 1885 年的平均运费却在国内合计数值中上升了 4.1%，神
户—东京航路则下降了 4.7%。由于此前的数据不明，所以神户
分公司相关的运费即便自 1882 年开始已有下降的趋势，仅仅凭
借其个别航路的运费下跌现象来解释此时期整个公司的经营状况
恶化可能不够合理，进而亦有理由认为其他要因在当时发挥过作
用。若特定航路的货运运费相对稳定，而整个公司在各种长途、
短途航路上每吨货物的运费价格下降，就能够形成一种最为合理
的解释：运输需求向平均运费较低且距离相对较短的航路发生了
转移。上海航路的缩小与香港航路的废除等事，恰能与这种推断
形成呼应。①

关于此点，表 3 - 10 能够在一定程度上为我们提供佐证。换
言之，我们可以根据该表，通过其航行总次数与航行总距离计算

---

① 今后笔者将进行实证性的研究。若其情况果真如本书所述，则需仔细考
虑整个公司收入的减少及其原因。换言之，需要进行慎重的考察以免在
观察其平均货运运费下降时做出过高的评价。在对经营造成影响的问题
上，各条航路的收益实际上具有更为重要的意义。

出平均每次航行的距离：1881 年平均 922 里，1884 年平均 828
里，至 1885 年甚至减少到平均 780 里。每次航行的距离在不断
缩短，意味着航行短距离化倾向的出现。所以认为航行距离的缩
短是每次航行收入减少的重要原因并不是没有道理的。

表 3 - 10   回漕部经营的诸项指标

年份	航行次数与距离			回漕部收入		回漕部支出	
	航行次数 （次）	航行里程 （里）	里/次	日元/里	日元/次	船费 （日元/里）	煤炭费 （日元/里）
1879	675	565034	837.1	5.06	4236.60	2.92	0.70
1880	730	648145	887.9	5.73	5087.40	3.23	0.83
1881	808	744866	921.9	6.21	5727.10	3.84	1.08
1882	855	733006	857.3	5.85	5013.20	3.64	1.00
1883	921	790088	857.9	4.12	3534.30	2.86	0.68
1884	928	768836	828.5	3.35	2771.50	2.24	0.55
1885	777	606070	780.0	2.94	2294.70		

资料来源：表 3 - 5；『三菱社史　初代社長時代』（中）（MA6044）、1233 頁。

　　而在乘客方面，神户分公司的国内运送乘客人数中约有八成
（1884 年为 74%，1885 年为 86%）来源于神户—横滨航路。因
此这条航路作为真正意义上与共同运输公司展开竞争的定期航
线，正如大石直树在研究中所指出的那样，在 1885 年 6 月以后
迎来了运费的大幅下降。如图 3 - 7 所示，神户—横滨航路货运
运费骤降的现象一直持续到 8 月。其结果便是该航路的客运收入
从 5 月的 4858 日元依次降到 6 月的 4089 日元、7 月的 3648
日元。

当时围绕乘客展开运费竞争显然是确凿的事实，但如果仅仅将目光停留在神户分公司又不甚全面。因为，其6月的货物量或许是受到竞争重启的影响与上一月相比减少了两成，收入额亦从5月的7217日元大幅缩减至6月的5889日元，但到8月又恢复了8634日元的水准。

接下来再通过图3-8与图3-9，从变动要因的角度观察这21个月的总体情况。首先，在货运方面，虽然图中显示1884年6月、11月均较上一月份在比例上有了大幅增加，但从整体来看，其接收的货物量是变动较大的。而这正是比运费率更关键的、足以引发收入动荡的重要原因。

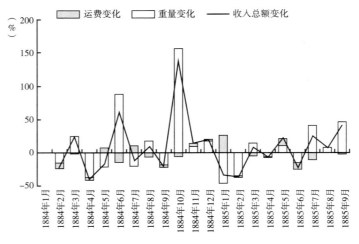

图3-8 神户分公司货运收入的变动要因

资料来源：『近代日本海運生成史料』。

其次，在客运方面，1885年6月以前一直持续小幅振动，意味着激烈的竞争并未导致其运费的下降与乘客人数的变动。

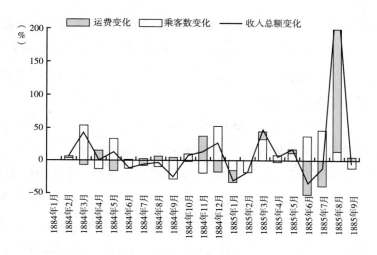

图 3 - 9　神户分公司客运收入的变动要因

资料来源：『近代日本海運生成史料』。

　　当然，乘客数量与货物数量会随着运费率的设定而发生变动，但问题是这两者中哪一个才更为重要。关于这一点前文也有涉及，如图 3 - 8、图 3 - 9 所示，21 个月中，货运方面有 9 个月，客运方面有超过半数的 13 个月，出现了运费变动与货物乘客数量增减形成反比的关系。换言之，运费下降时货物接收量与乘客人数增加，而运费上升时则会随之下降。这一结论虽然出自极为有限的数据，但若非要做出明确回答的话，可以说客运方面可能对于运费变动的敏感程度更大一些。所以在 1885 年夏天才会出现运费骤然跌落的情况。

　　针对乘客方面对于运费变化较为敏感的情况，三菱至少在 1884 年通过下调运费来尝试挽回并吸引了顾客，但事实上此项举措并不是特别积极。此点可从前面图 3 - 4 关于整个公司客运运费的变化情况中得到确认。若其航行次数不变，① 那么可以认为这种应对措施伴随收入的减少将对各次航行的收支造成压迫。换言之，这意味着三菱为避免竞争而做出的努力极有可能反而成为其损失收益的原因。

另一方面，运费大幅下降所带来的负面影响在很大程度上被乘客数量的增加抵消。1884 年乘客数量为月均 700 人，神户—横滨航路的乘客人数在 1885 年上半年也是同等水平的 700 人，但进入 6 月之后数量倍增，达到 1414 人，7 月又增至 2037 人，8 月增至 2341 人。因此，同样的，若航行次数不变，那么乘客数量的增加将有助于其收益的提高。这意味着我们必须避免简单地将收益恶化归咎于竞争过程中运费的下降。而且如图 3 - 6 所示，若将 1885 年 1 ~ 9 月的客运收入进行换算后与上一年度进行对比，可以发现其收入是有所增加的。所以我们在分析经营状态时，不应只看收入，也需要对其支出加以认真研究。

削减成本措施的迟缓

为了探讨支出方面的情况，有必要再回看表 3 - 5 的数据。截至 1885 年，面对收入的不断减少，三菱始终未能相应削减其开支。

其支出总额从 1881 年的 420 万日元下降到 1884 年的 318 万日元，进而到 1885 年换算额达到 288 万日元，减少了 32%。但事实上，从其收入规模来看，从最初的 463 万日元下降到 1885

① 如表 3 - 10 所示，航行次数由整个公司合计数值得出：1881 年增加至 808 次，1882 年增加至 855 次，1883 年增加至 921 次，1884 年增加至 928 次，1885 年（换算后）增加至 1036 次。此处结论带有假设色彩。

年的 238 万日元，几乎缩减了一半。关于这一问题，图 3 – 10 或许能够更加直观地显示其支出方面的问题所在。

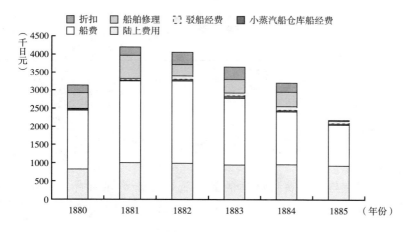

图 3 – 10　三菱邮政汽船公司支出结构的变化情况

资料来源：表 3 – 5。

可以看到，当时节省经费的措施主要是以船费为中心展开的，在支出中陆上费用几乎未有减少也是一个明显的特征。其原因之一是人事费用的问题。如表 3 – 11 所示，在员工数量上，海上员工自 1882 年起不断减少，陆上员工却几乎没有变动。当时对各地分公司一再叮嘱应节省经费的三菱总公司在此种情况下始终未能将其人事费用压缩到最低限度。[①] 而正是这样的应对措施，意味着它和此前与外国汽船公司展开生死竞争时采取的对策

①　但是 1885 年 2 月 27 日以后只对工资在 70 日元以上的人员进行降薪处理（『三菱社誌』第 13 卷、明治 18 年、67～71 頁）。关于陆上费用，由于需要研究诸多项目，故很遗憾此处暂不提及。

有巨大的不同。因此，前述三菱内部在认识上的改变也可以通过这个角度来加以确认。

表 3 - 11　三菱邮政汽船公司员工数

单位：人

年份	海上员工	陆上员工	合计
1882	1963	514	2477
1883	1691	463	2154
1885	1747	450	2197

资料来源：『郵船汽船三菱会社　人員数記録』（MA6779 - 6）。

以上与陆上费用联动的船舶航行运输费即船费，若与表 3 - 10 的数据结合起来进行综合考察便可看到，当时每航行一里所产生的费用从 1881 年的 3.84 日元下降到 1884 年的 2.24 日元。而海上员工的数量伴随航路废除等举措的出台而不断削减这一事实，则具有能够与此进行比照的重要意义。同时，如该表所示，当时每航行一里所消耗的煤炭费在 1881 ~ 1884 年几乎缩减了一半，但其在 1881 ~ 1882 年下降得并不明显。此事实若再结合 1882 年煤炭市场价格较上一年度下降 15% 的情况，显然说明三菱在该方面的应对是颇为迟缓的。

此外，外籍船员的雇用费也是与船费相关的问题。关于这一点，我们可以通过以下史料窥其一斑：

史料 26

各船来函

明治十八年七月二十五日　玉浦九船长榆井次郎（寄）　岩

崎弥之助（收）

　　……我公司最大开销乃煤炭与人员薪水。煤炭尚可用我方存货来消费，薪水却是不得不支出的。我国陆海运人员在面对海运事业萧条之际，尚可本着忧国爱社之心坚持盛衰与共，而西洋人占据海员多数的船舶却只能听凭开支增长……是故若将西洋人替换为日本人，则每月的航行中，至少能节省出二百余元……①

　　由此可见，虽然在船费方面暂存问题，但可以认为当时物价的下跌确实对经费的削减起过积极作用，再加上不断的努力与经营，最终三菱才会在短时间内极大地提高了经营效率。

　　但即便如此，其每航行一里所获得的运费收入仍从1881年的6.21日元下降到1884年的3.35日元，乃至最终跌落到3日元以下。在这一形势下，其削减的额度显然是不甚充分的。虽说经费的节省收到了很好的效果，但这并没有给收支状况带来任何改善，再加上陆上费用几乎处于不变状态，且另需负担修缮费与折旧费等固定经费，其收支状况最终才会走向恶化。

　　以下将对上述考察中的诸项要点做一总结。

　　如前所述，与共同运输公司展开"海运竞争"所造成的影响在以往的研究中被夸大了。在日本邮船公司成立前的五年多时间里，三菱的海运经营就开始陷入困境，那是在共同运输公司参与竞争之前就业已发生的，且其主要原因在于松方通货紧缩政策

---

　　①　『各船来翰　明治十八年　庶務課』（MA701－2）。

所引发的经济萧条以及各地商品流动的减少和运输需求的停滞。在这样的背景下货主们才会强烈要求降低运费。同时，在 1882～1883 年，上海等航路收入的大幅下降与香港航路的被迫废除等较大变动充分地体现出这一点。

当然，在 1884 年下半年共同运输公司参与竞争以后上述影响变得更为明显。可以说在 1885 年以前，包括短期协定期限在内，三菱所采取的追随式降价措施成为其收入减少的重要原因之一。但是，两者之间展开的较量并不像当时媒体所报道的那样是一场"激烈的"运费、船速竞争，持续的时间也不算长。从共同运输公司所拥有的船舶规模、航路配置等方面来考虑，甚至可以认为竞争给三菱海运经营所带来的影响只是局部性的。真正重大的影响，应是本章多次提及的，此前业已存在的运费下跌趋势。共同运输公司通过不定期地调度船只争取更为廉价的运输机会，其他海运业者在运输需求减少的情况下使用价格低廉的小蒸汽船和风帆船等与三菱争夺客源等事都是在这一背景下发生的。可以说正是在物价下跌的情况下，一部分货主才会选择放弃三菱所提供的定期而快速的海运服务。而且他们所要求的不仅是运费下调，也包括一系列的服务改善措施。所以如何予以应对能够决定竞争之最终走向。

此时期三菱总体方针的基础在于各地分公司"将收入减少的主因归结为经济萧条"的认识。而对于共同运输公司，则要求各地遵循"两公司和睦"的原则。其结果正如我们在神户—横滨航路中所看到的那样，三菱尤其是其中想要回避竞争的客运部门甘愿忍受了客源减少而引发的收入下降。由于当时共同运输公司所展开的竞争与经济萧条的影响是相互交融、同时存在的，所以从运送的数量上我们可以看到发生竞争的航路也未必出现货物显著减少的现象。

经营状况恶化的另一个重要原因是经费政策的过于僵化。与外国汽船公司展开竞争时，三菱率先从领导干部一级实施减薪，以努力节省经费。但在面对共同运输公司的竞争，它选择了不同的对策。所以对于陆上费用未进行任何压缩成为其经费节省政策未能取得成果的最大原因。更何况在船费开支的节省上也是留有限度的，由此才会最终未能实现收支状况的改善。[①]

那么，三菱回漕部选择的这些对策究竟给岩崎家整体事业带来了怎样的影响？要深入讨论这一问题或许需要另撰一文，但我们至少可以看到，回漕部当时虽然与奥帐场完全分离而并不存在任何投资关系，却将 1883 年末的 63 万日元、1884 年的 91 万日元资产统计在内（见表 2-5），结果伴随经营状况的恶化而不得不追加了投资，导致即便将回漕部中包含补助金的收支与奥帐场的盈利全部计算进去后，1884 年仍处于亏损的状态。直到进入 1885 年，回漕部的投资才随着日本邮船公司的成立而增长到账面价值的两倍，达到 284 万日元，并返还至奥帐场账户，从而成为日后三菱继续经营发展的基础。

---

① 货主要求提高服务质量而导致无法节省经费的可能性很大，但此点并不在本章的讨论范围。

第四章　创业期的三菱造船所

目前留存下来的与创业期三菱经营相关的史料并不完整，故对于三菱从海运业向矿山、造船等领域进军这一时期，以往的叙述大多是以《三菱社志》中并不充分的记载为基础的。[1] 但是关口薰认为，若分析梳理岩崎家寄放于三菱史料馆的奥帐场史料，对此展开实证考察（本书前三章），并以此为前提对明治时期三菱财阀的形成过程进行重构，应该会得到一个极为重要的研究课题。有鉴于此，本章拟对三菱从海运业进军重工业领域尤其是作为主要事业基础的造船业展开探讨，对其创业期的诸项问题进行实证研究。

迄今为止关于明治时期三菱造船所最为详细的研究应是中西洋的《日本近代化的基础过程：长崎造船所及其劳资关系（1855～1903）》。[2] 该书深入考察了造船所在幕藩体制之下的创

---

[1]　作为先驱性成果，旗手勋在『日本の财阀と三菱』中参考利用了『三菱社史　二代社长时代』（MA6046）进行研究，但仍存在讨论不够充分的地方。

[2]　中西洋『日本近代化の基础过程——长崎造船所とその劳资关系：1855～1903年』（上・中・下）、东京大学出版会、1982、1983、2003。此外，中西虽然说过要出版该成果的别卷『三菱会社の生成・展开・解体——1871～1885年』，但遗憾的是至今仍未见出版。

立过程，且在第四章"三菱长崎造船所的发展"中从劳资关系的视角集中探究了当时从业人员与工作现场的状态，进而对1900 年以后会计制度的近代化展开了分析。中西的研究之后，有西成田丰的学术论文《日俄战争后财阀造船企业的经营结构与劳资关系》。① 该论文基于 1902 年以后三菱造船所的《年报》，对日俄战争前后造船所的经营状态变化进行了研究，认为造船所实施的以技术发展为基础的变革不可避免地需要重组劳资关系。但是此研究只限于 1902 年以后的情况，并未将租借给三菱之后的十五年时间纳入考察范围。此外，与中西研究同样聚焦于创业期的还有平本厚《关于近代造船业成立期的设备投资》。② 该论文将日英两国的比较也纳入视野，是一项分析日本近代造船业投资情况的优秀成果。尤其在关于三菱的问题上，文章尝试从设备投资这一有限角度探察其初期的经营状态，具有重大意义。但遗憾的是，平本虽然利用了当时三菱综合研究所保存的史料群（今三菱史料馆藏史料），却只是参考了其中的《年报》等基础性史料，所以未能涉及造船所与东京总公司之间的关系等问题。

① 西成田豊「日露戦争後における財閥造船企業の経営構造と労資関係——三菱造船所の分析」『経済経営論集』第 18 巻第 1~4 号、1979 年（后收入『近代日本労資関係史の研究』東京大学出版会、1988）。另，虽然不清楚该论文所参考的『年報』由谁收藏，但可推测是使用了保存在长崎的史料群。三菱史料馆并没有系统地收藏这些史料。譬如以造船所『年報』为题的史料，史料馆只收藏了 1895 年（明治 28 年）以后、1897 年、1901 年、1904~1907 年、1909 年的部分，这些资料从外形来看并非原本，故只能推测是为了社志编纂而抄写的。
② 平本厚「近代造船業成立期における設備投資について」『経済学』第 145 号、1982 年。

有鉴于此，本章拟重点参考三菱史料馆保存的书信类史料，以尽可能地探明迄今仍未得到明确的有关造船所初期的经营状态实情。至于究竟与以往研究相比存在哪些不同之处，则将在提出诸论点之后于必要范围内再做涉及。①

一　三菱造船所的创业：决定向三菱租借时的"阴谋论"

1884 年 6 月 3 日，以日本工部省向太政官提交《关于长崎造船所租借事宜》为契机，长崎造船所出租给民间人士的工作开始具体实施。10 日得到太政官的批准后，长崎造船所即于翌日做下租借给三菱公司的决定，并于 24 日被正式批准。可以说，长崎造船所的出租乃是三菱造船事业的起点。但是《岩崎弥之助传》提出了《岩崎东山先生传记》中涉及的政府阴谋论："政府难道没有什么企图吗？"进而臆测道："政府或许只是将棘手的长崎造船所丢给三菱而已。"② 它和本书第三章重新探讨的松方财政时期三菱批判问题、三菱公司与共同运输公司展开海运业竞争的问题一样，是众所周知的事情。

对于这一臆测，《岩崎弥之助传》的作者中野忠明做出了否

---

① 关于三菱造船所有不少会计史方面的研究，如山下正喜『三菱造船所の原価計算』（創成社、1995）所汇总的一系列研究，豊島義一「明治・大正期の三菱造船所の原価計算に関する研究」（『東北大研究年報経済学』第 44 巻第 2 号～第 56 巻第 4 号、1982～1995 年），等等。此外，山下著作的参考文献也颇有参考价值。

② 岩崎彌太郎・彌之助傳記編纂会『岩崎彌之助傳』下巻、1971、278 頁。

定的回答，"可认为此事不过谣传"，却并没有从正面予以反驳。而且事实上似乎有人支持了这一观点，如山崎有恒就曾表示："这一阴谋论的依据来自《岩崎弥之助传》本身。它难道不是为了描绘岩崎弥之助不屈于'萨长藩阀政府'的'伟大'形象，而将政府的行为全都视作对三菱之攻击吗？"①

但是把《岩崎弥之助传》作为阴谋论的依据，则有些不妥。因为只要翻阅其内容就会知道，该传记不过是在介绍明治时期各种传记作品中所谈论的话题。当然，其中强调"均系谣传"的同时又在谈论转让代价时承认，"在明治十七年（1884）这一时间点将其强行塞给三菱，绝非施恩之举"，②确实是留下了一个颇为含糊的观点。故从这一层意义上说，把《岩崎弥之助传》当作"阴谋论"的由来虽然不能说是错误，也终究不甚恰当。

所以关键问题就在于山崎观点的依据究竟何在。山崎参考了1883年工部卿佐佐木高行所制定的《长崎造船所租借意见书》，将佐佐木"指名三菱"为承租方一事作为线索，提出"假说"认为三菱在政府方针确定以前就已在工部省等处展开活动，以谋求对造船所的承租。

这一"假说"的依据有两点：第一，如上所述，佐佐木在意见书里将三菱指明为承租方；第二，工部省书记官中井弘的相关资料中附有岩崎弥之助的书信，展示了中井与岩崎之间密切的往来关系，进而形成了推测："岩崎曾三番五次地在老家、

---

① 山崎有恒「官業払下げをめぐる工部省の政策展開とその波紋」『史学雑誌』第 102 編第 9 号、1993 年、7~8 頁。

② 『岩崎彌之助傳』、289 頁。

御殿山杉田屋、新桥伊势源寺等饭店举办宴会，叫来新桥与北地的美丽艺伎，盛情款待中井等工部省官僚，尝试拉拢他们。"

针对第一点，比山崎论文早十年发表的中西洋著作《日本近代化的基础过程：长崎造船所及其劳资关系（1855～1903）》分析了造船所的租借过程，书中写道："坦诚说来，不能认为在这一点（决定租借给三菱一事——引者注）上存在重大的政治企图。"① 他推测道，佐佐木的意见书是在 1883 年 11 月接到中井的口头报告之后才制定的，故其指名三菱承租的依据可梳理如下：在 1883 年 7 月佐佐木高行提交《厘订改良工部省事务意见书》之后，工部省启动了官营事业的自检工作。作为其中一环，同年 9 月长崎造船局局长渡边蒿藏指派技师佐立二郎前往神户等地视察营业情况，在与各地进行比较的过程中，他们对企业展开了复查。之后，在报告提交一个月后，时任工部省调度课课长的中井弘被派往长崎出差，负责拟订造船所的改革方案。当时的一份改革信笺可反映这一系列考察的成果：长崎造船所要"广泛交际、不拘泥于定则而降低接受订单价格以图事业的发展，一言以蔽之即是要导入'竞争'原则"。② 在中西看来，1883 年末的佐佐木意见书正是基于该方针做下"三菱最合适"的判断。

但奇怪的是，山崎的论文完全无视了中西的观点。所以他对

① 中西洋『日本近代化の基礎過程——長崎造船所とその労資関係：1855～1903 年』（中）、636 頁。
② 中西洋『日本近代化の基礎過程——長崎造船所とその労資関係：1855～1903 年』（中）、630 頁。

中西持有怎样的批判意见，又以什么为依据提出了相反看法，我们无从得知。通过中西的研究我们至少可以知道，虽然长崎造船所的经营状态在不断恶化，但工部省似乎并不认为造船所已无药可救，而是希望对其经营状态进行改善并将其转让出去，即实现所谓的"民营化"。若从这一角度来看，"阴谋论"就站不住脚了。

当然，在三菱获得承租的事情上，也不能完全否定山崎所强调的岩崎与三菱展开接触的重要意义。这便与上述的第二个依据发生关联。山崎在研究中把书信作为事实的根据，认为贿赂之事发生在决定承租之前，这是缺乏说服力的，因为这些书信事实上只写有日期而并未标记具体的年份。如7月2日、7月3日寄给中井弘的书信涉及了岩崎为中井设宴一事，若假定这是1883年的书信，那么确实可以认为，在佐佐木向工部省提交《厘订改良工部省事务意见书》并"强烈呼吁以工部省所管事业的全面民营化为起点全面推动内部改革"之前，三菱就已经和中井有所来往。①

---

① 中井弘曾于1877年担任工部省仓库局局长、书记官，1882年3月出任调度课课长、大书记官，1883年9月任总务局调度课课长、大书记官，1884年4月任兵库造船局长（兼任），1884年7月8日调任滋贺县知事。按照本章推定，接待应发生在即将调任之前，或许是为了祝贺中井荣迁并感谢其居间调停之劳。中井在长期担任工部省调度课课长期间还曾于1879年3月兼任外务省御用官，并于1881年3月出任哇国（今夏威夷——译者注）皇帝接待官等职。仅从这些经历来看可知，他个人了解长崎事务的可能性并不大，故1883年11月前往长崎调查一事更可能是其与造船业接触的开始。关于中井，参见「工部省沿革報告」大藏省編纂『明治前期財政経済史料集成』第17卷（改造社、1931）；『国史大辞典ん』第10卷（吉川弘文館、1989），第537～538页。

但问题并不能因此而得到完全解决。我们或许应该对中西研究中所引用的岩崎弥之助信件加以考察。例如，1884 年 3 月 13 日，关于工部省探问长崎造船所外租一事，岩崎弥之助给正在长崎出差的川田小一郎写了这样一封信：①

史料 1

……关于昨日电报中所涉将贵工作局所管之产业以免税形式按年限直接转借予敝社经营一事，请容我方权衡其利弊。此事确属机密。曾有人劝告曰，敝社若有此愿望，可展开周旋交涉，绝不应放弃。但毕竟事出突然，请容我方三思。对于敝社员工也请务必保密。②

通过该书信我们可以知晓，工部省是在 1884 年 3 月与岩崎私下沟通租借之事的。虽然"事出突然"，但弥之助仍直接表达了"绝不应放弃"的积极态度，甚至对川田说"请容我方权衡其利弊"。如果事实如书信中所言，就很难说三菱在写该信之前就已在谋划租借经营长崎造船所的事情。

当然，我们不能否定信中所谓的"有人"或许指的就是中井。中西曾推测此人可能是佐佐木高行，但也没有确切的根据。假如这个人是中井，那么他在同年 2 月向工部省提出的意见书五项条款中没有涉及经营形态的变更事宜，③ 这与前述佐佐木意见

---

① 这封信并未引用山崎的观点，也未对其原因加以说明。
② 『岩崎弥之助傳』下卷、280 頁。
③ 中西洋『日本近代化の基礎過程——長崎造船所とその労資関係：1855～1903 年』（中）、629 頁。

书中明确指名三菱为承租方一事存在很大龃龉。曾前往长崎进行视察的中井，很可能领会到佐佐木的意图而在交涉中发挥过重要作用。若果真如此，那么在3月与三菱私下联系之后对租借条件进行研究的问题上，中井应该也起到过一定的作用。如此一来，山崎所强调的岩崎弥之助设宴款待中井一事便能够成立了。这意味着弥之助给中井写信的时间应是1884年7月，即在决定租借条件并完成租借之后。

　　事实上，在中西的研究中我们能够找到佐证这个推测的事实，即中井曾发挥一定作用的问题应出现在3~6月租借条件正式确定之前。因为，其一，工部省虽曾探问"免税形式"，但是其草案最初记载要求对方每年提交两次相当于营业纯利润十分之一的"借用费"，结果在条约书中又将此项借用费规定删除；①其二，是围绕造船所财产评估所进行的谈判，即通过政府与"借用人"的价格谈判，最终"达成了一个各方均满意的结果"。②在这次谈判中涉及较多的问题是以兴业费为基础的评估与"现场详细调查"的评估，故可以认为工部省中负责长崎实情调查的中井拥有极大的发言权。最终双方议定："在核定长崎造船所全部固定资产与流动资产总额为九十八万三千元（原文为'九八三千万日元'，或为误记——引者注）的基础之上

----

① 中西洋『日本近代化の基礎過程——長崎造船所とその労資関係：1855~1903年』（中）、693頁。关于租借的条件，在『三菱長崎造船所史（続編）』（西日本重工業株式会社、1951），第10页记有草案与契约书的原本。

② 中西洋『日本近代化の基礎過程——長崎造船所とその労資関係：1855~1903年』（中）、642頁。

（结合对折旧部分的考虑），以不到55％的折扣即约五十三万九千元的价格贷予三菱，三菱公司应存入两万两千九百五十元的保证金（'公债借据'）并分期付款，每年需缴纳四千元的原材料费以获得该有形资产之全部使用权。"①

显然，在交涉租借条件的过程中，无论是借用费还是资产评估额，都形成了对三菱有利的条件（评估额一事将后述）。而从其结果来看，岩崎弥之助的活动确实奏效了。若此事果真有中井的协助与支持，那么事后弥之助设宴款待中井并在席间探问长崎具体情况就不足为奇了。所以，只要没有更确凿的证据显示岩崎和中井在1883年发生过接触，就可以认为山崎关于"岩崎的活动促使工部省决定让三菱公司成为承租方"的说法并不恰当。

由此可以看到，作为三菱造船事业的发端，租借长崎造船所一事所引发的"阴谋论"是缺乏事实根据的，而且三菱方面并没有主动进行过活动，应是工部省自主发起并选定了承租方，三菱则针对租借条件表明相应要求之后便确定此事。其中有一点很重要，中西的研究里亦有详细的说明，即工部省当时也认为若要重建造船产业，必须改变经营的形态，故计划将其移交给民营企业，以完全恢复造船所的收益，而三菱也抱有同样的愿望，所以才会把握租借造船所这一绝佳的商机。

最终，三菱公司在1884年6月12日提交了《请租长崎造船局申请书》并于23日得到批准，24日正式签署了合同。发生此

---

① 中西洋『日本近代化の基礎過程——長崎造船所とその労資関係：1855～1903年』（中）、643页。

事时，三菱正处在第三章所述"共同运输公司崛起，以两公司和睦之宗旨予以应对"的时期。

二 早期经营上的问题：必要资金与经营管理

租借期间的经营：收益改善与事业低迷

在租借之初，造船所原封不动地沿用了长崎造船所官营时代的设备、资产、人员来开展业务。其继承关系在《岩崎弥之助传》中有过介绍，[①] 经理由兼任高岛煤矿事务长的山胁正胜担任，副经理由工部省技术官水谷六郎和从三菱制铁所调任而来的中村久恒担任，外国经理则是从大阪制铁工所调来的 J. F. Calder，他也在三菱制铁所工作过。当时三菱不仅把技术层面的问题交给外国技师处理，而且极有可能在创业期让外国经理拥有所有经营事务上的重要发言权。[②] 山下正喜对簿记法所做的考察可以成为佐证此事的根据之一。[③] 山下认为，造船所的工业簿记起源于横须贺的三菱制铁所与长崎造船所，由于现存的《明治

① 参见『岩崎彌之助傳』下卷，第293页之后的内容。

② 长泽康昭认为，创业期的高岛煤矿从1882年2月开始形成"俗务"（后称为"事务方"）和"技术（方）"的二元体制，即前者由日本人任事务长，后者由外国技师任事务长。长崎造船所或许也采取了类似的分担体制。关于此点，参见三岛康雄编『日本財閥経営史 三菱財閥』，第67～68页。另，关于此时期企业经营中外国人的职务问题，粕谷诚进行过总体性研究。见粕谷誠「近代企業の移殖と定着」（石井寛治他編『日本経営史1』東京大学出版会、2000）。

③ 参见山下正喜『三菱造船所の原価計算』，第2～4章。

十七年后半季　长崎造船所盈亏勘定书》的账户项目全用英文书写并以美元为单位，故可确认其基本框架是 J. F. Calder 延续了此前在三菱制铁所工作的模式。当然，讨论这一承继关系属于会计史研究的课题，但是我们至少可以在此明确：用英文撰写经理与财务的信息意味着这些信息是由外国人保管并以和外国技术员共同工作为前提的。而且这种簿记法此后成为造船所长期延续的特殊传统。从其人员配置和现场管理的情况来看，虽然租借过来后便加以经营，但其终究与东京的三菱总公司距离遥远，沟通也需要时间。所以在这种情况下，长崎造船所的独立性是很强的，这也可以在簿记法的延续问题上得到反映。那么在造船所的经营中，总公司的参与程度究竟如何，造船所现场究竟拥有多大的权限呢？本书将在后文结合具体问题再加以探讨。

虽然显示其财务情况的系统性史料并未留存下来，但根据表 4-1，我们可以大概推测造船所早期的营业情况。租借三年之后，造船所于 1887 年正式被三菱买断。在这段时间三菱共计投资了 15 万日元，相应地获得了 5 万日元左右的收益，大幅地改善了收支状况。但另一方面，其作业额一直停滞在 20 万日元左右，与官营时代的 1880 年前后创下近 50 万日元的记录相比显然没有顺利实现增长。从表 4-2 可以看到，当时造船所的新造船舶数量极少，以修理为中心的业务状况基本没有发生改变。

在作业额或总经费额方面，若参考《三菱社史　二代社长时期》中所记载的对东京的利润汇报，还可以获得如下数据。作为"诸项经费"计入的金额为：1886 年度 218012 日元、1887 年度 224847 日元、1888 年度 263920 日元、1889 年度 283700 日元、1890 年

表 4 - 1 创业期长崎造船所的主要账户

单位：日元

年度	资本金及活期账户	固定资本	诸项杂费	材料费	职工费	总经费额	作业额	总收益额	折旧额	盈亏额
1884	110000	17828	35023	41178	59629	135829	167480	176405		40576
1885	110000	80093	25918	62010	91122	179050	213669	230116		51066
1886	150000	84963	28223	66535	91182	185939	251013	255756	5122	64695
1887	677000	543570	35569	72924	93401	201894	236867	244840	7246	35700
1888	723048	546382	53505	121647	128914	304066	365819	367445	10870	52509
1889	728944	571933	50536	134117	136982	321634	374710	381904	5392	54878
1890	784565	564482	51278	196015	163567	410861	482962	487788	15603	61325
1891	719186	456357	70496	206697	204479	481673	649243	654553	118350	54530
1892	584509	569685	65844	141009	171462	378315	517688	522017	94703	49000
1893	650000	355304	73327	160194	141542	375062	468623	470978	32130	63786
1894	640833	357280	94142	250678	126710	471530	643978	645940	23870	150541
1895	609659	438772	154669	391464	204241	750375	1242424	1244694	23879	470440
1896	1263972	765378	256774	749444	304523	1310740	1774475	1778857	44379	423738
1897	2268326	1023616	340894	1021332	446415	1808641	1988692	1990793	60464	121689
1898	2852442	1341370	348773	1037285	557987	1944046	2100921	1810690	82574	△215930
1899	2808651	1415526	471066	997481	557800	2026347	2191515	2191515	83055	82112

注：[1] "折旧额"为原史料中的"消却金"。

[2] 在原史料里，1893 年以前的年度用"历年度"来表示，此后的则用"年度"来表示。从当时造船所年报的制作时间来看，1894 年是 1～9 月为结算期，而 1895 年则是将 1894 年 10 月至 1895 年 9 月作为结算期。

[3] "资本金及活期账户"的数据来自「三菱造船所二对スㇽ纯损益金割合表」（IWS0080）。

资料来源：「明治三四年度 三菱造船所年报」（MA6052）、292 页。

表 4 - 2 新造船舶的情况

年度	已下水船舶		已完成船舶		已完成机器	
	船数	总吨数	船数	总吨数	数量（台）	实际功率 （马力）
1885	3	81	3	81	4	436
1886					1	270
1887	2	244	2	244	2	430
1888	3	440	3	440	1	362
1889	2	100	2	100	3	633
1890	4	2183	2	1296	2	1040
1891	5	132	7	1019	5	953
1892	1	32	1	32	1	145
1893	2	92	2	92	3	553
1894	8	337	2	82	1	40
1895	27	2250	34	2596	17	1611
1896	5	171	4	79	4	242
1897	3	1613	3	1613	3	963
1898	5	7720	4	7703	4	4225
1899	15	10299	12	4007	12	3189

资料来源：『明治三九年度　長崎造船所年報』（MA6058）、213～214 頁。

度 355151 日元（1891 年度以后不详）。从这些数据来看，其作业量势必远远低于官营时代情况良好时的水平。[①]

①　『三菱社史　二代社長時代』中的利润额作为"所得"在 1886 年度记录为
33888 日元，1887 年度为 36920 日元，1888 年度为 25361 日元，1889 年度为
47695 日元，1890 年度为 56237 日元，这与表 4－1 的数值矛盾。关于这份
数据的可靠性，本书第一章曾提出质疑。表 4－1 展示了造船所的利润额，
虽然以笔者拙见是沿袭自『明治三四年度　三菱造船所年報』，但同样存
在问题。也就是说，根据现存最早的『明治十七年后半季　長崎造船所損
益勘定書』（MA9628）中 1885 年 2 月末的 Trial Balance The Dockyard and
Engine Works...Nagasaki 28 Febrary，这个月末利润额应是 40576 日元 26
钱，与表中的数值完全一致。1884 年 12 月末的利润与两个月后的利润完
全一致有些不太可能。故推测是创业期结算史料在不甚完整的情况下事
后作为二次史料被制作时，用 1885 年 2 月的数据取代了 1884 年的数据。

甚至从 1886 年 7 月总公司寄给造船所经理山脇正胜的书信中也能够窥见当时工作的闲散状态："请尽量抽调安排造船所内相关外国人频繁赴各地出差并承担工作"，即要求雇用的外国技师更多地外出参与各地工程。[①] 若是工作繁忙的话，恐怕这是难以想象的要求。故当时采取措施予以解决已有必要。

岩崎弥之助曾在 1886 年 3 月决定把长崎造船所"作为三菱的事业继续经营下去"，故于 1887 年 6 月申请买下了造船所。[②]就此，《岩崎弥之助传》里有一段解释：由于 1885 年 9 月三菱把海运事业悉数转让给了日本邮船公司，所以基于新的"作为核心事业的意图"确认了购买造船所的决策。但即便存在转让海运业的特殊情况，从长崎当时的业绩来看也无法让人确信这是一项可以赌上三菱未来的大事业。故迄今为止唯有《长崎造船所转让申请书》可以用来证明当时的预测。[③]

申请书中显示，长崎造船所虽然能够"依靠修缮外国船只来维持经营"，但是最近"与上海、香港等同行之间的竞争愈演愈烈"，而且以往作为主要客户的俄国海军军舰"接到其政府指示，尽量在俄属符拉迪沃斯托克港建造的大型船渠中修理"，从而导致修船业务的停滞。换言之，官营时代以来上海

① 「第四号　明治十九年七月十三日　三菱社長岩崎弥之助より長崎造船所支配人山脇正勝宛書簡」『明治自拾七年十月至二十五年十二月　長崎造船所送翰与本社』（MA4255）。

② 『岩崎彌之助傳』下卷、287 頁。

③ 『岩崎彌之助傳』下卷、287～288 頁。原史料为『長崎造船所御払下一卷』（MA8036）。该史料载于『三菱社誌』第 15 卷，明治 20 年，第 21～22 頁。

与香港等地的竞争就已渐成威胁，俄国海军军舰的修理业务前景亦不乐观。

就其本质而言，可以认为长崎造船所在租借出去之后虽然逐渐改善了官营时代的不足，也慢慢恢复了收益，但终究因市场基础不牢而发展停滞。所以三菱才会认为若使长崎旧式机器的状态"继续下去，则不出三五年便会发展到极为衰颓、无法持续的局面"。在这种情况下，弥之助为了实现未来的发展，最终做下了申请买断的决定："改良机器，新造铁船，提高核心职工的熟练程度，加深内外人士的信任，以谋求将来之兴盛。"

结果，三菱公司通过完全掌握长崎造船所的经营权，进一步推进了设备改良与事业扩张。而为了实现这些扩张计划，需要先完成两大任务：改变修船业务的低迷状态，开辟新造船只的相关业务。但是长崎造船所与分离出去独立的日本邮船公司不同，当时并不具备建造大型船舶的能力。因此弥之助虽然渴望开拓新造船舶的业务，作为三菱公司来说，却未必在此时有建造新船的愿望。当然也不是说完全没有希望。因为在向三菱转让长崎造船所的方针确定后的 1884 年上半年，随着大阪商船公司的成立，新造船舶的相关计划在工部省与三菱之间有所讨论（详见后文）。

转让条件与"暂时缴纳"

1887 年 6 月，长崎造船所依照转让申请书被正式移交给三菱公司。总价为 45.9 万日元，基本条件是分 50 年全部付清。

关于这一价格的合理性问题，平本厚基于行泽健三、金丸平八等人的研究①展开过探讨。他指出，第一，转让价格偏低；第二，支付方式具有特殊性。曾有人认为这两个条件对于买方来说极为有利。确实，从第二点来看，这是毫无疑问的。而另一方面，关于第一点，平本大体继承了金丸的说法，强调价格的计算不过是一种"粗略的计算"，认为这种购买行为与"资本家在经济萧条时廉价收购企业"一致。②

而中西洋使用了与平本同样的史料，详细考察了被纳入转让价格的租借财产评估额及其决策过程，首先阐明工部省将兴业费作为主要依据拟算出来的价格为 76 万余日元，随后通过探讨这一草案折射出来的三菱意向，统计出第二轮固定资产评估额，即"在现场核查"后得出的 78 万日元，强调其当时曾降价 30% 而产生了 536621 日元的价格。但由于该价格并不能让"收购方感到满意"，遂又"将价格修正到与如今相当之水平"并"请外国人予以调整"，最终得到了 45.9 万日元。③ 中西的研究结论，与平本

① 行沢健三「維新政府と資本蓄積」松井清編『近代日本貿易史』第 1 巻、有斐閣、1949；高橋誠「日本資本主義の発足と財政」鈴木武雄『財政史』東洋経済新報社、1952；金丸平八「官業払下に関する試論」『青山経済論集』第 19 巻第 1 号、1967 年。以上是平本厚所提及的已有研究成果。根据平本的整理，行泽与高桥都认为"投入固定资本额和转让价格之间的差距不一定是积极的指标"，从合理的意义上说，固定资本额和转让价格的差距是很小的。但是金丸认为两者间的差距很大。

② 平本厚「近代造船業成立期における設備投資について」『経済学』第 145 号、1982 年、66～70 頁。平本引用的文章是林健久「明治前期の株式会社」嘉治真三編『独占資本の研究』（東京大学出版会、1963），第 218 頁。

③ 中西洋『日本近代化の基礎過程——長崎造船所とその労資関係：1855～1903 年』（中）、164 頁。此外，本书所列租借时评估额 53.9 万日元是固定资产 45.9 万日元加上 8 万日元流动资产的合计数值。

"当时放弃了精确的计算而以极其粗略的方法得出了价格"的观点有所不同。他强调，至少在第二轮的现场核查中去除了不能使用的设备，还在营业费中想办法将购置的机器、建筑等便于维护的资产归入固定设备之中，所以评估额应是通过合理计算得出的结果，而且以这一价格为前提，政府与三菱之间还进行过最终的价格谈判（从53.6万日元减至45.9万日元）。如此看来，强调价格的妥当性应是无碍的。本书在此并不打算为中西的观点做出补充，但认为应该对如下问题保持关注：既然能够反映三菱意向的第二轮评估额去除了不能使用的设备，为何其数值反而比第一轮评估额更高？或许第二轮核查的目的不是有意降低评估额，目前也没有证据表明在这次评估中存在人为压价现象。更何况，考虑到该评估已经进行好几年，若认为当时实施30%降价折旧并不合理，则缺乏根据。因此，既然能够采取此种具体方式阐述其计算方法，应该说45.9万日元作为固定资产评估额是较为合理的。

租借时的财产评估额在反复发生变动之后最终于1887年6月作为转让价格被确定下来。在《转让命令书》下达一周之后，三菱公司提交过一份《关于暂时缴纳长崎造船所转让年费之申请书》：

史料 2

关于暂时缴纳长崎造船所转让年费之申请书

大藏大臣、伯爵　松方正义阁下：

关于长崎造船所一事，如今已收讫令敝公司缴纳年费之命令书，在该造船所改良问题上必将遵照此命令书之要求，但考虑到未来或将引发诸多麻烦，期望贵方务必就暂时缴纳年费一事进行特别斟酌，即按每年10%计算利息并收取款项。特此申请。

三菱社社长　岩崎弥之助　印

明治二十二年六月十四日①

此处所说的"按每年10%计算利息"并"暂时缴纳"正是此前多次提到的（即平本研究中涉及的第二点）三菱社作为买方所获得的有利条件。但必须注意的是，这是在转让长崎造船所时采取的特殊方式，并不是提供给三菱的优惠。

根据吉川秀造的研究②，"计算利息之暂时缴纳"③ 是当时政府处理劝业贷款金通常使用的一种方法。它是按照 1874 年

---

① 『長崎造船所御払下一卷』『三菱社誌』第 15 卷、明治 22 年、27～28 頁。

② 吉川秀造『士族授産の研究』有斐閣、1935、216～223 頁。该书认为，从 1889 年以后的政府贷款金整理来看，当时政府的损失超过了 30 万日元，偿还额不足 74 万日元，其偿还率为 7%（第 225 页），所以长崎的事例并不是一种特别优待。作为"利息缴纳"的例子，名古屋电灯的案例也是广为人知的。参见中部電力電気事業史編纂委員会編『中部地方電気事業史』1995，第 16 页。

③ 按照这种方法将本金按年分期之后，把每年所需还款金额作为终值（设为 F），然后按照一定利率（设为 r）的复利计算，可得出各年份（设为 i）相应的当前所需暂时付清款项（即各年份分期款项所对应现值，设为 P），公式为 $P = \dfrac{F}{(1+r)^i}$，将各年份分期款项对应现值相加，即得出当前所需暂时缴纳偿还金。其计算公式为 $C = \sum\limits_{i=1}^{N} \dfrac{(X/N)}{(1+r)^i}$，其中 C 为暂时缴纳偿还金，X 为本金，N 为分期年数，r 为年利率，i 为对应年份。——译者注（参考高槻泰郎「近世の政策金融の終焉——山口県上関町の質物金融」東京大学社会科学研究所『ディスカッションペーパーシリーズ』J‑162，2008，第 13～14 页）

225

1 月大藏省第四号令对暂时缴纳人提供的优惠性措施。简略地说其主旨是"通过对本金进行一定利率的复利计算，实现对年费的削减与扣除"。如本金为 100 日元的 8 年分期贷款，若按 10% 计算，利息是 66.867 日元，按 50 年分期，则是 19.82 日元，若"暂时缴纳"了这笔款项就可被视作全部还清本金。这种方法原本是以旧藩债为对象设计出来的，但此后逐渐作为一种"便则"被用于其他贷款。三菱缴纳汽船转让费时就使用过这一方法。[①] 1886 年 4 月政府还出台了《诸贷款整理顺序》的文件，使之开始适用于各种贷款，并最终在 1889 年运用到士族授产金的整理中。根据其精神，承担 50 年以内分期付款的负债人可采取"10% 利息暂时缴纳"的方式处理贷款，而无法偿还的贫困者可在"全部损弃"的政府方针下进行整理。

所以三菱是想要利用 1886 年后适用于各类贷款的"计算利息之暂时缴纳"来支付购买长崎造船所的分期款项。从政府进行贷款整理的过程来看，这显然是充分利用了"提前还款可享受优惠"的政策，乃明智之举。若按照吉川秀造所举实例来计算其偿还金额，那么与购买价格 45.9 万日元相应的 50 年分期付款为本金的 19.82%，即 90973.80 日元。当然，根据不同记录来源其实际支付额会有细微的差异，比如《三菱社志》里是

---

① 关于三菱的"利息计算"，旗手勋曾指出，1883 年时偿还营业税、1884～1885 年偿还政府贷款时采用的就是这种方法。三菱当时称"这些利息计算所得的利润为借入间际"，其"借入间际"的累计额是"1697243 日元，达到实际借款的半数以上"。旗手勲『日本の財閥と三菱』、23 頁。

91017.864 日元，① 而《三菱长崎造船所史（续编）》则是
91010.864 日元，② 本书选择使用前者的数据。之所以计算值与
支付额之间会产生误差，乃因为吉川在计算 100 日元还款额时省
略了不足 1 钱的部分。若根据 1874 年大藏省第四号令的规定将
还款比率精确到小数点后四位，计算出来的支付额就会和《三
菱社志》的所载金额一致。③

三菱想要这样支付分期贷款或许是认为此种操作能够大幅降
低实际的购买价格，从而实现资金投入的最小化。但是"暂时
缴纳"与提前还款的理由还不仅仅在于此。

1887 年 6 月 7 日颁发的确定三菱转让条件的《转让命令书》
中，第三条与第四条还加入了如下规定：

　　第三条　转让之地产房屋及各种机器等允许自由使用，
但其所有权须待全部还清第一条规定之年费后才可让予。与
地产房屋相关之一切义务均由收款人承担。
　　第四条　全部还清第一条规定之年费以前，改换工厂外
观或增减重要机器均应得到我省之批准。④

上述条款所表达的意思自不待言，即规定所有设备物资的所

---

① 『三菱社誌』第 15 卷、明治 20 年、28 頁。
② 『三菱長崎造船所史（続編）』、230 頁。
③ 『法令全書』上卷、内閣官報局、明治 7 年、567～568 頁。
④ 「御払下命令状」『長崎造船所御払下一卷』。该史料和『三菱社誌』第
　15 卷（明治 20 年、第 22～24 頁）中题为「長崎造船所御払下命令御
　請負」所記載的「命令の条目」完全一致。

有权在分期款项全部付清之前不可转交给三菱，故各种设备、设施的改良与扩充也必须逐一得到政府的批准后才可进行。如此看来，即便接受了官营产业的转让，只要有这个条件存在，长崎造船所就无法完全转变为以资本私有与设备私有为基础的近代经营体，实际上不过是在延续租借期间的状态而已。所以三菱在前述申请书中强调"在该造船所改良之问题上必将遵照此命令书之要求，但考虑到未来或将引发诸多麻烦"一语，或许就是在说这种转让条件上的限制。而为了实现真正意义上的向"民营"转让，三菱有必要反过来利用这种严格的转让条件并提出"临时缴纳"申请，由此才可能从政府那里获得完全的自由。更何况这种条件，实际上在上一年度便已启动的政府贷款整理方针之下得到了逐步的改善。因此可以说，"临时缴纳"措施应是当时在节约投入资金的同时争取获得完整经营权的"一石二鸟"之策。

三 创业期的经营实态

现场的管理

转让而来的长崎造船所最初便已拥有职员 42 名、职工 766 名，在三菱中也算是较大的事业单位了。但是对于如何经营，用何种方法予以管理的问题，似乎三菱从一开始并没有确立明确的机制。在转让一年半之后的 1888 年 12 月 1 日，长崎造船所正式更名为三菱造船所。直到该月下旬，才制定了《三菱造船所所长事务处理心得》，做出如下规定：

史料3

第三十一号　三菱造船所所长事务处理心得①

三菱造船所所长　山胁正胜阁下：

一、社员的升降、去留、赏罚、招收、解雇以及因疾病等事由请假等，与职员自身相关之事务皆应经由驻长崎管事向总公司提出申请；

二、改换或新增工厂机器等事务，皆应经由驻长崎管事向总公司申请；

三、关于日常营业等事与总公司之间往来通信时，皆应用日文署名造船所所长，用英文署名"Manager"。

以上为此次造船所管理组织之改正，为统一事务处理须照章办理，兹知照如上。

三菱社社长　岩崎弥之助

明治二十一年十二月二十五日②

也就是说，上述事务处理心得实际上做出了两点规定：第一，与社员升降去留相关的人事工作须"经由驻长崎管事"向总公司提出申请；第二，机器的改换与新增等事务亦须采取此种方式向总公司申请。由此明确构建了"总公司→驻长崎管事→三菱造船所所长"

---

① 制定"心得"一事是在造船所转让之后立即被提出的，虽然无法否认此处使用的史料有可能是伴随改名而重新制定出来的东西，但即便考察『三菱社誌』等资料也无法确认这一史实。

② 『三菱社誌』第16卷、明治21年、248～249頁。

的管理路径。该规定是与三菱煤矿事务所、高岛煤矿矿长事务处理心得同时制作而成的，故可认为上述两条规定是它们的共通内容。①

需要看到，这里实际上存在一个疑问：当时的"驻长崎管事"究竟扮演了怎样的角色？在笔者所知范围内，目前暂无法找到与此相关的具体规定文件。

当然，这个"管事"和以往在总公司工作的管事也是有区别的。1888 年 11 月 9 日，三菱社制定《总公司事务处理备忘录》，在总公司管事之下设立了矿山课、会计课、庶务课。继而于同月 26 日发出通知："往长崎派遣管事，令其统管煤矿及造船所之事务。"② 同日，高岛煤矿事务长兼长崎造船所经理山胁正胜便就任管事一职，开始"统管"煤矿与造船两大事业。而总公司方面，在制定所长事务处理心得大约一周之前的 12 月 18 日，经理庄田平五郎成为管事兼总公司负责人，这是继川田小一郎之后的第二个管事。③ 但由于庄田在次日便接到"翌年 1 月起赴欧美考察一年"的命令，而川田则在 1889 年 9 月被任命为日本银行总裁，这个总公司所搭建的"二人管事体制"并没有发挥实质性作用。所以在这个总公司管事以外设置的"驻长崎管事"一职，当然是与川田、庄田毫不相关的执掌九州地区事务的总负责人。但需要强调的是，其具体的权限与承担的事务究竟如何目前并不清楚。

由此看来，1888 年 11 月修改了《造船所支配之组织》之

---

① 『三菱社史　二代社長時代』（MA6046）、628～630 頁。
② 三島康雄編『日本財閥経営史　三菱財閥』、70 頁；『三菱社誌』第 16 卷、明治 21 年、213～214、222～225 頁。
③ 『三菱社史　二代社長時代』（MA6046）、624 頁。

后，随即在 12 月制定了上述所长事务处理心得，从而形成了由造船所与煤矿负责人通过管事山胁和总公司进行沟通的模式。但其中包含了多大的意义是模糊不清的。换言之，根据《三菱造船所所长事务处理心得》第三条的规定，书信实际上是以造船所所长山胁的名义寄出并由总公司的社长复信的，因此从其记录上来看无法明确山胁作为管事所发挥的作用。甚至可以认为"经由驻长崎管事"事实上并不具有太大的意义。①

《三菱造船所所长事务处理心得》的第三条规定是造船所独有的内容。如上所述，造船所自租借以来实行的是日本经理山胁正胜与外国经理 J. F. Calder 两人共同负责的"双负责人制"。所以在书信往来等场合，有关营业方面的交涉和判断应该是由这两位经理分担的。按照规定，日文书信要求署名为日本所长（根据该规定，组织负责人的署名由经理改为所长），而英文书信则要求署名为"Manager"。其原因或许在于，当时与总公司往来的信函大多是委任给日本经理来书写的，而机器与材料的采购等对外交涉事宜则主要是由外国经理来承担的。

那么在现实中具体有哪些问题是基于所长事务处理心得向总公司汇报并得到批准的呢？

留存下来的大量往来书信可以为我们提供线索。虽然仅仅参

---

① 对于山胁的评价，中西洋研究曾给出明晰的结论［中西洋『日本近代化の基礎過程——長崎造船所とその労資関係：1855～1903 年』（下）、82～87 頁］。对此，小野寺香月的「明治 20 年代三菱の社内文書送受の検証」（神戸大学経済研究所 WP、No. 317）则强调了山胁的独特作用，但是因为其论据薄弱，笔者并不赞同。

考书信未必充分，但通过对其加以研究也是有可能解答这一问题的。① 在三菱合资公司成立以前，关于创业期的三菱造船所的史料包括《明治十七年十月至二十五年十二月 致长崎造船所送函复印件 总公司》（MA4255，以下简称《致长崎造船所送函复印件》）以及《三菱造船所 来函》（1886 年、1887 年为《长崎造船所、高知宇田广田 来函》各年份内容，1888 年缺失，1889 年为《明治二十二年 三菱造船所 来函》，1890 年为《明治二十三年部分 长崎分店来函及三菱造船所 来函》，以上编号为 MA4301～MA4304）。②

首先，从总公司寄来的《致长崎造船所送函复印件》包含了共计八年零三个月时间里的 433 封书信，平均每年就有 52 封左右。每封信都有年份与编号，虽然有若干编号或原件缺失，但基本上是展示了其全貌的。③ 而《三菱造船所 来函》则如上所

---

① 除了书信，日常所使用的通信手段还有电报。虽然目前残存了一些记录，但是本章为篇幅起见不拟展开分析。

② 均为三菱史料馆所藏史料。除了这些书信类的装订册外，造船所和官厅的来往、造船所与其他分店的来往都被归纳汇总成名称为"官厅""他向"的装订册。关于这些，本章也为篇幅起见不予展开。

③ 关于资料的缺失有各种各样的缘故，这些装订册都是日后归纳汇总出来的，一般是当时遗失或整理时分拣废弃所导致的。『三菱社誌』在编纂过程中也可能会排除出去。譬如前述《三菱造船所所长事务处理心得》，尽管缺少对同年度长崎造船所总公司来信的汇总，但有数页书信被归纳成一份史料而得到保存。而且后面将提到的关于 1887 年 8 月末的造船所资本金决策书信中，从总公司寄来的书信并没有被编进去。它们都是作为重要的事项被『三菱社誌』记载了下来，但由于找不到信件的原件，所以为了编纂方便而从原装订册中删除了，抑或是装订册本身是根据社志编纂过程中没有抄入的资料而制作的——这种可能性从其形状与笔迹来看并不小。当然也有可能是偶然遗失的。对来信汇总史料进行研究时，收录在日后编纂的『三菱社誌』『大記録』『綱本』之中的重要书信很有可能会从这些装订册里系统性地排除出去。这是今后在利用书信进行研究时不能遗漏的问题点，所以预先在此进行说明，以唤起注意。

示，乃按年份分别归纳汇总，其书信是从 1887 年开始就进行编号的。因为 1890 年 10 月 6 日寄给社长的书信编为 190 号，故可认为在三年九个多月的时间里共有 190 封信，平均每年 51 封，在数量上与总公司、长崎之间的往来信件基本一致。

若对《致长崎造船所送函复印件》按年份进行整理，可形成表 4-3。可以看到，其发信频率从 1886 年以前的每月 1 封增加到 1888 年以后的每月 5 封以上，造船所与总公司之间的来往变得逐渐频繁。而在 1887 年 7 月后的 6 个月时间里则有 18 封书信留存下来，这自然说明完成转让之后总公司对造船所的介入得到了加强。

表 4-3　总公司寄往三菱造船所的书信数量

时间	序列号	书信数量（封）
1884 年 10 ~ 12 月	1 ~ 7	7
1885 年	8 ~ 17	10
1886 年	18 ~ 29	12
1887 年	30 ~ 57	28
1888 年	58 ~ 121	64
1889 年	122 ~ 188	67
1890 年	189 ~ 253	65
1891 年	254 ~ 330	77
1892 年	331 ~ 433	103

资料来源：『明治自拾七年十月至二十五年十二月　長崎造船所送翰写本社』。

那么其内容分布又当如何呢？以 1885 年、1886 年为例可以发现，在总公司寄往造船所的书信中，关于社员升降或社员储金、保险金等人事工作的有 8 封，与商船学校学生之实地培训有关的有 2 封，涉及设备与配件的有 8 封，呈送勘定书或资金相关业务的有 3 封，另有向外国技师下达的前往各施工单位出差的指示。其中，与设备问题相关的书信除了涉及电话机的架设事宜外，全是对木材销售与铁板订购等造船所上交草案的回函。①

因篇幅所限，其他各年的具体内容在此从略。在能够对照造船所与总公司之间往来书信的年份中，本书选取了 1887 年全年目录中的标题，汇总成表 4 - 4。

表 4 - 4　1887 年总公司与造船所之间的往来书信

序号	从总公司寄往造船所	从造船所寄往总公司
1	政府通知取消船舶检查员并预置凿岩机	向管船局检查员办事处野中万介转让木材,在多久煤矿与住之江之间敷设铁道等事
2	向桑原初五郎等三人寄送印纸及身份担保证明用纸十张	管船局员办事处、液氧、大阪川浚船、孟春舰修理敷设铁道之件
3	庄田氏信函,就地方税赋课之营业事宜回答前任知事关于呈交并调查特别处理文件之要求	造船所营业税之件
4	桑原初五郎等三人接受体检及其申请书调整方式之件	社员征集之件
5	关于野中万助氏转让樯材一事的和平交涉处理通知	以上社员承诺书寄送之件

①　目录记载的标题是在日后装订时加上的。这一时期在书信中并没有标明事件的标题，甚至有时会标明多个议案，所以这个分类并不完整。

序号	从总公司寄往造船所	从造船所寄往总公司
6	孟春清辉检查之件与商船学校校长中村氏关于订约之商谈及其他	以上社员身份担保证明及照片等寄送之件
7	寄送深川建筑用材尺寸书及商船学校学生约定条款之件	寄送铁船及驳船图纸
8	建造中小汽船命名之通知	寄送夕颜号下水典礼照片之件
9	桑原初五郎等三人生命保险借据寄送之件	新社员保险申请检查证寄送之件
10	寄送文书之件	水谷六郎中村久恒缴纳保险之件
11	长崎造船所转让地产建筑等接收地契之件	关于向野中万介转让木材之件
12	铁索并社长游船图纸及夕颜号照片收讫之件	新社员保险申请证寄送之件
13	对于询问勘定书中未记载中村久恒生命保险费一事之回答	建筑用松木材料之件
14	所得资金额调查申报之件	商船学校学生约定证及船坞链之件
15	所得税纳入地申请书及勘定各项明细书寄送之件	水谷六郎因病请假之件
16	商船学校机关科学生修业约定书之件	该人出勤登记之件
17	转让造船所之地契并询问弥生号是否建成	新社员缴纳保险之件
18	资本金申报之件	造船所及总公司间勘定之件
19	资本金申报之件	
20	关于接收铁道工事用品之件的通知	造船所地契之件
21	派遣克雷彼斯先生之件	造船所营业税之件
22	回应铁道局询问之图纸与附件寄送之件	造船所资本额增加之件
23	关于俄军舰修缮一事之通知	造船所地产地契增加之件
24	寄送铁道局要求之文书及图纸	敷设铁道用品与方法之件
25	关于铸造铁道局所用铁梁之询问及其完成期限之照会	船渠所用船垫寄送之件

序号	从总公司寄往造船所	从造船所寄往总公司
26	同上事宜关于上缴一事之通知	铁道局订单完成期限之件
27	立神船渠所用船垫之运送及铁道局通知之件	请求发放年末津贴之件
28	年末津贴及薪水支付之件	

资料来源：『明治自拾七年十月至二十五年十二月　長崎造船所送翰写　本社』；『明治二十年　長崎造船所・高知宇田廣田　来翰』。

在实现转让的这一年，往来书信中并没有为确认其方针而事先征询现场意见的内容。与此事相关的唯有在转让之后从长崎向东京寄送地契的信件（"从总公司寄往造船所"栏中的第11、17项，"从造船所寄往总公司"栏中的第19、20项），但毕竟这是事后的处理措施。所以仅从书信层面来看的话可以认为，由于转让的谈判与交涉是同工部省进行的，不少事情在东京进行，故当时关于经营形态等基本方针应是全部委托给总公司的弥之助和庄田平五郎来处理。

而在日常的往来书信中占据大多数的，是和以往一样关于社员人事的内容（"从总公司寄往造船所"栏中的第2、4、9、21、28项，以及"从造船所寄往总公司"栏中的第4~6、9、10、12、15~17、27项），从中可发现社员的人事工作已按照总公司的集中管理方针得到贯彻。①

而在事业经营的具体内容上，当时将闲置资材转卖给野中万助一事由总公司负责交涉，并由长崎方面予以落实，铁道局发来

---

① 此点似乎一直延续到后来财阀时代的三菱。

的铁梁订单由总公司接收后，将图纸转交给长崎，等等，或许是值得关注的问题。但若要基于此等事例判断总公司在造船所的对外营业活动中占据相当重要的地位，或许又略显急切。与其如此，不如多关注这些书信中几乎未涉及的史实。譬如，在造船所寄出的书信中就完全没有提及现场职工的具体情况，这势必意味着当时现场的劳务管理作为专管事项被完全委托给了造船所。而且我们几乎未能看到日后成为严重问题的资金周转事宜。到了三菱合资公司时代，总公司还要求各场所制定并提交关于事业进展状况的月报与年报。由于这些报告在此时期尚未制作，所以总公司并不具备了解日常业务情况的条件。如在当时作为核心事业的修理业务中究竟有怎样的船舶于何时入坞，怎样施工，其花费如何等工作信息就没有在总公司与现场之间实现交换，两者之间也没有在是否接受订单的问题上形成指示与请示的关系。这实际上意味着，总公司亦将日常的事业活动（包含接受修理工作的订单等）完全委任给造船所现场。所以材料的销售与铁道局发来的订单只是一种例外情况，总公司的权限或许并没有想象中那么大。

如前所述，在翌年末制定的所长事务处理心得中明确规定人事事务与投资事务是造船所所长需要上报的事项。但实际上在后者的"申请"问题上存在意义含糊不清的情况，故可认为其结果是现场被委任的职权范围进一步变大。这种状态在阶层组织架构的权限转让中是一种非常朴素的形态，近似于以往那种受信息通信手段速度或传达信息数量所束缚的经营管理权限分散状态，又或者可以说是一种管理的"缺失"。以往在描述财阀形成期的组织状况时我们经常使用"地域分散的组织状况"的形容，[①] 可能就是对应此种情况。当然，这种状态也会随着事业的发展而非常流动性地发生变化，比如在 1888 年总公司接到大阪商船的新造汽船订单后出现了进展，又如在资金层面给总公司与造船所的关系留下问题等，由此产生了予以解决的必要。

关于此点本书将在后面的内容中加以探讨，现在需要暂且将视线重新放到表 4 - 4 上。如该表所示，1887 年存在一个略显特殊的情况，即总公司与长崎之间探讨"资本金"问题。与此相关的书信显示，当时长崎县《营业税则》规定的征税基准包括两类——营业总利润与资本金。选择的种类不同，可能造成每年纳税的金额不同。前者规定"利润未满 500 元时年税为 10 元，超过 500 元则征收其利润的 2%"，后者规定"按资本金来征收税款，15 万元以上者年税为 200 元，在此基础上每增加 4 万元则年税增加 50 元"。若据此来计算税额，那么基于总利润的标准，其年税将"多达 600 余元"，所以造船所更倾向于选择后者。造船所当时的资本额已从租借之初的 2 万日元增长到 17 万日元，若以此为标准计算则税额仅为 200 日元。有鉴于此，造船所于 1887 年 8 月 22 日、8 月 29 日先后致信社长阐明此事。经理山胁正胜在报告中指出，若按照资本额计算，"因为此前的资本由德瓦因（Devine）先生负责，故如今在转让之后我方对于资本

---

① 武田晴人「多角的事業部門の定着とコンツエルン組織の整備」法政大学産業情報センター・橋本寿郎・武田晴人編『日本経済の発展と企業集団』、81 頁。此外，参考武田晴人『日本経済の発展と財閥本社——持株会社と内部資本市場』（東京大学出版会、2020）。

金有无增额一事并不清楚", 即在询问是否存在资本金伴随转让出现增加的情况, 若未发生变化, 则"可考虑按资本金来计算税款, 故请就此告知"。①

社长岩崎弥之助对此做出了如下回应:

史料4

第十三号

长崎造船所　山胁正胜阁下:

本月二十二日第二十一号书信已收讫, 汇报之事已知悉。

资本金之件　前份电报所提造船所资本金申请一事, 此前有电文通知若地方税务局皆不知情且难以做出判定, 则需确保不涉及法律问题, 贵方对此应已有所了解。以往在所得税问题上亦如此, 只要不违反法律或产生不合时宜之问题, 则我方不会提出异议, 可听凭贵方决定。我方考虑如上。

社长岩崎弥之助代理　庄田平五郎

明治二十年八月二十九日②

也就是说, 因为各地的税务局并没有形成统一的认识, 所以只要不涉及法律问题, 不给事业发展造成障碍, 总公司是不会有

---

① 「第二十二号、二十年八月廿九日長崎造船所支配人山脇正勝より社長岩崎弥之助宛書簡」『明治二十年分　長崎造船所・高知宇田廣田　来翰』(MA4302)。

② 『明治自拾七年十月至二十五年十二月　長崎造船所送翰写　本社』。信中开头所提及的是与造船所地契相关的事项, 与此处考察无直接关系。

异议的，完全可以"听凭贵方决定"。但是在此信发出后一周左右的时间，9 月 5 日，总公司就向长崎造船所发去了将资本金增长至 70 万日元的通知。[1] 长崎方面只得在 9 月 12 日的信件中向总公司报告称，若按照增加之后的资本金计算，税款将升至每年 1360 日元（包括营业税 850 日元、协议费 510 日元）。

从长崎方面最初寄出的书信"此前的资本由德瓦因先生负责"一句我们可以得知，造船所的"资本额"原本是由外国书记员 W. H. Devine 来负责管理的，并非经理山胁。然而更重要的是，在完成转让之后经过两个多月直至 8 月末，追加了 45.9 万日元固定资产的长崎造船所仍无法确认其"资本额"究竟是多少，[2] 而且在长崎方面询问营业税的问题时总公司又给其增加了其他的资金。这只能说明总公司的意图在于：只要不出问题，就让长崎自行解决，增资之事无须与现场商议。

造船所对于资本额之事漠不关心，究竟意味着什么呢？若观察表 4-1 我们可以发现，从 1887 年度开始"资本金及活期账户"由 15 万日元增长到 67.7 万日元，而固定资本额则由约 8.5

---

① 「第二十参号、二十年九月十二日長崎造船所支配人山脇正勝より社長岩崎弥之助宛書簡」『明治二十年分 長崎造船所・高知宇田廣田 来翰』。由这封信可知，总公司在寄出的第 14 号信件中将资本金的增加一事告知了造船所。如前所述，该信在总公司寄出的信件中缺失了，但是其内容全文刊载于『三菱社誌』第 15 卷，明治 20 年，第 34 页。

② 关于这一认识的矛盾，参见中西洋『日本近代化の基礎過程——長崎造船所とその労資関係：1855～1903 年』（下），第 77 页。本章旧稿虽然没有被参考，但由于中西的中卷是在 1983 年出版，下卷是在二十年后的 2003 年出版，所以这个问题很可能是中西最早发现的。而且中西下卷的分析中存在与本章的重合之处，或许是出于同样原因。若要详细了解，参见该书。

万日元增长到 54.5 万日元。这些增长的部分基本上和转让的价格一致。也就是说，评估额成为 1887 年进行转让的基础，以此为基准，获得的固定资产被纳入其自身的资产之中，从而在计入固定资产增加额与贮藏品价格结余的 6.8 万日元之后使其资本金增长了 52.7 万日元（从 17 万日元至 70 万日元）。① 毫无疑问，这种变化在造船所看来除了当时仍在使用的官营时代设备等被计入自身资产之外，并没有任何意义。若非要说存在某种影响的话，也不过是如何计算固定资产所带来的折旧负担，抑或是对于总公司发来的资本额应实现何种程度的利润回流而已。这些问题，对于造船所的经营者来说当然是需要密切关注的，但在此仍应该强调，资本额的增加终究只是总公司单方面传达而来的通知。或者说，造船所极有可能把资本额以及日后的资产评估额看作与利润或折旧毫无关联的东西。而关于此点，我们可以找到一些史料来佐证。如表 4 - 5 展示了 1890 年 12 月和 1891 年 1 月各月末的三菱造船所财产目录摘要。该表与表 4 - 1 有所不同，记载的 1890 年末资产总额不到 10.6 万日元，这个金额

---

① 根据『三菱社誌』第 15 卷，明治 20 年，第 34 页，其合计金额为 69.7 万日元，但也附带了说明："为方便处理，投入 3000 元，使之变为 70 万元。"该史料记载，总公司的庄田曾解释说此事在同年 6 月 28 日已经提交给 Manager。若直接阅读庄田的信件便可知，总公司在 6 月末将资本额定为 70 万日元并寄信通知了担任经理的外国干事（应是 Devine），但并没有将这一变更告知经理山胁。由于目前无法找到庄田所说的 6 月 28 日信件，而『三菱社誌』所采录的也是 9 月 5 日寄给山胁的信件，所以我们无法确认事实究竟如何。但是本章的问题与其说是在讨论何时做出决定，毋宁说是在强调 Devine 没有重视这一事实，也没有向经理报告。这一造船所方面对资本金增加所表达的看法，显示了总公司与造船所之间在认识上的差异，所以对时间的判定并不具有太大的意义。

与转让时的固定资产评估额 45.9 万日元合计 56.5 万日元，才会与表 4 - 1 中的固定资本额一致。而且从该表来看，1890 年度的折旧额为 15603 日元，这与表 4 - 5 中 1890 年 12 月至 1891 年 1 月间减少的资产额相差并不大。或许是因为资产的计算并没有与转让导致的资产增加发生关系，所以在此背景之下对折旧额做出确认。

表 4 - 5　长崎造船所的财产目录

摘要	1890 年 12 月	1891 年 1 月
Pattern Shop	1607	1406
Boiler Shop	22409	19760
Moulding Shop	2543	2527
Machine Shop	7406	6505
Erecting Shop	6021	6013
Copper Smith Shop	111	993
Black Smith Shop	4498	3936
Out Door Tools & Ropes	2842	2279
Steam launch	1400	1225
Ship Yard	29009	25187
Dock Yard	5343	4640
Ptent Slip		100
Koduge Plants	116	
Office Furniture	1786	1366
Improvements	20626	15470
	105718	91406

资料来源：Plants July to December 90 MB Dockyard & Engine Works（MA05917），List of Plant，Offices and Improvement January 1891（MA05918）。

当然，表4-5的财产目录里没有出现土地的信息，船渠与船台的评估额也非常低，我们无法否认它作为实际的资产评估存在诸多问题。但是在1893年以后财产目录中的内容与表4-1形成一致，从此点来看也可认为这是一种过渡现象。在这个过渡期里，确实存在制作财产目录这一事实，也能够证明造船所在会计上的认识与总公司的资产评价都是独立进行的。庄田平五郎在1888年4月2日寄给造船所所长山胁的信件中表示，"……造船所去年之勘定并不充分（即去年政府转让时转让费之入账）"，并要求其专门用英文制定勘误表。但即便如此，直到1890年，其会计的认识也仍如表4-5所示，并未将转让的价格记入账目。[1] 若从会计的角度来理解企业活动，那么对于总公司而言的三菱造船所、对于造船所经营者而言的造船事业，两者之间会呈现出相当大的差异。

若结合当时的情况来考虑这些事实，我们或许可以发现如下几点。第一，即便"资本额"反映出总公司对长崎造船所事业投资的认识，毫无疑问也不是由其直接向造船所提供资金。三菱社只为购买长崎造船所支付了约10万日元，可以看到这一现金开支在实质上与名义上的资本额增长差额约为40万日元，是作为"利润"（借入之际）被总公司计算到会计中去的。[2] 而造船

---

① 「明治二十一年四月二日付、荘田平五郎より造船所山脇正勝宛」『長崎造船所送翰写』。

② 此外还想在此说明，长泽康昭认为转让之际资金中似乎有"从政府而来的资金流入"，这恐怕是误解。三島康雄編『日本財閥経営史 三菱財閥』、139頁。

所则原封不动地接受了转让时所定的资产评估，并为此进行了折旧处理。单从造船所的收入来看，其折旧负担并没有因为转让费的"暂时缴纳"而得到减轻。第二，之所以能够这样处理，是因为造船所在 1887 年的资本金为 70 万日元，相应的活期账户总额为 67.7 万日元，这种对总公司的资金关系（参见表 4-1）使得活期账户中看似出现了对总公司的"贷出"。若在总经费额是否达到每年 20 万日元的问题上考虑到借入以后每年有 5 万日元左右的利润计入，那么相对而言在资金方面受到的制约或许变小了。第三，从造船所与总公司在事务管理及相关权限的分担关系来看，除了严格要求汇报社员的人事事务之外，无论是资金方面还是日常的事业运营方面，长崎造船所都是相对于总公司拥有极大独立性的经营体。而且所长事务处理心得第二项看上去也没有包括投资项目的事情，造船所几乎没有向总公司报告过造船所的营业状态。所以在当时，能够让总公司掌握其营业状态并给予其适当指示的信息传递机制并不完善。如后所述，这种情况直到翌年即 1888 年以后才开始发生巨大的变化。

对新造船舶事业的挑战

处于创业期的三菱造船所，其面临的市场环境是颇为严峻的。但在此期间伴随筹建大阪商船公司计划的出台，它逐渐迎来了发展新造船舶市场的契机。这具有重要的意义。

井上洋一郎在《日本近代造船业确立期中的三菱长崎造船所》中指出："在明治二十年代，专营沿岸航路的大阪商船公司率先以每年五万日元的'船舶改良资金'（国家补助金）为基础，成为向国内造船所订购小型铁船的客户，并登上了历史舞台。"[1] 另一方面，由于"日本邮船公司将近海航路作为经营重点，打算进一步开设远洋航路，且大多使用了外国而来的船只"，所以对于三菱来说虽然与该公司保持人员上的往来，却因为缺乏建造大型铁船的实绩而丧失了承接订单的希望。正是出于这一原因，井上认为三菱造船所"虽然在明治二十六年以后也发展了海难救助事业，但当时还是基于海运界的买船主义而把事业重心放在了船舶修理业务上"。

从营业的实际状况来看，我们很难否认三菱造船所直到甲午战争以后才真正进入事业的扩张期，此前的主要工作始终是围绕修船业务展开的。平本厚等人的研究也做出过同样论断。[2] 但是我们也不能断定这种结果是以岩崎弥之助为中心的三菱社经营者与造船所现场有意识地造成的。譬如在前面提到的关于转让问题的请愿中，弥之助就描绘过"改良机器、新造铁船、加强核心职工的熟练程度"的愿景，意图积极进军新造船舶业。

弥之助的此种设想绝对不是没有根据的。正如井上所述，1884 年 5 月开始营业的大阪商船公司在其开业前一个月曾致信农商务省与工部省官员，申请造船补助金。这势必意味着其在创

① 井上洋一郎「日本近代造船業確立期における三菱長崎造船所」『経営史学』第 3 巻第 1 号、1968 年、35 頁。
② 平本厚「近代造船業成立期における設備投資について」『経済学』第 145 号、1982 年、73 頁。

业期并没有准备好足够的资金，才会计划在兵库与长崎的造船局依据《按年分期缴纳法》在三年时间内建造 6 艘单价为 5 万日元的汽船。[①] 其延期付款的条件是，在三年时间里每年建造两艘船，每次开工时缴纳 10% 的费用，余下部分分十年付清。对于这样的申请，大藏卿在 3 月 21 日做下决定，要求将造船期限定为五年并由工部省发放 15 万日元的补助。由于该补助已占到建造总额 30 万日元的半数，可以认为在政府补助之下长崎造船所成为"实际的"订购者。

在大阪商船公司得到政府补助金而计划建造新船之际，长崎造船所却并没有接到订单。即虽然 1884 年 1 月广濑宰平的呈报书中明记要在"兵库与长崎的造船局"建造，但到了 5 月提交"用铁船代替木船"的申请时该计划又改成"在兵库造船局（日后的川崎造船所）建造六艘船舶"。[②] 关于此事，大阪商船公司的社史里有一段说明："在此期间发生了官营企业的转让，明治十八年七月（明治十七年六月，即 1884 年 6 月的误记——引者注）工部省的长崎造船局被转给三菱。另一方面，大阪商船公司委托建造铁船的兵库造船局则没有确认转让的对象。其使用十八年一月（1885 年 1 月）建成的铁船制造机开始了铁船的建造工程，但到了十九年四月（1886 年 4 月）却被转给川崎正藏，

---

① 『大阪商船株式會社五十年史』大阪商船株式會社、1934、363～365 頁。这一点，对于决定承租时的长崎造船所应具有极大的意义。中西洋『日本近代化の基礎過程——長崎造船所とその労資関係：1855～1903 年』（中）、649～650 頁。

② 『大阪商船株式會社五十年史』、365～366 頁。

成为川崎造船所。由此大阪商船公司订购的剩余两艘船只得交由川崎造船所继续建造。"①

意即在大阪商船公司计划将全部订单交给兵库的 1884 年 5 月，长崎造船局转让三菱的"内部交涉"正在进行中。由于大藏省的政策并不是把补助金直接发放给订购者大阪商船公司，而是交给承接订单的工部省，所以即将脱离工部省直营的长崎造船局得到订单的概率变得极其微小。结果，迟迟未能确定转让对象的兵库造船局从工部省接到了大阪商船公司的早期订单，并在此后随着转让工作的进行而移交给川崎造船所，最终先于长崎造船所在新造船舶事业上取得了成绩。②

三年后，机会再次来临。急切盼望改进船舶质量的大阪商船公司在 1886 年 2 月提交了一份《保护金请愿书》，请求在 1887 年以后的十年时间里每年再得到 10 万日元的补助金。政府予以批准后下达了命令书，表示将于 1887 年 5 月发放款项并在 1888 年后的八年间每年提供 5 万日元。但命令书同时提出了条件，要

---

① 日本経営史研究所・大阪商船三井船舶編『創業百年史』、1985、28 ~ 29 頁。

② 这一系列事情的经过仍存在未明确之处。在向兵库发出统一订单时，中井弘是从 4 月才开始兼任兵库造船局局长的。按照山崎有恒的设想，也如本章所承认的，若在此时期岩崎弥之助和中井弘保持着亲密关系，那么三菱应不会眼睁睁地错过这个绝佳的商机。又或者，为何对岩崎抱有好感的中井当时没有给三菱提供方便呢？是否如中井"阴谋论"所述，他实际上是"反三菱"的呢？在以广濑为中心的大阪商船公司领导层中，是否曾有人试图反对向三菱经营的长崎造船所发去订单？如果长崎和兵库在技术上并不存在决定性差距，那么接不到订单或许还有其他原因。虽然目前并没有线索与资料可以做出解释，但总之长崎造船所此时已然丢失进军新船建造市场的最初机会。

求必须废止部分航路，转而经营政府所规定的航线。结果该公司围绕此条件发生了股东之间的纠纷并最终使总经理广濑宰平在1888年1月辞职，由偕行公司的河原信可取而代之。^① 正是大阪商船公司的内部纠纷与领导层的更迭，给三菱提供了机会。

1888年三菱造船所发给总公司的信件并没有留存下来，所以我们只能根据总公司寄给造船所的信件了解到：在同年3月以后的书信中双方讨论过大阪商船公司的问题。以下是1888年3月庄田平五郎寄给山胁正胜的书信，其中有一部分涉及了与大阪商船公司的交涉事宜：

史料 5

山胁正胜阁下：

……商船公司船舶，在造船资金上已大体谈妥，尚有规格与部分价格需进一步确认，商船公司机械师原田将赴贵地出差，应是为商谈规格等事，其他并无具体任务，惟在于商谈……

庄田平五郎

明治二十一年三月二十六日^②

虽然这份史料的保存状态较差，有不少地方字迹模糊而辨识不清，但我们仍能从中得知，当时与大阪商船公司在资金的协议问题上基本算是谈妥了，此后只需就船舶的规格与价格进行协商

---

① 　日本経営史研究所・大阪商船三井船舶編『創業百年史』、29 頁。
② 　『長崎造船所送翰写』目録番号六三。

即可。正是为了完成此次协商，大阪商船公司的技师打算前往长崎造船所出差。上文未予引用的信件后半部分写道，造船所副经理水谷六郎将返回长崎，届时会听取其详细的说明。水谷在工部省时代是造船所的技师，此后调往三菱造船所出任副经理，接到"调往"东京的指示后正打算进京，且为了接走家人而暂时回到长崎。① 之所以安排他负责此事，原因在于：第一，如"史料8-3"所述，水谷与大阪商船公司的总经理河原一直就有交情，当时可以基于此种关系进行商谈；第二，水谷随后便将抵达造船所；第三，关于其出差期间的联络与任务，庄田曾向山胁下达如下指示："水谷先生前往当地可暂保持造船所出差人员之身份，择日再返回，其任务在于可不经总公司而直接与克雷比斯、库尔多先生进行文书电报往来，在接到贵方工作任务之际，只要不是与总公司发生特别关联之事，均可直接联系水谷，与克雷比斯、库尔多先生展开讨论。"② 这说明此次转任不过是暂时性的，考虑到恰好面临与大阪商船公司的谈判，水谷又是对造船所情况了如指掌的技术干部，且与对方是"老朋友""有交情"，所以就让其承担谈判工作。更何况总公司对于造船所内部的情况并不熟悉，所以安排水谷来参加是顺水推舟、自然而然的事情。

至同年4月，庄田又给山胁寄去如下信函：

---

① "史料5"信件的后半段写道："水谷昨日乘船而归，接家人后转任东京。"
② 「番号欠、明治一二年四月二日荘田平五郎より造船所山脇正勝宛書簡」『長崎造船所送翰写』目録番号六四。

史料 6

山胁正胜阁下：

……商船公司造船资金确定一事已从水谷处听闻。此前虽已大体商妥主旨，但因细节未定而拖延荏苒。近日既已全部谈妥，故将其要点以备忘录形式告知贵方，请阅览。此负债与造船契约本是不同事情，两者在协议上并无任何关联，但造船之订单若不确定则不会出现负债，故在此点，实际上存在间接关系。负债之事由三菱作为银行单位来负责，而造船之事则由造船所承担。此事已告知河原。

庄田平五郎

明治二十一年四月九日^①

在这封信里，庄田通知山胁，与大阪商船公司在资金贷款上的"内部交涉"已经完成，并强调这份资金贷款合同与造船所承接的新造船舶合同是相互独立的（"此负债与造船契约本是不同事情"）。至少从其字面来看，可以认为该信函阐明了总公司主导推进的大阪商船公司谈判与造船所之间的关系，即确认三菱总公司的立场是"银行单位"，而造船所则拥有造船合同的主导权，同时，将这一层意思传达给作为谈判对象的大阪商船公司经理河原信可。显然，将三菱描述成为"银行单位"，在分析三菱社时代的三菱事业特征时具有极为深刻的意味，也是潜藏于总公司对资本金认识中的重要内容。但这一问题我们暂时搁置，在此

---

① 『長崎造船所送翰写』目録番号六五。

需要首先回溯当时谈判的具体经过。

可以说，正是在三菱社总公司的主导下，从大阪商船公司承接造船订单的条件确定下来。虽然在三菱社史料中迄今尚未发现与之相关的内容，但根据大阪商船公司的记录可知，1888 年 4 月 21 日，刚就任总经理不久的河原信可在临时大会上表示："决定从三菱公司（当时正式名称为'三菱社'——引者注）借入四十万元，并用每年五万元的政府补助金来进行偿还，此事将在五月份得到通信大臣的批准。上一年度围绕补助金的争执已然结束，日后将全力推动船舶质量的改进工作。"①

但是，三菱与大阪商船公司之间关于造船合同的谈判肯定不是一帆风顺的。其争论点在于，大阪商船公司当时因为急于改进船舶的质量而希望缩短建造时间，而且或许是对长崎的技术与经验仍抱有疑问，还要求其必须使用进口机器与材料来造船。对此三菱方面提出了异议。结果岩崎弥之助在 7 月收到造船所提交的报告后，向其所长山胁发去如下信件：

史料 7

山胁正胜阁下：

拜启　已拜读九日信函。瓜生氏目前已来京，获悉贵地之事。关于商船公司新汽船中有两三艘从英国订购一事，双方应正在商谈之中。但长崎接受商船公司汽船订单一事，首先是为提高工厂职工熟练度以为日后造船之用，且恰好商船公司目前需要大

---

① 　日本経営史研究所・大阪商船三井船舶編『創業百年史』、30 頁。

量汽船并在经济上存在困难，故内部交涉后决定予以分期付款之便而在长崎造船。如今从英国订购两三艘并运长崎组装有背离最初目的之虞，甚为不宜。原本暂建五六艘新船一事或可按商船公司要求进行，但根据彼我协议，我方并无义务接受超出能力范围之事，双方已就此达成协议。故时至今日若忘却最初之大目标即提高职工之熟练度，为获得金融便利而从英国订购新船将毫无意义。我方亦将就此知照克雷比斯、水谷两人。

岩崎弥之助

明治二十一年七月十四日①

意即，在高岛煤矿事务长瓜生震前往东京时，弥之助听取了长崎的谈判进展并对其内容明确提出异议，强调三菱公司向大阪商船公司提供资金融通是为了实现职工熟练度的提升，进而表示，从英国订购本应自己建造的部分船舶并在"长崎组装"违背了这个目的。从这里我们可以明显看出弥之助在申请获批造船所时表达过的意图："改良机器，新造铁船，提高核心职工的熟练程度，加深内外人士的信任，以谋求将来之兴盛。"即要积极实现向新造船舶行业的进军。虽然庄田把总公司形容为"银行单位"，作为三菱社老板的弥之助却是要着眼于造船事业的将来，把进军造船行业作为目的，所以才会从该立场出发关注与大阪商船公司交涉的动向。而且从信函末尾的"克雷比斯"可以推测，在拥有工程师的造船所一方亦存在赞同大阪商船公司提

---

① 『長崎造船所送翰写』目録番号八八。

议，愿意进口机器与材料进行组装并试图以此确保工作量之人。但弥之助断言此举除了能得到金融便利之外"毫无意义"。

4月至7月中旬总公司与造船所的往来书信中，未再涉及造船所合同谈判的细节。所以在这三个月的时间里谈判应该委任给了造船所。但由于该问题是十分明确的，所以和大阪商船公司的造船合同谈判再次把总公司卷了进来。弥之助的意见经由造船所传达给了大阪商船公司，故该公司总经理河原在8月初向总公司的川田小一郎、庄田平五郎两人去信，而二桥元长作为代理以弥之助的名义直接给他回信。此事可根据如下史料得到确认：

史料 8 - 1

第十七号

长崎造船所经理　山胁正胜阁下：

关于大阪商船公司造船一事，附件甲号呈送河原信可之书信一封，附件乙号为其复信。请了解情况后将此事亦知照水谷六郎。如上。

三菱社长岩崎弥之助代理　二桥元长

明治二十一年八月四日①

附件甲号中河原寄出的信件如下所示。它与7月弥之助的信件一样，也下达了转告水谷的指示：

---

① 『長崎造船所送翰写』目録番号九一。

史料 8 - 2

附件甲号

川田先生、庄田先生、其他诸位：

正值炎暑，恭祝一切顺利。承蒙贵方厚意，长崎建造新船一事已按当初所愿进行。但如今发生紧急事宜，只得暂且搁置余事，致信一封。因外国造船相关之船体气罐材料与三联成机关全部业已备妥，故期望尽量使用外国材料以求速成。尤其关于直接派遣技术员一事，已致信长崎。听闻贵方造船所之目的乃在提高职工之熟练程度，另将在建造我社新船上提供资金融通之便，但最初目的中并无机器设备全由海外订购之内容，且将违背造船所之名，固然在协议中，贵方造船所之建造方式与年限等事并无明确规定，惟确认两年半时间内先建成三艘即可，万事皆可随贵工厂之便。但因我方本意在于，此次使用海外制品等同于在海外造船并将各种部件集中联成，由此便可尽早实现建造工程之完成。故关于上述事宜，务必请在熟虑基础之上采纳最初方案。近日股东中出现了某种增股论调，故言论中存在种种混杂之声。权且寄送此建议书，恳请贵方能洞察此事并再做评议。顿首。

河原信可　拜

八月一日①

河原在信中表示，大阪商船公司的期望是船体、气罐材料、三联成机关等主要部件使用外国产品，在进口之后运抵长崎进行

---

① 『長崎造船所送翰写』目録番号九二。

组装，从而实现建造时间的缩短。这实际上是对三菱社能否在两年半内建出三艘汽船提出了质疑。而且由于其股东中存在不急于改进船舶质量之人，他们发起了通过增资以筹措资金的争论，所以也是在暗示合同本身将面临难局。河原提出这项提案的现实依据在于该公司 1888 年 3 月曾进口三联成机关并尝试在自家工厂组装建造了宇治川丸、大和川丸钢铁汽船的经验，应是一项相当具有现实性的提案。①

由于庄田正在北海道与日本东北出差，所以弥之助代替他做出了如下回应：

史料 8 - 3

乙号

河原先生：

……即今关于在长崎商谈贵社新船制造，贵信所提自英国进口成品置于长崎组装一事，我方亦从造船所方面获悉。原本与贵社协商造船对我方而言极其重要之事乃在于，为长崎工厂日后建造新船而提前训练我国职工之熟练程度，在如今任务繁重而必须履行合同之场合，幸得阁下与水谷先生以诚意实现与贵社协商，万分感激。敝人之意图原本在于为彼我双方谋得便利，我方亦愿为贵社解决金融之难，此意已由庄田与水谷两位充分转达于阁下。此番阁下所来书信与敝人愚见有所龃龉。本来长崎造船所理应竭尽全力满足贵社要求，但如上所述，若交付造船所之造船任

---

① 『大阪商船株式会社五十年史』、368 頁。

务无法在该地实现，则终究与敝人最初之目的相悖。依敝人愚见，自英国进口并进行组装一事若诸事无碍，倒不如直接从英国进口为宜，其费用既低廉又可满足贵社需求。长崎工厂准备并不充分却能得到贵社充分信任，造船耗时颇长却能得到贵社之恳望，皆因此事原本乃基于满足双方利益而成立，故在此问题上还请多少见谅。此事待庄田返京后亦将再做讨论，贵社似乎在近期亦愿意等待。故以上传达鄙人之个人意见。

弥之助

八月四日①

　　可以看到，弥之助在这封信里像此前致信山胁那般强调，与大阪商船公司签订契约的目的在于重视并谋求职工熟练度的提升，进而以在金融方面提供便利为前提，表示有必要满足双方的利益。弥之助当时究竟打算接受多少大阪商船的船舶建造订单，我们仅从字面无法判明，但无论如何作为进军造船行业的条件，他势必认为让现场的工人们积累这一经验是不可或缺的。正是这一点，成为他拒绝大阪商船公司订购条件，反对造船所仅从事进口产品组装工作的理由。

　　关于此后谈判的细节我们目前并不清楚，但作为结果可以确认，双方最终在该年的 12 月 29 日签订了合同。② 合同的主要内

---

① 『長崎造船所送翰写』目録番号九三。

② 「第八六号明治二二年一月九日、商船會社注文船三隻ニ付約定書写添通知、三菱造船所山脇正勝宛書簡」『明治廿二年　三菱造船所　来簡』目録番号二。

容是，三菱造船所（1888年12月1日改称为长崎造船所）将确保在28个月内建造出三艘钢铁汽船（三联成机关500马力），其货款总额282000日元将由大阪商船公司在船体材料运抵后至交付前的一段时间内分四次付清。

由于目前无法找到合同中第一条的工序说明书，我们无法判断岩崎弥之助的意愿是否确实在其中得到了反映。但在河原来信中提到的"两年半建造三艘"似乎是三菱社方面的意见，故可以认为在船舶数量与时间期限上应是基本满足了三菱的愿望。反观订购方大阪商船公司，其资料记载称，河原为了改进船舶质量而推进的新船建造工作，从1890年3月到1891年3月，一共完成了六艘新船。其中，1890年3月建成的总吨位558吨的球磨川丸系由大阪铁工所制造，9月建成的总吨位565吨的多摩川丸与12月建成的总吨位571吨的富士川丸由川崎造船所制造，余下的三艘（即5月建成的总吨位693吨的筑后川丸、9月建成的总吨位685吨的木曾川丸、1891年3月建成的总吨位707吨的信浓川丸）均由三菱造船所制造。这一系列的新船可谓日本国内钢铁汽船的先驱。尤其是三菱造船所筑后川丸的汽机乃是"我国（日本）最早的三联成汽机"。如此，岩崎弥之助在抵挡住大阪商船公司的压力后不断寻求三菱造船所技术的提高与经验的蓄积，终于收获了"国产最早三联成机关"的胜利成果。而也应该看到，虽然提供了40万日元的巨额融资，三菱造船所终究未能独享大阪商船公司的所有订单。它接受了建造能力不足、追求速成的大阪商船公司方面的意见，最终仅得到三艘汽船的订单。

新船建造与资金问题

筑后川丸的建成是日本造船史上划时代的事件，其重要意义已无须赘述。故本章拟在此之外将问题的关注焦点置于新船建造合同的形式上。从以下引文可以看到，合同的当事人是"三菱造船所所长山胁正胜"，而不是那位执着于订单条件、热衷于新船建造的三菱社社长岩崎弥之助。关于其中所蕴含的意义，我们可以通过合同签订后总公司与三菱造船所之间的往来书信加以探讨：

史料 9 – 1

第八十六号

社长　岩崎弥之助阁下：

拜启　昨日电报询问大阪商船公司新船制造合同书一事，如复信汇报所示，上月二十九日彼我双方已签订完毕。待来长崎之时将向您呈交合同书。望知晓。谨言。

长崎造船所　山胁正胜

明治二十二年一月九日 ①

史料 9 – 2

第二号

三菱造船所所长　山胁正胜阁下：

本月九日第八十号电报呈送之大阪商船公司合同书已收讫，

---

① 『明治廿二年　三菱造船所　来簡』。

但未见合同书签订时所收之若干□金，此事原委如何我方尚不知晓，鉴于以往亦有先例，故请就此事回应。谨言。

三菱社社长岩崎弥之助代理　二桥元长

明治二十二年一月十五日^①

史料 9 - 3

第八十八号

社长　岩崎弥之助阁下：

第二号书信所涉与大阪商船公司签订之新船建造合同书中并无收取若干费用条款云云，乃可疑之举，一般而言签约之际应收取费用。但关于此事该公司总经理河原在长崎恳谈时称存在困难，请求延缓首次付款日期，故预计最初之货款交付将在材料运抵后确认。特此告知。

三菱造船所　山胁正胜

明治二十二年一月二十二日^②

由以上往来书信可知，双方是在长崎当地签署合同的，而总公司在签约后随即就合同内容提出了"疑问"，造船所方面对此做出了回答。其疑问的要点在于，尽管当时签署合同时存在支付若干费用的惯例（应是指定金），但此点未在合同书中得到明确。所以造船所回答称，由于大阪商船公司总经理河原提出需要

---

① 『長崎造船所送翰写』目録番号一二三。

② 『明治廿二年　三菱造船所　来簡』。

周转资金，最初的货款将按照合同书所述，待船体材料抵达后再收取。在签订合同时究竟什么是重要的条件，根据时代的不同可能产生差异，所以我们需要避免草率地做出结论。可以认为，这份合同中对于货款支付时间的判断基本上不是由总公司做出的，而是交给造船所一方决定。这意味着造船所签订新船建造合同一事与作为"银行单位"的三菱总公司实施融资是"没有关联的事情"。按照这个思路，认为签约者是造船所所长也是正常的。当时这份总额近 30 万日元的巨额合同包括其细节内容在内的一切决裁权都交给了造船所，这本身也反映出在会计认识上总公司与造船所之间的分歧，且造船所的经营相对于总公司来说具有很高的独立性。但这样的运营方式很快出现了新的问题。

这个问题就是：在签订合同时没有收取定金的造船所在随后出现了资金短缺的情况，尤其是一年后的一段时间里，为了弥补这一短缺，曾请求总公司汇款抑或是向其要求回收修船费用等。

如上所述，在刚实现转让的 1887 年，造船所很可能处于向总公司"借贷"的状态。但是这种状态并未持续很长时间，如表 4-1 所示，三菱造船所通过透支"活期账户"和追加出资的形式从总公司那里获得了追加的资金投入。这一征兆实际上在 1888 年初就逐渐表面化了。在此之后总公司与造船所之间还有多次书信交流，其内容如下：

史料 10-1

第二十一号

三菱造船所所长　山胁正胜阁下：

关于大阪商船公司在贵所订购之新船，贵所需要请求对方支付其中一艘的材料费共两万三千五百元，并作为贷方予以记录，故请于本日将该费用的领取证寄去。上述费用的办理手续，将如以往邮船公司等部门汇款至总公司那样进行处理。特此告知，静候贵意。

社长岩崎弥之助代理　二桥元长

明治二十二年六月二十四日 ①

意即总公司方面通过该信告知：大阪商船公司将依照造船合同向总公司提供第一批付款，其金额将记录在总公司的造船所账户"贷方"之中，所以该款项"将如以往邮船公司等部门汇款至总公司那样进行处理"，同时要求造船所在收款之日把"领取证"寄给大阪商船公司。所谓与邮船公司等部门汇款做同样的处理，意味着这一货款将置于造船所在总公司的贷款账户进行记账处理，其现金本身将留在总公司。这一点从此后日本邮船公司的类似手续中也可看出：7月1日该公司伏木丸的修理费用4856日元、8月22日该公司丰岛丸的修理费用23995日元等都是"记入对方的贷方账户"，当时仅向造船所方面寄送了到账通知，并没有将钱款直接拨给对方。②

但是在6月24日第一次付款到账之后，造船所收到了大阪商船公司付款的电报通知，立即在同一天根据指示向总公司提出

---

① 『長崎造船所送翰写』目録番号一五〇。
② 『明治廿二年　三菱造船所　来簡』目録番号一五四、一六〇。

了尽快汇款的请求：

史料 10 – 2

第一一〇号

社长　岩崎弥之助阁下：

拜启　大阪商船公司新造船舶中一艘船之材料已运抵，故按照协议将收到第一笔付款共计二万三千五百元。关于资金入账一事，已向您做了汇报并得到回复。请将此款项全部存入神户香港上海银行，因为支付材料费之需要，上述银行预存款项已告罄，故需要转入资金。另，邮船公司船舶丰岛丸之修理费用一万五千元尚未支付，前日虽请予以催促但款项迄今未送抵本造船所，故请贵方再次对其进行督促。

三菱造船所　山胁正胜

明治二十二年六月二十四日①

显然，造船所是在请求总公司把大阪商船公司发来的货款全部存入神户香港上海银行的造船所账户，并希望其尽快催收迟迟未能支付的日本邮船公司丰岛丸的修理费。因为神户的香港上海银行账户原本就是为了造船所支付材料进口费而开设的，当时用以支付大阪商船公司订购船只的材料费等存款已经用完，需要继续入款。基于这一请求，总公司在 6 月 28 日向香港上海银行汇款的同时，通过第三国立银行的汇票将丰岛丸的修理费 15000 日

---

① 『明治二十二年　三菱造船所　来翰』目录番号二八。

元汇到了长崎。①

那么，这些资金周转的问题是在怎样的条件下发生的呢？为解答这一问题，我们可以分析造船所中村久恒寄给山胁的书信，后者当时正在总公司出差：

史料 11

三菱社　山胁正胜阁下：

……您离开长崎之后，本地仍如以往，并无特别事情发生。如您所知，近来从海外订购之诸器械机器等已陆续运抵，故需要支付诸多款项，且尚有大阪商船公司所订购之第四十七号船材料于下月十日左右抵达。由于本所每半期之纯利润皆已上交总公司，故如今临时支出诸多费用时出现了资金周转的不便。对此，为临时支付上述器械等费用，需请总公司另行拨款或保留半季之纯利润，抑或临时借入三万五千元用于购买器械，除此之外别无他法。关于此事，据称前日 Devine 先生与阁下商讨过一两次，但挂念我方意图是否得到明确，敝人又按书信内容发去通知。事实上，本年上半季尚有三万余元纯利润，但该款项上交总公司以后导致资金融通时无钱可用。如您所知，大阪商船公司新船建设的第一批所付款项虽然曾约定于材料运抵时收取，但时常需要在此之前预付部分材料费，且亦有支付其他器械货款之必要，故请另行借入三万五千元。待协商完成之后还请将以上款项汇入神户香港上海银行。原本将纯利润上交一事

---

① 「第廿二号明治廿二年六月廿八日　本店社長岩崎弥之助・代署二橋元長より三菱造船所山脇正勝宛書簡」『長崎造船所送翰写』目録番号一五二。

早已有之，但如上所述此次不得不临时支出诸多款项，故资金周转上渐次出现了困难。且Devine先生亦认为借入资金时即便产生相应利息也可接受。知照如上。匆匆。

三菱造船所　中村久恒

明治二十二年九月二十三日①

　　此段引文较长，总结其要点可知，第一，信中强调由于大阪商船公司的订单中需要支付的材料费等款项产生了购置造船机械等费用的必要，造船所的资金周转情况变得异常严峻。所以，第二，作为其解决对策，山胁和 Devine 进行过讨论并认为有必要请求"总公司另行拨款"，采取纯利润暂时不上交总公司而由造船所自行保留，抑或是临时向总公司借入资金等方法来实现材料费的兑现。其中"拨款"和"借款"的区别有些不好理解。前者应该意味着追加资金或是总公司无息垫付，而后者则意味着借入资金，以支付相应的利息为前提。故可能实现的办法是，向总公司借入 35000 日元并立即汇入神户的香港上海银行账户，以便支付进口材料等方面的费用。②

　　对于造船所的这一请求，总公司在 28 日了解到具体情况并

---

① 『明治二十二年　三菱造船所　来翰』目録番号四四。
② 由三日后即 26 日以电报形式向总公司发去的请求，可知当时造船所的资金究竟有多紧张，对于借款的期待究竟有多大："昨日电报所言，海军省曳船承包保证金已缴予佐世保镇守府，然我方缴纳之际忽有职工工资之额外开支发生，故请求本月二十三日从三万元中取一万元用于支付工资，余两万元存入神户香港上海银行。"（原文是加密电报，此段是山胁用红笔所写的解读文）也就是说，如果支付了对海军省的保证金，就难以兑现员工的工资。『明治二十二年　三菱造船所　来翰』目録番号四一。

做出回应，即要求如以往那样继续将利润"缴纳给总公司"，但同时会"按照每年 7% 的利息由总公司借出 35000 元"，保证在 10 月 10 日前将该款项打入神户的香港上海银行账户以消除造船所的资金周转障碍。而这一日期正是上述史料所显示的，第四十七号船进口材料抵达并支付第二批费用的日子。

但是即使实施了这样的对策，三菱造船所的资金周转情况似乎也没得到好转。进入 1890 年后，造船所于 1 月 13 日向总公司再次提出了汇款请求："大阪商船公司新船建造材料皆已抵达，用以支付费用的神户香港上海银行存款再次告罄，故请将贵方预存款项中的 18000 元汇入该银行，8000 元汇往造船所。"结果总公司于 17 日向香港上海银行汇款并于 20 日通过第三国立银行汇票向长崎提供了资金。① 造船所是请求从"贵方预存款项中"出钱，据此可知，在获得 35000 日元的借款后，只要没有出现特殊情况，大阪商船公司的分期付款和其他修理费用等都是直接支付给总公司的，并且全都作为造船所的存款得到了保留。但毕竟这笔营业收入是经由总公司进账的，因此三菱造船所无法自由支配，不得不时常顾虑手头的现有资金与神户香港上海银行的账户余额，一旦发生资金短缺，就必须立即向总公司请求汇款。

由于资金周转没有得到根本性改善，三菱造船所又于 1890 年 2 月 16 日提出了增加资本金的请求：

---

① 「第一四五号明治廿三年一月十三日　三菱造船所長山脇正勝代（中邑印）より社長岩崎弥之助宛」「第一四七号明治廿三年一月廿五日　三菱造船所長山脇正勝代より社長岩崎弥之助宛」『明治二十三年分　長崎支店来翰及三菱造船所来翰』目録番号一。

史料 12

第一五〇号　资本金增加之件

社长　岩崎弥之助阁下：

资金七十万元：资本总额

其中明细：

资金四十五万九千元：从原工部省转让之船渠、船架及建筑物诸器械资金

资金二十四万一千元：营业资金额

　　上述营业资金二十四万一千元中自本所创立以来为新造诸建筑及新入其他器械之类已花费不少，故目前缺少运转资金。且从原工部省转让而来的库存已经消费殆尽，有待新购之贮藏品亦数量颇多。此前业已启动之大阪商船公司新造船舶工事已过去数月，其间发生了材料费与工资的支出，而上述货款之收取常有延期，随之而来的是资金周转不及，经营困难。虽然去年十月一日另借入三万五千元以供资金周转，但该借入资金即便不用返还仍时有不足，故恳请将此前所借三万五千元及另外四万四千元合计共七万九千元作为追加资本。请明察此事。谨言。

　　　　　　　三菱造船所所长　山胁正胜　印

　　　　　　　明治二十三年二月十六日 ①

　　这个增加资本的要求在 2 月 24 日正式得到批准。即社长岩崎弥之助通知造船所所长山胁正胜称："因造船所缺乏运转资金，故

---

① 『明治二十三年分　長崎支店来翰及三菱造船所来翰』目録番号六。

在去年十月中旬另借之三万五千元之外，如今再支出四万四千元，合计七万九千元作为其资本金，后述的四万四千元已在我处，待贵方请求后便可发去。"意即在 1889 年"借款"35000 日元之外，又批准了 44000 日元的追加投资，这笔资金将和此前的收入款项一样预存于总公司，待有必要时再汇往长崎。而且根据 26 日总公司寄出的信件可以得知，前者的"三万五千元将由贷款转换为资本金"，而后者的"四万四千元则由资本主来支付"，由此在总公司将其编入造船所的账户。这笔新的追加投资将由"资本主"也就是岩崎家来提供，所以该资金说到底是属于总公司的。[1]

从上述资本增加的原委来看，首先需要强调的是，以弥之助为中心积极推进的新船建造合同实际上大规模地改变了以往造船所的资金周转方式。正如前引文中山胁指出的那样，大阪商船公司订购新船所产生的进口材料费用支出，成为 1889 年中期至 1890 年造船所资金困难的主要原因。这一点可与本章前面追溯的过程一致。其原因之一在于，合同签订后总公司曾质疑没有明确标明定金的问题，该问题作为合同的一种特殊性与分期付款的条件相关联，最终导致造船所在此后经常为先行支付材料等进口费用的问题所困扰，从而陷入短期的资金缺乏状态。

但是，值得思考的原因不局限于此。大阪商船公司当时是向总公司进行汇款的，除了必要情况之外这些汇款大多留在了总公

---

[1] 若将"资本主"对应为奥帐场或许是不合理的。因为三菱社时代的奥帐场在经理看来就等同于三菱社。关于这一点可参照本书第一章与第二章。因此这里所说的"由资本主来支付"恐怕是指岩崎弥之助从"手头现金"等私人开支费用的保留部分中拿出资金。

司而未发往长崎。所以在需要支付材料进口费时，总公司就需要通过神户的香港上海银行汇款，而造船所的薪水支出等日常消费资金则在必要时通过第三国立银行等处办理汇票来完成。反过来，长崎向总公司提交的利润是用第一一九国立银行支票进行的。① 如此看来，相较于让长崎直接与其他单位进行资金往来，不如将资金储备在东京的总公司并在需要之时汇款至神户或长崎显得更为合理。另一方面，正如表 4-4 所示，这种发生在 1887 年的"完全看不到顾客货款进账与汇款请求"的资金周转形式，在 1888 年仍在持续。因此，至少从长崎设置管事并"变更造船所管理组织"的 1888 年末开始，直到正式启动与大阪商船公司交易的 1889 年，三菱确实存在试图将造船所所入款项完全置于总公司进行集中管理的可能性。当然，是否果真存在这样的意图，我们目前还找不到确凿的证据，但是从总公司接收大阪商船公司大笔汇款的事实来看，当时经由总公司所完成的资金流动确实已经形成，而且总公司将这笔资金暂时存储起来。实际上，不仅仅是大阪商船公司的付款，来自日本邮船公司的修船费同样是由总公司收取的。故可以认为当时总公司从客户那里收取货款并承担起"银行单位"的责任，而让造船所专注于经营现有业务的机制正在形成。②

① 「第三号明治二四年一月二四日　社長岩崎弥之助より造船所長山脇正勝宛書簡」『長崎造船所送翰写』目録番号二五六。根据这一史料，1890 年上半年的利润可确认为"收到第一百一十九银行支票汇来的款项"。

② 其关系目前无法阐明。吉冈矿山在 1881 年就已经采用内部"资本"制，即将 8 万日元兴业资本金中的"现金部分存于大阪三菱汇兑店，每月提取经费开支上的必要金额"。三島康雄編『日本財閥経営史　三菱財閥』、127 頁。

若从当时金融机关与金融市场的发展程度来考虑，将外部入款全部集中于总公司或许是一种适当的处理办法，但这样做的结果是造船所在资金周转上的自由度降低。同时在这一点上还有一个值得注意的问题，即哪怕以此种形式将入款集中到总公司，在总公司来往的进款与汇款通知中也并不包含修理工作的主要客户俄国海军以及与其他海外客户的交易。若是小规模的修理业务，在长崎当地使用现金支付是可以的；若是国外客户，那么货款的汇入或许通过香港上海银行等外国银行会更为方便。虽然这只是推测，但如果这种交易形态是以修理业务为中心展开的话，那么资金的收支当然会通过造船所管理的银行账户与现金进行处理。更何况若按照前引史料所述，库存的减少亦引发过资金周转的困难，那么在此之前通过使用库存来进行操作或许资金周转的压力会小一些。在这一点上总公司并没有任何可以干预的余地。因此可以认为，从修理业务向新船建造行业进军这一事业内容的变化导致了资金循环中材料进口费支付的困难。而且正是通过这样的变化，总公司实现了从资金层面对造船所事业活动的监管，并通过干预造船所的资金周转建立起对造船所运营的发言权。

在增加资本的过程中第二个值得关注的问题是：造船所曾将资本额划分为原工部省转让而来的诸设备款项与营业资金两部分来加以认识。因为在"营业资金"中包含有造船所自行开展的设备增加和土地购买行为，所以当时固定设备资金与运转资金的区分并没有成立。即从山胁的书信中我们可以看到造船所对于"营业资金"的认识，"营业资金二十四万一千元中自本所创立以来为新造诸建筑及新入其他器械之类已花费不少"，并且"从原工部省转让而来的库存已经消费殆尽，有待新购之贮藏品亦数量颇多"。[1] 如前所述，即便到了这个时期造船所内部制作的财产目录中也极有可能未计入转让所带来的固定资产增加。所以在会计的认识上它与资本额的记录形成了一定的龃龉。而三菱的意图正在于通过设立"营业资金"调整这种龃龉。仅从山胁所述的范围看，这种"营业资金"能够反映出造船所在独立活动中的平衡，亦能够反映出启动经营后从总公司获取资金并加以运用的实情。

三菱社曾在 1888 年 5 月修改吉冈矿山勘定法，"将内部的'资本'规定为固定资本与营业资本的总和，按照每年 7% 的利息将其纳入总公司，并将利润的余额用于'资本'的折旧"。进而于 1890 年 3 月在新入的煤矿中实施了如下办法："将矿山转让费与营业资本合并，由此形成二十八万元的资本金。"[2] 这种对于会计法的修订，和事业场所与总公司相互关系的改革是同时进行的。造船所在这场改革中所体现出来的对于资本金的认识与新入煤矿完全一致，即将资本额区分成了两类：最初获得资产时的原价，以及通过自身事业活动而产生的投资，即"营业资本"。

如表 4 - 1 所示，三菱的资产折旧在进入 1890 年代以后开始加速推进，其额度从最初获得资产时的原价即转让费大幅缩减到 35 万日元。正是在此时期以后，造船所逐渐认识到，转让时所发生的资产增加应被视为自身需要折旧的固定资产。换言之，它

---

① 从工部省继承而来的库存渐告匮乏一事从另一个角度来看，也可以说明早期的造船所经营是通过挥霍廉价取得的库存而获得了相当大的利润。

② 三岛康雄编『日本财阀経営史 三菱财阀』、127 頁。

对于资本的理解方式从最初对转让时资产增加的漠不关心转变成对造船所运转所需资产的会计认识，这无疑是一种进步。但另一方面，原本是折旧对象的固定资本设备被分成"转让费用"与"营业资金"两类，其中"营业资金"还包含了库存费等固定资本设备之外的内容，此种区分上的不明确实际上也反映出其幼稚的一面。这一认识上的不明确，虽然对造船所把握建造成本并以此为基础准确测定利润的工作造成了制约，但反过来通过将两者结合并视之为应折旧资本，三菱造船所最终获得了扩大利润保留的余地。

但凡近代企业成立之初，获得职权的人都会在一定的规则之下展开决策并据此构建出统一的组织秩序以实现业务的推进，进而在商业活动中获得利润。所以，从会计角度出发认识成本的性质有了必要。

若从这一角度来探究创业期的三菱造船所——虽然问题未必在于造船所内部而在于包含造船所在内的三菱社——势必可以看到，1890 年前后总公司与三菱造船所之间事实上并没有形成类似的统一组织，看上去更像是各自独立的经营体。譬如，总公司作为投资人（"银行单位"）在行动，而在造船合同中造船所则作为独立的合同主体接受了大阪商船公司的订单，这便是一个典型的表现。所以在此种情况之下，总公司对于造船所的经营实情几乎是无从了解的，唯能在早期对于社员的人事表示强烈的关注。当然，在自身需要投资的资本额问题上总公司也会特别关注"有多少利润实现了回流"。因此，造船所认识的资本额与总公司对造船所的投资额实际上应是两码事。

若考虑到事业初始阶段的地理扩张与业务内容的多样性，此时期总公司关注社员人事的做法是一种很自然的表现。由于通信手段较为有限，当时与总公司的沟通是很不够的，这导致移交给现场的权限变得很大。据此我们可以认为，在实现管理之前的"分散的组织状况"是幼稚的。

但即便如此，该情况确实产生过变化。如以大阪商船公司合同为契机所反映出来的资金周转问题，其结果是通过对资金流动的监管在一定程度上开辟了能够把握现场活动状况的通道，明确了通过设立长崎管事来加强总公司与造船所沟通的路径，进而通过制定并不断完善所长事务处理心得等与事务分担权限相关的规定，三菱社最终启动了对组织形态的调整。

若从这一角度来看，本章所讨论的 1880 年代中期以后的不到十年时间或许正是三菱事业走向近代企业状态的过渡期。但因为权限分散不清、总公司获取信息量偏少以及资本认识方式不明确等，它无论如何都只是一种发展中的状态。

三菱造船所在甲午战争前后才开始真正进入扩张期，尤其是 1897 年担任总公司管事的庄田平五郎被派遣至长崎出任经理之后，其经营状态变得焕然一新。关于此事的具体情况，第五章将展开详述。

第五章　庄田平五郎的造船所改革

第四章中已经指出，从综合管理整个事业的角度来看，1880年代的三菱公司面临诸多问题并处于"前管理时代"的"分散性组织状态"。这样的状态在 1894 年 1 月变身为三菱合资公司前后才逐渐得到改善。本章将聚焦于造船所，追踪其改革的进程。众所周知，三菱造船所在甲午战争前后正式进入扩张期，1897 年（明治 30 年）庄田平五郎在总公司担任管事期间被派往长崎担任经理，这一举措使造船所的经营方式呈现焕然一新的景象。关于此点，长泽康昭曾指出："自（明治）30 年 6 月起的四年时间里，公司为了巩固长崎造船所迎来发展期这一基础，派遣庄田以管事身份兼任长崎造船所经理。明治 30 年 12 月，他明文公布了具备独创性的《雇用人员扶助法》《职工救护法》等早期劳务管理制度，并于明治 31 年制定了《三菱造船所组织》的相关条例。此外，还于明治 32 年 10 月在造船所内创办工业预备学校（后来的三菱职工学校），以此进行公司内部技术的教育等。可以说，庄田通过超前于时代的活动巩固了长崎造船所的体制。"[1] 这种理解基本上遵循了庄

---

[1]　長沢康昭「三菱財閥の経営組織」三島康雄編『日本財閥経営史　三菱財閥』、49 頁。

田传记①的记述，但是关于总公司与造船所之间的关系以及庄田改革有着怎样的历史意义等并没有得到详细的讨论。当然，研究经营组织的长泽也强调，从三菱合资公司成立后的组织改革中能够看到作为"综合事业体"的"部制的扩大"，而其背景则在于随着业务的扩大，总公司管理上的负担也增加了。② 当时总公司在进行有序扩充的过程中增设了银行部、卖炭部、矿山部，也在1897年前后形成了矿山、煤矿、分店的综合性管理体制。这是其对多个场所进行统一管理的原型。据称，通过使其中负责各部门的"专家级人士"无障碍地参与高层管理，"三菱的管理组织状态发生了质变"。

若考虑到伴随事业的扩张，总公司业务不断增加这一普遍情况，可以认为该评价大体上是妥当的。但是正如第四章所指出的那样，在关注哪些业务由总公司承担，哪些业务由各场所承担之际，仍会看到一些不尽如人意之处。因为不仅仅是需要管理的事业单位增加了，依据总公司权限纳入其业务范围的究竟是什么等问题还受到组织内部权限分配方式的影响。若要从"分散性组织状态"走向统一的企业体，即使对象事业单位的数量不变，总公司的管理业务也会随之扩大，因为在集权与分权的组合中形成与之相应的组织是必要的。在关注这一问题时，我们需要留意两点。其一，正如长泽所指出的，如果专家们是各部门的领导，那么造船所——由于造船所是单独场所，所以直到1906年都没有采用部制，这是自然的——直属

① 宿利重一『荘田平五郎』对胸舍、1932。
② 長沢康昭「三菱財閥の経営組織」三島康雄編『日本財閥経営史 三菱財閥』、79～81 頁。

于总公司领导的做法能否算作总公司高层管理方式变化中的例外呢？换言之，庄田是作为总公司领导来管理造船所的，还是作为造船部门的专业经营者派遣过去的？如果答案是前者，那么总公司就是为了超越自身与场所之间信息传递的限制而全权委托了总公司最值得信赖的人，并将其派遣至造船所的；如果答案是后者，那么庄田从总公司得到了怎样的权限就成了问题。对此，笔者曾提出基本赞同前者立场的意见。而本章尝试验证这一见解，并对其中的某些细节进行修正。[1]

　　需要注意的另一点是，即使总公司试图进行集权式的管理，作为其前提，使此种管理成为可能的"信息"必须定期根据需要临机应变地呈报给总公司。而且为了能够做出适当的决策，提供的"信息"不可或缺地需要在一定程度上进行标准化处理并确保其恰当的数量。从这样的观点来看，丰岛义一等人的会计史研究业已指出，三菱造船所成本管理等会计信息的整理曾起到重要作用。[2] 从第一次世界大战以后控股公司和分公司的权限规定

---

[1]　武田晴人「多角的事業部門の定着とコンツェルン組織の整備」法政大学産業情報センター、橋本寿朗・武田晴人編『日本経済の発展と企業集団』、82 頁。关于庄田的作用，森川英正曾表示，"很难想象岩崎一族会将扩充和改良长崎造船所的一切权限都委任给他"，进而对其相关情况进行了考察。此内容将后述。森川英正「岩崎彌之助時代の三菱のトップマネジメント」土屋守章・森川英正編『企業者活動の史的研究』日本経済新聞社、1981。

[2]　豊島義一有大量研究论文，其中相关度较高的有「明治三二・三三年の三菱造船所決算勘定書」『研究年報経済学』第 49 巻第 4 号，1988 年；「明治三三年の長崎造船所取引勘定書」『研究年報経済学』第 50 巻第 2 号，1988 年。此外还有山下正喜「明治・大正期三菱造船所の原価計算——その背景と概要」『会計』第 116 巻第 4 号，1979 年。

等方面我们可以得知其权限的分配方式，但是在笔者所知范围内，在三菱合资公司成立前后很难找到类似的概括性规定。所以本章不仅关注"场所"向总公司提供了怎样的信息、向本部请示了怎样的指示，还将考察本部和场所之间的往返书信、报告之类的内容。在此意义上，我们在庄田实施的各种各样的改革中除了关注其改善现场管理相关的会计制度与劳务管理之外——在充分认可其重要性的基础上，也需要关注其如何克服"分散性组织状态"而使三菱造船所和总公司的关系更加紧密，以及在统一组织下对经营实施改革的问题。庄田通过撰写《工业形势报告》向总公司汇报了造船、修理业务的进展情况并致力于充实每月财务报表的报告内容等。这些都是庄田作为三菱合资公司的总负责人自 1893 年末启动的在全公司范围内进行的尝试。然而，这些尝试要落实到现场并不会那么容易，当时总公司也没有要求现场提供定期的报告。[1] 当然，与总公司通过信函进行意见交换或各种通知发布的数量确实在庄田时代显著增加。三菱造船所保留的 1897~1899 年各类信件中，仅发送给总公司的信件每半年就接近 200 封。这一信息交换数量远远超出了创业期每年 50 封左右的水平。此变化足以说明，三菱合资公司已开始克服三菱造船所在创业期所出现的作为企业组织的不成熟之处和问题点。

---

[1]　关于业绩报告，参见田中隆雄「三菱合資会社における業績報告」『東京経大学会誌』第 162 号，1989 年。

一 三菱合资公司的成立与造船所

对于各项规定的整改

首先重点分析三菱合资公司成立前后的情况及其造船所的关系。

据《三菱社志》记载，1893 年 12 月 12 日三菱以岩崎弥之助的名义（瓜生震代笔）发布："日后将实施商法，公司组织之事亦将确定，故将组建三菱公司并将三菱社经营之诸事业转移于此。"并在这一宗旨下传达了公司组织的"主要意图"和"新公司社长"的任命。造船所当然也是被新公司接管的对象。15 日签署的《三菱合资公司契约书》，使公司组织的框架开始明确化，以此为基础，对今后的具体组织形态做出了指示。①

20 日，新公司的分店得以确认，同时三菱造船所正式更名为长崎三菱造船所（以下简称"三菱造船所"或"造船所"）。由于在此之前的 12 日曾通知废除三菱造船所管事一职，故其由长崎管事管辖转变成总公司直辖。在长崎分店设立后，"肥筑的各煤矿，若松、下关分店的大部分业务开始接受长崎分店的监督。新事业的计划、员工的去留奖惩及重要合同的签订等事，全应通过长崎分店经理转呈总公司"。另一方面，九州的煤矿则可

---

① 『三菱社誌』第 18 卷、明治 26 年、180 頁。

以直接置于长崎分店的管理之下。① 这意味着业务上的差异与专业性相较于地理上的一体性变得更为重要。

23 日，根据"决定新旧公司业务交接手续"的要求，总公司下达了各事业场所与工厂执行移交手续的指示。其交接价格依各场所来定，而三菱造船所此前的资本金是 70 万日元。这个资本额在造船所的会计账簿上被计作"总公司账户"。同时将造船所与本部日常的资金收支作为"总公司活期账户"予以处理。② 如第四章所述，总公司于 1890 年在 70 万日元资本金的基础上又追加了 4.4 万日元的投资，③ 但在 1893 年末进行改组时再次将资本金定为 70 万日元并使用活期账户来处理其差额。与此同时，三菱造船所与总公司的交易账户则显示总公司向造船所的资本、活期两个账户提供了合计 65 万日元的资金。④ 通过如此处理，总公司交易账户最终被整理为：资本账户中接受了 70 万日元的出资，活期账户中则向总公司提供了 5 万日元的资金。

同一天，总公司还确定了《三菱合资公司总公司与分店之会计账簿格式》。⑤ 据此，其账簿结构大致分成三类：主要账簿（分类日记账、元账）、辅助账簿（金银出纳账、营业勘定账、商品收支账等）、财产目录账簿（动产不动产目录、资产负债表）。其中造船所的分店账簿包括主要账簿与财产目录账簿，以

① 『三菱社誌』第 18 卷、明治 26 年、192 頁。
② 『三菱社誌』第 18 卷、明治 26 年、197 頁。
③ 参见本书第四章。
④ 参见本书表 4 - 1。原资料见『明治三四年度三菱造船所年报』，第 292 页。
⑤ 以下会计规定参见『三菱社誌』第 18 卷，明治 26 年，第 200 ~ 205 页。

及作为辅助账簿的由金银出纳账、营业勘定账、商品收支账所构成的共同账簿，此外亦需要准备库存品勘定账簿。同时，根据该规定中"除前文所述以外依各分店及事业场所之情况，应设立便利辅助账簿。虽然并无大碍，但需事先向总公司提出申请并得到许可"一项，造船所还在总公司的许可之下制定了追加的辅助账簿予以记账。①

而在结算方面，依据"每年以九月底为期结算一次，以整理盈亏勘定并明确事业之结果"的相关规定，总公司将结算的时间定在了9月底。同时，在计算盈亏的方法上，将物品销售额、待售物品原价作为收入项目，将各种费用、折旧费、上年结转物品费用作为支出项目，两者相抵以计算盈亏。此外，总公司还规定各分店、矿山、煤矿、造船所在结算时应提交财产目录与资产负债表，并在其中记载"尚未销售出去的产品（仅限矿山、煤矿）、机械、土地房屋（船坞船架）、库存品"的余额。

这些规定中有几点是需要注意的。第一，在填写财产目录时，一方面库存的报价在原则上"不得超过"资产的原始价值，另一方面"库存的市价低于成本时，按市价来计价并进行预估，将存货因市价下跌而出现的损失计入当期的盈亏"。对于矿山、煤矿的中间产品等也要求进行同样的处理。因此这种措施禁止计

① 造船所的记录中，截至此时尚不存在向总公司确认对账簿组织意向之记录。因为用英文沿袭官营时代做法的倾向较强，从这个意义上来说，会计记账方式具有很强的独特性。可以认为是三菱合资公司成立之时，在全公司范围内进行了标准化的尝试。若如此，则可以认为这是表现部分集权化的例子。

入产品、半成品、原材料等库存价格变动所导致的评估收益，目的是排除通过对库存重新评估而计入盈利的不正当行为。而对于评估亏损，则采取了纳入折旧的谨慎措施。

第二，需要注意的是，在流动资产评估中并没有对造船所正在制造的产品做出评估方法上的明文规定，而在财产目录上造船所亦未被列为"尚未卖出产品"的对象，所以其进行中的工作没有被计算在内。同时该会计规定还确定了营业勘定属于辅助账簿应包含的内容："应属于营业勘定之项目包括矿山、煤矿卖铜卖煤的业务费与局中费等小项目，造船所之工作勘定与诸项费用等小项目，同时包括在年度末应纳入盈亏勘定的暂记勘定之总项目。"因此可以推测，进行中的工作勘定是按照盈亏勘定计入当期营业费用的。由于这种方法以维修工作为中心，维修工作往往在短期内结束，所以超过结算期所产生的费用抑或工作收入与工作费用支出之间出现偏差的情况相对较少，从而可能实现。

当然并不是说三菱合资公司完全缺乏对这一点的认识。成立之初编制的1894年1月1日乃至此后的造船所资产负债表中，包含了库存品账户与半成施工费账户。从这一意义而言，首先从库存的角度来看，第四章提到的1890年代初所设"营业资金"勘定统一管理造船所设备投资与库存管理这种不成熟的会计处理方式，① 显然于1894年初开始在记账上展现出一定的进步性。而关于正在制造的产品费用之结算期这一认识，虽然其具体方法并不明确，也出现了一些改善。故可以认为，庄田在长崎造船所

_____

① 参见本书第四章。

实施的成本计算制度整改措施是在此时初步开展的。

此外，当时总公司还下达了"每月向各分店、煤矿、矿山、造船所征收一次元账借贷估算表，该估算表中应附加营业勘定之估算表"的通知，但至少从与造船所相关的史料来看，造船所在此之前就已经开始每月制作这样的报表提交给总公司，所以很难说这是初次发生的情况。

降价折旧的情况

接下来讨论与上述组织调整同时进行的改革是以何种形式实现的。在把握三菱造船所的盈亏情况、明确设备投资余额的问题上，最重要的一点就是实施降价折旧（此时期大多将其记为"原价消却"）。在三菱，由于其海运事业的特殊性，固定资产的折旧从很早开始就采用定率折旧措施，[1] 但是三菱合资公司为了配合多样化的事业内容，打算把折旧办法统一起来。当然这一规定至少在上述改革前后是看不到的，所以在公司组织的调整方面也应该不存在充分的准备。

幸运的是，在造船所和总公司的往来书函中可以找到与此相关的史料。根据明治 28 年（1895）收录在《纲本》中的文件，[2] 造船所经理山胁正胜于 1895 年 7 月 30 日向公司提议，在合资公司成立之际，取消将其资产中"小工具类"等资产判定

---

① 关于海运事业折旧的情况，参见山口不二夫『日本郵船会計史財務会計篇』（白桃書房、1998）。

② 「第二八四号三菱造船所支配人山脇正勝より会社宛書簡、二十八年七月三十日付」『明治二十八年　綱本』（MA6031）、851 頁。

为每期应折旧资产的做法。之所以如此建议，是因为这些小工具类资产在三菱社时期没有被计入资产之中，所以原本就不属于折旧的对象，合资公司的新规定却是要将其计入资产并进行折旧。根据山胁的说法，要求取消的理由在于小工具类资产的金额虽小但品种众多，因此事务处理起来将极为烦琐，若可能的话最好在 1895 年 9 月结算时再对其实施全部折旧的会计处理。

到了 8 月 8 日，山胁又发出了如下书信：

史料 1

拜启 去年已全面达成资产折扣程度之规定，但不同地方也会有不同之情况。故关于我地财产消却一事，敝人有如下拙见。去年在年度结算迫在眉睫之际难以拨冗开展此项调查，故直接进行了结算，但以规定比例予以消却时各项资产都呈现无穷无尽之态，依照资产之不同，其持续时间能从五年到十四五年不等。且若一直放置此等无穷尽之资产，亦有不安全之嫌。故愚见为，应首先将最长年限定为五十年，然后如附件所示，根据资产种类来确定年限，并在其年限内实现全部消却。

三菱造船所经理　山胁正胜

明治二十八年八月八日①

其附件所示的折旧方法是：将最长年限定为船坞五十年、铁

---

① 『明治二十八年　綱本』（MA6031）、867～868 頁。

造建筑二十年、木造建筑十年、机械设备十到十五年等，然后进行每年的定额折旧。资产折旧年限到期之后可不再作为资产计入的对象。

对此，总公司在次日给予了反馈，但这个反馈从其发信时间来看应是在收到上引书信之前发出的："即便是小工具类资产，也有几分价值，完全不将其视作资产是不合理的。故应在总勘定账中设立小工具类账户，于年度结算时对照仓库将其差额记入该勘定之贷方，同时纳入营业费之中。"即该方案未得到总公司的批准。①

从该书信可以看出，存在问题的折旧规定是在"去年"也就是1894年制定的，主要内容是确认了每年以固定比例进行折旧的办法。所以便发生了信中所说的"各项资产都呈现无穷无尽之态"，一旦有项目被计入资产就不会从财产目录中删除。所谓的1894年规定应是指该年10月2日《三菱社志》中记载的"确定矿区、船舶、地产、建筑物、锅炉等固定资产原价消却之折旧标准并向各场所下达通知"。② 其具体内容在三菱史料馆保存的史料中有所记载：

史料 2

明治二十七年十月二日

① 「第一三七号社長より三菱造船所支配人宛書簡」『明治二十八年　綱本』（MA6031）、850页。
② 『三菱社誌』第 19 卷、明治 27 年、30 页。

汽船	每年结算时现价之百分之五
小蒸汽船	每年结算时现价之百分之十
运煤船驳船联络船	每年结算时现价之百分之二十
建筑物	砖砌仓库	每年结算时现价之百分之二
	木制仓库	每年结算时现价之百分之七
	木制煤炭小仓库	每年结算时现价之百分之十
地皮	无增减

若有特殊情况则依照临时规定。

以上建筑物与地产中不包含矿山。附属于矿山之资产应按以下规定执行：

备置品	每年结算时现价之百分之十五
船坞	每年结算时现价之百分之二
船台	每年结算时现价之百分之七
工厂备置的机械锅炉与建造设备	每年结算时现价之百分之十
矿区与矿山用地产	

矿山开采二十年以上者，每年按原价的二十分之一折旧，二十年付清。

矿山开采未满二十年者，预先计算该矿山之寿命并按其服务年限平均后每年进行折旧。

矿山之机械建筑：

开采十年以上的矿山之设备，每年按原价的十分之一折旧。开采未满十年的矿山之设备，按照该矿山的寿命平均后每年进行折旧。若设备在开采未满十年的矿山废矿后被挪用他处或卖出相应价钱，则每年按照设备原价的十分之一折旧。

作为机器的主要部件却无法使用十年的，预判其使用年限后按其年限折旧。

所有与船舶建造设备等相关的小修理均以当年的营业费支付，大修理则列入原价。①

从上引可以看出，除了关于矿山的例外规定，其折旧额均是以折旧时的簿价为基础按一定比例计算的。而且值得注意的是，制定该规则的时间是在最初结算期即 1894 年 9 月底的两天之后。而关于其制定的理由与过程，《三菱社志》中并无记载。虽然目前缺乏可供确认的资料，但我们能够肯定的是，该规则乃是为了赶上第一期结算整理而特意制定的。这与山胁所说的"没有经过充分讨论便按照指示在 1894 年进行了结算"一致。

正因为当时需要应对商法制定以后组织发生改变这一外在契机，才会产生出如此准备不足的情况，需要与当地的意见进行协调。从结果来说，总公司当时并没有采纳当地的意见，而是要求按照统一的定率法计算折旧额，从而算出利润。在此之后，根据 1897 年 11 月 4 日造船所发给总公司的书信我们还可以得知，造船所经理庄田当时再次发起过提议：由于按照既定的折旧方针，财产目录上会大量出现 1 日元以下的项目，故将

---

① 三菱合资会社『例规大全』（一）のI（MA1139）。

其全额折旧后只记载名称。① 由于庄田在制定折旧规定时是总公司的负责人，可以推测是他对山胁的提案进行了实质性研究并起草了回复。庄田通过亲临现场考察，最终修改了山胁做出的判断。

关于营业状况的报告——报告格式的整改

在三菱合资公司成立以前，三菱造船所每月向总公司发送借贷估算表并在结算期汇报盈亏金额，进而通过总公司的交易账户进行必要的调整。如1890年总公司采取了利润缴纳报告的形式之后，依照造船所资金的需求实施了将利润直接作为贷款拨付给造船所的便利措施。② 但是在文件中并没有发现有关利润情况的具体说明，造船所当时基本上只是发送了计算表。此外，在详细的工程内容等方面，除了总公司接受的大阪商船大型船订单等情况以外，几乎没有相关报告，所以总公司对于其营业实态应是未接到过任何信息的。

如此信息不足的状态，在1890年代迎来了明显的变化。涉及此点的史料包括《明治二十七年度长崎造船所盈亏业绩说明》和《三菱造船所工业略报》。

首先从盈亏业绩说明来看。

---

① 「号外　三菱造船所支配人荘田平五郎より三菱合資会社宛書簡明治三十年十一月四日付」『明治三十年自七月至十二月　三菱造船所　来翰』（MA6035）。
② 参见本书第四章。

史料 3

明治二十七年度长崎造船所盈亏业绩说明　号外

三菱合资公司　公启：

拜启　自本年一月至九月之结算勘定书调整

呈送如下文件，敬请查收并确认本年度营业结果。〇中略（原文如此——引者注）

	金额	六十四万三千九百七十八日元十四钱六厘	工作费
其中	金额	五万零一百五十九日元十八钱	船坞费
	金额	九千九百五十日元二十五钱	船台费

本年度工作费如上所示，已达到前所未有之巨额。故船坞、船台费之收入亦有不少，与前一期相比都有了显著增长。但由于本年乃新公司创立第一年，故在计算上较以往有所不同。虽然无法与前一期每项进行对照，但经过尝试可以认为本年度之工作费若按六个月计算约为四十二万九千元，几乎是前半期之两倍。由此不仅产生之利润巨大，资产消却额也较往年偏少，故在盈亏勘定中可看到如下满意结果：

	金额	十七万二千四百四十八日元二十五钱七厘	工作利润额
	金额	一千九百六十二日元三十一钱	小工具及日常用具添置费
合计	金额	十七万四千四百一十日元五十六钱七厘	
其中	金额	二万三千八百六十九日元五十二钱七厘	资产缺损及折旧费
收支	金额	十五万零五百四十一日元零四钱	纯利润（占年收入的 28.6%）

本年八月中旬以后因船坞被征用而损失之船舶工程不少，引发的盈亏状况是难以预料的。但本年度的工作额不仅如前所述颇

显庞大，且有大量可观之工程。若列举其中主要工程，则五千元以上者十七项，一万日元以上者七项，如最上川、东英等地之工程均在五万元以上，由此产生的利润应不少。不仅如此，前一期结转的未完工程利润业已算入本年度，故相信可以看到如前项所示之巨额利润。

除此之外，本年度未完工程额为十一万七百八十一元四十钱，完全是根据原价折算得出的，所以若在此基础之上再加上相应之生产费，得到的利润应也不少。该笔利润不会对本年度产生影响，将成为下一年度之收益，故本年度营业的结果是令人满意的。另，详情可见附件。

敬请查收。期待宝贵意见。

三菱造船所经理代理、副经理　中村久恒

明治二十七年十月二十二日 ①

由于《纲本》在收录时省略了部分内容，所以在此无法全文介绍。但是报告的内容实际上也并不是非常详细。前一段是通过与前期的比较，阐明工作费的变迁，后一段则是关于利润额的说明。同时还提到了利润额与未完工程量的关系，可知那是在利润额与下期预计销售额相对应的情况下根据原价进行结转的。内容的详细与否姑且不论，在成立三菱合资公司的同时提交如此报告，不仅能够表明其组织改革并非仅仅依靠外部的契机来发动，更说明总公司已经清楚地意识到要利用此次机会对三菱的整体事

---

① 『明治二十七年　綱本補遺』（MA6028）、44～47 頁。

业组织进行真正的改革。如果着手推进这样的改革，那么总公司在管理事务上的负担势必会比以前更大。

田中隆雄曾指出，1894 年 6 月总公司开始要求煤矿必须提交《事业成绩报告》，作为月度的业绩报告。[1] 但关于矿山方面并没有留下明确的规定。三菱史料馆收藏了明治 32 年至 39 年（1899～1906）的《事业成绩报告》，虽然它不是同时要求全公司所有部门都进行报告，但是通过这种要求，总公司的管理能力得到了增强，业务量也确实得到了增加。

与《明治二十七年度长崎造船所盈亏业绩说明》同种类型的报告在 1895 年 10 月以《营业情况报告》之名进行过整理。它们的篇幅与内容完全一致，报告的形式也没有发生变化。话虽如此，1894 年和 1895 年的名称实际上都有可能是《纲本》编者后加的标题。可以推测，这些报告是在名称没有固定的情况下被整理的。换言之，它们没有标记普通信件的序号而作为"号外"来处理，这本身就说明了其报告格式的不确定性及其与煤矿的差异。此外，根据 1895 年的部分报告我们还能够得知，当时一并上交的还有《元账借贷估算表》《营业勘定账借贷估算表》《盈亏勘定书》《资产负债表》各一份，以及《财产目录账簿》《仓库残品调查书》各一册。[2] 故可以认为，只有结算整理后的汇总表才是报告的对象。

然而，1890 年至 1893 年末的史料目前留存得并不完整，所

---

① 参见田中隆雄「三菱合資会社における業績報告」『東京経大学会誌』第162 号，1989 年。

② 「号外　二八年十月十五日」『明治二十八年　綱本』（MA6031）、64 頁。

以断言这些报告是以三菱合资公司的成立为契机才开始形成的，就会显得很不严谨。

三菱史料馆还保留着 1895 年以后各场所的部分年报，长崎三菱造船所也保存着从 1895 年开始的各类年报。留在长崎的与造船所相关的史料是西成田丰等人研究[1]所使用的造船所年报之原本，而三菱史料馆的史料则是合资公司方面为了制作社志而编纂收录在《年报》等处的抄本。关于该年报的制作，三菱曾 1898 年 9 月 8 日下达规定：

史料 4

三菱造船所大阪分店、若松分店各矿山、各煤矿经理公启：

矿山、煤矿及各工厂年度结算时需编制年报，并据此阐明本年度业绩与营业盈亏之理由。同时应附下一年度事业之计划与意见，与结算表一同发送。

社长

明治三十一年九月八日[2]

现存的 1895 年年报或许是按照 1898 年的规定返回重新制作的，当然亦有可能是当年便已开始制作。对所有事业单位都下达通知，进行统一规定并要求实现制度化一事，由于目前缺乏可供

---

① 西成田豊「日露戦争後における財閥造船企業の経営構造と労資関係」1～4、『経営経済論集（龍谷大）』第 18 巻第 1～4 号、1978～1979 年。

② 三菱合資会社『例規大全』（一）のI（MA1139）。

佐证的其他材料，无法在此做出结论。但是从这个时期开始，三菱的各场所确实在每年都会制作此类年报作为业务记录，因此可以认为当时发送给总公司的报告已经实现标准化。

如下有关"工业景况"的史料能够用来确认报告格式被采纳的时间：

史料 5

三菱造船所工业略报（第十二回）

十二月

本月入船坞并上船台之船舶如下所示：

立神船坞	德舰威廉皇太子号、英国商船拉多诺尔西亚号
	大连丸、俄罗斯船弗拉基米尔号、伏木丸再入坞
	德舰威廉皇太子号再入坞，英舰大胆号（Undaunted）
向岛船坞	畿内丸、远江丸、依姬丸、朝颜丸
小管船坞	英国帆船塞巴斯蒂安巴克号、夕颜丸、第25号水雷艇、并龙清丸

本月修理或正在施工之船舶概况如下。

德舰威廉皇太子号维修传动轴，拉多诺尔西亚号仅做入坞工作，大连丸、伏木丸、远江丸、朝颜丸、仁川丸、金州丸等船体与发动机两部分接受大修。

畿内丸、依姬丸、弗拉基米尔号、大胆号等入坞重抹船底涂装等。

巷金号（Lane Gold）、英舰探查者号（Prober）、俄舰卢里克号、俄舰萨多尼克号、初音丸、英舰响尾蛇号（Rattler）、长门丸等接受小修。

第九十号船目前停止施工中。

第九十七号船已按计划七成竣工。

第九十九号船双层船底内龙骨九成竣工，稳步进展中。

第一百零一号船部分材料已于去年十二月二十八日向英国订货。

申请入坞舰船包括邮船商船公司八艘、英国船巴尔默拉尔白山丸、沃罗尼号、元山丸、霍亨佐而亨号、拉尔加皇后号、有矶浦丸、奈良丸、须磨丸、土洋丸、长门丸、报国丸等（保留了史料中的删除线——原注）。

本月参与工作职员总人数为四万五千三百八十八人。

如上。①

与此类似的报告在 1895 年的《纲本补遗》中也有抄录，即以"工业报告"为题从 1 月抄录至 11 月。从其抄录内容可以清楚地看到，每个船舶的作业过程与职工总数等都得到了上报。但遗憾的是，由于 1895 年部分是抄录的，其全貌只能通过记载 1896 年全年内容的上引《三菱造船所工业略报》展示。从《纲本》所收录的内容来看，1895 年 1 月的每月报告是最早提交给总公司的，此后也确实做到了每月向总公司呈报。但是根据如下史料亦可推测，开始制作报告的时间还能够再往前追溯：

---

① 『明治三十年自一月至六月　三菱造船所　来翰』（MA4687）。

史料 6

第十一号

三菱造船所所长　山胁正胜阁下：

第二七一号信件收讫。关于贵厂工业之景况，以往并无一定之报告。故日后应每月报告两次。作为首次，请先汇报本年一月开始至本月十五日为止，贵厂入坞船之船名、维修、更换涂装等之详情。

　　　　　　　　社长岩崎弥之助代笔　二桥元长

　　　　　　　　明治二十五年二月二十日①

　　由上述文字可以确认，实际上造船所在 1892 年（明治 25 年）初就已经开始按半月一次的频率汇报工程进展情况。对于首次报告，总公司要求提交 1 月以来的工作详情且其内容应一目了然。可以推测，"史料 5"所记之事的雏形就是在这个时候形成的。但遗憾的是，我们目前尚未发现当时的报告原件。而且"史料 6"中并没有提到汇报职工人数的要求，故相关内容应是日后逐渐扩充而成的。②

　　另外，与上述田中隆雄涉及的煤矿与矿山月度报告不同，这类工业景况报告应是与造船所相对应的。从内容的详略程度上看煤矿的报告更为详细，但从开始的时间上看，造船所在合资公司成立之

---

① 『明治自拾七年十月至二十五年十二月　　长崎造船所送翰写』三四二号（MA4255）。

② 中西洋『日本近代化の基礎過程——長崎造船所とその労資関係：1855～1903 年』（下）、128 頁。此后按工程类别对报告内容进行了整理与介绍。

前就已经启动每月关于现场工作情况的报告，这是两者的差别。三菱当时剩余的工作便是将造船所月度报告的格式统一并使之标准化。

总而言之，可以认为，总公司通过此类报告，终于开始掌握造船所的具体情况，其中包括船舶入坞现状、正在进行何种维修工程等信息。[①]

关于总公司对业务的批准

有了对组织情况的了解，接下来我们将讨论更为重要的关于权限转让的问题。主要围绕两个主题展开：造船所究竟向总公司呈报了哪些需要得到批准的事项；反过来，总公司又对造船所的业务内容有过怎样的具体指示。

如第四章所述，造船所曾就员工待遇等人事方面问题逐一向总公司呈交报告并征求其许可。而此时期仍是如此，一直延续着总公司的集权式管理。

另一方面，在业务的发展扩充等问题上，正如长泽已经指出的，当时的三菱采取了"将营业权限下放到各场所，将创业作为总公司权限的组织方式"。[②] 关于此叙述，先不说营业权限转让的进展如何，认为在此之前就已出现集权性的状况是有问题的。正如第四章所述，造船所拥有较为广泛的权力，所以这不仅意味着权限转让，更涉及集权管理的问题。同时还有一个难点：迄今为止的研究都没有给出关于起业费的具体事例，因为至少在

---

① 从实际建造工程的内容来看，上述『年报』可被看作这些报告的基础。

② 長沢康昭「三菱財閥のマネジメント方式」三島康雄編『日本財閥経営史　三菱財閥』、129 頁。

《三菱社志》的记载中并不存在确凿的证据。造船所正式启动其设备扩充应在 1896 年末，由于其规模与此前不可同日而语，理所当然会有总公司的参与。实际上只要查看《纲本》等资料中收录的书信记录便可得知，从合资公司成立的第一年即 1894 年开始哪怕是相当详细的创业计划，其中任何一项都必须得到总公司的批准。下引史料便是总公司在 1894 年批准书信的例子：

史料 7

批准三菱造船所扩建铸造厂

第十一号　二十七年二月一日

三菱造船所经理　公启：

计划按第五号图纸以五百五十元之预算在工厂南侧增建铸造厂，图纸附后，呈请批准。谨此答复。

社长岩崎久弥代笔

明治二十七年二月一日 ①

可见，起业费总额为 550 日元，内容是扩建铸造厂，在制订此类计划时需要造船所向总公司提交预算书（报价）与设计图纸并请示，后者则以书面形式给予批准。

除此之外，总公司还在当年批准过如下申请：2 月 24 日新建木材小板房一栋，预算 650 日元；4 月 20 日续建木制炼瓦厂，预算 500 日元；11 月 21 日收购立神造船所邻近土地及房屋，预算

---

① 『明治二十七年　綱本補遺』（MA6028）、60 頁。

2415 日元；11 月 28 日购入车床三台，预算 4000 日元。^① 以上无论哪一个都不存在具体内容的交流与修改，基本上都是总公司在较短时间内便原封不动地批准了造船所的请示方案。不过在 11 月关于收购土地的事情上，其报价单的最后附有"以上内容已在上次社长来长崎时详细叙述"的语句。故可以认为每次总公司人员去长崎或造船所人员去东京时，附加的必要说明也有不少。

问题在于，与总公司的此种关系究竟是从何时开始的。关于此点，我们可以确认的是，1888 年 12 月的《三菱造船所长事务处理心得》从制度上做出了"工厂机关、机器等改建、新设事项均须经驻长崎管事向总公司请示"的规定。但在笔者所知范围内，迄今尚未发现以往请示创业内容的书信，所以 1888 年末以后该规定是如何得到执行的，值得关注。下引史料是 1891 年、1892 年总公司发给造船所的书信：

史料 8

第十八号

三菱造船所所长　山胁正胜阁下：

第二一五号与第二一六号信件收讫。已得知救灾非常时期使用之离心泵与锅炉仅有一台，将以预算二千七百元在工厂新制备。此外，立神船坞附属船员宿舍多次破损。由于其原来房屋地势不好，若仅简单修缮则不远之将来仍会有破损之虞，故不如借此机会以一

---

① 「木材小屋新築認可」「木形工場建継認可」「立神造船所隣接地購入認可」「旋盤購入認可」『明治二十七年　綱本補遺』（MA6028）、91、196、453～456、470～471 頁。

千零六十八元预算全面修整地势并改造房屋。上述申请已知悉。

谨此答复。

社长　岩崎弥之助

明治二十四年四月十八日

第七十九号

三菱造船所所长　山胁正胜阁下：

第二一五号文件与第二一六号信件收讫。将以概算金约两千元加固小菅船坞左侧修船存放处之地基。此外，该厂锻造车间之转移与边界木栅之扩展之事也已知悉。

以上均无异议便可付诸执行。谨此答复，已悉知贵意。

副社长　岩崎久弥

明治二十五年十一月二十九日 ①

这是比 1894 年金额更高且超过 1000 日元的工作计划。但是在 1888 年末制定所长事务处理心得之后，若造船所制订工作计划时遵照字面规定予以汇报，总公司就愿意以"知悉"的形式给予批准。从以上事例可以清楚地看到，在三菱合资公司成立以前，无论工作计划涉及的金额有多少，批准权限实际都掌握在总公司的社长与副社长手中。所以总公司与造船所的关系处于长泽所说的"把工作计划纳入总公司权限"之总公司与各场所的关

---

① 『明治自十七年十月至二十五年十二月　長崎造船所送翰写　本社』目录番号二七二、四一八。

系，其转变是在 1880 年代末开始发生的。

但需要讨论的问题不仅限于此，因为目前我们尚不清楚总公司拥有的工作批准权限在实质上具有怎样的意义，以及该权限是如何改变总公司与造船所之关系的。正如此前所见，总公司每次都可以通过工业景况报告与工作计划的批准获得关于造船所的大量信息。鉴于从提交申请到下达批准的时间并不长，可以认为该权限的行使只是流于形式。所以从这个意义上说，我们无法彻底否认实际权力依然掌握在造船所手中的可能性。为了能够行使实质性的权限，总公司必须具备管理部门所需要的专业知识。因此，我们应该探讨总公司是否曾基于这些知识做出判断。

事实上，部分史料能够让我们知晓总公司在造船事业上究竟拥有多少专业知识。

史料 9

第一七六号

拜启　现将前日之计划图呈交给您。我们调查得知，一艘长三百尺的船净价为二十六万一千八百元。按总吨位除算下来为每吨一百零九元八钱，用载货量除算下来则为每吨七十五元六十二钱一厘。是否可以此费用着手动工，请求指示。

三菱造船所　山胁正胜

明治二十八年一月三十日

公司收（追记略）①

---

① 「三百尺船建造着手」『明治二十八年　綱本』（MA6031）、90～91 頁。

由此信可以得知，三菱当时正在研究建造 300 尺的船舶（吨位超过 3000 吨），而造船所向总公司汇报了其建造成本。《三菱长崎造船所史》称此时期扩建计划考虑建造 500 尺的船，但当时的历史记录中并不存在这样的记述，所以迄今为止的研究都错误地认为从 1894 年末开始的扩建计划原本就是要造 500 尺船的。①造船所于 1894 年 12 月 15 日向总公司提交作为建造前提的工厂扩建计划，并于 1895 年 1 月 4 日获得批准。该计划的特殊之处正在于规定了三菱将建造 300 尺的本公司用船。所以造船所与总公司之间的书信往来实际上反映出顾客、制造商的关系与总公司、工厂关系的重叠现象。

下引史料是总公司对上述申请进行回复的摘录：

史料 10

第二十一号　明治二十八年二月九日

第一七六号信件中……所提方案大体上无异议，可按照所列各项着手安排。至于其相关规格，已将注意事项罗列如下，望调查时予以参考。

一、本船规格书中规定货物满载之速度为十节半，虽作为运煤船已具备足够速度，但若日后转卖他人则可能略存遗憾，将造成费用之巨额损失。故希望在试航时将速度提升到十二节并调查提升所追加之费用。改为上述设计后因其规格发生变更，故对载

---

① 三菱造船株式会社長崎造船所職工課『三菱長崎造船所史（1）』、1928、51 頁。

货量有何程度之影响等事也请同时展开调查。

　　二、（后甲板应是在铁板上铺一层美国松木）。

　　三、后甲板若为半教学型甲板设计，其利润究竟如何。

　　四、（压舱水箱之容量可做何种程度之预估）。①

　　这封回信批准了工作计划的主体内容，并在其基础上确认了具体细节。对此，造船所立即做出答复：若在甲板上铺设松材，将使费用增加 1500 日元，载货量则随之减少 92 吨；出于安全等方面的考虑，甲板采用的是目前国际上主流的规格；压舱水箱容量为 450 吨；等等。

　　此次通信往来过程中颇为重要的一点在于，总公司认为配属给自己公司的运煤船在速度方面已达到要求，但考虑到"日后转卖他人"的情况，需要增加速度。即总公司实际上成为订购此种大型高速船舶的第一个客户，由于长远考虑到日后该船还可转卖，故为了提升其商品性而要求增速。这是总公司对新船建造的期待。而造船所在此后给出了回答：计划速度 10.5 节时需要 1340 马力的锅炉，载货量为 3400 吨；11 节时需要 1545 马力，载货量 3360 吨；12 节时需要 2025 马力，载货量 3200 吨。此外造船所还强调，随着速度的提升，燃料的消耗也会相应增加。② 显然在回信中完全没有涉及能否建造的事情，说明在此点上是没有任何问题的。在通信往来的过程中，总公司对于扩建造船所、

---

① 「三百尺船建造着手」『明治二十八年　綱本』（MA6029）、92 ~ 94 頁。括号内为引者概括内容。

② 「三百尺船建造着手」『明治二十八年　綱本』（MA6031）、95 ~ 99 頁。

建设大型船舶寄予了厚望并从这层意义上提出了基本的经营方针，但另一方面从其询问的内容如甲板规格等方面也能够看出，实际上当时总公司人员对于造船并不具备足够的专业知识。

从这一事实来看可以认为，在三菱合资公司成立前后发生的变化与长泽等人所理解的略有不同。也就是说，不同于银行与矿山，由于总公司缺少造船部门出身的专家，所以在造船所营业权限尚未被其集权化的情况下还是和以往一样把事情委托给现场的水谷六郎等人来斟酌处理。另一方面，虽然总公司在工作计划的确认与批准上存在过疑问，但较以往有了明显加强，也开始尝试将信息集中到其组织运营上。因此这不能被认为是分权化的进展，而应该是集权化的进展。

二 甲午战争以后造船所的经营

庄田平五郎与造船奖励法

上文指出了总公司缺乏专家的问题，这是一个恰当的评价吗？此疑问或许将与下面的问题发生密切关联。总公司部门在制定部制的同时实际上也在不断推进各部门出身之专业经营者的任用。但为何造船所中长期参与经营的人才如山胁正胜、水谷六郎等未被任用，反而是1897年庄田被派往长崎担任经理呢？以往有人评价说山胁缺乏造船方面的专业知识，[1] 此点姑且不论，我们或许还可以考虑其他方面的原因，如水谷等人的专业知识在远

---

① 宿利重一『荘田平五郎』、495 頁。

离现场的总公司无法发挥作用。

庄田在会计业务方面的业绩是不存在任何疑问的，他与造船业之间又有着怎样的联系呢？关于此点，《庄田平五郎》中有如下记述："事实上，庄田不仅对造船、机械感兴趣并尝试研究，而且造诣不算浅。对于将自己的意见具体化，他甚至有着不为人知的巨大热情。"《庄田平五郎》还写道，他在 1889 年 1 月赴欧美考察时，对长崎造船所的未来计划进行过调查。在制订 1896 年 3 月《航海奖励法》和《造船奖励法》的过程中，庄田还曾作为东京商业会议所的特别议员担任调查主任一职，在拿到方案以后竭尽全力地为其出谋划策。[1]

根据井上洋一郎的研究，当时东京商业会议所《关于海运扩张的意见书》的诸项要点如下所示：

史料 11

我国造船及机械制造技术近年来有了显著的发展，在今日建造一流船舶绝非难事。日本造船业之所以尚不能与外国造船业充分竞争，无非因为外国之造船费用比我国更为低廉。在日本国内，总吨位一千吨以上之商船惟有木制小菅丸号与钢制汽船须磨号两艘，尚不足以用来比较国内外实际造船费用之差异。假设用预算来比较，英国的造船费也时有起伏。此外，还因为我国进口材料之汇率变化，无法进行更为准确的比较。总之，日本国内之造船费用比英国更为高昂乃是实业家们无可争辩之事实。因此，

---

① 宿利重一『荘田平五郎』、498～501頁。

若不想放弃此事业，就需要让技师、工人的技术水平乃至整个造船业成为我国固有之技术，以备时机的到来。这便是国家如今已有必要通过发放造船奖励金之方式来保护本国造船业的原因所在。①

正如既有研究所述，上述提案几乎原封不动地成为政府的原案。但在这里需要强调的是，此提案当时所赖以参考的基础正是庄田整理的《海运扩张案调查书》。② 庄田在东京商业会议所的海运扩张方法调查委员会上基于该调查书表明了自己的立场并发表了意见："我接到了委员会要求制作提案的命令，目前正在调查研究中。"而其内容几乎全部被纳入上述意见书。如他强调了日本在技术方面的高度："说到技术问题，我相信无论是建造船体还是设计发动机，日本在造船方面都是一流的，这一点业内人士绝对不会怀疑。"但另一方面，由于缺乏实际业绩，日本的成本又是难以估算的，还有英国的成本、汇率问题导致两国间难以进行比较。所以按意见书的逻辑，便直接采用了"以遵从日本实业者的预测与想法为宜"的主张。③

当时作为一种保护造船的方法曾有"要求民营造船所建造军舰之必要性"，但由于此事并未纳入奖励法的范畴，意见书中

① 井上洋一郎『日本近代造船業の展開』ミネルヴァ書房、1990、86 ~ 87 頁。

② 『海運拡張案取調書付演説筆記』。藏于东京大学经济学部图书馆，出版年月不详。标题所提演说笔记是指 1895 年 2 月 6 日庄田在东京商业会议所召开的海运扩张方法调查委员会上发言的速记。

③ 『海運拡張案取調書付演説筆記』、29 ~ 31 頁。

没有予以采纳，而这正是两者的差异所在。① 从上述意见书的提出到最终法案的制定中间还经历了诸多波折，关于其细节可参考以往的相关研究。② 总之，以上所述事实已足以证明：在当时的经济界，庄田对于造船业、海运业的意见均起着核心作用，且从这种巨大作用来看，他应当是在该事业领域具有抱负与主张的人物。或许这也是一种必然，因为庄田既是三菱总公司的负责人，又是日本邮船公司的董事。

但是仍需要再次强调一下，庄田既具备经营造船所的必要技术知识，又拥有现实经营判断所必需的专业性，此点实际上是很难想象的。从这个角度而言，庄田去长崎赴任或许是当时长崎造船所的内外条件所致。

甲午战争后造船所的经营

一般认为，长崎造船所在 1890 年代后半期改变了其经营方针，一方面开始进行设备的扩充，另一方面则不断致力于梦寐以求的包括新船建造在内的经营体制改革。其间的具体情况，各既

① 『海運拡張案取調書付演説筆記』、33 页。根据三岛的说法，三菱曾在明治二十年代末请求日本海军订购军舰（三岛康雄編『日本財閥経営史 三菱財閥』、199 页）。一般认为其出处是三菱重工的社史（参见井上洋一郎的论文）。与此相关的文件见『明治二十八年　綱本』12 月 22 日。1899 年的三艘水雷艇是这一请求的最初兑现。

② 关于造船奖励法，参见寺谷武明「造船奨励法の成立」『海事産業研究所報』第 8 号，1967 年；寺谷武明『近代日本造船史序説』（巌南堂書店，1979），第三章；竹田努「明治期造船政策の一考察」早稲田大学大学院『商学研究科紀要』第 3 号，1967 年；平本厚「航海・造船両奨励法と造船市場の形成」『研究年報』第 41 巻第 1 号，1979 年。

有研究业已进行过详细的考察。

即长崎造船所在甲午战争前后通过"以维修为主的经营政策"，取得过相当高的收益，正是此时期所积累的"技术与设备，成为其日后转向新船建造的有力基础"。[①] 造船所以 1892 年"修理德国海伦里克马斯号为契机，意识到现有船厂设备对于在日本近海航行的船舶来说并不充足，故迫切需要采取相应之对策"，[②] 由此开始关注相关设备的积极扩充工作。具体而言，"加拿大太平洋汽船公司的三艘女皇级新式船舶进入东方航路后，造船所于明治二十七年（1894）正式启动船坞的扩建工程。同时在德国商船的修理过程中察觉到需要购置大型钢材的加工机器，随即向英国发去了订单等。可以说造船所当时对修船部门的设备扩充是反应敏锐的"。[③]

此后不久的 1894 年末，造船所启动了前述建设 300 尺船的相关设备扩充工作。而且在同年开始建造须磨丸以前，三菱曾于 1893 年 6 月将手中的明石丸出售给大阪商船公司，又在 10 月将朝颜丸转让给日本邮船公司。卖掉这两艘船之后便开始"在长崎造船所建造代替船舶，同时一边充实造船所的力量，一边向其强调在（日本）国内完全可以建造远洋船舶，而这种英明决断"正是上述计划的背景。[④] 在坚持推动造船奖励法的庄田等人看

① 井上洋一郎「日本近代造船業確立期の三菱長崎造船所」『経営史学』第 3 巻第 1 号、1986 年、37～38 頁。
② 平本厚「近代造船業成立期における設備投資について」『経済学（東北大学）』第 145 号、1982 年、74 頁。
③ 三島康雄編『日本財閥経営史　三菱財閥』、193 頁。
④ 宿利重一『荘田平五郎』、491～492 頁。

来，此种扩充工作乃是使造船所将来在新船建造市场上夺取不可动摇之地位的必要步骤。

由此看来，造船所在甲午战争以后无论是为了应对以往的维修市场还是为了向新船建造市场进军，都有扩充其设备的必要。但这两条事业发展道路也引发过造船所有关经营方针的内部矛盾。关于这一点柴孝夫曾指出："当时的经理山胁正胜由于兼任三菱合资公司长崎分店店长并统管三菱在整个九州的事业，强烈反对资金只向造船所流动，从而在长崎造船所内与要求扩充设备的技术人员发生了尖锐的对立。"为了缓和此种对立，三菱合资公司社长岩崎久弥随后表示："将支持长崎造船所进行设备的扩充，并最终……撤销了山胁正胜长崎造船所经理的职务，由庄田平五郎取而代之。"①

但是从事情的前后脉络来看，这一说法显得有些不够有说服力。因为即使采纳了以维修部门为中心的经营政策，扩充相应的设备以应对日本沿海通航船舶的大型化趋势也是不可避免的。即使选择了保守性的经营方针，仍需要追加规模巨大的投资。若如此，则势必意味着"强烈反对资金只向造船所流动"的山胁会对造船事业的发展采取消极的态度。更何况长崎造船所的事业在1894年以后就不再属于长崎分店的管辖范围了。故从这一立场来看很难想象他会对造船所的扩充"横加干涉"。

毋宁说，山胁代表了当地一部分倾向于以维修部门为中心并反对新船建造的人的意见。这些意见早在1888年与大阪商船公

---

① 三島康雄編『日本財閥経営史 三菱財閥』、194～195頁。

司签署新船建造合同时就趋于表面化了。与此相对，岩崎弥之助、久弥以及庄田等总公司方面的领导则对新船的建造持积极态度。若这样来解释或许就能够理顺内部矛盾的问题。此外，森川英正曾认为这种内部对立实际上也与当时"庸俗"的人际关系有所牵连。① 这或许是事实，但是要阐明此时期造船所的经营，从人际关系的纠葛中去寻找根本原因是不甚妥当的。其对立的焦点终究还是在于造船所本身的经营方针，即在对造船所进行投资之际，它是像以往那样以修理为主还是向新船建造市场进军。若认为是在整个三菱公司中选择造船部门还是非造船部门的问题，就会把问题夸大。

既然身处现场的领导表示反对，总公司坚持要扩充造船部门的话就只能更换现场的负责人了。其结果便是长崎造船所经理庄田平五郎的走马上任。

关于庄田就任前后的造船所扩充问题已有不少研究进行过探讨。以下将主要依据平本的研究来梳理一下当时的设备扩充情况。

正式启动设备扩充工作的时间是 1894 年 3 月，当时延长了第一船坞以便应对不断扩大的大型船舶修理需求。从 1894 年末开始，造船设备又从 300 尺扩展到了 500 尺。这一系列的投资为三菱造船所乃至日本造船史上划时代的船舶常陆丸的建设打下了基础。可以认为"世界造船业技术水平的提升对修理事业的投

---

① 参见森川英正「岩崎彌之助時代の三菱のトップマネジメント」土屋守章・森川英正編『企業者活動の史的研究』。

资提出了要求，而这也成为扩大新船建造能力的基础"。① 进而自 1895 年中期开始，饱浦的造船工厂也开始了大规模扩张。1897 年 6 月 500 尺建造设备完工、庄田正式到任以后，三菱方面做出了"决定全力强化造船所"的表态，并于同年 8 月以 81 万日元预算推动了设备的扩充工作。② 以此为契机，设备的扩充发展开始呈现如下景况：1898 年投资饱浦木型厂、饱浦铸造厂、土地、员工宿舍、事务所、立神木工厂；1899 年投资饱浦锻造厂用地、立神机械厂；1900 年投资土地、饱浦机械厂；1901 年投资饱浦机械厂、饱浦发电厂、土地、立神造船所、立神发电厂；1902 年投资饱浦机械厂、立神船坞、饱浦造枪厂；等等。随着对以上各处的持续巨额投资，1894～1903 年的九年时间内，三菱的固定资产总额实现了十倍以上的增长。

业务的革新——庄田改革的意义

关于庄田在设备扩充工作中发挥的作用，有必要关注两点：第一，庄田与总公司尤其是与社长岩崎久弥的关系；第二，庄田在工作计划中添加的新规定。为了考察第二点，我们有必要研读以下所引篇幅较长的史料：

---

① 平本厚「近代造船業成立期における設備投資について」『経済学（東北大学）』第 145 号、1982 年、第 75 頁。

② 平本厚「近代造船業成立期における設備投資について」『経済学（東北大学）』第 145 号、1982 年、第 75～76 頁。另如后文所述，虽然看上去可以解释为追加 81 万日元的设备投资，但应该注意到实际上其中也包含了此前已经开始的工程。

史料 12

第六九八号

三菱合资公司　公启：

〔栏外附记〕①大体对此无异议，但可待日后经理进京详谈后再做决定。久弥

三菱合资公司　公启：

拜启　关于造船所②扩充设备一事，已基于此前多次请示与商定开启工事并将趋于完成。在完成之前的预估情况如下所示。关于以该方针为基础的资金追加与工厂完善等事恳请获得批准。

扩充改良之预算

一、资金三十万元

改良饱浦工厂内机械厂、锻造厂、木型厂、新筑锅炉厂、组装厂之总费用。

详见附件中英文明细单之甲号。

此扩充改良工程之顺序，详见附件中英文备忘录之乙号。

二、资金两万三千三百元

即③目前正在建设中的饱浦、立神电灯设备之全部费用。

其中：两万一千元为三吉工厂之承包额；

两千三百元为原动机械室等其他在本厂实施部分。

三、资金七千三百元

新建医院及附属房屋新建费用，④目前正在施工中。

四、资金两万五千元

立神木工厂、考勤处、客房转移等⑤已于五月二十四日请示确定之金额。

五、资金十万三千元

填埋立神船坞前暗礁约三千坪之经费预算额。

六、资金四万三千元

扩展立神船坞地面、收购职工宿舍建筑用地之费用。

七、资金一万元

上述所购土地处挖掘入船水道并建造石墙之预估费用。

八、资金四千四百元

饱浦工厂北面相邻地皮之收购与转让费用。

九、资金四万四千元

⑥此前已请示确定之基础上向外国订购机器之费用。

十、资金五万元

新建技师、工人住宅之预估费用。虽然新建职工住宅的计划书尚未完稿，但鉴于技师有二十三人、职工千人，或许此处金额稍显不足。

十一、资金十万元

日后若有大型工程，则有必要新设钢制百吨动臂起重机。

为目前未定费用如其他工厂内一般性改良或地皮需求等准备的资金。

合计：金额八十一万元

　　此后数年间所需增加资金如上。

　　上述八十一万元预算中，目前在地皮收购、新建立神木工厂、医院、电灯等方面⑦已支出之金额总计应达六七万元。此金额虽然应从增资中扣除，但目前的两百万元资本金时常令人深感不足，故期待未来资本金可充实至两百八十万元。

　　在上述预算金额以外，尚有新建铸造厂、事务所、钢具厂等诸多未决算之改良工程，此类费用因包含在现存改良暂行账户之十七万八千余元以内，故即便结算其工程费也不会影响资本之增减。

　　⑧机械厂完工后需要增加的机器亦有不少。其明细可详见随函所附之英文目录。第一批货款为十四万二千余元，第二批货款为十一万余元，合计需支出二十五万二千余元。目前有四万余元扣除金可充作建筑物及机械等之贬值储备金。待机械及其他工厂完工后，每年预计将产生七八万元之扣除金。若按此比例发展，则可相信将上述金额用以冲抵机械改造与建筑物维护后，尚有对其实施充分改良之余地。

　　预计上述增加资本在实际开支时的概况，可如下所示。

　　一、资金四万七千四百元

　　　　已支付之土地收购费用。

　　二、资金十一万三千三百六十元

　　　　电灯设备费、医院建设费、立神工厂改良费、立神收购地改良费、目前订购中的机器费、旧铸造厂改造为铜厂之费用等，目前已在进展中且至年末需支付之费用。

　　三、资金三万八千八百九十元

新建木型厂费用，自本年九月至明年三月完成之前六个月内需付清之费用。

四、资金二十三万九百五十元

锻造厂、机械厂、锅炉厂改良、旧木型厂改变外观之费用，从外国订购的材料到达后需开始进行，自明年四月至十月前后需付清之费用。

五、资金两万九百五十元

旧机械厂、旧木型厂外观改造及小规模改良之预备费用等，明年末需支付之费用。

六、资金八万元或十万元

技师、职工住宅及立神海岸填埋费，自明年起三年间每年需支出之费用。

通过以上扩充后，可认为本造船所之设计将达到妥善程度。日后在该扩充之上可不再进行扩充，仅留意随时先于时代趋势加以改良推进即可。同时可酌情明确各工厂所能承接之各类工程。但除上述之外，仍有必要观察小管滑轮船坞之未来发展，其目前尚无定案，望改日就此获得指示。

> 三菱合资公司　三菱造船所经理　庄田平五郎
>
> 明治三十年八月九日
>
> 本函所附工厂图纸共五页，已委托今日出港之
>
> 西京丸送呈　庄田①

---

① 『三菱造船所来翰往翰　明治三十年分』（MA5882）目录番号四九。『明治三十年　纲本』（MA6034），第 836～844 页也抄录过同样的内容，但省略了其中一部分。

该文件在涉及扩建与改良工程预算的同时，罗列了需要总公司追加投资的金额数（即增加资本额），甚至提到需要资金的时间等内容。这与此前关于工作计划的询问在形式上有很大不同，在内容上也格外详细。

尤其值得注意的一点是，在文件开头的信纸栏外附有岩崎久弥写下的一句话。这句话的意思可以理解为：久弥期望庄田能够直接向他进行详细的说明，再做出最终的决定。从如下发给三菱造船所的信函中我们可以得知，5 天之后的 8 月 14 日，社长久弥向庄田传达了自己的态度：

史料 13

第二一五号

第六九八号与第七零一号信件已拜读，信中内容皆已知晓。

贵方关于造船所扩充设备之事以往时有请示，且各设备业已开始施工。此次详细陈述了完成扩充所需费用之预估，对于资金增加、工厂住宅配备等事均已知悉。虽然大体上并无异议，但仍决定待阁下择日进京后再行讨论……

社长

明治三十年八月十四日

三菱造船所　经理收 ①

森川英正曾对庄田被委任全权一事提出质疑，而这份文件或

---

① 『明治三十年　綱本』（MA6034）、847 頁。

许能够给出一个明确的回答。① 在做出最终决定之时仍是需要社长岩崎久弥批准的。可以说正是上一节所提到的集权化流程确立了高层管理者对于工作计划的发言权。

所以在这样的事实之下，庄田在造船所扮演的角色终究不会是总公司的代表，而应是造船部门的高层。也就是说庄田的定位，论待遇是总公司的管事，论职责却是造船所的经理。事实上在庄田前往长崎之后，总公司与长崎的书信往来中很难发现庄田以管事身份被东京方面要求就总公司固有事务发表意见或做出应答的案例。当然作为例外，社长岩崎久弥也曾以"亲展"的形式就三菱合资公司的未来向庄田征求意见：

史料 14

三菱造船所回函

亲展　明治三十一年十二月十三日

长崎　庄田平五郎阁下：

拜启　立神丸此次终于完工。目前正依据航海奖励法为申请速度检查而展开调查。我方已与管船局有过协商。据其意见，航海奖励法的主要精神在于奖励运送旅客货物者，故仅运送自家货物者并无申请资格。

从我公司如今之经营状况与公司合同目的而言，显然并不具有依据该法提交申请之资格。我公司若仅在合同目的中标注

---

① 森川英正「岩崎彌之助時代の三菱のトップマネジメント」土屋守章・森川英正編『企業者活動の史的研究』、58頁。

"拥有船舶"的词句，将意味着只运输自家货物而不以运输旅客货物为营业目的。因此可以认为，要得到奖金，仅有一个方法，即除了在我公司启动运输业，亦设立独立之运输公司或运输店，强调在拥有船舶的同时也参与了营业。但我公司一旦启动运输业，不仅是立神丸，包括其他大小汽船等均将投入使用，需缴纳之营业税将难以估算。而且从课税角度来看，有必要对营业资本等做出区分，恐怕将由此引出诸多麻烦。若在门司或长崎以暂时卖给他人的方式将货物装船，则将可能在入港接收并贩卖货物时被当作买方或代理商而产生相应之费用。此外，亦存在不经详细调查则无法确认之难题。但若效仿三井家的组织另设一个物产公司或以个人名义成立一家经营运输业之公司，则在奖励法中不仅具备资格，在营业税等方面也不会产生麻烦。总之，不过是表面组织与形式上的问题而已。但在实际处理过程中，若用我公司船舶来运送我公司自己之煤炭并为此申请奖金，在道义上是否能说得通是值得忧虑的，故就此问题期望得到您的意见。因而如昨日电报所述，决定将立神丸暂时作为驳船，不申请奖金而在门司与香港之间负责运煤。待以上各个问题得到确定后再做申请准备，并令其筹备检查事宜。

期待贵意。

社长　岩崎久弥 [①]

显然，问题的焦点在于立神丸完工之际能否依照航海奖励法

---

① 『明治三十一年　綱本補遺』（MA6038）、641～644頁。

取得补助金。从这层意义而言，或许与造船所是有一定关联的。其要点在于，若想获得补助金，必须修改公司合同中与目的相关的条款，或者将海运业务独立出去交给其他公司负责，故就此方案希望征求庄田的意见。该函与平常总公司、长崎之间的书信有所不同，在收件人一栏中并没有标记造船所经理的头衔，而是简单地写着"长崎　庄田平五郎阁下"。从这种形式来看，与其说是在向"造船所经理庄田"征求意见，不如说是在向"总公司管事庄田"征求意见显得更为妥当。因此只要存在这一侧面，就无法轻易断言庄田仅是造船部门的代表。

此外，我们在"史料12"中还需要注意一点，即从加有着重号的③④⑤⑥可以看出，该计划中亦包含已经得到批准并正在进行的工作计划。加有着重号的⑦还显示，在81万日元的扩充改良工程费中已经支出六七万日元，这也足以说明该扩充改良计划确实包含此前的工作计划。虽然从文字上来看不甚明确，但可以大致认为扩充预算第一项涉及的饱浦工厂之机械厂等扩建工程也属于1895年启动事项的一部分。所以事实上这并不是一个全新的81万日元的大规模工程计划。

庄田刚到造船所时，为了实践总公司的意图而致力于事业扩张，制订了这个看似是81万日元的大规模工程计划并基于此种中期性的展望描绘出了造船所计划的全貌。这一点还可以在加有着重号的②得到确认，即迄今为止的设备扩充一直是"基于此前多次请示与商定进行"的，但此次是在阐明预估情况以后把增加资金的事情全部囊括一并打包来进行请示的。

这样的方针具有两面性：到目前为止需要逐一申请批准的工

作计划，意味着在整体样貌并不明确的前提下向总公司提供信息，以供其进行集权式管理；而全部打包，统一申请批准，则意味着造船所期望在具体细节的推进工作上获得更大的自主权。预算中设置的 10 万日元预备费事实上也暗示了扩大自主权的意图。如果我们把关注的焦点置于后者，那么可以认为庄田在这份文件中所提出的想法乃是要明确"将工作计划中的部分权限委任给现场"的方针。

而第三点需要关注的是，上引史料加有着重号的⑧所示的内容。鉴于在一系列大规模设备投资之后每年都将产生 7~8 万日元的折旧资金，庄田提议索性将此作为本金投入机器的改造与建筑物的维护中。这实际上意味着在一定条件下，造船所有权自行决定是否将折旧资金作为本金去进行再投资。

实际上总公司也采纳了这一方针。三菱造船所于 1902 年 9 月 30 日向总公司提交的文件《维持改良工事类报告（第六回）》就是可供了解其实际运作的史料。① 其中开宗明义地记载着"明治三十年八月九日　请示建筑物及机械类折旧费支付维持改良工程报告"的词句。因此可以推测，从 1897 年开始，造船所按照此种方法每年进行了一次维持改良投资。它在形式上记录了每个工厂、每个机器的开工、竣工日期与金额，却没有添加具体的说明，只是按照字面上的数据进行了汇报。通过这一时期造船所发给总公司的信件可以确认，此处所列的工作计划（维持改良工

---

① 三菱造船所「維持改良工事類報告　第六回」1902 年 9 月 30 日（IWS 0076）。

程）事实上皆由造船所来确定。因为造船所当时既没有征求总公司的意见与批准，也没有进行过事前报告。

由此看来，就任造船所经理后的庄田在集权化的组织改革中明确了造船所的裁量范围并实现了分权式的权限分配。

最后，还有必要讨论一下庄田在会计工作上所发挥的作用。众所周知，既有研究对其在会计方面所做出的贡献给予了很高的评价。如丰岛义一就曾基于利特尔顿的"三阶段模型"（商业簿记、工业簿记、成本计算三个阶段）分析三菱造船所会计制度的发展轨迹，并得出了以下结论：由于在三菱合资公司成立之前没有进行大规模的船舶建造，所以"无论是在支出时还是竣工时将造船所需材料与劳工情况记入盈亏计算书都没有太大的差别，并无必要做到'工业簿记'所规定的材料费与劳务费在竣工时才计入"。造船所会计制度在1898年以前始终处于商业簿记的阶段，1899年起才在庄田的领导下向工业簿记过渡，直至1900年才最终到达这一阶段。[①] 之所以如此，乃因为在造船奖励法的规定之下建造新船"不仅价格昂贵，工期亦会延长"，正确认识每艘船建造成本的同时还须明确把握在此期间的盈亏情况，这极易导致间接费用的处理成为问题。

若参考《庄田平五郎》便可得知，庄田当时形成这种想法主要是受到了刘易斯（Lewis）著作《工厂的商业组织》（*The Commercial Organization of Factories*，London，1896）的影响。该

---

① 豊島義一「明治三二・三三年の三菱造船所決算勘定書」『研究年報　経済学』第49巻第4号、1988年、118~121頁。

书是前往英美进行工业考察的机械工程师滨田彪及同年 10 月赶赴英美的水谷六郎两人商讨之后决定购买的。① "三菱造船所基于刘易斯的理念明确引入了新的方法，即按照以往未曾意识到的要素种类来进行计算，尤其注意对间接费用进行详细的把控并引入部门种类的计算方式，故与此前相比，成本计算的形式更为完备。"②

笔者对于这个评价并无异议。因为造船所确实在 1900 年对其盈亏计算的各个项目进行过极大的改动③，而且对费用的理解发生了很大的变化。

由于滨田与水谷的外出考察分别在 1898 年的 8 月与 10 月，可以推测庄田是在 1899 年初拿到了刘易斯的著作。在以往研究的基础上，我们还可以补充说明庄田究竟是通过怎样的契机察觉到这一问题的。虽然庄田拥有会计相关的学识与经验，但他似乎对于工业簿记式的成本计算方式并不了解，因为刘易斯的书不过是一本入门书。那么假若没有这本书，造船所的会计制度改革就会推迟吗？山下正喜在其研究中提到，造船所在 1898 年的年度结算中出现赤字，其原因在于造船所年报发生了 "预算上的纰漏"。④ 该年报中出现问题的是月岛丸的建造费用，但通过下引史料可以确认，同样的问题在 1889 年初又有发生：

①　宿利重一『荘田平五郎』、532 頁。

②　山下正喜「明治・大正期三菱造船所の原価計算——その背景と概要」『会計』第 116 巻第 4 号、1979 年、40 頁。

③　参见「営業勘定貸借試算表」三菱合資会社資料課『社史附表　自明治二十七年至同四十四年各造船所決算勘定書』。

④　山下正喜「明治・大正期三菱造船所の原価計算——その背景と概要」『会計』第 116 巻第 4 号、1979 年、44 頁。

史料 15

三菱合资公司　公启：

拜启　此前一直调查的立神丸建造工程费用如附件所示，共计三十九万三千九百五十八元九十八钱。以上金额为原价（成本价），并不包括利息、员工薪水及事务所费用。还请在与总公司商定相应金额后予以支付。向总公司申请新造船舶之金额已是四五年前的预算，如今以该金额已无法建造。根据此次调查的结果，预算又上升至令人意外的高度……

三菱造船所经理　庄田平五郎

明治三十二年一月十六日①

第一九七号

〔栏外附记：原始预算为二十八万元，实价为四十万二千元（未结付，暂按数量计算），取其中间值，定为三十四万一千元，请移交总公司账户　震〕

三菱合资公司　公启：

拜启　立神丸造船费用仍未结算，请加紧处理。近日社长来访长崎之事已有耳闻。由于常陆丸工程的干扰，该船在建造期间曾中断数月未有施工，由此产生了不必要之开支，且原始预算本身存在不足之处，导致其费用超出预算，已达极高之金额。煤炭消费额亦因速度问题而未能达到预定要求。对于贵方所定结算金额，以往并未提出任何异议，只听总公司估算之决定。但其总开

---

① 『明治三十二年自一月至六月　三菱造船所　来翰』（MA4690）。

销于一月结算为三十九万三千九百五十八元九十八钱，再加上此后修改之费用八千零二十七元四十一钱，合计为四十万一千九百八十六元三十九钱。汇报如上。

三菱造船所所长　庄田平五郎

明治三十二年八月十三日①

　　引文提到的是立神丸的建造费用问题，其成本40.2万日元已大幅超出此前28万日元的预算。立神丸是总公司所订购建造的公司用船，总吨位为2692吨，预计将历时三年半，于1898年末竣工。但在此期间又有常陆丸工程的进入，导致立神丸的建造工作延迟，从而引发了预估上的错误。为了解决这个问题，庄田单方面向作为订货方的总公司提出了"以原价购买"的请求。但根据瓜生震在第一九七号文件栏外的附记，该问题到同年8月也未能得到解决。故作为暂时的办法，采用原始预算和实际价格的平均值来处理与总公司的勘定事宜。

　　庄田不得不关注成本的原因正在于此事实。即便总公司有意实行集权式的管理，在会计事务方面仍存在这种认识上的龃龉，也就无法实现信息情报的正确传递。众所周知，造船所在以维修为主要任务的一段时间内曾获得比工作收入更多的巨额利润，可是一开始建造期盼已久的新船便接连发生这样的预估错误，故当然有必要对此做出改正。因为如果建造费用得不到精准的估算，即使能够作为独立单位来进行核算，仍无法积极接受订单。所以

---

① 『明治三十二年自七月至十二月　三菱造船所　来翰』（MA4691）。

321

庄田才会在造船奖励法的问题上强调无法与外国比较建造费："由于缺乏实际业绩，日本的成本难以估算。"但最终，他作为造船所的经理直面了这个现实并决意尽全力予以解决。[①]

正如"史料4"所述，1898 年 9 月 8 日三菱合资公司向各煤矿、矿山、造船所、分店下达了制作年报并汇报业绩的通知，同时要求其"附下一年度事业之计划与意见"。事实上，就在同一天，总公司向造船所以外的部门发去了如下指示：

史料 16

大阪分店、若松分店、各矿山、各煤矿负责人　公启：

矿山、煤矿及各制造所之营业费用、工作费用预算应与会计年度之标准相符。对于下一年度应当实行的事业计划，应在详细调查、斟酌的基础之上编制预算。调查目标遗漏引发差错并重新订正提交的情况时有发生，这自然与编制预算的宗旨相悖。今后请多加注意，且于每年十月底制作完毕并提交。

社长

明治三十一年九月八日 [②]

①　关于成本计算的调整，除了丰岛义一、山下正喜等人的会计史研究以外，还可参见中西洋『日本近代化の基礎過程——長崎造船所とその労資関係：1855～1903 年』（下）。对中西观点的批判，则可参见大石直樹「長崎造船所における新船建造事業の確立」『三菱史料館論集』2006 年第 7 号。
②　三菱合資会社『例規大全』（一）の1（MA1139）。

由此可以看出，当时因为频繁的事后订正，预算管理开始丧失实效性。所以该通知才会针对这样的问题向各场所下达严格编制预算的要求。在上一年度成为造船所经理的庄田对以往的工作计划实施了整体性的修改，并将其作为一种中期性的展望计划提交给总公司请求批准。而该文件则是想通过年度预算管理来执行工作计划，其目的在于改变以往对每个事项逐一批准的做法，从更具包容性、更为战略性的角度来展开思考。从这个意义上来说，上引也可以被理解为总公司正在尝试在全公司范围推广庄田的做法。其之所以与"史料4"不同，并没有发送给造船所，或许也能够说明这一点。

正如以上所述，三菱在合资公司成立前后为了确立起集权性的管理体制，以各种形式向各个场所发去了要求报告的通知，以图确保总公司的权限。但这似乎并不是以合资公司的成立这一组织性变化为契机的。从总公司与造船所的关系来看，此事实际上在1880年代末便已开始尝试。所以其手段因业务领域的不同而存在差异，其进展与普及程度也不尽相同。此外在折旧制度问题上，正如造船所当时所抱怨的那样：由于准备工作尚未完成，该制度是被迫临时赶制出来的，这在此后给现场的业务平添负担并引发了修订的必要。

反过来，总公司也在构建集权框架的过程中对各个场所的权限做出了明确规定。这一事实也不容忽视。随着集权化的推进，过去的"分散性"组织逐渐形成了一个企业体。在此过程中，理所当然地需要明确权限的转让范围。造船所随着工作计划的执行而扩大了裁量范围，这正是在庄田领导下发生的极具象征性的事件。而预算制度的严格化则可以认为是介于集权与分权之间的协调点。

而且，在此次改革中造船所向总公司发送的报告开始趋于标准化。如前所述，在煤矿、矿山等地，其雏形已经建立，报告中亦开始涉及详细的项目。之所以如此，乃因为总公司的各机关可以很方便地通过统一的格式与标准化的报告对开展同一业务的各场所进行比较，也能够按照时间顺序直观地对同一场所的业绩进行观察，从而降低管理的成本。较早采用部制的矿山、煤矿提交给总公司的报告较为详细，而造船所的报告相对较为简略，这也可以反映出总公司对管理范围差异的追求。

在整个过程中，庄田平五郎虽然只是造船部门的经理，却通过改变造船所的会计组织或实施包括劳务在内的事业经营改革巩固了造船所的经营基础，亦扩大了自身的职权范围，率先在整个公司内部提出了"分权"的组织改革方向。故可以认为，庄田的贡献不仅仅在造船所，也对整个三菱合资公司起到了引领性作用。

第六章　产业革命时期的三菱合资公司银行部

　　关于产业革命时期三菱合资公司银行部的活动，并不是只有《三菱银行史》做过详细的分析。[①] 如三岛康雄就在其编写的《日本财阀经营史：三菱财阀》中参考《三菱银行史》指出，三菱合资公司银行部通过延续第一一九银行的经营活动，于1894年1月正式成立，并在1901年的经济萧条中获得了第一一九银行以东京仓库公司等处库存品为担保的商业票据贴现业务。三岛强调，"三菱合资公司曾命令各地将剩余资金送往总公司，以帮助银行部筹措资金"。正是以此为契机，银行部最终增加存款并还清了对日本银行的负债。而在此后的经济低迷期，"银行部还开拓了对三井物产、东京电灯、九州铁道、北海道煤矿铁道的信贷业务，并用剩余资金购买了国债、地方债，以及钟渊纺织、大阪商船与铁道公司的社债"，由此实现了"银行部向真正产业金融"的起步。[②] 这种"从商业银行向产业银行发生转变"的观点虽然是意味深长、颇有内涵的，却

---

① 三菱銀行編『三菱銀行史』、86～87、116、126～127頁。
② 三島康雄編『日本財閥経営史　三菱財閥』、240頁。

并没有发掘出《三菱银行史》记载之外的事实。所以该问题仍存在研究的必要。若认为在资金从依赖借贷型转变为依赖存款型的过程中，资金运用亦曾发生变化，就需要找出商业银行营业活动中与健全性演变不同的情况。[①] 而本章的目的便在于，一方面考量这种理想性银行经营形态的相关论点，另一方面针对明治后半期三菱合资公司银行部的经营状况，从三菱经营事业的多样化发展与岩崎家资产形成的关系切入，尽可能地利用银行部为数不多的史料展开实证考察。

一 三菱合资公司银行部在建立之初的地位

石井宽治在《地方银行的成立过程》一文中关注了 1895 年各银行的存款金额，指出："1895 年最令人注目的是第三、第一〇〇、帝国商业、三菱、第十五、安田、第一三〇等银行，它们拥有 400 万～700 万日元的存款，同那些存款仅为 100 万日元或不到 100 万日元的银行有明显的差距。尤其是包括安田、第三银行在内的安田系银行以及包括三菱、第一一九银行在内的三菱系银行，其规模在此时已经仅次于三井、第一银行。故可以说，此后的五大财阀银行中除了住友之外实际上已较早地确

---

① 对此，有观点认为："存款银行化的进展是伴随财阀银行对产业金融的积极推动而实现的。"武田晴人「多角的な事業部門の定着とコンツェルン組織の整備」法政大学産業情報センター、橋本寿朗・武田晴人編『日本経済の発展と企業集団』、62 頁。

立各自的地位。"[1] 据此石井得出结论，1890 年代由东京当地各银行所组成的城市银行群，"其第一次分化过程在此时已几近完成"。[2]

从以上事实可知，1894 年成立的三菱合资公司银行部虽然也有继承第一一九银行的一面，但是其成立之时就已经获得大银行地位，这一点非常明确。我们还可以转换角度，将《银行通信录》里收录的银行集会所《同盟银行报告》作为基础数据，对此加以确认。[3] 这个报告系由各地银行集会所银行店铺上报的营业额总结而成，所以对于比较并研究其区域内各银行的营业状况可以提供非常有用的数据。

首先，在东京地区，三菱合资银行部的前身第一一九国立银行（以下简称"第一一九银行"）在东京市场上的存款金额排名较高。而新成立的三菱合资银行部则在 1899 年成为在东京拥有最大准备存款额的银行，夺取了三井银行自日俄战争以来的第一名位置（见表 6－1）。1895 年末银行部还没有加入东京同盟银行，因此其情况还没有体现在该表中。事实上在同期末，银行部的存款合计已接近 450 万日元，其中东京总公司的存款占据八成左右（参见表 6－4）。若以此推测，银行部的存款排名应已逼

---

① 石井寛治「地方銀行の成立過程」『地方金融史研究』 第 3 号、1970 年。收入『近代日本金融史研究序説』東京大学出版会、1999、275～277 頁。
② 石井寛治『近代日本金融史研究序説』、277 頁。
③ 资料的标题在东京是「銀行集会所同盟銀行実際報告摘要」「東京銀行集会所組合銀行報告」，在大阪是「大阪同盟銀行実際報告摘要」「大阪組合銀行報告」等。因为时期和地区不同，标题也不同，本章统一使用「同盟銀行報告」。

表 6－1 东京同盟银行各店的存款额与放贷额

单位：千日元

存款额

1890 年		1895 年		1899 年		1905 年		1910 年	
三井银行	11178	横滨正金银行	8354	三菱银行总店	10140	三井银行	20721	三井银行	39839
横滨正金银行	4031	三井银行	7362	三井银行总店	9129	三菱银行	16997	三菱银行	30194
第一银行总店	2448	第十五银行总店	4444	第十五银行总店	8793	第十五银行	14671	安田银行	25136
第一一九银行总店	1415	第三银行总店	4356	帝国商业银行	8242	安田银行	14551	第十五银行	24376
第三银行总店	1269	帝国商业银行	4173	安田银行	8000	第一银行	11963	第一银行	24183
安田银行	1210	第一〇〇银行总店	3949	第三银行总店	7564	第三银行	9501	第三银行	18672
第十五银行总店	1116	第一银行总店	3659	第一银行总店	6217	东海银行	8422	第一〇〇银行	18286
第一〇〇银行总店	950	安田银行	3590	第一〇〇银行总店	5311	第一〇〇银行	7906	东海银行	14581
川崎银行	517	第一一九银行总店	1624	东海银行	2597	横滨正金银行	5836	川崎银行	12247
第二七总店	462	第二七银行总店	1109	鸿池银行分店	1957	川崎银行	5766	丰国银行	9262
久次米银行分店	444	东海银行	1023	中井银行总店	1937	东京银行	5635	东京银行	7089
第七四银行总店	355	第七四银行总店	986	东京银行总店	1655	帝国商业银行	4692	横滨正金银行	6867
第十三银行分店	303	第十三银行分店	920	浅草银行总店	1584	村井银行分店	3326	明治商业银行	6708
第二〇总店	301	第二银行总店	639	第七八银行分店	1578	鸿池银行分店	3215	中井银行	5722
第五总店	271	川崎银行	522	川崎银行	1438	浅草银行	2927	住友银行分店	5677

1890年		1895年		1899年		1905年		1910年	
第一一三银行分店	206	第二〇银行总店	518	明治商业银行总店	1123	第二〇银行办事处	2608	浪速银行分店	5613
第二三银行总店	192	第四一银行分店	417	第二〇银行总店办事处	1088	中井银行	2571	鸿池银行分店	5587
第九五银行总店	181	第八四银行总店	394	第二七银行总店	1079	第二七银行	2360	第二〇银行办事处	5035
第三三银行总店	166	第七七银行总店	340	横滨正金银行	1044	森村银行	2303	森村银行	4995
第三三银行分店	154	第三五银行分店	314	第八四银行总店	1008	明治商业银行	2249	帝国商业银行	4767

放贷额

1890年		1895年		1899年		1905年		1910年	
第十五银行总店	22999	第十五银行总店	34134	第十五银行总店	12346	安田银行	14474	三井银行	30286
三井银行	14536	三井银行	5755	帝国商业银行	9972	三井银行	14118	第一银行	23138
横滨正金银行	4978	横滨正金银行	5485	第三银行总店	7595	第十五银行	12923	安田银行	19467
帝国商业银行	2396	帝国商业银行	5385	第一银行总店	7204	第三银行	11667	第十五银行	19171
第七四银行总店	2129	第三银行总店	3383	三井银行总店	6888	第一银行	10184	第一〇〇银行	17659
第一一九银行总店	1907	第一银行总店	3099	安田银行	6243	帝国商业银行	9758	第三银行	16260
第三〇银行总店	1298	第一〇〇银行总店	2827	第一〇〇银行总店	5406	东海银行	9018	川崎银行	14209
安田银行	1092	安田银行	2554	三菱银行总店	4114	川崎银行	7255	东海银行	12239
久次米银行分店	1063	第七四银行总店	1447	中井银行总店	3480	第一〇〇银行	6978	三菱银行	11468
第一〇〇银行总店	1060	东海银行	1370	东海银行	3193	东京银行	6738	帝国商业银行	10865

1890 年		1895 年		1899 年		1905 年		1910 年	
第五银行总店	729	第二七银行总店	1285	东京银行总店	3153	横滨正金银行	6096	丰国银行	9796
川崎银行	666	第三五银行分店	1059	川崎银行	2263	三菱银行	5741	明治商业银行	8404
第二七银行总店	651	第十三银行分店	1041	鸿池银行分店	2241	住友银行分店	4286	东京银行	8346
第十三银行分店	600	第七八银行分店	858	今村银行总店	2109	中井银行	4205	鸿池银行分店	7144
第三八银行分店	587	第二银行总店	687	明治商业银行总店	2087	田中银行	3966	住友银行分店	6843
第二七银行分店	580	川崎银行	675	丁酉银行总店	2008	村井银行	3252	中井银行	6047
第七八银行分店	466	第三九银行分店	671	浪速银行分店	1614	第二〇银行办事处	2929	第二〇银行办事处	5340
第十三银行总店	451	第二〇银行总店	650	第七八银行分店	1560	浅草银行	2893	合资田中银行	5248
第九五银行总店	411	第七七银行分店	619	横滨正金银行	1481	森村银行	2609	横滨正金银行	5119
第三二银行分店	396	第四一银行分店	522	第八银行总店	1436	明治商业银行	2567	森村银行	4675

资料来源：「东京银行通信录」各号所载「同盟银行报告」中每年 12 月底排在前 20 位的店铺。

表 6-2 大阪同盟银行各店的存款额与放贷额

单位：千日元

1890年		1895年		1899年		1905年		1910年	
				存款额					
三井银行分店	1188	第一三〇银行总店	2194	大阪储蓄银行总店	6287	大阪储蓄银行	11708	大阪储蓄银行	21316
第一银行分店	568	三井银行分店	1609	住友银行总店	3832	住友银行	11285	住友银行	17772
第十三银行总店	367	第一银行分店	1426	第一三〇银行总店	3585	鸿池银行	10231	山口银行	16856
第一四八银行总店	329	逸身银行	959	第三四银行总店	3421	山口银行	7704	北滨银行	16514
第三四银行总店	312	第一四八银行总店	905	北滨银行总店	2876	第三四银行	7563	第三四银行	13946
共立银行	274	第三四银行总店	871	浪速银行总店	2672	浪速银行	6269	鸿池银行	13890
第一二一银行总店	231	帝国商业银行	811	鸿池银行总店	2407	第一银行分店	4550	浪速银行	13209
第四二银行总店	217	共立银行	767	三井银行分店	1921	北滨银行	4317	近江银行	8630
第五八银行总店	212	近江银行	750	帝国商业银行分店	1916	三井银行分店	3838	三井银行分店	8099
第一三〇银行总店	204	第一三六银行总店	744	山口银行总店	1854	第一二〇银行	3626	第一三〇银行	7298
第七九银行分店	199	住友银行	684	日本储蓄银行总店	1705	近江银行	3303	第一银行分店	5831
第三银行分店	186	第七九银行总店	621	第一银行分店	1687	第三银行分店	3048	加岛银行	5572
第三二银行总店	128	第四二银行总店	502	加岛银行总店	1470	日本储蓄银行	2827	第三二银行分店	5532
久次米银行分店	105	第十三银行总店	496	第七九银行总店	1292	加岛银行	1939	增田银行	2973
第五八银行分店	63	第五八银行总店	488	藤本银行总店	1271	虎屋银行	1589	虎屋银行	2265

1890 年		1895 年		1899 年		1905 年		1910 年	
第七一三银行总店	61	大阪明治银行	450	近江银行总店	1239	帝国商业银行总店	1534	藤本中介银行	2061
第三七银行总店	53	第三二银行总店	424	三菱银行分店	1171	藤本银行	896	三菱银行分店	1343
第八九银行分店	47	大阪商业银行	387	木原银行总店	1075	土佐银行分店	863	土佐银行分店	1199
第一三六银行总店	44	第一一二银行总店	385	大和银行总店	1069	杨井银行	860	川上银行	1164
第二二银行分店	42	第三二银行分店	375	逸身银行分店	957	三菱银行分店	852	横滨正金银行	928

放贷额

1890 年		1895 年		1899 年		1905 年		1910 年	
第一银行分店	918	三井银行分店	3745	三菱银行分店	6619	住友银行	9739	住友银行	16066
共立银行	777	第一三〇银行总店	2779	住友银行总店	5303	鸿池银行	9388	北滨银行	14848
第一三〇银行总店	734	帝国商业银行分店	2343	第一三〇银行总店	5201	第三四银行	8785	第三四银行	14767
第四四银行总店	678	第一银行分店	1891	浪速银行总店	4974	北滨银行	6372	三井银行分店	13631
第四二银行总店	636	逸身银行	1812	第三四银行总店	4572	山口银行	6195	山口银行	12289
第三二银行总店	628	近江银行	1413	北滨银行分店	4503	浪速银行	6143	三菱银行分店	12019
第十三银行总店	564	住友银行	1332	三井银行分店	3950	三菱银行分店	5727	浪速银行	9881
第一四八银行总店	561	第四二银行总店	1297	帝国商业银行总店	3296	第一三〇银行	5523	鸿池银行	9363
三井银行分店	397	第三四银行总店	1261	加岛银行总店	2848	三井银行分店	4535	近江银行	9288

1890 年		1895 年		1899 年		1905 年		1910 年	
第三银行分店	345	共立银行	1143	藤本银行总店	2841	第一银行分店	4035	加岛银行	8029
第七九银行总店	340	第一四八银行总店	1120	山口银行总店	2738	加岛银行	3499	第一三〇银行	7677
第五八银行总店	333	第一三六银行总店	1094	鸿池银行总店	2593	近江银行	3420	第一银行分店	7383
第一二一银行总店	322	第三银行分店	1049	积善银行总店	2386	帝国商业银行分店	2150	大阪农工银行	6265
第一三六银行总店	298	第一三二银行总店	997	第一银行分店	2359	积善同盟银行	1780	藤本中介银行	6243
第二二二银行总店	203	大阪商业银行	756	大阪储蓄银行总店	2161	藤本银行	1726	台湾银行分店	4569
第三八银行分店	177	第十三银行总店	651	近江银行总店	1824	阿波商业银行分店	1346	增田银行	3517
第一四〇银行分店	159	大阪明治银行	650	第三银行分店	1743	日本储蓄银行	1031	横滨正金银行	3483
久次米银行分店	155	第五八银行总店	629	逸身银行总店	1645	大阪储蓄银行	979	第三银行分店	2537
第十七银行分店	123	第一二一银行总店	563	大阪共立银行总店	1588	杨井银行	918	韩国银行	1925
第七三银行总店	105	第七九银行总店	516	大阪三商银行总店	1498	虎屋银行	812	第十八银行分店	1918

资料来源：「東京銀行通信録」各号所载「同盟銀行報告」中每年 12 月底排在前 20 位的店铺。

近第三银行、帝国商业银行，足以与第一银行比肩。到了1896年末，三菱合资公司银行部和深川办事处的合计存款额达到562万日元。与此同时，三井银行是1053万日元，第一银行是492万日元。所以在1896年末这个时间点，它已经超越了第一银行。

在放贷额方面，三菱合资公司银行部在东京市场上的排名比存款额的排名要低一个档次，1899～1910年仅在第十位上下徘徊。[①]但1895年刚成立时银行部的放贷额就有693万日元，就这个时间点来说也是具有相当规模了。此外，1896年末东京总公司和深川办事处的放贷额有411万日元，与三井银行的624万日元、第一银行的428万日元相比并没有逊色多少。虽说继承第一一九银行、专门负责此业务的深川办事处贡献了142万日元，还有刚成立时的崇高地位，但是在1890年代后半期，三菱合资公司银行部与其他的强势银行相比，发展势头是停滞的，排名也逐渐下降。

三菱合资公司银行部在东京市场上的情况和在大阪市场的排名可以说形成了镜像式的对照（见表6-2）。成立伊始的1895年末的情况因为缺乏数据目前并不清楚，但是我们可以看到在1896年末，没有纳入大阪同盟银行记录的三菱银行部大阪分店的放贷额中借贷为34万日元、透支支票为1.4万日元、贴现票

① 武田晴人「産業構造と金融構造」歴史学研究会・日本史研究会編『日本史講座8 近代の成立』東京大学出版会、2005。作者的疏忽导致1905年东京市场的借贷数据中三菱银行和三井银行的数据互换，三菱银行部上升为第二位。作为实证研究者这是不应有的错误，在此特别致歉并予以订正。

据为 387 万日元，放贷额约占 3.5%，贴现票据约占 18.4%，后者远高于前者。

在大阪市场中以贴现票据为基础的借贷是第一一九银行时代遗留的传统。第一一九银行曾是大阪同盟银行的一员，所以我们能够得到其 1893 年以后的数据。1893 年末大阪分店的放贷额中借贷 41.4 万日元、透支支票 1.7 万日元、贴现票据 228 万日元，1894 年末则分别是 16.1 万日元、1 万日元和 152 万日元。也就是说，在大阪市场的放贷中贴现票据占据了绝大部分，借贷不过是零头。而在贴现票据一项上，总店和分店在大阪同盟银行中占据了首位。其 1893 年的份额约为 17.6%、1894 年约为 13.9%。而 1893 年的第二位是第十三银行总店，133 万日元；第三位是第一二一银行总店，130 万日元。接下来依次是第一四八银行总店，121 万日元；三井银行分店，104 万元。与这些银行相比，第一一九银行分店的 228 万日元贴现票据可以说在大阪市场具有压倒性的地位。

进入 1900 年代以后，在大阪市场的大阪总店银行（指将总店设在大阪的银行）总算是在放贷方面迎来了机遇。但总体来看，与大阪总店银行进入东京市场的迟缓情况不同，东京总店的银行自 1890 年代就在大阪市场上压倒了大阪总店银行。三菱合资公司银行部大阪分店早在 1899 年就已经在大阪市场占据首位。而 1890 年代第一一九银行和三菱银行部在大阪市场所构筑的地位亦可说明这并不是一个短暂的现象。

与放贷方面占据高位不同，三菱银行部在大阪市场上的存款地位却相当低。到 1910 年为止，除了存款额急剧增加的大阪总店银行，三菱银行部也被东京总店银行分店远远地拉开了距离。与之相比，进入 1900 年代后三菱银行部大阪分店的放贷额有所下降，但依然处于排名的上游。可以说三菱合资公司银行部在大阪市场中处于大幅度放贷过度的状态。

关于以上事实，《三菱银行史》一书在"创业之初银行部的特征"中有过介绍，其中写道，"总店与分店的关系就如同眼下所展现的那样，不是分店募集资金，总店去使用，而是反过来总店去募集资金，由分店来使用"，"分店从总店得到资金之后主要将其用于商品担保的借贷，只有总店负责各方面的存款和借贷交易，这一点和现在特征基本相同"。实际上，与其说这是创业期的特征，毋宁说是三菱在日后相当长的一段时间内始终维持的特色。[1]

二　三菱合资公司银行部的经营状态

上一节中我们已经确认，三菱银行部从成立之初就是东京的大银行，同时其大阪的分店也在借贷市场中取得了相当高的地位。以此事实为前提，本节将进一步讨论银行部经营的状态。

结算数据与《银行通信录》数据的异同

《三菱银行史》的末尾收录了此时期三菱合资公司银行部的

---

[1]　『三菱銀行史』、86～87 頁。

资产负债表和盈亏计算书。所以我们可以参照资产负债表中的数据对由《同盟银行报告》制作的表 6 - 1、表 6 - 2 的真实性做一确认。

这份资产负债表的结构，如表 6 - 3 所示。其中需要关注的是《同盟银行报告》所在栏里记载的部分。1910 年以前，银行部的资金约为 100 万日元。由于两份资料都没有记载此时期的积累资金，我们暂且来看其存款、贷款与有价证券的数额。

表 6 - 3　账户项目的比较

资产部分			负债部分		
《三菱银行史资产负债表》		《同盟银行报告》	《三菱银行史资产负债表》		《同盟银行报告》
大项	细目		大项	细目	
现金存款		货币总额	存款	定期存款 活期存款 特殊存款 存款票据	定期存款 活期存款 储蓄存款 诸存款
有价证券	国债、地方债 社债 股份	公债借据			
贴现票据	商业票据 跟单汇票	贴现票据	借贷金 其他店铺借贷 其他杂项		
借贷金	借贷金 活期透支 贷款 抵押证券	借贷金 活期透支 贷款	资本账目	资本金 前期结转金 当期纯利金	资本金
其他店铺贷款 动产不动产					

资料来源：由『三菱银行史』及『銀行通信録』各号制作而成。

表6-4 资产负债表与《同盟银行报告》的数据比较

单位：千日元

年份	项目	存款合计	定期存款	其他存款				国债、地方债	社债、股票	借贷金	抵押证券	活期透支贷款	贴现票据
				活期存款	特殊存款/储蓄存款	存款票据/诸存款	小计						
1896	银行部结算	6558	1039	5324	190	2	5516	1080	555	2261		723	5821
	东京（总店）	5392	975	1607	2741	68	4416	80		1569		714	408
	深川办事处	235		233		2	235						1421
	大阪（分店）	756	12	464	90	190	744	1000		340		14	3874
	差额	176	52	3020	-2641	-259	121	0	555	352	0	-5	118
1899	银行部结算	12218	4462	7601	152	1	7754	1426	1248	907	5103	648	7409
	东京（总店）	9837	3680	2905		3251	6156	1320		512		556	1763
	深川办事处	303	30	186		87	273						464
	大阪（分店）	1171	80	856		235	1091	135		277	819	19	6323
	神户（分店）	1389	673	533	183	0	716	5		199		41	2741
	差额	-481	0	3120	-31	-3572	-483	-34	1248	-2	4284	32	-3882
1905	银行部结算	19281	4784	13440	1041	15	14496	2350	1572	1557	33	599	13203
	东京（总店）	16844	3860	7812	4155	1017	12984	2845		1467		558	2510
	深川办事处	154	20	67		67	134						1206
	大阪（分店）	855	305	229	264	57	550	998		97		45	5584

续表

年份		存款合计	定期存款	其他存款				国债、地方债	社债、股票	借贷金	抵押证券	活期透支贷款	贴现票据
				活期存款	特殊存款/储蓄存款	存款票据/诸存款	小计						
1905	神户(分店)	1405	551	244	608	2	854	42				17	3448
	差额	23	49	5088	-4051	-1060	-26	-1526	1572	-7	33	-22	1661
	银行部结算	33695	8646	24283	715	50	25048	7578	2758	3185		1968	22429
1910	东京(总店)	30194	7016	15432	6994	753	23179	9089		2784		1767	6917
	大阪(分店)	1343	789	285	269		554	471		171		151	11697
	神户(分店)	2146	836	543	753	13	1310	778		346		44	3607
	差额	12	6	8023	-7301	-717	5	-2760	2758	-116	0	6	208

资料来源:由「三菱银行史」及「银行通信録」各号制作而成。"银行部结算"一栏数据为资产负债表的数据,其他则依据《同盟银行报告》。

若将《银行通信录》里《同盟银行报告》的数据与资产负债表的同期结算进行比较，则如表 6-4 所示。《同盟银行报告》数据的合计值与结算的差值用"余额"来表示。但需要注意的是，两者不仅在项目结构上有所区别，还在 1896 年的关西地区存在大阪分店、中之岛办事处、神户分店，由于无法获得神户分店的数据，只能通过该表下方的"余额"栏反映神户分店等店铺的营业情况。同样的，1905 年以后兵库办事处的项目与 1910 年深川办事处的项目也可能会分别算到神户分店、东京总店的数据里，在确认数据时切不可大意。

　　将以上的资料现状作为前提来比较两套数据可知：（1）"定期存款"这一项的可信度相当高；（2）其他存款项目由于分类不同存在很大的差异。但是关于存款总额的数据，在某种程度上是可信的。所以对于前述存款市场中三菱合资公司银行部的评价，笔者也予以认同。

　　而其他存款项目数据上的不同，估计是因为存款种类的划分在不同时期发生了变动，抑或是因为报告提交银行集会所时为了方便汇总而将内部数据进行了重组。关于项目的名称，《三菱银行史》里写的是"存款票据"，与之对应，当时的内部资料中标记为"开票票据"。但无论是哪一项，与东京总店以"储蓄型存款"的名义向集会所报告时的金额相比并没有减少的迹象。若将其视为资产负债表中的"活期存款"并合计起来，那么与两个表所记载的内容几乎一致。关于这一点，《三菱银行史》认为在第一一九银行时代也就是 1890 年末就提前实施了储蓄银行条例，同时将此前的"储蓄存款废除并在活期存款中设立了'特别活期存款'"。① 作为现在普通存款前身的"特别活期存款"，在《同盟银行报告》中是以"储蓄存款"或"诸存款"的名义上报的。② 而资产负债表中则是将活期存款合算在一起，并没有单独成项。因此资产负债表中的"活期存款"与通常意义上开设"流通信用"类的存款账户是不同的。而《同盟银行报告》中的数据，③ 1890 年代的"活期存款"和"特别活期存款"几乎分庭抗礼，直到 1900 年代前者才逐渐增加并拉开了差距，进而在 1909 年，由于活期存款的大幅增加，存款结构发生了变化。

在投资方面，我们可以看到 1896 年与 1899 年的有价证券一项，《同盟银行报告》的数据里并没有包含社债和股票。若按时间顺序对其进行观察，则这一点需要注意。在借贷上，《同盟银行报告》几乎没有包含"抵押证券"的数据。除了贴现票据的"差额"一栏以外，其他数值如果全部视为店铺活动的话，其差异未免显得过大。差额有正负之分，可以推测主要是因为这些数值的测定项目不同。尤其是 1899 年的资产负债表中"抵押证券"有超过 500 万日元之巨（该表也显示该数据在 1905 年后逐年减少）。这种形式的资金投资在《同盟银行报告》中被统计到"贴现票据"一项中。假设这只是单纯的统计，那么该形式

---

① 『三菱银行史』、58～59 頁。该资料称"特别活期存款的创设是由第一一九银行开始的"，此后"也使用过小规模活期存款、其他活期存款等名称"。「同盟银行报告」中也充分考虑到了此点，故没有予以分类而是集中在一起上报。

② 「同盟银行报告」中的数值变化显示，"特殊短期存款"在 1897～1899 年被计入"诸存款"一栏，其他时间则计入"储蓄存款"中。

③ 相关数据参见「産業革命期の三菱合資会社銀行部」『三菱資料館論集』2005 年第 6 号。

的资金投资应有相当一部分使用在了大阪市场。而其他账目的
"差额"一栏里并没有太大的数值，借贷总额也没有出现很大
的差额，所以对于这些项目的评价应该说是可以相信并接受的。
但我们不能认为"具有统计抵押证券可能性"的贴现票据账户
是以《同盟银行报告》为基础向"贴现票据业务"展开的资金
运用。其具体情况虽然无法在此展开论述，但是在评价此时期
三菱合资公司银行部在大阪借贷市场的地位时至少需要注意到
这一点。此外，在贴现票据余额之外，三菱合资公司的《年
报》里还收录了 1896 年度、1904 年度、1907 年度的银行部
《结算报告书》，其中的数字相加起来也存在很大的问题。故可
以认为，报告给银行集会所的信息中除了按照存款种类进行分
类并将"抵押证券"计算到贴现票据以外，其他都是正确的。
若以此数据来进行考量，可以得出银行部在大阪市场中具有较
高地位的结论。①

银行经营的特征

如果仅观察资产负债表（见表 6 - 5），可以说三菱合资银行
部的经营一直到 1910 年代初都是在顺利发展的。但事实上，在
1899 年前后、日俄战争期间及战后、1910 年以后，都发生过一
些不连续的变化。注意到这一点后，接下来将对每个账目的主要
特征展开探讨。

---

① 笔者对于 12 月末的数据是否受到季节变动的影响进行了确认，发现除了
部分贷款外并无明显的季节性变动。

表 6-5 三菱银行资产与负债额

单位：千日元

资产	现金、存款	有价证券				贴现票据	借贷金				其他	合计
		小计	国债、地方债	社债	股票		小计	借贷金	活期透支借贷	抵押证券		
1895 年	1161	985	780	205		4904	2014	1737	277		38	9103
1896 年	670	1636	1080	5205	350	5821	2985	2261	723		0	1114
1897 年	1044	1669	1463	205		6323	4394	1720	2674		31	13463
1898 年	972	1600	1378	222	950	4920	4489	2845	1643		0	11983
1899 年	889	2674	1426	298	950	7409	6658	907	648		3	17636
1900 年	993	2629	1402	277	950	8360	3443	1624	465		11	15438
1901 年	2092	3359	2178	260	920	8722	2883	1947	455		0	17057
1902 年	1390	3263	2061	252	950	10996	3520	2691	407		0	19171
1903 年	1321	3036	1262	1243	530	12032	3061	2536	479	5103	62	19514
1904 年	1920	5248	3665	1053	530	12032	3061	2495	636	1352	21	19920
1905 年	3666	3922	2350	1042	530	13203	2189	1557	599	480	47	23030
1906 年	3532	6674	4922	1022	730	19395	2048	1494	554	421	12	31664
1907 年	2817	5336	2482	738	2115	17226	8655	2771	5884	45	45	34085
1908 年	2845	5380	2354	810	2215	20610	5820	1992	3828	27	46	34705
1909 年	2111	8309	5809	531	1968	23395	4988	2216	2772	33	68	38874

资产	现金、存款	有价证券				贴现票据	借贷金				其他	合计
		小计	国债、地方债	社债	股票		小计	借贷金	活期透支借贷	抵押证券		
1910 年	1833	10337	7578	790	1968	22429	5151	3185	1968		230	39982
1911 年	1833	8306	5675	662	1968	27091	10784	8940	1844		14	48030
1912 年	2388	8518	5939	489	2089	27585	10704	5202	5501		27	49224

负债	存款					借款	其他店铺借款	杂项	资本项目			
	小计	定期	活期存款	特殊存款	存款票据				小计	资本金	前期结转金	当期纯利润
1895 年	4466	565	3831	68	1	1431	2114	0	1091	1000		91
1896 年	6558	1039	5324	190	2	2509	566	50	1429	1000	217	212
1897 年	6765	1727	4864	173	15	3688	1438	0	1540	1000	514	26
1898 年	9438	2848	6345	229	1	700	84	3	1756	1000	556	200
1899 年	12218	4462	7601	152	1	3446	31	15	1923	1000	766	157
1900 年	11680	4332	6943	402		1500	65	0	2191	1000	943	248
1901 年	14300	5298	8792	209	101		323	0	2432	1000	1196	236
1902 年	15495	6586	8480	326	2	600	373	0	2701	1000	1515	186
1903 年	16709	6627	9958	120	82		0	0	2802	1000	1672	130
1904 年	16310	4959	11185	82			599	11	2998	1000	1846	152

负债	存款					借款	其他店铺借款	杂项	小计	资本项目		
	小计	定期	活期存款	特殊存款	存款票据					资本金	前期结转金	当期纯利润
1905 年	19281	4784	13440	1041	15		131	0	3615	1000	2145	470
1906 年	27325	7500	16790	3002	32		102	6	4229	1000	2866	363
1907 年	26728	7984	14988	3719	35	2000	797	3	4551	1000	3458	93
1908 年	29341	9384	16105	3838	12		187	1	5174	1000	3810	364
1909 年	32858	10337	22327	181	11		247	13	5754	1000	4433	321
1910 年	33695	8646	24283	715	50		44	1	6240	1000	5009	231
1911 年	41008	10531	29685	763	27		290	8	6722	1000	5399	323
1912 年	39648	18251	20029	1359	7		23	2194	7357	1000	5978	379

资料来源：根据『三菱銀行史』卷末附表制作而成，存在与统计不一致之处，其原数据如此。

首先，在存款方面，定期存款的比例与三井银行等大银行相比偏低，在 1890 年代末与日俄战争结束以后，其定期存款却急剧增加；在日俄战争期间及战后，活期存款亦显著增加；在此期间（1896~1898），把特殊存款的 300 万日元也计算进去。虽然 1890 年代存款的增加与借贷的减少相互抵消，但是这仍旧存在一个限度，进入 1900 年代以后增加的资金几乎全都来自存款。表 1-8 显示，1908 年 12 月奥帐场（岩崎久弥家）拥有特殊存款 270 万日元，其他存款 422 万日元，活期存款近 122 万日元。若将第一项视为银行部的特殊存款，将第二项视为定期存款，那么三者相加起来约为 1908 年末银行部存款额的 28%。目前我们无法得知奥帐场的存款究竟自何时开始，但综合考虑 1906 年以来银行部增加的存款均来自定期存款与特殊存款的事实，可以推测银行部当时接收到大量来自奥帐场的资金。而且，这个时期奥帐场多余的资金都成为银行部的存款。

　　这一段时间还有一个特征：该行存在大量外国人的存款。关于这一点，《三菱银行史》中有如下记载："不少存款来自三菱相关或有因缘之人。此外值得注意的是总店的华族存款较多，外国人活期存款账户约占 40%，这是其他银行没有的情况。"而且"当时银行部是东京市内唯一一家可以与外国人进行交易的银行，其原因在于第一一九银行在香港、上海、横滨开设了分行，目的是方便与外国人的贸易。在银行部继承第一一九银行业务前后，这些外国人的活期存款也转移到银行部之下，并随着与外国官员的交谊而愈发兴盛。前来办理存款业务的人中有很多外国外交官，出入银行部总店的外国人也相当多"。①

第一一九银行在 1896 年上半年末将主要业务移交给了三菱合资银行部，此时的数据（见表 6-6）显示，在 115 个账户约 17 万日元的定期存款余额中，有 17 个账户约 7.1 万日元属于外国人。②

另外，到了三菱合资公司银行部时期，根据 1904 年 4 月提交给大藏省理财局局长的报告，截至 1903 年 12 月末，外国人存款共有 2253045 日元，其中的定期存款额总计为 1576907 日元。若按总店与分店的区分来看，东京总店有 110.7 万日元，大阪分店有 4.7 万日元，神户分店有 2.8 万日元。③ 而 1904 年末银行部的总存款额是 1670 万日元，其中定期存款 663 万日元，外国人的存款约占总额的 13.4%，占定期总额的 23.8%。从这一点，我们可以确认该行在存款结构上的独特性。

其次，在投资方面，虽然有价证券的比例较借贷等业务更高，但是与三井银行相较而言其贴现票据的投资比例要更高一些。当时，在有价证券中，投资国债占据了很大比例。1903 年与 1906 年较为引人注目的是社债的增加，而 1907 年存款显著增

---

① 『三菱銀行史』、85~86 頁。在外国人交易方面，"当时一般的城市银行事实上并未开设外国银行分店业务，所以在交易上存在诸多不便，而第一一九银行则率先开设了香港上海银行横滨分店的业务，与该银行一道为在日外国人提供了办理汇款支票、有价证券买卖的业务，由此获得了当时东京市内唯一一家外国人交易银行的美誉"（『三菱銀行史』、59 頁）。此事亦有可能与三菱创业期海运业中存在大量外国船员一事相关。

② 关于第一一九国立银行继承一事，1896 年上半年已经有"该行总店的各项业务大部分转移到银行部"的记载，所以表 6-6 的数据应是移交后的（『三菱銀行史』、65 頁）。

③ 「銀行部から大藏省理財局長宛て」明治 37 年 4 月 20 日、三菱銀行部『諸要件謄写簿』（MA4839）。

加以后，其股票投资也逐渐多了起来。如表 6 - 7 所示，在这些可以察知详情的时间内所持股票与社债中铁道股票占据了多数，至 1904 年将股票置换为社债后还增加了对钟渊纺织公司的社债投资，甚至还存在东京仓库和大阪商船公司等三菱客户（前者是银行自身的客户，后者则属于造船部）的股票与债券。[①] 但总体而言，可以认为它们和三菱合资公司营业活动的关联性并不大，持有股票仅仅是为了获得分红而已。

表 6 - 6　第一一九银行按客户职业区分的存款与贷款
（1896 年上半年末）

单位：日元

客户分类	定期存款		活期存款		特殊存款		贷款	
	账户数	金额	账户数	金额	账户数	金额	账户数	金额
合计	115	167466	1557	455259	3	3699	22	134852
皇族	1	10000						
华族	2	7572	12	11471				
士族	37	24647	685	173029	2	2222	7	14302
平民	17	8280	557	143918				
公司	3	14278			1	1477		
协会	4	8300	6	9845				
商人	23	13051	207	77441			8	98640

① 关于此时期三菱、岩崎家的有价证券投资，参见中村尚史「明治期三菱の有価証券投資」『三菱資料館論集』2001 年第 2 号。此外，关于 1900 年代初三菱合资公司银行部的有价证券，"在公债上除了以往的整理公债、军事公债、五分利金禄公债以外，明治 35 年（1902）以后又增加了帝国五分利公债。另还增持了明治 34 年（1901）以后的大藏省证券。至明治 35 年上半年持有额度已超过百万元，达到了总额的约三成；地方债方面，除东京市债外，明治 36 年（1903）还持有神户市债；社债方面，为应对当时社债发行量增加的形势，曾购入钟渊纺织、大阪商船以及铁道公司的社债；股票上并无需要特别提之处，因为……银行在资产上投资对象非常少……尚不足以成为银行的投资对象"（『三菱銀行史』、108 页）。

客户分类	定期存款		活期存款		特殊存款		贷款	
	账户数	金额	账户数	金额	账户数	金额	账户数	金额
学校			4	2396				
医生	11	10328	21	8670			2	4750
公司职员			30	15859			5	17161
外国人	17	71010	35	12629				

注："职业分类"依照原资料列入。

资料来源:『第百十九銀行沿革書類及び考課状』（MA4836）。

表 6-7　三菱合资公司银行部所持股票、社债细目

单位：日元

1896 年	上半年末			下半年末		
种类	所有店铺	券面	实价	所有店铺	券面	实价
山阳铁道债券				总店	200000	205640
关西铁道股票				中之岛分店	99250	99250
参宫铁道股票					82500	121577
山阳铁道股票	总店	200000	205640		27900	35340
筑丰铁道股票					38100	45720
筑丰铁道股票				神户分店	20450	27966
大阪铁道股票					11000	20790
小计		200000	205640		479200	
1904 年	上半年末			下半年末		
房总铁道债券		200000	180000			
山阳铁道债券		161000	142114		161000	142114
北越铁道债券		33100	33100		33100	33100
钟渊纺织债券		100000	98000		100000	98000
京釜铁道债券	总店	200000	194000	总店	200000	194000
北海道铁道债券		187800	187800		182800	182800
总武铁道债券		250000	250000		250000	250000
东京仓库股票		300000	500000		300000	500000
丰川铁道优先股					30000	30000
大阪商船债券	大阪分店	156750	153615	大阪分店	156750	1563615
小计		1588650	1738629		1413650	1583629

349

1907 年	上半年末			下半年末		
种类	所有店铺	券面	实价	所有店铺	券面	实价
总武铁道社债		250000	250000		250000	250000
北越铁道社债		33100	33100		33100	33100
钟渊纺织社债		70300	68894		79300	77714
京釜铁道社债		200000	194000		200000	194000
北海道铁道社债					180300	180300
东京仓库股票	总店	1550000	1750000	总店	1550000	1750000
丰川铁道优先股		30000	30000		30000	30000
九州铁道股票		136250	163955			
九州铁道新股		148140	171394			
大阪商船社债	大阪分店	156750	153615	大阪总店	156750	153615
日本纺织社债		39900	39102			
小计		2614440	2854060		2479450	2668729

资料来源：由『年报』明治 29 年（MA6049）、明治 37 年（MA6059）、明治 40 年（MA6059）中各年度银行部报告制作而成。

但购买东京仓库的股票是一个例外。之所以这么做，乃因为"兵库仓库的麻烦事让人深切地感受到了银行与仓库公司保持信任并走向一体化的必要性"，所以对于银行部来说这算是"第一次积极主动的投资"。[①] 1907 年以后股票投资的增加正是由于其所持东京仓库股票的增加。表 6-4 显示，账户余额中的国债主要集中在东京总店，因此两者结合来看便可得知，当时股票与社债大多由大阪分店和神户分店持有，而银行部的有价证券投资则基本属于东京总店的业务。

---

① 『三菱银行史』、93~94 页。

总店与分店的关系

这种存款向总店的集中与投资的两极化一直持续到 1910 年代。也就是说，东京总店除了上文所述的有价证券投资以外还存在借贷和贴现票据等业务，而大阪与神户的两个分店则将资金全都集中到贴现票据的相关业务上。此种资金吸收与投资上的地域差距，导致该时期三菱合资公司银行部不得不经常从东京向关西地区输送资金。如表 6-8 与图 6-1 所示，1905~1909 年，东京总店与分店以及其他银行之间的借贷关系是非常明确的。东京总店俨然扮演着资金供给者的角色，前后一共向各地分店输送了约1000 万日元的资金。而大阪分店则接收了其中的一半以上，达到 500 万~800 万日元。

表 6-8　三菱银行总店的分店与他店账户

单位：千日元

时间	分店账户					他店账户		
	合计	深川办事处	大阪分店	神户分店	兵库办事处	香港上海银行	横滨正金银行	爱知银行
1905 年 8 月	9411	1601	5239	1746	826	-528		0
1905 年 12 月	9507	1020	5807	1938	742	-104	9	0
1906 年 6 月	12083	1470	7193	2235	1185	-282	13	0
1906 年 12 月	9902	741	8143	-42	1059	-121	27	0
1907 年 6 月	12280	1343	7765	1515	1656	-90	57	0
1907 年 12 月	8754	1458	6236	529	530	-460	43	0
1908 年 6 月	8656	1443	5620	1204	389	-130	49	0
1908 年 12 月	9074	1430	5566	1521	556	-190	65	0
1909 年 6 月	9550	1464	6344	1607	135	-410	230	-19
1909 年 12 月	11079	1427	7728	1487	438	-214	176	-42

资料来源：根据「三菱银行本店他店勘定平均比較表」『银行部総勘定元帳』制作而成，数据为各月的平均余额，"-"表示透支。

按月份制成的图 6-1 展示了这样一个规律：在 1907 年初以前，从每年结算期的 6 月与 12 月至其下一个月，大阪分店所得到的贷款额都会发生增长，而至期中却又走向回落。这种情况直至 1908 年以后才消失。而神户分店则在 1907 年初出现一段不自然的资金回收过程，但其原因在于需要向大阪分店追加资金供给，所以与总店的资金回收并没有关联。① 虽然目前无法查明其依季节而发生变动的情况，但是可以发现，不仅是大阪、神户、兵库这些关西地区的营业点，深川办事处当时也依赖于总店的资

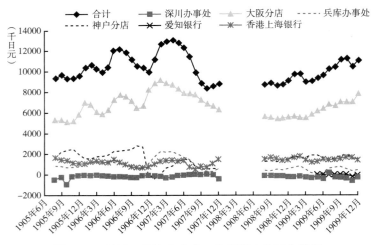

图 6-1　1905～1909 年分店、他店账户的变化情况

---

① 『三菱銀行史』、115～116 頁。该资料显示，1907 年上半年借贷骤增，尤其是为了避免神户分店出现问题而进行过资金回收。日俄战争以后的经济萧条发生于 1907 年 2 月以后，故很难想象是这个因素导致的。为了应对以大阪为中心的资金需求，神户分店进行过资金回笼。或许如此认识较为合理。

金供给。而香港上海银行则一直保持透支的状态。① 因此，这种地区间与银行间的资金流动主要集中在总店与分店之间，而与其他银行之间的资金流动则在有限的范围内被控制在相对较小的规模。

以这种总店与分店之间的资金借贷关系为前提，若要考察各店铺究竟是如何进行资金运用的，需要对《年报》中收录的1896年、1904年、1907年总共六期的《营业状况》加以分析。按照其店铺类别进行整理后，可得到如下结论。②

首先是东京总店。因为它也是吸收存款的店铺，所以关于其存款情况与资金运用的记载各占一半。在资金运用方面，③ 由于"在接近生丝期时，各银行的半季结算亦日益迫近，金融方面也相应地繁忙了起来"（《年报》1896年上半年）；"横滨积攒了大量生丝，故需要巨额资金"（《年报》1896年下半年）；"东京总店的放贷业务自结算期初至5月底常有六七百万元之异常变动，到了6月缫丝又需资金，在尽力筹措后放贷额高达一千余万元"（《年报》1907年上半年）；"与往年相同，随着对生丝大量贷款的回收，至10月为止放贷额逐渐减少"（《年报》1907年下半年）。这可以说是专门的制丝金融。而在创业期"放贷方面除了

---

① 与香港上海银行之间的交易关系请参考前注。在1890年前后，造船部通过大阪商船公司接收了船舶建造订单资金并经由香港上海银行进行了偿还。这种交易关系在此后延续下来。详见第四章。

② 关于中之岛办事处只有1896年的记载。因为其1900年被撤销，故此后亦无记录。

③ 笔者旧稿中有对史料原文的抄录，本书受篇幅所限仅总结其要点，若有需要可参照旧稿。

对三菱相关客户放贷以外，以东京仓库公司寄存债券作为担保的放贷也相当多。此外亦有总店向足立银行、第三十五银行、东京商业银行等其他银行的大规模放贷"。[①] 当然，这种向银行的放贷是否与制丝金融相关目前尚无法确定。

深川办事处是在第一一九银行时代的 1894 年 1 月为了对深川各仓库库存的粮食、肥料等商品进行融资而设立的，所以其对于粮食和肥料颇为重视："深川办事处当时接收的新米颇多，而旧米则依然保持原状，再加上地方自然灾害导致肥料的销路中断，最终使其仓库囤积甚满。"（《年报》1896 年下半年）进而分别在 1904 年、1907 年开始关注砂糖、纺织物、纸张、毛织物等商品。故可以认为，其所负责的业务应该包括这些新增加的品种以及与股票投资对象东京仓库库存品相关的事宜。

根据《三菱银行史》的记载，大阪分店在 1891 年以后"成为本行（即第一一九国立银行——引者注）的代理店铺，负责处理本地三菱公司各个矿山以及分店的资金收支业务。此后（银行部）在同年 12 月决定设立大阪分店并于翌年（明治 25 年）1 月 1 日在大阪市西区西长堀南通五丁目开始营业"；1894 年"12 月为拓展大阪各个仓库的粮食、棉花等商品金融又开设了大阪分店中之岛办事处"（1900 年 1 月废除）。[②] 根据以上记载可以确认，大阪分店当时的主要业务是与三菱相关的资金处理以及普通客户的商业金融往来。但是在笔者所知范围内，目前尚

---

① 『三菱銀行史』、85～86 頁。
② 『三菱銀行史』、61～62 頁。

缺乏"矿山等三菱公司将资金收支事务转交给银行部"的史料。① 而在相应的商业金融方面,与深川相同,1904 年存在与砂糖相关的商业金融放贷业务,此外还提及棉花、棉丝等物品,这些都可以看作贴现票据业务。但需要注意的是,分店在投资上曾将"有价证券"的放贷定义成一个颇为重要的项目。虽然其详情尚不清楚,但毫无疑问与通常的商业贴现票据业务是有所不同的。譬如 1898 年上半年的《年报》记载,经济不景气导致采购资金需求陷入冷清,"大多数金融需求都是依靠信用或股票来担保,而商品担保则较去年减少了很多"。此外还在 1904 年将放贷划分成三种类型:"商业贴现票据与有价证券的放贷……以及普通商品放贷。"1907 年亦有"对股票与贴现票据的放贷""股票与信用交易相关的资金"等类似表达。其间大阪分店的放贷金还一度失去平衡,几乎全集中在贴现票据上。由于当时将商业贴现票据以外的业务全部计算到贴现票据中去是较为普遍的规则,而且如表 6 - 4 所示,"抵押证券"的借贷项目是由大阪分店来负责的,所以若要判断"东京的资金在商业金融最为发达的阪神市场中曾被用于商业贴现票据"需要特别谨慎。

与大阪分店相比,神户分店关于商业金融业务的记载更多一些:"由于棉丝的销路上涨,不仅要回收该商品的巨额资金,除砂糖以外的普通商品交易也应减少。至 12 月,对于棉花砂糖等

---

① 担任分店会计的职员在银行部大阪分店成立后同时负责两方面的业务。第二章曾提到,虽然三菱合资公司的会计和奥帐场的会计由同一人担任,但是区分其职责边界与业务实际状况是存在可能的。需要强调的是,认为银行部分店在银行部的账户下处理合资公司的活期存款业务并无依据。

物的资金需求将会增加。"（《年报》1904 年下半年）这说明神户分店对于粮食、肥料、砂糖、棉花、棉丝、棉绒布等商品的需求也非常关注。此外，1898 年 7 月神户分店还卷入"兵库仓库事件"中——因为银根收缩而被逼到绝境的数名货主为了摆脱自己的困境，强行取出由兵库仓库公司保管的货物，全面拒绝了"对该仓库保管证券的借贷"（《年报》1898 年上半年），为了保全债权甚至暂时扣押了保管的证券。[①]

最后是兵库办事处，它原本是 1896 年 10 月东京仓库在兵库开设的分店，此后继承了神户分店相应的业务并于 1899 年 7 月正式成立。其业务以粮食借贷为中心，也会留意外国进口粮食的交易情况。

如上所述，若重点关注资金运用，我们可以发现其投资由分店种类的不同而有所区别。除了与缫丝（生丝）有很强联系的东京总店外，其他的店铺还在处理粮食、砂糖、肥料、棉织品等诸多商品。而且可以看到，大阪分店作为最大的投资店铺，还开展过有价证券与商品担保票据的借贷业务。

表 6-9 展示了与此相关的同期借贷金细目。其中放贷的交易账户数量出乎意料地少。而其担保类别，在 1896 年主要是"股票担保"，至 1904 年、1907 年，总店的"信用、无抵押"急剧增加。可以推测这是三菱合资公司或奥帐场相关客户的借贷所导致的。关于其具体数据可留意集中在总店的借贷金、活期透支余额等。但是在《年报》的各分店报告中无法找到与三菱合资

---

① 『三菱銀行史』、92～93 頁。

表 6 – 9 按店铺区分的放贷金额及其细目

单位：千日元，户

1896年		上半年					下半年				
		总店	大阪	中之岛	神户	合计	总店	大阪	中之岛	神户	合计
现金放贷额	放贷金	1757.8	1.1	658.2	162.2	2579.3	1569.2	17.4	290.4	384.9	2261.9
	活期存款	212.9	35.2	2.0	0.0	250.1	713.6	1.7	6.3	1.8	723.5
户数	放贷金	113	2	41	14	174	134	3	29	68	234
	活期存款	38	3	2		43	55	1	2	1	59
放贷担保类别	国债、地方债	37.3			0.4	37.7	65.8	15.4		22.6	103.7
	各债券	1700.6	27.5	172.2	0.7	1900.7	1785.0	3.7	87.1	11.8	1887.6
	地皮房屋	214.9	8.2	0.0	16.0	230.9	244.1			16.0	260.1
	无抵押	16.7			20.0	45.0	187.4		6.3	53.4	247.1
	各类抵押	1.1	0.6			1.1	0.6			14.6	15.2
	商品					0.6					
	棉花			20.0		20.0			25.0	18.7	43.7
	粮食			468.2	78.3	546.5			178.3	48.3	226.6
	肥料				26.0	26.0				177.6	177.6
	矿物				20.9	20.9				23.8	23.8

1904年		上半年					下半年				
		总店	大阪	神户	兵库	合计	总店	大阪	神户	兵库	合计
现金放贷额	放贷金	2108.5	293.7	76.0		2478.3	2060.0	399.6	36.0		2495.6
	活期存款	680.9	14.3	0.9		696.1	578.8	36.1	22.0		636.8
	抵押证券				11.0	11.0				270.4	270.4
户数	放贷金	44	2	5		51	42	4	2		48
	活期存款	40	2	1		43	41	4	1		46
	抵押证券				16	16				30	30
放贷担保类别	国债、地方债各债券	9.8				9.8	12.9	250.0			262.9
	地皮房屋	1067.9				1067.9	977.8	20.6			998.3
	信用	242.0	293.7			535.7	239.6	149.6			389.2
	各类抵押	1393.4	14.3	76.9	11.0	1495.6	1347.4	15.5	58.0		1420.9
		76.3				76.3	61.1				61.1

1904年		上半年					下半年			
		总店	深川	大阪	神户	合计	总店	大阪	神户	合计
现金放贷额	放贷金	2347.6			50.0	2397.6	2421.2		350.0	2771.2
	活期存款	2288.8	0.3	127.9	47.3	2464.3	5760.0	102.4	22.1	5884.5
户数	放贷金	38			1	39	39		2	41
	活期存款	45	1	7	5	58	39	10	3	52

1904年		上半年					下半年			
		总店	深川	大阪	神户	合计	总店	大阪	神户	合计
放贷担保类别	国债、地方债	24.8			7.0	31.7	16.9		8.0	24.9
	各债券	992.8		27.4	75.3	1095.5	1151.8	37.9	0.1	1189.7
	地皮房屋	310.2			15.0	325.2	422.9		14.1	437.0
	信用	3300.2	0.3	100.5	0.1	3401.1	6542.3	64.5	350.0	6956.8
	各类抵押	8.4				8.4	47.3			47.3

资料来源：「年报」明治 29 年度、37 年度、40 年度所载银行部报告。

公司各事业相关的信息与线索。

那么这些业务给各店铺带来了多大的收益呢？我们可以从表 6-10 展示的 1906 年以后的部分数据中窥其端倪。但令人遗憾的是，目前尚未找到各店铺的盈亏计算数据，所以无从得知各个店铺的盈亏计算方法究竟为何。

表 6-10　1906~1912 年银行部各分店的利益额

单位：日元

分店	1906 年下半年	1907 年上半年	1907 年下半年	1909 年上半年	1909 年下半年	1911 年下半年	1912 年下半年
大阪分店纯利	202472	289197	277010	198490	177400	43109	60451
中之岛办事处纯利						2551	17173
神户分店纯利	79339	29135	56278	67621	40987	27472	19347
深川办事处纯利	29031	47943	38574	60009	48270	14569	11412
兵库办事处纯利	24710	68077	23947	14503	13351	1823	12244
各分店利息						349312	371470
纯收入	339923	328841	309059	338216	368799	313727	371466

注：原版缺 1910 年数据。——译者注

资料来源：「推定利益計算」三菱合資会社銀行部『推定表』明治 39 年度（MB1027）。

可以推测，1911 年开始出现"各店利息"这个项目或许是当时启用了"事业部制"，导致获取信息方法变更。但我们能够确认：（1）在此之前的 1906~1909 年大阪分店的利润额压倒性地高过其他分店；（2）神户、深川、兵库等各店铺之间的利润额并不存在相互关联；（3）1907 年上半年神户分店的利润骤减，应该如此前所述（图 6-1），与上一年度至该年度之初神户分店紧急撤回资金一事有关。

虽然目前我们缺乏史料来详细探明 1910 年代出台的新利润计算方法，但下面所引史料或许能给我们带来一些总店与分店间交易利润归属方面的信息：

史料 1

　银行部部长　收

　拜启　我店与中之岛分店最近半季间之利润预算如附件所示，向您汇报。自贵方借入资金之利息，还望自上述利润金中直接扣除。望批准。草草谨言。

大阪分店　乙部融

大正二年六月二十三日 [①]

　　也就是说，分店是以"借入资金"的形式从总店拿到资金，所以要向总店支付利息。正如引文所述，大阪分店在计算最近半年利润时并不清楚应向总店支付多少额度的利息，所以向银行部部长提出，希望从利润中扣掉利息并以扣除后的金额作为大阪分店与中之岛办事处的当期收益。由此我们可以看到，各分店在与总店展开借贷关系时对于究竟应基于借款额支付多少利息一事未必清楚。所以各分店在资金运用的标准上很容易出现失去平衡的现象：是利用总店的资金继续扩大投资，还是回收资金以后向总店返还呢？三菱合资公司银行部自成立以后一直让东京总店向大阪各分店提供资金，

---

　①　銀行部『大正弐年度　各支店来翰』（MA4840）。

这种方法引发了如此问题，只能说明其在银行经营上尚不成熟。

我们应该注意到，三菱合资公司的资金由总公司操作实际上导致总店与分店的关系萌生出混乱的元素。由于上述操作，各分店独立实施经营方针的余地变得极为狭窄，不得不为合资公司总公司的意向左右并被置于强力管理之下。

譬如从《三菱社志》中所载三菱合资公司总公司发出的指令，就可以了解到当时其展开资金操作的实情：

史料 2

金融形势逐渐紧迫，近来其情况愈发严峻。银行业者自不待言，普通企业家亦深陷困境。日本银行目前已断然停止私人贷款，对信用颇高的银行亦采取了不愿接纳之态度，以至于二十六日我公司提交之数十万元借款申请遭到拒绝。故如今正在尝试与该行总裁协商沟通，以期缩短时日而解燃眉之急。事已至此，我公司在无奈之下或将不再仰仗于日本银行而谋求自存之道。为解决眼下困境，银行部自不待言，包括各场所在内均应慎重自警。虽然渴望展开事业投资，但除特别紧要之事以外务必请理解我方用意，暂停进行一切投资。若手头尚有大量资金，可保留自身必要资金后将冗余部分送往总公司，以期实现公司内部金融流通之顺畅。

明治三十四年二月二十七日 ①

---

① 『三菱社誌』第 20 卷、明治 34 年、481 頁。

史料 3

拜启　关于我公司经营各场所之事业扩张改良一事，以往曾投入大量资金并期待尽早实现。然如今观察其发展动向，则为前途渺茫而寒心不已。其影响已然波及事业发展，故请秉持节约诚实之志而从事经营。原本我方并无如此打算，但鉴于此种形势不得不决定日后进一步展开调查研究以削减冗费冗员。在创业方面，对于最为紧要且必要之部分可继续推进，其他部分则可延期。所有各部门此际应尽可能地实行节约与改革之策，提前为未来之难关做好准备。此意已决，务请实施。谨言。

明治三十六年十二月二十三日①

以上史料都能够说明，总公司在开展资金操作时曾要求各场所严格控制不重要的投资项目而将资金集中到东京。尤其是上引1901 年的通知，目的是应对日本银行的资金回收。若不再像以往那样依靠日本银行的融资，那么三菱合资公司势必要开始独立管理并使用资金。这种情况，不仅是三菱合资公司银行部一个部门的问题，而是与三菱合资公司总体的资金操作密切相关的重大问题。所以从这一点我们可以窥察到银行部在角色与地位上发生的变化。

---

① 本社銀行部『従明治参拾六年弐月至明治四拾壱年拾月　本社諸達』（MA4837）。

三 总店的经营实态

资产负债额与"事业收支"

表 6 – 11 是参考三菱合资公司银行部总店《总勘定元账》中各细目的期末余额制作出的表格。[1] 该表在计算和制作上对借方的余额用正，对贷方的余额用负（表中以 △ 标注）表示。正数值在通常的资产负债表中对应着资本与负债项目，而负数值则通常用来表示资产项目。

在 1897 年末时还需要大量日本银行贷款的银行部，到了 1901 年上半年已经实现贷款的全额还清。在此期间未得显示的 1899 年与 1900 年 6 月末，其存款金余额为 0。此外贵金属账户的余额还有 50 万日元一直未到账，故原本已经减少的借款再度增加。其原因之一或许在于大阪（中之岛）分店使用额度的激增。[2] 到了 1900 年中期以后其资金回收工作稳步进行，

---

[1]　本节使用的『総勘定元帳』『利益推定表』都是未公开的资料，得到了三菱 UFJ 银行的特别许可。在此对允许使用该资料的各位表示谢意。此外由于是未公开的资料，作为旧稿的武田晴人「産業革命期における三菱合資銀行部本店の営業実態」（『三菱資料館論集』2006 年第 7 号）在可能的范围内还特别注意介绍了相关数据。本章因为篇幅所限省略了其中一部分，若有需要可参照旧稿。关于该史料的特点，也请参照旧稿。

[2]　设立大阪分店的经过稍显复杂。创业期的大阪分店是以中之岛办事处的大阪店铺为肇始的。1900 年 10 月，中之岛办事处被废除。所以十年后大阪分店转移到中之岛办事处的故地并新建了中之岛办事处（『三菱銀行史』、128 页）。本章所涉及的中之岛数据都与大阪店铺合算在了一起，目的是避免店铺废止与新设所造成的混乱。

表6-11 1897~1911年各年年末银行部总店的资产与负债余额

单位：千日元

年末余额	细目	1897年12月	1898年12月	1899年12月	1900年12月	1901年12月	1902年12月	1903年12月	1904年12月
存款账户	定期存款	1553	2303	3680	3655	4468	5516	5152	3779
	活期存款	1252	2660	2905	2565	4071	3656	4877	5588
	特别活期存款	2464	2699	3249	3100	3192	3231	3703	4156
	特殊存款	2	3	2	2	2	2	2	22
	转账票据	0	15	1	2	1	107	3	0
	支付票据	0	0	0	0	0	0	0	1
	小计	5271	7679	9837	9323	11734	12512	13737	13545
	借贷金细目	2843	700	1900	1500	0	600	0	0
贷款账户	借贷金	△1107	△1843	△512	△1076	△1322	△2089	△2092	△2060
	活期透支	△2369	△1491	△556	△389	△434	△399	△467	△579
	贴现票据	△951	△1037	△1763	△2482	△1886	△1523	△2939	△1626
	留惠有限公司	0	△0	△0	△2				
	小计	△4427	△4372	△2831	△3949	△3642	△4011	△5498	△4265
他店账户	香港上海银行	31	84	6	64	316	365	43	599
	正金银行	88	△1	△4	△2	4	2	△8	△8
	第一一九银行	1380							
	小计	1500	83	2	62	320	368	△50	592

年末余额	细目	1897年12月	1898年12月	1899年12月	1900年12月	1901年12月	1902年12月	1903年12月	1904年12月
分店账户	大阪分店	△1232	△1681	△551	△5422	△5501	△6874	△6438	△4782
	中之岛办事处	△2290	△1444	△5474	△1657	△1116	△1070	△536	△987
	深川分店	△871	△1018	△1022	△82	△175	△339	△830	△491
	神户分店	△749	△160	△570	△62	△138	△872	△214	△983
	兵库办事处			△1129					
	小计	△5141	△4303	△8747	△7223	△6930	△9155	△8018	△7243
所有物账户	土地,房屋							△12	△12
	国债,公债	△650	△474	△522	△494	△1290	△1172	△339	△2773
	社债	△206	△223	△298	△277	△261	△253	△1090	△900
	股票			△500	△500	△500	△530	△530	△530
	小计	△855	△696	△1320	△1271	△2050	△1955	△1971	△4215
	存款账户	△374	△325	△277	△3	△1130	△286	△205	△1061
	贵金属账户	△429	△462	△448	△543	△626	△706	△758	△313
资本账户	前半期结转	515	556	767	943	1196	1516	1673	1847
	资本金	1000	1000	1000	1000	1000	1000	1000	1000
	盈亏收支差额	158	139	117	159	127	123	92	114
	小计	1673	1695	1884	2103	2324	2639	2765	2961
	扣除计算差额	60	△1	0	△0	0	6	0	△0

年末余额	细目	1905年12月	1906年12月	1907年12月	1908年12月	1909年12月	1910年12月	1911年12月
存款账户	定期存款	3860	4971	4999	6828	7150	6695	7729
	活期存款	7812	8949	6947	8813	14251	15352	21450
	特别活期存款	4155	4796	5152	5270	6260	6894	5939
	特殊存款	1002	3002	3718	3832	173	703	732
	转账票据	15	21	7	8	12	31	2
	支付票据	0	3	1	1	0	1	1
	小计	16844	21743	20824	24752	27846	29675	35855
	借贷金细目	0	0	2000	0	0	0	0
贷款账户	借贷金	△1467	△1464	△2421	△1692	△2073	△2784	△8224
	活期透支	△558	△325	△5760	△3529	△2307	△1481	△1067
	贴现票据	△2510	△4973	△3882	△8036	△8518	△4300	△7764
	留惠有限公司	外国票据	△0	△3	△1	△2	△1	△1
	小计	△4535	△6763	△12066	△13257	△12900	△8565	△17057
他店账户	香港上海银行	132	98	798	188	247	44	290
	正金银行	△35	5	△44	△47	△64	△184	△10
	第一一九银行				爱知银行	△2	△44	△4
	小计	97	103	754	141	180	△183	277

年末余额	细目	1905年12月	1906年12月	1907年12月	1908年12月	1909年12月	1910年12月	1911年12月
分店账户	大阪分店	△6979	△8743	△6234	△5816	△8250	△11266	△665
	中之岛办事处							△10649
	深川办事处	△999	△970	△1557	△1550	△1399	△2346	△999
	神户分店	△1557	676	△592	△1582	△1546	△2389	△4396
	兵库办事处	△851	△1681	△865	△596	△609	△523	△650
	小计	△10386	△10719	△9248	△9544	△11804	△16524	△17359
所有物账户	土地、房屋	△12	△12					
	国债、公债	△1427	△4278	△2026	△1917	△4887	△5025	△3100
	社债	△888	△869	△546	△618	△339	△751	△632
	股票	△530	△730	△2115	△2215	△1969	△3313	△3162
	小计	△2857	△5889	△4687	△4750	△7195	△9089	△6894
	存款账户	△1059	△1057	△744	△1029	△1178	△246	△629
	贵金属账户	△1645	△1606	△1330	△1400	△649	△1243	△816
资本账户	前半期结转	2145	2867	3459	3810	4434	5010	5400
	资本金	1000	1000	1000	1000	1000	1000	1000
	盈亏收支差额	396	322	49	277	265	166	223
	小计	3541	4188	4508	5088	5699	6176	6622
	扣除计算差额	△0	△0	10	0	0	0	0

注：空栏为无记录，1000日元未满时作四舍五入处理，0为未满500日元。某些数据不一致的情况究竟是笔者在制表过程中产生误差还是本身存在错误尚无法确认，故在最后加上了"差额"栏。

资料来源：『三菱合资会社资本账户総勘定元帐』。

最终实现了摆脱"借款依赖"的目标。虽然其借款在日俄战争后的经济萧条时期（1908 年 6 月末）骤增到 400 万日元，但总店在 1905 年前后的存款数额增速颇快，使定期、活期、特别活期的存款成为支柱，尤其是活期存款成为其增资的主要来源，而定期存款的增速则相对较小。

此外，在资金运用方面，我们可以从贷款账户的进展不畅中看出总店在投资对象上的缺乏。虽然它在 1908 年前后暂时超过了分店，但如前所述，银行部当时在投资上无疑是依赖关西金融市场的。而资产方面，虽然大阪分店在这个账户上仍旧保持了最高的数值，但是随着 1900 年代后期贴现票据和活期透支的余额增加以及与活期存款增加的相互配合，总店中也出现了增加贴现票据等商业金融业务的倾向。与之相反，1911 年的借贷金虽然发生了急剧增加，但是在此之前的借款运用业绩乏善可陈。若非要说有何特色的话，或许率先展开证券投资可以算作其中之一。

如果勘察其中的资金出入，我们能够找到以上动向中某些与众不同之处。即各时期的期中增减额集中计算到元账之上，使总店得以据此观测资金的进出并明确其"事业收支"。①若根据表 6 - 12 对各个账户项目进行区分，把借贷金、分店、所有物

---

① 这种分析方法的灵感来自麻岛昭一在财阀史研究中提倡的事业收支分析方法。它可以通过余额基数的资产负债表差分法来推算出一个流量值。本研究因为可以使用已被记录的流量值，在制表工作上得到了不少便利，能做出相对高质量的初步资料。这种方法虽然在叙述整理上显得简明拖要，但终究无法阐明事情的先后顺序与因果关系。故从本章资料中能读出的信息仍是有限的。另，为了在制表和刊载时获得方便，本书通过表 6 - 13 按照每半年一次的方式计算了历年两期通算的数值。

账户全都视为资金运用相关事业收支，将存款、借款、其他店铺等账户视为调配手段，其资金出入就能够呈现出一种明显的变动（见表6－13）。

表6－12　事业收支的结构

	借款方	贷款方
存款	支出	接收
借贷金	返还	借入
贷款	贷出	归还
他店	返还	借入
分店	贷出	归还
所有物	购入	卖出
预存款	借入	返还
盈亏	支出	收入
贵金属	支出	接收

注：各账户项目的贷款方与借款方是为了表现资金的收支而暂时设定的。
资料来源：『三菱合資会社銀行部総勘定元帳』。

　　虽然这无法直接展示其现实中的经营活动，我们仍旧能够察知，当时的资金是通过贷款与分店的融通回收来筹措的。在日俄战争以前，除了1898年和1900年，资金都是通过适当上调回收款实现的，甚至在甲午战争以后的萧条期，还为了偿还借款而将回收置于优先地位并缩减了投资。事实上，与日俄战争期间及以后的投资增长不同，在甲午战争至日俄战争之间的那段时间投资始终处于停滞状态。

表6-13 1898~1910年事业收支的变化情况

单位：日元

账户项目			1898年	1899年	1900年	1901年	1902年	1903年	1904年
资金运用	贷款账户	借出							
		借贷金	22564	18393	14794	15112	16448	19396	18018
		活期透支	2456	786	1510	824	1494	1221	876
		贴现票据	14714	9239	2812	5068	4376	4889	6409
			5385	8354	10464	9219	10578	13286	10734
		归还							
		借贷金	△22619	△19934	△13676	△15418	△16080	△17908	△19252
		活期透支	△1720	△2116	△946	△578	△727	△1217	△908
		贴现票据	△15592	△10175	△2979	△5023	△4412	△4821	△6297
			△5299	△7629	△9745	△9815	△10941	△11870	△12047
		差额	△55	△1541	1118	△307	369	1488	△1233
	分店账户	借出	9666	19311	24824	11782	16507	23315	22677
		大阪分店	3453	6002	13374	5250	7869	9650	9096
		深川办事处	2660	2992	3711	2821	3498	5540	5688
		神户分店	2757	4089	4155	3218	4179	7442	5866
		归还	△10502	△14867	△26348	△12075	△14282	△24452	△23453
		大阪分店	△3004	△7131	△8504	△5171	△6497	△10086	△10752
		深川办事处	△2513	△2988	△3077	△3362	△3543	△6074	△5237
		神户分店	△3346	△3678	△4643	△3126	△4015	△6951	△6205
		差额	△836	4444	△1524	293	△2225	△1137	△775

账户项目				1898年	1899年	1900年	1901年	1902年	1903年	1904年
资金运用	所有物账户	购入		50	665	0	1301	1785	1767	5227
		卖出		△209	△41	△49	△522	△1880	△1750	△2984
		差额		△159	△624	△49	779	△95	16	2244
	投资净增额			△1050	3527	△455	180	2498	367	236
资金调配	存款账户	支出	定期存款	29235	38875	48656	50500	57972	66536	78225
			活期存款	2129	2574	5002	5171	6360	8171	7789
			特别活期存款	22909	31079	38183	40940	47260	53088	62342
				2672	2665	3279	2863	2830	2808	3334
		收领	定期存款	△31642	△41034	△48142	△52911	△58749	△67761	△78033
			活期存款	△2878	△3952	△4977	△5985	△7408	△7807	△6416
			特别活期存款	△24317	△31325	△37843	△42446	△46845	△54309	△63052
				△2906	△3215	△3130	△2955	△2869	△3280	△3787
		差额		△2407	△2158	513	△2411	△778	△1225	192
	贷款账户	偿还		7879	2494	8738	3960	371	1100	0
		借入		△5736	△3694	△8338	△2460	△971	△500	0
		差额		2143	△1200	400	1500	△600	600	0

账户项目			1898年	1899年	1900年	1901年	1902年	1903年	1904年
资金调配	他店账户	偿还	12829	5694	14324	25073	12910	14817	25481
		香港上海银行	4457	3095	7794	13538	7836	8448	14289
		正金银行	5789	2599	6531	11535	5074	6369	11192
		借入	△11412	△5613	△14384	△25331	△12957	△14400	△26123
		香港上海银行	△4509	△3017	△7852	△13790	△7885	△8040	△14931
		正金银行	△5700	△2596	△6532	△11541	△5072	△6359	△11192
		差额	1417	81	△59	△258	△48	418	△642
	预存款账户	借入	15413	17932	24982	30660	28740	28170	37820
		偿还	△15462	△17980	△25256	△29533	△29583	△28251	△36965
		差额	△49	△48	△274	1127	△844	△81	856
	盈亏账户	支出	700	569	867	799	770	864	783
		收入	△902	△746	△1069	△918	△979	△988	△1007
		差额	△202	△176	△202	△119	△209	△124	△224
	贵金属账户	支付	99958	105595	139688	141808	138880	159549	191587
		收领	△99925	△105609	△139593	△141725	△138800	△159496	△192032
		差额	33	△14	95	83	80	52	△445
前期总店收支			222	198	159	151	214	156	202
前期转结金			△42	△210	△176	△253	△320	△157	△174
差额计算不一致			64	△1	0	△0	△6	6	0
资金增加要因合计			198294	209529	276874	280994	274382	315514	379819

账户项目				1905年	1906年	1907年	1908年	1909年	1910年	1911年
资金运用	贷款账户	借出		22651	24395	65370	63549	42568	41829	64339
			借贷金	182	591	2773	665	1191	916	12419
			活期透支	9022	5579	31512	29049	14299	13153	15281
			贴现票据	13447	18031	30811	33622	26889	27643	36504
		归还		△22381	△22167	△60066	△62358	△42926	△46164	△55848
			借贷金	△775	△594	△1816	△1394	△810	△206	△6978
			活期透支	△9042	△5812	△26078	△31281	△15520	△13979	△15695
			贴现票据	△12564	△15568	△31902	△29469	△26407	△31860	△33040
		差额		270	2228	5304	1191	△357	△4335	8491
	分店账户	借出		26445	37942	31407	20549	29706	43029	53195
			大阪分店	8852	12385	6730	5419	10157	20981	5921
			深川办事处	11027	11075	12832	8999	8503	11892	11460
			神户分店	5494	11716	9853	5348	9376	9217	9167
		归还		△23302	△37609	△32878	△20253	△27446	△38309	△52360
			大阪分店	△6655	△10620	△9240	△5837	△7724	△17965	△16522
			深川办事处	△11016	△11104	△12245	△9006	△8654	△10945	△12807
			神户分店	△4428	△13949	△8586	△4358	△9412	△8373	△7160
		差额		3143	333	△1471	△296	2260	4720	835

账户项目				1905年	1906年	1907年	1908年	1909年	1910年	1911年
资金运用	所有物账户		购入	2388	19935	4205	247	6168	6071	0
			卖出	△3745	△16904	△5408	△184	△3724	△4176	△2195
			差额	△1357	3032	△1202	63	2444	1895	△2195
	投资净增额			2055	5593	2630	1551	4346	2281	7131
资金调配	存款账户	支出	定期存款	92187	115661	109594	86751	112703	150260	173803
			活期存款	6489	7801	9188	9991	14732	8805	11514
			特别活期存款	71565	92263	87410	63735	79307	123575	138570
				3793	4743	5233	5530	5070	11120	14040
		收领	定期存款	△95485	△120560	△108675	△90680	△115797	△152088	△179983
			活期存款	△6570	△8912	△9215	△11820	△15054	△8350	△12548
			特别活期存款	△73789	△93400	△85408	△65600	△84745	△124675	△144668
				△3792	△5384	△5589	△5648	△6060	△11754	△13086
		差额		△3299	△4899	919	△3928	△3094	△1829	△6180
	贷款账户		偿还	1100	0	3000	7000	0	0	1500
			借入	△1100	0	△5000	△5000	0	0	△1500
			差额	0	0	△2000	2000	0	0	0

账户项目			1905 年	1906 年	1907 年	1908 年	1909 年	1910 年	1911 年
他店账户	偿还	香港上海银行	27389	23093	31276	24851	37632	40536	51334
		正金银行	15536	13735	20558	21763	33919	36782	48373
	借入	香港上海银行	11854	9358	10718	3087	2548	2967	2684
		正金银行	△26895	△23099	△31928	△24238	△37671	△40173	△51794
			△15068	△13701	△21258	△21153	△33979	△36580	△48619
			△11826	△9398	△10669	△3084	△2531	△2847	△2858
	差额		495	△6	△651	613	△39	364	△460
预存款账户	借入		38662	49802	55445	49065	54660	67706	83245
	偿还		△38664	△49804	△55758	△48780	△54511	△68639	△82862
	差额		△2	△2	△313	284	149	△932	383
盈亏账户	支出		682	1018	1323	1678	1415	1418	1636
	收入		△1256	△1627	△1638	△2224	△1963	△1886	△2099
	差额		△574	△609	△315	△546	△547	△469	△463
资金调配 贵金属账户	支付		217129	277440	308183	261273	292906	361357	439449
	收领		△215798	△277478	△308459	△261203	△293657	△360764	△439876
	差额		1332	△39	△276	70	△751	593	△427
前期总店收支			292	683	588	318	559	568	407
前期转结金			△299	△721	△592	△351	△624	△576	△390
差额计算不一致			0	0	△10	10	0	△0	0
资金增加要因合计			428633	549285	609803	514963	577758	712206	868501

资料来源：「三菱合资会社银行部総勘定元帐」。

日俄战争时期出现的投资额增长，应主要归因于贴现票据的增加。当然，1906年的"所有物账户"发生巨大变动不过是例外（后述）。此后这种投资方式的变化在总店伴随贴现票据的增加又引发了活期透支的延迟性增长，进而到了1910年前后再次回归到以往面向分店的投资方式。

还有一个与贴现票据相关的事实值得我们进一步推敲。即在1906年以后，结算期开始呈现出资金流动集中化的倾向。如在1908～1910年，6月与12月的结算期交易量就发生过暴增。这种集中化的倾向对于以商业交易为基础的结算来说是极其不正常的。我们也能够通过图6-2展示的1900～1911年各月贴现票据账户的出入和余额情况来对此加以确认。可以看到，不仅是余额和每年的投资总额在增加，结算期的余额也有增加的趋势。这种向结算期集中的倾向很可能是由市场的变化与三菱公司银行部角色的变化引起的。如上节所述，此时期总店以"信用"为基础的贷款额在不断增加。且通过数值变化可以推测，票据的变更极有可能导致其转变成中长期的贷款，这一变更额在1909～1910年走向峰值，突破600万日元并超越了同期贷款额的半数，这是特别需要注意的。《总勘定元账》中将这笔贷款分类为贴现票据，并记载称总店对贴现票据的投资规模偏小，实际上正意味着它应是以信用为基础的贷款，与表6-9能够保持一致。基于该证据我们可以推测，此举应是三菱合资公司为解决当时的资金需求而采取的应对措施。

在资金的调配与调整方面，1904～1906年共计增加了800万日元的存款额，这应该主要得益于活期存款的增加。因为当

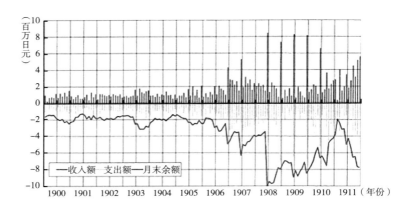

图 6 - 2   1900 ~ 1911 年贴现票据的各月变化

资料来源：『三菱合資会社銀行部総勘定元帳』。

时短期投资占据了绝大多数，向存款账户发生的资金环流现象随之增多，甚至可以认为其资金周转率亦在不断升高。此外，定期存款也在 1907 ~ 1908 年实现了净增长。此时期的资金上存在相当规模的借款，甚至曾在 1907 年的香港上海银行发生超额透支的情况。不仅如此，在资金需求的紧迫期，不仅日本银行，三菱也曾积极地与其他银行进行短期的资金调配活动。当然，银行部总店的主要交易对象是香港上海银行与横滨正金银行，此时期最后一年被列入"他店交易账户"的爱知银行不过是临时性特定处理而已。①

由此可以看到，总店的资金流动在短时期内反复发生巨大

---

① 在早期的他店账户中也存在第一一九银行剩余业务与总店会计发生关联的账户。

变化。毫无疑问，这种变化与甲午战争、日俄战争引发的战后萧条等日本总体经济的动荡形势不无关系。在此期间，银行部总店不断摸索资金的使用方法。通过观察表 6 - 13 不仅可以掌握此时期的投资额与总调配额，也能够窥察"总额基数"（下文在表达此时期资金流量时将使用此概念）中所具备的某些特征。

首先，1907~1908 年资金流量（表 6 - 13 中的"资金增加要因合计"）的大幅减少，我们可以看到是受到了日俄战争以后经济萧条的影响。再加上日本银行借来的短期资金，还能够确认经济波动造成的影响。若仅从总店为主的资金流动来看，存款、预存款、香港上海银行这三项资金来源就已经足够反映其总体动向。虽然下一章也将提到，分店吸收的存款在 1910 年代后半期也开始成为总店资金的一大来源，但在此时期该情况尚未出现。

从图 6 - 3 的比较中还可以很清楚地看到资金的具体情况。在存款账户上定期存款与活期存款的数额变化和资金流量存在巨大差异。但每月的数据表明活期存款在每个月末的数值与当月资金流量基本持平，这或许意味着活期存款是一个月变动一次。另一方面，在定期存款上由于两个存款项目相关金额的计算标准不同，我们无法对其变化大小做出直接比较，但总之，可以认为定期存款是一个较为稳定的资金来源。

"余额基数"中的资金非常少，而"总额基数"却规模庞大，这说明其中存在日本银行的预存款账户与他店的交易账户。两者当时都作为重要的资金流动渠道为资金的调配工作做出了

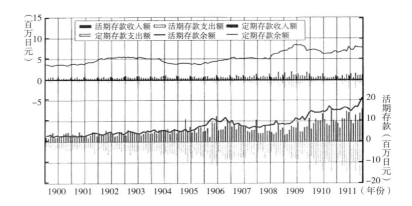

图 6 - 3　1900～1911 年定期存款与活期存款的各月变化

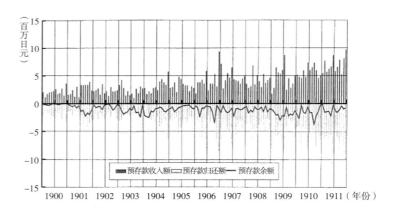

图 6 - 4　1900～1911 年预存款账户的各月变化

贡献。

　　观察预存款账户可知,日俄战争之前每个月的资金流动为 200 万～300 万日元,至 1910 年前后则增加到 500 万日元左右的 规模,所以它应在最终的资金调整中肩负重要的作用。令人遗憾的是，目前从《总勘定元账》中我们无法得知每笔交易的具体情况，但能够推测日本银行的预存款账户当时极有可能被运用到资金向分店的流动之中。这里有一个使用范围较为有限的信息，即银行部前身第一一九银行的《总勘定元账》里有 1895 年即明治 28 年 12 月 18 日的记录，其中将"日本银行以支票形式转给大阪分店"的 20 万日元以及同日"日本银行的预存款"65 万日元都记入"贷款方"一项。或许可以认为，这种通过日银和分店实施的资金流动正如三菱银行部那样，在大阪市场积极谋求投资的银行经营中扮演了极为重要的角色。

而他店账户中的香港上海银行则自第一一九银行时代以来就与其保持交易关系。当时无论是长崎造船所购买进口资材，还是外国船舶的修理费用，都是通过该银行实现的。[①] 在笔者所知范围内，三菱的各个事业场所都没有在银行部开设过活期账户。若事实果真如此，那么这些资金很有可能是通过银行部的他店账户输出给各个事业场所的，抑或是回流到三菱合资公司总公司的账户。总之，目前尚不清楚其实情。

可以认为，当时与横滨正金银行的交易包括煤炭的出口货款等。与香港上海银行 1910 年以前庞大的资金流量比较而言，横滨正金银行在 1901 年、1904～1907 年的资金进出仅有 1000 万日元左右且保持不断下降的趋势。而与香港上海银行交易的期末余额在 1904 年末约为 600 万日元、1907 年末约为 800 万日元，这是两个非常高的数值。横滨正金银行的交易余额，即便在资金流

---

① 参见本书第四章。

量上与香港上海银行相比并不逊色的时期，数值也并不算高。①
可以说商业交易的背景是资金流动的基础，所以横滨正金银行交易量减少的原因，也包括日俄战争后煤炭业内需产业化导致的出口依赖度下降。另一方面，正如第四章所提到的那样，香港上海银行既然是造船部进口材料货款的结算方，其交易量当然会有所增加。而图6-5也能够反映出这一情况，若只看"交易总额"一栏便可发现，主要的他店账户此时已由横滨正金银行逐渐向香港上海银行发生转变。这一点从元账中得到的交易总额来看应是颇为明显的。

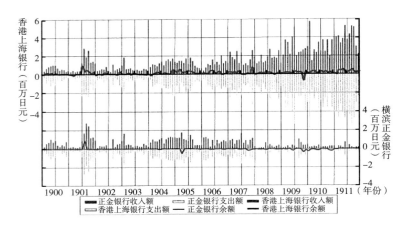

图6-5　香港上海银行与横滨正金银行的账户收支

---

① 　若观察每个月末的余额基数可以看到，在1900年1月到1911年6月的约150个月里，与横滨正金银行交易额超过20万日元的仅有6个月。数额最多的是1901年8月末，超过9万日元。当时在次月会将对内透支转换小额对外透支。相反，与香港上海银行的交易额则占到全体的三成左右，有四五个月超过了20万日元以上的借款额。故可以推测，该行如此庞大的交易额为银行部的资金筹措做出了非常大的贡献。

有价证券的积极获取

三菱合资公司银行部当时对于持有证券一事未必是积极的，但通过《总勘定元账》来观察其所持股名及其评估额、购买与销售时期的交易内容，我们仍能够找出一些有特点的事实来。

通过表 6 - 14 可以很清楚地看到银行部所持有的有价证券，它在日俄战争以前限于某几个特定的公司，保持了较为稳定的持有数量。当时占据更大数量的应是国债与公债，此外还出于经营上的原因而持有东京仓库公司的股票。

但是这种情况在此后受到日俄战争的影响而发生巨大的变化。"余额基数"从开战之前的 200 万日元左右上升到了 1906 年的 500 多万日元（6 月期末）。此后又随着时间的推移在 1910 年达到 900 万日元。这种阶段性增长，说明有价证券当时作为投资的一个重点正在切实地走向发展。

但情况也不限于此。因为以往长期稳定存在的"所有物账户"在各期余额中未有显示的期中交易量里出现过另一种情形。

图 6 - 6 以事业收支每半期的数据为基础，将有价证券每期的购入额和销售额及期末余额以曲线的方式表现出来。期末的余额分两个阶段逐步实现了增加。此图所表明的重要一点在于，若从 1906 年上半年到下半年再稍微延长一些，就可以形成前后共五期，并使 1909 年下半年到 1910 年上半年的销售额形成一个相当明显的峰值，且交易之后的持有量变得更高。这一点是从"余额基数"中看不出来的。最初的峰值在 1906 年前后，正如图 6 - 6 所示，其交易几乎都是大藏省证券的购入和卖出。而 1906 年

表 6 – 14 1897～1912年总店所持有价证券的变化情况

单位：千日元

所有物账户	1897年12月	1898年12月	1899年12月	1900年12月	1901年12月	1902年12月	1903年12月	1904年12月
期末余额合计	855.4	696.2	1320.2	1271.0	2050.4	1955.0	1971.1	4215.0
五分利禄金公债	520.1	468.0	468.0	448.1	442.9	404.2	292.4	306.0
帝国五分公债	129.7	5.7	5.7			24.5	2.6	2.4
整理公债				0.9	0.9	0.9	0.9	
国库债券								36.2
第二次国库债券								450.8
第三次国库债券								72.0
大藏省证券					801.4	700.1		1900.0
东京市公债			48.5	44.6	44.6	42.8	42.8	5.4
以上国债公债小计	649.8	473.7	522.2	493.6	1289.8	1172.4	338.7	2772.9
山阴铁道社债	205.6	175.0	169.5	164.0	158.5	150.5	147.4	142.1
北越铁道社债		47.5	24.7	23.4	22.1	22.1	33.1	33.1
房总铁道社债			103.8	90.0	80.0	80.0	180.0	
房总铁道第二次社债							250.0	250.0
北海道铁道社债							187.8	182.8
钟渊纺织社债							98.0	98.0
京釜铁道社债							194.0	194.0

所有物账户	1897 年 12 月	1898 年 12 月	1899 年 12 月	1900 年 12 月	1901 年 12 月	1902 年 12 月	1903 年 12 月	1904 年 12 月
以上社债小计	205.6	222.5	298.0	277.4	260.6	252.6	1090.3	900.0
东京仓库股票			500.0	500.0	500.0	500.0	500.0	500.0
丰川铁道优先股						30.0	30.0	30.0
以上股票小计	0.0	0.0	500.0	500.0	500.0	530.0	530.0	530.0

所有物账户	1905 年 12 月	1906 年 12 月	1907 年 12 月	1908 年 12 月	1909 年 12 月	1910 年 12 月	1911 年 12 月	1912 年 6 月
期末余额合计	2857.5	5889.2	4687.0	4750.2	7194.6	9089.4	6893.9	7407.8
帝国五分利公债	323				2594.3	2162.9	348.5	348.5
帝国五分四分利公债	2.6	2.6	2.5	2.4	2.4			
津号帝国五分利公债						251.5	237.5	237.5
第一次四分利公债						579.5	530.7	470.4
第二次四分利公债						1092.5	956.1	922.3
整理公债		440.0	415.0	400.0	400.0			
国库债券	1039.0	36.2	36.2					
临时事件公债		1642.7	1514.9	1460.2	1460.2	1948.5	1887.1	1879.5
大藏省债券		2100.0						
东京市公债	5.4							
神户市筑港公债					414.8	334.2	333.7	333.7
韩国国库债券	57.0	57.0	57.0	54.0	15.3			

所有物账户	1905年12月	1906年12月	1907年12月	1908年12月	1909年12月	1910年12月	1911年12月	1912年6月
以上国债公债小计	1427.0	4278.5	2025.6	1916.6	4887.0	6369.1	4293.6	4941.8
山阳铁道社债	133.3	127.3						
北越铁道社债	33.1	33.1	33.1	33.1				
北海道铁道社债	182.8	180.3						
钟渊纺织社债	95.2	83.8	68.9	40.1	26.7	5.9		
京釜铁道社债	194.0	194.0	194.0	194.0				
富士瓦斯纺织社债								
房总铁道第二次社债	250.0	250.0	250.0	204.0	165.0	125.0	85.0	68.0
东洋汽船公司社债				147.0	147.0	190.6	117.4	
日本制钢所社债					430.0	430.0	430.0	430.0
以上社债小计	888.4	868.5	546.0	618.2	338.7	751.4	632.3	498.0
东京仓库股票	500.0	700.0	1750.0	1750.0	1750.0	1750.0	1750.0	1750.0
丰川铁道优先股	30.0	30.0	30.0	30.0	30.0	30.0	30.0	30.0
九州铁道股票			164.0	164.0				
九州铁道新股			171.4	171.4				
大阪瓦斯股票					188.9	188.9	188.0	188.0
以上股票小计	530.0	730.2	2115.3	2215.4	1968.9	1968.9	1968.0	1968.0

资料来源：「三菱合资会社银行部总勘定元帐」。

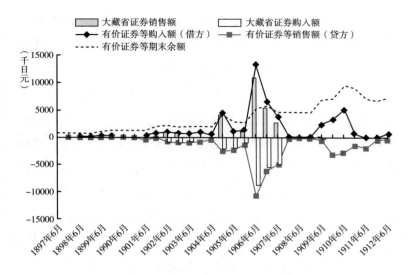

图 6 - 6　1897～1912 年有价证券的交易额变化情况

有价证券账户的变动则如前所述，在事业收支上体现出日俄战争以后的特征。具体而言，与迄今为止以长期持有为前提的有价证券有所不同，短期内实现了大藏省证券的大量交易。[①] 这种对大藏省证券的操作在 1900 年代初的数年里以 5 万～100 万日元的规模，以半年为周期不断地重复进行。直至 1906 年上半年累计购入额发展为 1100 万日元、销售额 880 万日元，而下半年则购入 544 万日元、卖出 554 万日元，规模实现了巨大的增长。

我们可以对其意义做如下理解。如表 6 - 13 中的"事业收支"栏所示，存款的净增长自日俄战争时就已启动，但在战后

---

① 关于此点，参见粗谷誠「戦前期三菱銀行の資金循環」『三菱資料館論集』2016 年第 7 号。

的 1907~1908 年进入经济萧条期后又面临从日本银行大量借款的资金困窘局面。当然，其中一段时间内银行部总店的资金还是比较充裕的。故为了对这些资金加以运用，总店需要通过贴现票据和活期透支的手段开拓新的优质客户。产业革命时期银行部将大部分资金投入大阪市场，但正如后述，大阪市场比东京市场的平均利率要低，所以选择这种投资方式只能说是差强人意。在利率较高的东京筹措资金，再投入利率较低的大阪市场，这种操作方法由于实际利率相差并不大，不可能成为扩大资金运用的正确渠道。其真正行之有效的办法，应该在于坚决开发东京市场的客户。但是这种扩大交易量的办法在当时无法迅速实现。① 所以银行部才会把大藏省的证券当成短时间能够安全利用剩余资金的对象，购入其大量证券。若假定本节所使用的资料"利益推定表"是 1906 年以后制作出来的，就能够据此明白该投资办法的误区，并了解其每月的实际运用情况。也正好是在这一时期，三菱合资公司着手进行了组织机构上的改革，设立了统合矿山部与营业部的矿业部，并在建立神户造船所的同时设立了造船部。与之相应，重新研究银行部的经营方针便有了可能。

《三菱银行史》中写道，银行部在度过甲午战争后的经济萧条期并进入 1900 年代时发生过投资困难问题，由此正式启动发展新客户的工作，开展向产业公司提供贷款等业务。同时因为存

---

① 1906 年 6 月新设了"抵押物流入"项目，共计 568385 日元。在该期处理了 144000 日元，剩余的 42 万多日元则在下一期处理。其间的事情经过暂无法确认，但可以推测是因为有了此前的经验，其对于开拓客户一事变得较为谨慎。

款的增加，其资金充裕起来，所以还购入了大量国库券。[1] 这个记载和上述推论是基本吻合的，但是《三菱银行史》中提到的"日俄战争以后最终取得了发展客户的成果"值得怀疑。

一般而言，日俄战争后的经济变动主要集中发生在 1906 年。银行部恰好在此时期投入了大量资金以购买大藏省的证券，而贷款账户的增长则是 1907 年的事情。所以在此之前于 1906 年开始向贴现票据增加资金投入一事应被视为战后经济变动造成的影响。事实上当时开拓新客户的成果并不像《三菱银行史》中描绘得那么完美，因为银行部尽管想要将剩余资金投入借贷和活期透支，但是由于 1907 年春季开始的经济大萧条，此种想法遭遇了挫折。因此银行部陷入了一种不得不立刻依赖于贷款筹措的策略困境。这或许才是其开拓新客户的原因所在。在决意摆脱对日本银行贷款依赖之后仅仅过了五年，其又因为经济萧条这一特殊情况从日本银行贷了款。

虽然以上推论还需要在日后的实证考察中加以证实，但至少能让人对此前提及的第二个峰值即 1909～1910 年的状况有更为清晰的了解。从图 6-6 可知，由于此时期并不存在大藏省证券的交易，所以其交易总量只有第一个峰值的一半左右。这似乎可以用来说明当时银行部在证券方面是如何寻觅商机的。

表 6-15 记录了此时期各公司名下的销售额。从此表来看，1909 年上半年购入 270 万日元，卖出 42 万日元，下半年总计买卖了 320 万日元。1910 年上半年又购入 532 万日元，卖出 282 万日

---

[1]　『三菱銀行史』、106～116 頁。

单位：千日元

表6-15　铁路国有化与股票持有

结算期	1909年6月			1909年12月		1910年6月		1910年12月		1911年6月	
	期首余额	买入	卖出	买入	卖出	买入	卖出	买入	卖出	卖出	余额
总额	4717.1	2700.4	421.9	3467.8	3268.8	5321.4	2823.1	749.4	1352.8	1926.2	7163.2
甲号帝国五分利公债		100.1		2496.4	2.1		431.4			1813.3	349.6
帝国五分公债	2.4					99.5	2.4		99.5		0.0
整理公债	400.0					322.6	722.6				0.0
第一次四分利公债						912.0			332.5	30.5	549.0
第二次四分利公债						1140.0			47.5	57.5	1035.0
第一次国库债券						6.3	6.3				0.0
第二次国库债券						1000.0	1000.0				0.0
军事公债						26.5	26.5				0.0
海军公债						1.2	1.2				0.0
津号帝国五分利公债								251.5			251.5
临时事件公债	1460.2					994.3	506.0				1948.5
大藏省债券		250.0	250.0								
神户市筑港公债	54.0			971.4	556.6		80.6				334.2
韩国国库债券			38.7				15.3				0.0

结算期	1909年6月			1909年12月		1910年6月		1910年12月		1911年6月	
	期首余额	买入	卖出	买入	卖出	买入	卖出	买入	卖出	卖出	余额
钟渊纺织社债	40.1		8.1		5.3		14.8		6.0	5.9	0.0
京釜铁道社债	194.0				194.0						0.0
富士瓦斯纺织社债						819.0			819.0		0.0
房总铁道第二次社债	204.0		25.0		14.0		16.0		24.0	19.0	106.0
东洋汽船公司社债	147.0							67.9	24.3		190.6
日本制钢所社债								430.0			430.0
九州铁道股票	164.0	1108.0			1271.9						0.0
九州铁道新股	171.4	245.3			416.7						0.0
甲武铁道股票	100.1		100.1								0.0
大阪瓦斯股票		188.9									188.9
北越铁道股票		70.2			70.2						0.0
关西铁道股票		620.5			620.5						0.0
总武铁道股票		74.8			74.8						0.0
总武铁道新股		42.6			42.6						0.0
东京仓库股票	1750.0										1750.0
丰川铁道优先股	30.0										30.0

注：1911年6月这一时期末发生买入。

资料来源：「三菱合资会社银行部总勘定元帐」。

391

元。其中引人注目的是在 1909 年上半年购入了九州铁道与关西铁道的股票，但是到了下半年又几乎全部将其销售出去。当时比起股票来说银行部更喜欢能够明确收益的国债、公债、社债，所以此时大量购入铁道股票的原因毫无疑问当然与日本政府的铁路国有化政策有关。岩崎家奥帐场对于国有化政策的影响也是非常值得关注的。从同年的所持证券收支可以看到，银行部曾在1909 年下半年将自己购入的铁道股票置换成甲号五分利公债的"铁道收买公债"。

为了严谨起见，我们再加上一点。以上银行部所持证券与三菱合资公司所持股票是分开计算的，前者并未纳入合资公司所持有的有价证券之中。中村尚史的研究显示，若与 1908 年前后三菱合资公司所持股票的变化情况加以比较，能够确认银行部数据中包含了关西铁道的部分，实际上已经超过合资公司所持股票数量。[1] 中村也曾推测，这些股票的购买方应该不是三菱合资公司。也就是说，关于关西铁道、北越铁道、总武铁道的股票，三菱合资公司于1908 年末持有的数量与 1909 年上半年银行部买入的数量相较而言可能更少，但是其具体数额并没有留下记录。另一方面，三菱合资公司对于九州铁道和山阳铁道的股票则完全没有购入。[2]

---

[1] 中村尚史「明治期三菱の有価証券投資」『三菱資料館論集』2001 年第 2 号、114～122 頁。

[2] 中村通过研究岩崎家奥帐场铁道股票在收购铁道公债之前的处理工作，暗示了"有一部分转让给银行部"的可能（中村尚史「明治期三菱の有価証券投資」『三菱資料館論集』2001 年第 2 号、20 頁）。但这种可能性应该说是比较小的。中村的论文里还计算了岩崎家和三菱合资公司合计的三菱持股率。而本章算出的所持股数是此前所持股票的"外数"，故持股率相对较高。

与岩崎家奥帐场很久以前便开始的对铁道股票投资相比，银行部的这种铁道股票交易应是一种短期行为。换言之，可以认为奥帐场不仅有"通过独立而短期地购买股票以获得收益"的动机，而且这一系列的股票买卖操作为其带来了实质性收益。因为后面列出的表 6－20 显示，自 1910 年上半年到翌年下半年的三个结算期中，银行部总共获得了 35 万日元的"公债社债买卖收益"。

能够看到，其买卖的对象从 1909 年的铁道股票转变成 1910 年的国债公债。其中的一部分因为在结算期内就已经结束买卖行为，所以我们从余额上很难得到其短期持有的具体信息。国债的增加不仅是因为取得了铁道收买公债，也是受到 1910 年 2 月东京与大阪第十六银行组建国债公债"辛迪加"银团的影响。在此之后，银行部于 1911 年停止了国债的新购而专注于销售。从其结果来看，由于当时很难处理长期持有的东京仓库股票，所以所持余额上几乎没有发生变化，我们仅能了解到其中的部分交易情况。但可以认为，此时期银行部确实以铁道股票为契机开始推进积极的证券交易。

由此，银行部通过股票、国债等交易额的两个峰值期开始积极地参与资本市场的运作并从中获得了收益。在盈亏计算上，其销售利润最高的时间是 1911 年上半年的 27 万日元，同期的销售额是 193 万日元。而买入铁道股票时的股份销售利润并未计算进去。其原因正如前述，乃是铁道股票被置换成公债，没有造成销售的利润，其利润的获取是通过 1911 年上半年置换以后卖出甲号五分利公债而实现的。就这一点而言，此时期购买铁道股票的意义可以说异常重大。

借贷与存款上的总店比例

接下来将从事业收支、证券持有等方面来比较总店营业情况与银行部总体的动向。如前所述，在余额基数方面，总店在吸收存款与证券持有上都扮演了重要的角色，而在贴现票据等投资方面则依赖大阪等分店，因此才会将大量资金送往关西市场。我们可以以此为前提，比较结算期中总借贷额、总存款额等资金流量的大小。此种比较分析需要借助当时每半期的总额基数数据，所以此处将使用三菱合资公司总结的资料《纲本　社业统计辑览》（以下简称《统计辑览》）。由于目前尚不清楚这份数据究竟是基于何种资料制作而成的，所以《统计辑览》与《总勘定元账》的账户项目应如何对应暂时无法确认，只能对照两份资料来把握其大致情况。

表 6 - 16 为 1897 ~ 1911 年 15 年时间做了时期划分并展示了总贷款额（除贴现票据）、借款、活期透支的平均值与总店的占比。但由于从《统计辑览》无法得到总额基数的投资总数，暂时无法使用该资料来分析借贷方面的最大投资项目。

通过总额基数可以看到，总贷款额中 1904 ~ 1907 年总店的占比较高，其中的借款在 1901 ~ 1904 年达到峰值以后逐渐下调，但因为总店在此后的活期透支中占比逐渐升高，总贷款额占比没有下降。至 1908 ~ 1911 年，所有指标都发生了下降。

图 6 - 7 还显示，总店在总额基数（总贷款额和偿还额）中的比例相较于余额基数（图中的现金贷款额）来说非常低，从而导致了资金周转率的不同。进入 20 世纪以后，总店在银行部

贷款中所占的比例非常低，正能够说明其带有向分店等处提供投资的重大意义。但在此之后，随着甲午战争以后经济萧条期的结束，总店的占比在日俄战争之前的一段时间内得到显著增加，其余额（现金贷款额）的占比甚至超过九成。这一情况，正如本书在探讨总店事业收支时曾提到的那样，是此时期银行部致力于发展客户而造成的相应结果。

表 6 – 16 1897 ~ 1911 年贷款中总店的占比

单位：千日元，%

总贷款额	总店			银行全体			总店占比		
	总贷款额	偿还额	期末存款额	总贷款额	偿还额	期末存款额	总存款额	付还额	期末存款额
1897 年下半年至1900 年下半年	5913	6056	2452	13047	13042	4558	45.3	46.4	53.8
1901 年上半年至1904 年上半年	2924	2735	2205	5524	5560	3132	52.9	49.2	70.4
1904 年下半年至1907 年下半年	4972	4708	2232	7080	6841	2470	70.2	68.8	90.4
1908 年上半年至1911 年下半年	10953	10815	5449	17900	17634	6298	61.2	61.3	86.5
借款	总贷款额	偿还额	期末存款额	总贷款额	偿还额	期末存款额	总存款额	付还额	期末存款额
1897 年下半年至1900 年下半年	767	835	1209	1687	1799	1854	45.5	46.4	65.2
1901 年上半年至1904 年上半年	520	373	1735	810	688	2269	64.3	54.2	76.5
1904 年下半年至1907 年下半年	617	572	1887	1220	1178	2076	50.6	48.6	90.9
1908 年上半年至1911 年下半年	1899	1173	2899	3522	2751	3321	53.9	42.7	87.3

活期透支	总店			银行全体			总店占比		
	总贷款额	偿还额	期末存款额	总贷款额	偿还额	期末存款额	总存款额	付还额	期末存款额
1897 年下半年至1900 年下半年	5141	5217	1242	7287	7364	1427	70.6	70.8	87.0
1901 年上半年至1904 年上半年	2404	2362	469	3084	3051	485	77.9	77.4	96.8
1904 年下半年至1907 年下半年	7147	6421	1513	9042	8301	1614	79.0	77.4	93.8
1908 年上半年至1911 年下半年	8973	9559	2548	14378	14883	2977	62.4	64.2	85.6

资料来源：银行全体的数据来自三菱合资公司的『綱本　社業統計輯覧』，总店的数据来自『三菱合資会社銀行部総勘定元帳』各期的半期平均值。

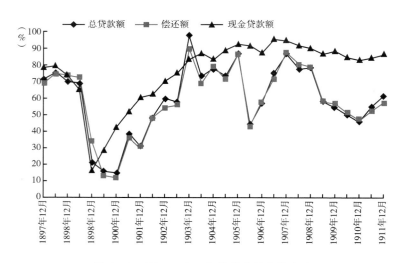

图 6 - 7　1897 ~ 1911 年贷款中总店的占比

注：总贷款额是贷款额与活期透支的合计值。
资料来源：『三菱合資会社銀行部総勘定元帳』。

当然，因为缺少数据，我们无法探讨贴现票据的情况。但是大阪等分店当时的贴现票据使用量始终居高不下，所以毫无疑问分店在投资方面依然扮演经营支柱的角色。这一点，可以由图6－8来确认。该图展示了《总勘定元账》中分店账户的月度变化。可以看到，大阪分店的投资额在1902～1904年发生了轻微的上下波动，其波动变化并没有图6－7总店的占比那么剧烈，但也意味着分店在包含贴现票据的投资总额中降低了些许地位。而到了1906年，其使用量又复增加。考虑到资金量也存在增加的情况，所以此时期分店使用占比的上升相较于图6－8使用额的增加而言并不能给出更高的评价。事实上，分店投资方针的变化和神户分店有诸多相同点。因此在日俄战争时期对投资方法的探索行为也能够印证以上诸多事实。也就是说，本店重新被视为投资据点之后，其重要性也相应增加了。

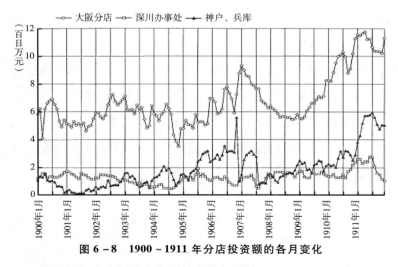

图6－8　1900～1911年分店投资额的各月变化

资料来源：『三菱合資会社銀行部総勘定元帳』。

但是图 6 - 7 也表明，这种尝试不一定能够取得成功。总店在余额基数中的占比在 1910 年以前逐渐下调了 10 个百分点，而在总额基数中的下降速度则更为迅速。若从其投资总量来看，甚至在 1910 年 12 月再次跌破了 50% 的比例。而图 6 - 8 所展示的分店投资额在 1909～1911 年不断增加的事实同样能够佐证这一结论。所以关于其变化的原因，我们可以从投资的重点转向资金周转率更快的分店，以及从借贷转向活期透支两点来考虑。

另一方面，在存款上，总店在定期存款上的占比有所下降，但在存款增加额、活期存款以及特别活期存款的总额等数据中的占比却在上升（表 6 - 17）。这种总店占比的上升显然并不意味着总店吸收存款的重要地位得到了强化，因为日俄战争时期总店曾在贴现票据和活期透支方面扩大投资，这些投资也使短期存款实现了增加。定期存款占比的下降，综合考虑而言应是投资方针的变化引发与其一体两面的存款增加而产生的。这种定期存款占比的下降也表明分店在稳定性相对较高的存款类资金上得到了提高。[①] 但是总体而言，它在余额基数和总额基数上依然存在明显的差距。总店在总额基数上占比相当低，从借贷方面来看也是如此。而原本差距较小的定期存款在此后也出现了扩大差距的趋势。从这一层意义而言，对于前面提到的分店定期存款增加，我们不应该做出过高的评价。总店在定期存款余额和总额占比上与

---

① 金额较少的特殊存款与支票存在不规则的变动。特殊存款和总体趋势保持一致，但总店以外的支票使用率是增加的。这一比例在总体存款中的上升引人注目。但到了 1910 年前后，在总店与分店中所占比例仅有约 5%。

分店拉开差距的原因，在于各分店的资金流动率较高。所以即便将较为稳定的定期存款项目考虑进去，也应该注意其内部的实情在总店与分店之间是存在差异的。

表 6－17　1897～1911 年存款中总店的占比

单位：千日元，%

总存款	总店			银行全体			总店占比		
	总存款	付还额	期末余额	总存款	付还额	期末余额	总存款	付还额	期末余额
1897 年下半年至 1900 年下半年	20008	19540	8153	38377	37796	10199	52.1	51.7	79.9
1901 年上半年至 1904 年下半年	30783	30086	12586	52580	51809	15551	58.5	58.1	80.9
1904 年下半年至 1907 年下半年	45200	44072	15568	73172	71504	19033	61.8	61.6	81.8
1908 年上半年至 1911 年下半年	67318	65440	28984	103123	101348	34012	65.3	64.6	85.2
定期存款	总存款	付还额	期末余额	总存款	付还额	期末余额	总存款	付还额	期末余额
1897 年下半年至 1900 年下半年	1916	1641	2877	2283	1941	3454	83.9	84.6	83.3
1901 年上半年至 1904 年上半年	3483	3381	4839	4426	4241	5965	78.7	79.7	81.1
1904 年下半年至 1907 年下半年	3990	3900	4431	6337	6000	6503	63.0	65.0	68.1
1908 年上半年至 1911 年下半年	5972	5630	7012	10177	9859	9754	58.7	57.1	71.9

活期及 特别活期存款	总店			银行全体			总店占比		
	总 存款	付还 额	期末 余额	总 存款	付还 额	期末 余额	总 存款	付还 额	期末 余额
1897 年下半年至 1900 年下半年	16709	16501	5239	33044	32820	6513	50.6	50.3	80.4
1901 年上半年至 1904 年上半年	26285	25690	7725	44678	44046	9313	58.8	58.3	82.9
1904 年下半年至 1907 年下半年	43273	42948	12048	70052	69524	14253	61.8	61.8	84.5
1908 年上半年至 1911 年下半年	57030	55118	20036	84189	82362	22229	67.7	66.9	90.1
特殊存款	总 存款	付还 额	期末 余额	总 存款	付还 额	期末 余额	总 存款	付还 额	期末 余额
1897 年下半年至 1900 年下半年	310	310	2	2263	2235	217	13.7	13.9	1.1
1901 年上半年至 1904 年上半年	41	41	3	2441	2488	255	1.7	1.6	1.3
1904 年下半年至 1907 年下半年	1162	631	2024	3235	2715	2046	35.9	23.2	98.9
1908 年上半年至 1911 年下半年	1081	1454	1869	3429	3799	1899	31.5	38.3	98.4
支票	总 存款	付还 额	期末 余额	总 存款	付还 额	期末 余额	总 存款	付还 额	期末 余额
1897 年下半年至 1900 年下半年	662	676	5	786	801	16	84.2	84.5	33.5
1901 年上半年至 1904 年上半年	727	727	17	1034	1034	17	70.3	70.3	101.0
1904 年下半年至 1907 年下半年	3243	3243	40	6292	6287	61	51.5	51.6	64.5
1908 年上半年至 1911 年下半年	2746	2747	67	5328	5329	131	51.5	51.5	51.0

资料来源：『綱本　社業統計輯覧』；『三菱合資会社銀行部総勘定元帳』。

如图 6-9 所示，这种定期存款内部实际情况的差异意味着从存款的整体上看，总额基数中总店的较低比例会导致分店的存款流动出现大规模的波动。在这种情况下，各分店的定期存款比例一旦降低，会造成不少影响。但是和贷款上总店、分店间的差异一样，各分店在存款上的资金流动也是极为频繁的。故可以认为，在存款上总店相对更为稳定，而各分店则与此相反，存款停留在银行账户中的时间会更短一些。

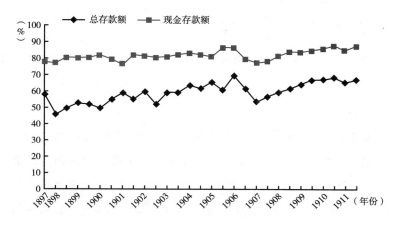

图 6-9　1897～1911 年存款中总店的占比

资料来源：『綱本　社業統計輯覧』；『三菱合資会社銀行部総勘定元帳』。

为了能够更加明确地展示此点，笔者又制作了图 6-10。该图标明了总存款额相对于各分店存款期末余额的倍率变化。可以看到，在总店，总额相对于余额的倍率达到了两倍以上的水平，是趋于稳定的。大阪分店与此相对，按照 5～10 倍的水平在不断发展。而在深川办事处和兵库办事处，则暂时性地出现了数十倍

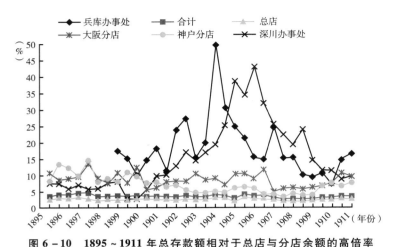

图 6 - 10　1895 ~ 1911 年总存款额相对于总店与分店余额的高倍率

资料来源：『綱本　社業統計輯覧』；『三菱合資会社銀行部総勘定元帳』。

的超高倍率。从日俄战争时期到战后，深川办事处所出现的约30 倍数值平均算下来意味着存款仅在账户上停留不到两周的时间。这种极端的情况正如图 6 - 10 所示，首先在兵库办事处发生，然后向深川办事处转移。但是兵库办事处的情况与此种激烈的资金流动有所区别，在其邻近的神户分店，倍率只是在缓慢地下降，从甲午战争后数年间的约 10 倍下降到日俄战争后的 3 ~ 6倍。而且在兵库办事处的数值发生迅速下降的 1910 年，神户分店的数值甚至反而增加到 6 ~ 7 倍。这在一定程度上反映出当时神户分店与兵库办事处之间的互补关系。

　　另一方面，深川办事处的情况与总店向贴现票据和活期透支增加资金的时间恰好重合，这似乎意味着它当时正扮演着支援总店行动的角色。在甲午战争以后的经济萧条中一直处于停滞状态的深川办事处存款业务，就是这样在日俄战争以前随着存款的大幅流动而迎来了自己的春天。

以上研究表明，当时各分店与总店不同，在贷款与存款两方面推进了短期的资金流动并积极地开展了投资业务。迄今为止的各类研究也在某种程度上摸清了总店在投资上所做出的探索与努力。但同时也不得不承认，上一节提到的总店负责吸收资金、分店负责投资的这种银行部总体模式实际上并没有发生根本性变化。

收益状况

那么，总店的营业状况给银行部的收益带来了怎样的影响？或者说，每年的收益情况给总店以往的投资探索造成了多大的影响？

为了解答这一问题，我们需要首先对《总勘定元账》中记载的总店收益情况及以其为基础的总店盈亏计算书展开分析；其次，将其与事业收支进行比较并从资金成本的角度予以探讨；最后，研究日俄战争以后分店所得资金对总店收益造成的影响并联系资金成本问题加以考察。

《总勘定元账》中包含了 1900 年以后相当于各期盈亏计算的统计账户，所以这份资料极为重要，能够让我们了解总店当时对于半期盈亏究竟有怎样的认识。表 6 – 18 就是这样一个样本。

由于在这一时期每册都记载了多个结算期数据，所以表 6 – 18 中罗列了原始资料中几乎完整一页的记载事项。其中"后期结转"一项原本是用红色标记的（表中标为斜体，1900 年下半年末仅记载为"结转"二字)。而在 1900 年 1 月 19 日最后一行的下方,结转金之下还分别标有红色的下划线(表中使用双线),在此行末尾亦用红色双重下划线来表示账户的暂时性关闭。

而需要关注的问题便在于这一账户项目的记载内容。

表 6 – 18　《总勘定元账》中 1900 年的总店盈亏计算

单位:日元

时间	摘要	借方	贷方	借或贷	扣除余额
1900 年 1 月 4 日			883645.17	贷	883645.17
1 月 6 日	日记账		32985.85	贷	916631.02
1 月 12 日	日记账		7945.18	贷	924576.20
1 月 19 日	日记账	50000.00			
1 月 19 日	日记账	874576.20			0.00
6 月 30 日	诸利息		76289.55		
	贴现费		82052.89		
	手续费		1801.14		
	公债利息		12650.57		
	杂项收入		38.18		
	前半期结转		874576.20		
	特别利息	87009.69			
	杂费	28101.16			
	有价证券置换	15260.00			
	后期结转	*917037.68*			917037.68
		1971984.73	1971984.73		
1900 年 7 月 1 日	后期结转		917037.68	贷	917037.68
7 月 9 日	日记账		76300.02	贷	993337.70
7 月 13 日	日记账	993337.70			0.00
12 月 31 日	诸利息		161304.23		
	贴现费		114628.25		

时间	摘要	借方	贷方	借或贷	扣除余额
	手续费		3644.67		
	公债利息		12650.57		
	杂项收入		1233.10		
	前半期结转		943337.70		
	特别利息	91524.94			
	杂费	26638.53			
	杂项亏损	318.40			
	公债偿还	15451.50		贷	1102865.11
	结转	*1102865.11*			
		2230136.18	2230136.22		

资料来源:『三菱合资会社银行部総勘定元帐』。

因为其中涉及了制作表 6－19 以后各盈亏计算表的前提，所以为了便于理解，可将其要点概括如下。第一，无论是上半年、下半年还是期末，记载在"贷方"一栏的该期收入项目（诸利息、贴现费、手续费、公债利息、杂项收入）与前半期转结金都成为总收入，其中将扣除掉支出项目（特别利息、杂费、有价证券置换、杂项亏损、公债偿还），从而计算出后期结转金。可以说这是一种非常简单的收支计算。

在这一时期，除了作为"特别利息"另行计算的特别活期存款利息以外，诸利息都属于套利。所以记载在账户中的不过是从收入利息中扣除支付利息后的金额。但是我们从表 6－20 可知，盈亏账户的项目在 1903 年以后变得更为详细，其收支的区分也越发明显。①

① 此处是否曾对利息的归属时间加以处理尚不清楚。但在基本的收支上，已对各个元账与每日收支资金量转记而来的数据进行推测。即使没有进行仔细的收入支出处理，应该也不会对分析的结果造成较大影响。

第二，关于结转金的处理问题。由于当时在计算中往当期收入里加入了前一期的结转金，所以当期的剩余资金并没有被统计在内。我们只能通过结转金的增长幅度来判断当期的收益。

第三，前一期期末计算的后期结转金（表 6 - 18 中 1900 年 6 月 30 日的最后一行）917037 日元，在下一期的盈亏计算中未能直接作为前期结转金来计算，这是必须注意的问题。被算进下一期的前半期结转是 94 万多日元。之所以会产生这个差值，乃因为上半年、下半年与期首大概两周时间内进行过两轮统计与记账。所以严格地说，在下半年实际上漏掉了其中的一次记账。（1）上半年的 1 月 6 日与 12 日，下半年的 7 月 9 日，"日记账"都被转记到贷方并计为利益追加额。正因如此，前期结转金最终增长到 924567 日元。（2）在此之后上半年 1 月 9 日的 5 万日元被转记到日记账中而发生减少，从而使其结转金最终确定为 874567 日元。可以认为下半年同样如此：13 日的 5 万日元也发生了转记，所以记账是被遗漏了。但是在 7 月 13 日的余额以及 12 月 31 日计算的前半期结转金中恰好又有 5 万日元的减少。

从这两个操作中我们能够马上明白，当时资金是通过第二项操作被转记到利润中的。由于转记到利润账户后当天就会进行支付，所以第二项操作实际上就是要用各期期末结算后确定的剩余资金来冲抵支付给三菱合资公司总公司的各期红利、三菱合资公司结算中的银行部利润。而且其金额在整个时期内并未发生任何变化。

另一项操作，并不是前期记账错误的修正，其金额与《统计辑览》中记载的各期分店收支差额一致。由于两个时间点和上半年一样，在进行追加记录时合计金额也与其一致，所以第一项操作实际上是在期末关闭账户后把各分店的收支结余和总店的账户合并在一起。遗憾的是，我们目前缺少分店的账簿而无法对此展开进一步的研究。但若对总店的收支情况和《三菱银行史》卷末记载的盈亏计算表进行比较，我们可以发现，因为总店的收支额规模实在太小，正式的财务报表是将各分店的账户综合起来而形成的。总店的《总勘定元账》则与此无关，是将各店的收支差额计算到下一期里并追加为总店的利润，由此把握各分店利益收支。之所以需要两周左右的时间来进行处理，是因为各店铺账户的整理与结果的汇报需要花费一段时间才能送抵总店。从当时通信技术的水平来看，这是很自然的事情。

基于以上理解，我们可以对《总勘定元账》盈亏账户中的各个项目进行区分并制作盈亏计算书，从而形成表 6-19、表 6-20。因为盈亏账户中的项目在 1903 年下半年以后更为细化，我们也需要将其分成两张表来观察。不过，制表的原则是完全相通的。即延续了表 6-18 的做法，采取盈亏计算书的格式。如前所述，虽然资料上并未记载"当期盈亏"一项，但为了保持其形式的完整，我们也将计算结果列了出来。可以看到，总店的当期盈亏在 1903 年上半年以前呈现了较大幅度的波动，所以在甲午战争以后其经营基础并不稳定。

在《总勘定元账》中 1903 年上半年以前的"诸利息账户"计算了套利收支差额，但在表 6-18 中是以此为基础将套利分别视为期中的收入利息与支付利息，从而区别记载收支的。这种操作，对于元账的利用是有好处的。另一方面，在收入上，除了收入利息之外，还包括收入贴现费，公债社债的利息收入以及预估利润①、公债社债买卖收入等，所以与资产项目进行对照便可发现，"收入利息"实际上就是和借款、活期透支、分店账户相对应的收入。而在"支付利息"中，则可以认为除了特殊短期存款的利息将另行处理以外，还包括了存款利息、借款利息等项目。

在 1903 年上半年以前，其收入大部分来自收入利息，与所持证券相关的收益并不高。因此 1900 年上半年以后连续三期的"公债偿还"成为收益恶化的原因。

其次，若对比总店的当期收益与"日记账"中追加的"分店收支差额"还可以发现，尽管当时资产的大半部分都记入了总店的账户，但是分店与总店的收入还是不相上下的。如前所述，总店的收入利息若包括分店账户的利息收入，那么可以说分店在收入方面的贡献越发巨大。可推测此点是引发总店重新变更营业方针并积极推进证券持有、开拓客户以扩大借贷的背景。此外，支出项目中的"杂费"和 1912 年出现的营业费应是相互关联的，故可以认为"杂费"也意味着总店的营业经费。

1903 年以后存款、借贷两项与资产负债项目对应的收支项目有了明显的增加，这使此前套利差额计算的困境得到了解决。由表 6 - 20 可知，当时伴随存款的增加，投资规模也扩大了。从日俄战争开始，收入里的利息收入（需注意与前表的"收入利息"计算范围不同）出现了骤增的趋势。其主要原因包括两点：

---

① 即保有资产的时价超过取得成本价或账面价格而产生的利润。——译者注

单位：千日元

表 6－19　1897～1903 年总店的盈亏计算与当期盈亏

账户项目		1897年12月	1898年6月	1898年12月	1899年6月	1899年12月	1900年6月	1900年12月	1901年6月	1901年12月	1902年6月	1902年12月	1903年6月
收入	前期结转转金	514.6	409.6	556.5	707.3	766.9	874.6	943.3	1141.6	1196.4	1382.6	1515.9	1652.3
	收入利息	384.2	348.3	402.1	290.0	313.1	398.7	439.7	362.8	359.4	360.1	385.0	444.7
	收入贴现费	44.6	53.9	55.6	57.0	54.6	83.1	115.6	77.1	86.4	102.2	84.0	61.1
	手续费	2.5	1.9	3.6	2.3	2.4	1.8	3.6	2.5	2.4	2.3	2.3	1.9
	公债利息	16.2	16.2	13.2	12.9	13.3	12.7	12.7	12.7	14.5	25.3	11.5	12.4
	公债偿还盈亏			7.4							6.3	0.2	13.4
	公债社债买卖收入												0.7
	杂项收入	0.5	0.1	0.1	0.0	0.1	0.0	1.2	0.1	0.0	0.0	0.2	1.5
	小计	962.7	911.1	1038.4	1069.4	1150.4	1370.9	1516.1	1596.8	1659.2	1878.9	1999.1	2188.1
支出	支付利息	193.1	257.5	235.4	193.8	144.8	322.4	278.4	308.9	210.3	281.8	234.6	330.0
	特别利息	71.1	75.9	83.2	86.5	85.9	87.0	91.5	90.8	93.0	92.8	91.5	85.6
	支付贴现费	6.6	1.7	0.2	0.1	10.0	1.0	1.0	12.8	1.4	0.7	5.7	7.2
	公债偿还支出						15.3	15.5	16.5				
	杂费	19.0	21.6	24.6	22.3	25.9	28.1	27.0	34.6	30.8	34.8	28.0	36.9
	杂项支出												43.4
	小计	289.8	356.6	343.4	302.7	266.7	453.9	413.3	463.6	335.5	410.1	359.8	503.1

账户项目	1897年 12月	1898年 6月	1898年 12月	1899年 6月	1899年 12月	1900年 6月	1900年 12月	1901年 6月	1901年 12月	1902年 6月	1902年 12月	1903年 6月
扣除后利润	672.9	554.5	695.1	766.7	883.6	917.0	1102.9	1133.2	1323.7	1468.7	1639.3	1685.0
其中的当期利润	158.2	63.8	138.6	59.4	116.8	42.5	159.5	-8.4	127.3	86.2	123.4	32.7
从日记账的追加	-132.2	52.0	62.2	50.2	40.9	76.3	88.8	113.2	108.9	97.1	63.2	37.9
处分利润	540.6	606.5	757.3	816.9	924.6	993.3	1191.6	1246.4	1432.6	1565.9	1702.5	1722.9
利润金	50.0	50.0	50.0	50.0	50.0	50.0	50.0	50.0	50.0	50.0	50.0	50.0
下期结转金	490.6	556.5	707.3	766.9	874.6	943.3	1141.6	1196.4	1382.6	1515.9	1652.5	1672.9

注：1897年的追加额中除了分店利润50244日元以外，还有182474日元的特别亏损。

资料来源：「三菱合资会社银行部総勘定元帐」。

表 6 - 20　1903～1911 年总店的盈亏计算与当期盈亏

单位：千日元

	账户项目	1903年12月	1904年6月	1904年12月	1905年6月	1905年12月	1906年6月	1906年12月	1907年6月
收入	前期结转金	1673	1753	1847	1949	2145	2566	2867	3180
	收入利息	330	381	425	382	563	706	596	639
	诸利息	195	228	185	221	394	360	364	381
	所有物利息	50	69	158	76	92	277	165	152
	（公债社债利息）								
	贷款利息	71	68	62	65	54	48	49	87
	活期透支利息	15	16	19	19	24	20	19	19
	收入贴现费	90	70	65	78	124	85	112	160
	手续费	10	9	6	30	37	25	24	2
	公债偿还盈亏	9	2	2	1	6	18	1	17
	公债社债预估利润				2	0.2			
	公债社债买卖收入				8	1	41	0	
	外汇盈亏	0.0	0.0	0.0	0.0	0.0	0.2	0.2	0.5
	杂项收入	0.6	0.0	0.2	0.2	0.2	0.2	0.4	0.6
	小计	2112	2216	2347	2450	2878	3441	3600	3999

账户项目		1903年12月	1904年6月	1904年12月	1905年6月	1905年12月	1906年6月	1906年12月	1907年6月
支出	支付利息	312	305	334	278	302	390	368	465
	定期利息	146	142	141	99	96	120	104	145
	短期存款利息	76	69	74	76	91	128	147	120
	特殊短期存款利息	90	94	101	102	101	104	112	121
	借款利息								
	特殊存款利息	0.4		18	1	14	39	4	79
	支付诸利息	0.1	1	1	0	2	2	3	1
	公债社债预估亏损			17			106		
	杂费	33	30	31	40	32	91	41	86
	杂项损失	2	16	25					
	小计	348	352	407	318	336	588	412	552
扣除后利润		1765	1863	1961	2128	2542	2853	3189	3446
其中的当期利润		92	110	114	178	396	287	322	266
从日记账的追加		39	33	39	68	75	64	41	62
处分利润		1803	1897	1999	2195	2616	2917	3230	3509
利润金		50	50	50	50	50	50	50	50
下期结转金		1753	1847	1949	2145	2566	2867	3180	3459

	账户项目	1907年12月	1908年6月	1908年12月	1909年6月	1909年12月	1910年6月	1910年12月	1911年6月	1911年12月
收入	前期结转金	3459	3502	3810	4125	4434	4705	5010	5191	5400
	收入利息	616	764	536	641	707	634	645	609	742
	诸利息	326	214	108	218	236	257	283	235	351
	所有物利息（公债社债利息）	120	192	193	215	293	252	269	227	221
	贷款利息	70	74	55	63	63	72	49	97	115
	活期透支利息	100	284	181	145	115	52	44	49	55
	收入贴现费	173	195	376	299	252	172	128	98	185
	手续费	9	8	13	3	10	82	12	11	4
	公债偿还盈亏	0	2	0.3	4	6	72	1	0.1	14
	公债社债预估利润						63	21	269	
	公债社债买卖收入	0.2	0.2	0.3	0.2	0.3	0.2	0.2	0.2	0.3
	外汇盈亏	0.1	0.1	0.2	0.2	0.2	0.3	0.2	0.2	0.3
	杂项收入									
	小计	4258	4473	4737	5074	5410	5729	5817	6179	6346

账户项目		1907年12月	1908年6月	1908年12月	1909年6月	1909年12月	1910年6月	1910年12月	1911年6月	1911年12月
支出	支付利息	523	544	576	572	654	590	581	566	593
	定期利息	136	147	155	190	222	181	152	144	152
	短期存款利息	147	161	199	210	225	257	261	280	286
	特殊短期存款利息	122	130	142	147	154	152	167	141	139
	借款利息	119	106	80						12
	特殊存款利息				24	54	0	1	1	4
	支付诸利息	3	2	2	5	2	1	1	1	2
	支付贴现费	188	73							
	公债社债预估亏损								88	79
	杂费	47	48	69	49	54	130	58	93	51
	杂项损失		35	2						
	小计	761	702	649	625	711	721	641	747	724
扣除后利润		3497	3771	4088	4448	4699	5007	5176	5431	5622
其中的当期利润		38	269	277	323	265	302	166	240	223
从日记账的追加		55	89	87	77	56	52	65	53	101
处分利润		3551	3860	4175	4525	4755	5060	5241	5484	5724
利润金		50	50	50	50	50	50	50	50	50
下期结转金		3501	3810	4125	4475	4705	5010	5191	5434	5674

注：1904年12月至1906年6月共四期的收支差额计算有误，沿用原表未做改动。

第一，"所有物利息"的增加，也就是证券投资的增加；第二，随着时间滞后带来的贴现票据收入以及活期透支利息的增加，收入的结构发生了相当程度的改变。尤其引人注目的是表 6 – 20 中的"诸利息"在 1908 年的收入低于活期透支利息和收入贴现费。在资产账户中出现"诸利息"的情况与表 6 – 19 所载的时间有所不同，由于借款和活期透支的收入是另行处理的，所以只有他店账户和分店账户中的利息收入计算在内。如此一来，"诸利息"在 1905 年下半年到 1907 年上半年之间的一段时间内收入超过了 30 万日元，进入 1908 年后开始显著减少，至 1910 年又重新增加，[①] 这种发展轨迹应是总店为经营事业煞费苦心并试图抑制分店投资的结果。

这种操作，最终带来了 1906 年上半年、1910 年上半年以后公债偿还收入与买卖收入等证券投资收益的逐步增加。但由于 1909 年下半年以后活期透支利息收入和收入贴现费减少，我们很难断言它究竟给日后的经营造成了多大的影响。这也与迄今为止的研究结论一致。

另一方面，在支出上，短期存款利息是在 1905 ~ 1906 年与 1908 年以后逐步增加的，这反映了总店存款结构的不断变化。而定期存款利息的支付额到了 1910 年发生减少，则恐怕是受到市场利息降低的影响，并非意味着定期存款的减少。[②] 由于 1910

---

① 图 6 – 8 中分店投资额的情况也和这个变化形成了呼应。

② 『三菱银行史』显示，总店为了应对市场利率的降低，曾于 1910 年 4 月下调存款利率，并在 7 月修改了短期存款利息的计算方法，利息不再对应当日的最高余额，而是按照最低余额来执行偿付措施（『三菱银行史』、120 頁）。毫无疑问，这是为了抑制存款利率提高而采取的措施。

年上半年有较多资金存入，所以利息支付额的增加原本就是必然的趋势。在 1910 年前后总店的存款余额大概还有 700 万日元，比起 1907 年不到 500 万日元来说增加了不少（见表 6 - 11），但这两个年份所支付的定期存款利息差不多都是 15 万日元。

在支付方面我们还需要关注"借款利息"的支付问题。在《总勘定元账》中此项只在 1908 年做了分别计算。若对照余额与期中总额便可得知，与 1905 年下半年到 1906 年上半年、1907 年上下半年不同，额度巨大的"支付诸利息"里加入了借款利息的支付，这种资金调配实际上给总店的收支造成了很大的负担。尤其是 1907 年下半年，将近 19 万日元的公债社债预估亏损与借款利息一道最终导致了总店收益的显著恶化。

即便存在这样的收入下降因素，三菱的"当期利润"与 1903 年以前相比仍不逊色，达到了约 300 万日元的水平。但进入 1910 年之后由于借贷上的低迷，其也无法在此水平上更进一步了。总店的收益若没有证券投资所带来的收入（即"所有物利息"与公债社债的预估利润、偿还收入等总额中扣除预估亏损之后的余额），就会成为微不足道的存在。

资金成本与投资回报率

为了阐明总店收益的基础，最后将对以上整理的盈亏账户与资产负债项目进行比较研究，并考察投资的回报与资金调配的成本问题。

表 6 - 21 与表 6 - 22 根据盈亏计算区分出了两个时期并尝试

表 6-21 1897~1903 年资金成本与投资回报率的变化

结算时间	资金成本				资金运用					平均投资回报率
	存款		贷款	平均资金成本	借贷	分店、他店		贴现票据	所有物	
	存款账户平均利率	特别活期存款利率	平均利率		平均回报率	分店收支差额回报率	分店、他店合算平均回报率	平均利率	平均回报率	
1897 年 12 月	9.34%	5.53%	6.40%	5.68%	25.85%	2.19%	10.65%	8.70%	3.79%	8.73%
1898 年 6 月	11.37%	5.99%	8.05%	6.80%	17.29%	2.14%	9.00%	11.11%	3.91%	7.82%
1898 年 12 月	9.01%	6.28%	7.57%	6.90%	20.31%	2.80%	11.05%	11.27%	5.47%	9.43%
1899 年 6 月	6.86%	6.01%	6.19%	6.16%	21.39%	1.91%	8.52%	8.53%	2.94%	7.06%
1899 年 12 月	4.99%	5.45%	4.30%	4.30%	39.69%	1.09%	7.80%	5.25%	2.23%	6.20%
1900 年 6 月	8.33%	5.45%	6.81%	6.81%	72.10%	1.71%	9.46%	9.32%	-0.40%	7.30%
1900 年 12 月	7.72%	5.87%	6.40%	6.38%	67.37%	2.17%	11.15%	10.81%	-0.44%	8.57%
1901 年 6 月	8.41%	5.82%	7.79%	7.76%	44.21%	3.32%	11.25%	6.87%	-0.59%	7.28%
1901 年 12 月	5.66%	5.87%	5.66%	5.57%	40.26%	3.26%	11.07%	10.81%	1.73%	7.84%
1902 年 6 月	5.99%	5.85%	5.99%	5.90%	42.92%	2.45%	9.52%	10.73%	2.93%	7.22%
1902 年 12 月	5.06%	5.73%	4.95%	4.87%	37.65%	1.40%	8.08%	9.15%	1.11%	6.37%
1903 年 6 月	6.52%	5.10%	6.37%	6.25%	36.21%	0.88%	8.73%	5.31%	2.60%	6.94%

资料来源：武田晴人「産業革命期における三菱合資銀行部本店の営業実態」『三菱史料館論集』2006 年第 7 号、第 13 表。

表 6 - 22　1903 ~ 1911 年资金成本与投资回报率的变化

结算时间	资金成本						资金运用						
	存款				贷款	平均资金成本	借贷			他店、分店	贴现票据	所有物	平均投资回报率
	平均利率	定期存款平均利率	活期存款平均利率	特殊短期存款平均利率	利率		借贷回报率	活期透支回报率	借贷平均回报率	分店收支差额回报率	平均贴现率	平均回报率	
1903 年 12 月	4.67%	5.60%	3.33%	5.01%		4.67%	6.91%	6.53%	6.85%	4.82%	6.57%	5.76%	5.59%
1904 年 6 月	4.36%	5.97%	2.62%	4.76%		4.35%	6.43%	5.68%	6.27%	5.41%	5.51%	7.08%	5.79%
1904 年 12 月	4.55%	6.92%	2.62%	4.86%		4.44%	5.95%	6.08%	5.98%	4.59%	7.00%	10.63%	6.31%
1905 年 6 月	3.95%	5.12%	2.84%	4.89%	0.00%	3.75%	6.53%	6.68%	6.56%	5.56%	7.70%	4.60%	5.77%
1905 年 12 月	3.69%	4.96%	2.82%	4.85%	9.86%	3.74%	6.36%	8.45%	6.88%	8.26%	9.95%	6.80%	8.07%
1906 年 6 月	3.79%	5.83%	2.81%	4.79%		3.73%	6.50%	7.43%	6.75%	6.29%	6.08%	9.29%	6.92%
1906 年 12 月	3.45%	4.45%	3.05%	4.79%	0.00%	3.41%	6.65%	8.61%	7.08%	6.27%	5.49%	5.70%	6.06%
1907 年 6 月	3.52%	5.74%	2.92%	4.92%		3.26%	9.12%	2.84%	6.56%	5.34%	5.63%	6.39%	5.78%

结算时间	资金成本						资金运用						
	存款				贷款利率	平均资金成本	借贷			他店、分店	贴现票据	所有物	平均投资回报率
	平均利率	定期存款平均利率	活期存款平均利率	特殊短期存款平均利率			借贷回报率	活期透支回报率	借贷平均回报率	分店收支差额回报率	平均贴现率	平均回报率	
1907年12月	3.76%	5.32%	4.07%	4.79%	2.71%	3.56%	5.84%	5.47%	6.57%	4.56%	6.65%	-2.88%	3.91%
1908年6月	4.09%	5.95%	4.31%	5.02%	7.05%	4.36%	7.62%	12.42%	8.79%	4.73%	5.57%	5.16%	6.52%
1908年12月	4.25%	5.30%	4.74%	5.42%	7.96%	4.51%	6.98%	10.48%	9.38%	2.34%	8.31%	8.16%	6.51%
1909年6月	4.57%	4.98%	3.93%	5.27%		4.54%	7.75%	7.72%	7.73%	4.45%	6.94%	7.48%	6.36%
1909年12月	4.61%	5.68%	3.47%	5.06%		4.58%	6.94%	7.35%	7.20%	4.31%	5.72%	8.45%	6.07%
1910年6月	4.01%	5.37%	3.55%	4.18%		3.98%	6.52%	4.79%	5.66%	3.88%	4.52%	9.18%	5.58%
1910年12月	3.83%	4.67%	3.47%	4.42%		3.82%	3.83%	5.00%	4.31%	3.61%	4.61%	6.19%	4.55%
1911年6月	3.68%	3.93%	3.61%	4.16%	0.00%	3.61%	6.65%	4.81%	5.89%	2.57%	4.19%	10.06%	4.92%
1911年12月	3.43%	3.86%	3.08%	4.42%	4.89%	3.43%	4.07%	6.02%	4.55%	3.77%	5.75%	4.45%	4.36%

资料来源：武田晴人「産業革命期における三菱合資銀行部本店の営業実態」「三菱史料館論集」2006年第7号、第13表。

对范围内的资金成本与投资回报率展开统计。[①] 表 6 – 21 中显示，1903 年上半年以前的平均资金成本达到了 5% ~ 6%。特定账户与支付利息和负债项目的对应由于局限在"特别活期账户"之中，在其他资金成本的计算结果中存在利率过高的问题。换言之，除了特别活期账户之外，利息支付中均包括了借款与从他店而来的透支款利息，所以在发生大量借款的 1890 年代末，该表所计算的"存款账户平均利率"出现了过高的现象，它加上借款之后所得出的利息水平，大体与平均资金成本一致。

而投资回报率的平均值是 7% ~ 8%，与资金成本相比较，差距为 1% ~ 2%。由于投资回报率在此时期除了平均值以外也对应着贴现票据与贴现费账户、所有物账户与所有物利息、公债社债等各种盈亏账户，所以我们目前暂时无法计算出贷款的各个账户（贷款与活期透支等）、分店账户中的利率。

但是若观察现阶段能够了解到的贴现票据与所有物，我们首先可以发现贴现票据投资回报率波动幅度较大的事实。或许此时期对贴现票据的投资，其平均回报率都是偏高的。所以三菱当时尽管渴望较高的利率，却在数量上对贴现票据做出了限制。换言之，若将无法获得足够客户看作投资额相对较少的原因，我们可以认为，其此后致力于发展客户是一种妥善的应对现实的举措。

而所有物的账户在此时期保持在一个较为稳定的状态。虽然

---

① 省略了详细的计算方法，具体内容参见武田晴人「産業革命期における三菱合資銀行部本店の営業実態」『三菱史料館論集』2006 年第 7 号。

其收入利息是比较固定的，但通过观察前面表 6 - 19 的盈亏计算我们可以知道，从 1900 年上半年开始连续三期将公债偿还亏损记入在内最终导致其收益的降低。可以认为，当时忽视收益而仅仅出于经营上的考量购买东京仓库公司股票所造成的问题，以及经济形势变动所造成的公债价格跌落，是此种现象发生的原因。但无论如何，从投资回报率的层面来说，三菱的证券投资在日俄战争以前一直保持在收益极低的状态。

贷款方面，将除去贴现票据的贷款账户余额与收入利息相比较之后可以发现，其利息是相当高的。[①] 这恐怕是因为活期透支与贷款并没有想象中那么多，且与收入利息相应的投资上给分店拨付了过多资金。表 6 - 21 中的"分店、他店合算平均回报"将收入利息与贷款额、他店账户的透支、分店账户的透支的总数进行了比较，能够看到其利息水平与贴现票据等项的投资回报率是非常接近的。若事实果真如此，那么在作为分母的各资产账户余额中占据最大比重的分店投资对于总店来说应被寄予了盈利厚望。如后所述，贷款与活期透支的投资回报即便与贴现票据相比也是偏高的。所以三菱当时若要重视回报率的话，对分店的投资并不应该是第一选择。如图 6 - 7 所示，此时期总店在贷款中占据的比例有所提高，其原因或许正在于背后的这一理由。因此，从以往的收支情况来看，银行部在日俄战争时

---

① 这一现象在明治时期银行财务报表中一直存在，住友银行等也有类似的案例。参见武田晴人「多角的事業部門の定着とコンツェルン組織の整備」法政大学産業情報センター、橋本寿朗・武田晴人編『日本経済の発展と企業集団』。

期开始探索短期证券投资或者票据贴现的发展策略确实是非常合理的事情。

那么，表 6 – 22 中 1903 年下半年以后的情况又具有怎样的特征？显然在讨论这一问题时我们需要充分留意账户项目变化所造成的前后不连续问题。首先，平均资金成本由 4% 降低到 3%，1908 ~ 1909 年又回升至 4%，到了 1911 年前后则达到 3.5%。之所以会出现这种变化趋势，是因为存款种类尤其是比定期存款利息更高的特别活期存款增加，引发了存款结构变化。从存款种类来看，平均利率当时按照定期、特别活期、活期的顺序逐渐升高。到了 1911 年上半年，定期存款与特别活期存款的平均利率却开始出现颠倒的现象。

而借款的利息，因为其借入时间与支付时间各不相同，我们无法据此正确地计算出利息的水平。不过借款在提高资金成本上所发挥的作用可以通过 1908 年前后资金成本上升至 4% 的事实来加以推定。当然，存款在资金总额中仍旧占据很高的比例，甚至可以认为资金成本大体上就是由存款利息与存款结构决定的。这无疑是日俄战争以后短期资金操作造成的结果，但毕竟这种不得不依赖借款的情况在此后逐渐得到了改善：一方面降低了依赖的程度，另一方面也向以存款为基础的银行经营发生了性质上的转变。

我们在投资方面同样能够颇为详细地把握当时的实际情况。即在平均投资回报率上，1907 年下半年由于出现了大量公债社债交易的亏损，其数值呈现下降的趋势。特别是 1909 年以前 6% 的数值在 1910 年下半年竟一举跌落到 4%。而在日俄战争前后收益情况所获得的改善，如图 6 - 11 所示，实际上是资金成本的下降与投资回报率的回升和稳定所带来的。1905 年下半年计算出来的利率差额之所以达到了 4%，完全得益于对高回报率的贴现票据投资。①

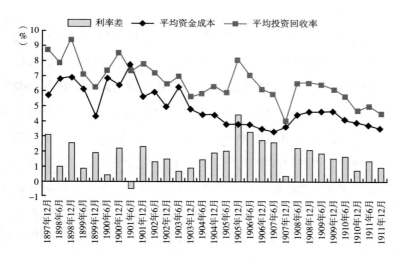

图 6 - 11 1897 ~ 1911 年资金成本与投资回报率

在投资账户的各个项目中，当时的贴现票据、贷款、活期透支等都不断发生波动并走向了较高的水平。而且 1903 年以前收益额极低的所有物账户回报率得到了明显的改善，甚至在 1906年因为大藏省证券的大宗交易而获得了良好的业绩。

与之相反，对分店的投资在日俄战争后的经济萧条期之前尚

① 此数值同图 6 - 12 中根据『利益推定表』得到的 1906 年以后总店平均存款利率与投资回报率的 4% 差额相近，亦与此后下降 2% 的情况相呼应。与以往推算的资金成本和投资回报率并无太大的差距。

有 4% ~ 6%，此后却下降了一个百分点，与其他账户相较而言其收益是颇显低下的。尽管如此，1900 年代末提供给分店的资金又增多了。从表 6 - 11 可以看出，1907 年下半年一度被压缩到只有 925 万日元①的分店账户仅仅过了两年多时间便翻了一番。

我们可以根据《利益推定表》了解 1906 年以后每月的平均回报率，进而形成图 6 - 12。② 由该图可知，日俄战争以后总店各投资项目的回报率发生过颇为剧烈的变动，其收益排名也并不稳定。直到 1909 年，这种情况才最终消失。在利率降低的大背景下，各投资项目的回报率逐渐缩小了差距。进而到 1910 年，贴现票据的回报率开始全面低于其他投资项目。原本被总店寄予厚望、期待能带来安全性与投资扩大的票据贴现业务最终以一个糟糕的成绩收场。所以我们能够看到，探索投资方针这一内因与战时经济过热、战后经济萧条的外因相结合，使此时期的银行部陷入一种投资回报率混沌不清的状态，不得不面临艰难的取舍。

再来观察 1907 年以后对分店投资的回报率，如图 6 - 13 所示，它不仅与利率的下降保持同一步调，而且呈现出更快的降低速度。和神户分店、兵库办事处一样，其平均回报率时常低于总

---

① 『利益推定表』中此时期的平均余额为 872 万日元。
② 图 6 - 12 不仅在平均余额的计算方法上有所不同，对于各盈亏项目的利息收入和支付利息究竟以怎样的形式计算也缺乏相应的说明，所以情况不详。我们无法与本章算出的资金成本进行直接比较，但是此时期内的大致趋势应该是相同的。因为这是银行部基于自身认识所制作的表格，所以还是有一定根据的。

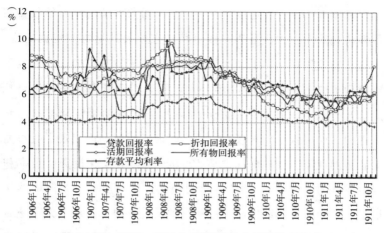

图 6－12　1906～1911 年的资金成本与投资回报率

店的平均存款利率。所以这些向分店的投资当时即便出现了这种
"逆差"的现象，也并没有被取消。而此时期在他店、分店账户
的投资回报率中发生的下降，也应是由此导致的。

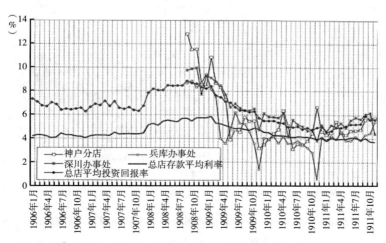

图 6－13　1906～1911 年总店、分店的投资回报率与总店存款利率

从图 6 – 14 中还可以看到一个更为重要的情况：虽然收益在不断恶化，对于大阪分店的投资额却在显著地增加。也就是说，首先，在投资回报率上，大阪分店的回报率比总店的平均回报率下降得更快。原本在 1908 年，大阪的平均投资回报率还超出总店好几个水平，但是到了 1909 年秋季，双方的投资回报率却几乎走向了同一水平。相较而言，可以说其短时间内出现了收益显著恶化的现象。在此期间总店 1909 年的利率差（投资回报率和资金成本的差值）与 1908 年以前相比虽然有所减少，但依然保证了一定的差值。即使面对这样一种情况，银行部对于大阪分店的投资依然在保持增长。这只能说明其意图在于，哪怕牺牲收益，也务必在总店以外增加投资。显然，银行部从日俄战争时期开始启动的投资方针摸索未能取得成功。

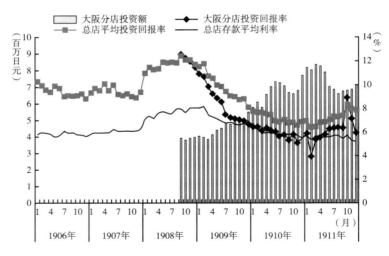

图 6 – 14　1906 ~ 1911 年大阪分店的投资回报率与总店利率

众所周知，以四分利公债的发行为标志，从日俄战争后的经济萧条到第一次世界大战期间，是利率不断下调的时期。但事实上，此时期利率的下调也有银行本身收益情况恶化的影响。当然，如本章所述，由于不同的银行增加了不同的存款种类或选择的投资项目重点有所不同，其下调情况也是各不相同的。若假定利率的下调也意味着资金需求的下降，那么其理应带来投资额度上的限制。

以此为前提，我们可以对前面已经涉及的三菱合资公司银行部的经营问题展开分析。日俄战争以后，银行部总店尝试扩大了对证券、贴现票据、活期透支等商业金融的投资并再次回到增加分店投资的路径上来。它在1900年代末对资金成本利率和投资利率间几乎不存在差额的大阪市场再次投下了资本。由于东京方面的存款利率更高，所以东京总店筹措而来的资金被投放到借贷利率较低的大阪市场。这种行为由于受到了缩小利率差的影响，极易导致竞争上的劣势。其原因在于，存款利率与借贷利率的差额最终都是由负责转送资金的银行部来负担的。所以总店当地的银行吸收资金以后将其投资到大阪去，必然会导致资金成本与投资回报率的差额变得更大。

那么在这样的情况下，究竟应该如何理解银行部的企业活动？

一般而言，随着银行制度的健全和日本银行分行网络的完善，不同地区之间独立性较强的金融市场会逐渐趋向一体化并使利率走向统一。另一方面，银行利用各地利率的不同让资金在各地流动以攫取收益，反而会最终导致各地利率差的缩小并趋向一致，这种情况也能够由统计上的数据得到证实。与此相对，当时三菱合资公司银行部的活动却是一个例外。为了让利率走向一致，不仅仅是不同地区间的利率差，各地区的客户关系以及地区之间的资金流动中存在的资金成本利率和投资利率的差额也是极为重要的问题，但是对于三菱合资公司银行部来说，资金成本利率和投资利率的利率差似乎并不是问题。银行部此时期不仅对于大阪分店，[①] 对于神户分店的投资额也在不断增加，其间的利率差经常会变成逆差。

若要用银行一般活动规则对三菱合资公司银行部的这种行为进行解释，使用上述单纯的利率一致化理论是不可能实现的，因为银行经常会在利率较低的地区开展积极的投资。所以我们很难认为这是一种避免扩大地区间利率差的活动。但若要深究这一问题并展开相关的理论探索，又已经超出本章所要讨论的范围。

以下将通过总结梳理前述银行部经营状态的相关问题，为本章做一收尾。

1900 年代前半期，三菱展现出将放款等业务集中于总店的经营动向。它的银行部和三井银行、第一银行设在东京的总店一样，当时也积极地在关西市场进行投资，并且在大阪的放贷市场上占据了第一名的位置而成为大规模资金的提供者。但是银行部的投资重点在于相对利率较高的门类与地区。

之所以会出现这种情况，乃因为此时期证券投资等方面存在

---

① 准确地说，以前的大阪分店在 1911 年成为中之岛办事处，而此后的大阪分店是从三菱合资公司分离出来的。

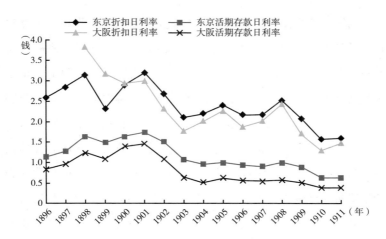

图 6 – 15　1896～1911 年明治后半期东京、大阪市场的利率变化

资料来源：『日本経済統計総観』。

问题，证券投资业务停滞不前，所以银行部的态度开始变得更为积极并加强了对资本市场的参与程度。而日俄战争时期的存款增加与资金冗余也在客观上加速了这一现象。

银行部在摸索投资方针的同时，也致力于开拓新客户，对相对利率较高的投资领域展开了渗透，进而使日俄战争以后的贴现票据和活期透支投资在短时间取得了相当的成绩。《三菱银行史》甚至强调，银行部当时亦着手开发工业单位，以将其作为贷款的对象。

但是这种做法因为日俄战争以后的经济萧条以及铁路国有化之后证券市场的萎靡而无法长久。银行部对商业金融业务的期待，在经济萧条的影响之下最终导致总店的重要地位被削弱。虽然证券交易在 1910 年代初以前实现过高收益，但是进入 1911 年之后证券的新购便不再发生，这也说明了证券交易的短期性格。虽然银行部曾从事铁道股票的投资与交付公债的收购并通过一系列交易和投资获得过大量的收益，但此后由于铁路国有化导致资本市场中最活跃的铁道股票交易消失，其证券投资再次陷入停滞不前的状态。1900 年代，因为三菱合资公司的资金拮据，不少资金短期性地汇集到总店，但银行部与三菱合资公司的关系在此后开始出现存款过剩的现象，银行部甚至收到过奥帐场来的大量存款（详细情况将在终章中讨论）。如此庞大的资金流入，最终导致银行部总店开始面临投资困难的问题。如果存款都集中到总店且需要由总店来进行投资，其负担之大是可想而知的。但走日俄战争以前的老路又行不通，在这样的情况下三菱合资公司银行部才会在1910 年前后决定向客户较多的关西市场开展投资，以便缓解投资困难的问题。①

当然也必须指出三菱本身的问题。可以认为与关西市场的密切联系，来自三菱合资公司总体的经营活动。换言之，三菱的事业据点有很多位于日本西部，除了北海道的煤炭事业，即便是东北地区的金属矿山原料，也是要送到大阪制炼所进行冶炼的。所以对于三菱来说，至少在业务的开展上，分布在全国各地的据点都需要依靠大阪分店作为中间人。但是银行部的经营事业与三菱

---

① 以上情况或许不是三菱所独有的。当时在东京市场无法继续确保可靠客户的不仅仅是三菱合资公司银行部，其他的银行也有类似的情况。所以以上结论若能够成立的话，日俄战争结束以后东京与大阪之间利率差的缩小等资金流动现象就难以产生，全国的利率一致化也会受到抑制。但事实是否果真如此目前尚不清楚。

内部其他事业的关系究竟如何，是目前尚未探明的问题。此点需要通过整理产业革命时期矿山煤炭事业的结算资料才有可能得到讨论。本书的终章将从银行部的外部对此进行考察。

第七章　1910 年代的三菱合资公司银行部

本章的课题是承继前章关于产业革命时期的探讨，考察三菱合资公司银行部在 1910 年代的经营情况，以期阐明以下问题：在包括第一次世界大战时期在内的 1919 年 9 月末以前，作为股份有限公司的三菱银行究竟是如何展开经营的。

此处将沿用第六章的资料《三菱合资公司银行部总勘定元账》（以下简称《总勘定元账》）与《利益推定表》，以及三菱合资公司《月报》中刊载的银行部各店营业状态与各月统计数据，期待以此探明总店与分店的营业状态。①

一　总店资产负债额与事业收支

第一次世界大战时期银行部概况

关于第一次世界大战期间迅速扩大的三菱合资公司银行部业务，《三菱银行史》有如下记载："贷款在大正三年（1914）上

---

① 　关于《月报》，参见坪根明子・針山和佳菜・曽我部建「資料紹介　三菱の『年報』と『月報』」『三菱史料館論集』2007 年第 8 号。

半年到大正八年（1919）9月从五千八百余万元增加到了两亿三千六百余万元，增长了约3倍。而存款比同期普通企业的收益增长更快，从五千余万元增加到了两亿八千余万元，实现了约5倍的增长。其结果是原本在大正初期仅有三井银行和第一银行一半的存款额、贷款额的银行部到了大正七年（1918）末已经追到其七八成的水平。而大正二年（1913）上半年以后一直存在的'贷款超出'现象在大正五年（1916）得到了消除，进而从冗余资金的增加发展成每期能放出四五百万元的拆借贷款。"[1]

若通过银行总体的比较资产负债表（表7-1）来确认以上情况，可以看到：第一，由于存款与贷款的增加，总资产额的增加节奏在1910年下半年显得更为迅速了。而第一次世界大战的影响正在于下半年。故在这一点上可以推测，当时亦存在一战之下三菱合资公司组织机构改革的影响。

第二，在负债方面，这种迅速增长是以定期存款为首的存款增长为基础的。在1910年，定期存款额只占存款总额的四分之一多一点，但到了1919年已占到54%。而且在此期间新增了特别活期存款和通知存款两种存款类别。前者是总店已经拥有的存款种类之一，但《三菱银行史》在1915年以前将其与支票活期存款合并在一起。而通知存款则是于1916年新设立的存款类别（后述）。

第三，在资产方面，贷款出现了激增，其与存款一样受到了

---

① 『三菱銀行史』、134 頁。

x

表 7 - 1　三菱银行资产与负债情况

单位：千日元

资产部分	余额				增减额					
	1910 年	1915 年	1916 年	1919 年	1910~1919 年		1910~1915 年		1916~1919 年	
现金存款	1833	4578	6480	20442	18609	6.8%	2745	7.4%	13962	7.0%
拆借贷款			300	12750	12750	4.7%			12450	6.3%
有价证券	10337	6418	8398	26640	16303	6.0%	-3919	-10.6%	18242	9.2%
国债,地方债	7578	2739	4895	13672	6094	2.2%	-4839	-13.0%	8777	4.4%
社债	790	314	304	1976	1186	0.4%	-476	-1.3%	1672	0.8%
股票	1968	3364	3198	10991	9023	3.3%	1396	3.8%	7793	3.9%
贴现票据	22429	46272	10201	32263	9834	3.6%	23843	64.2%	22062	11.1%
商业票据	22429	46272	10201	32219	9790	3.6%	23843	64.2%	22018	11.1%
汇兑票据				43	43	0.0%			43	0.0%
贷款	5151	19672	83834	194585	189434	69.1%	14521	39.1%	110751	55.8%
票据贷款	3185	14998	67475	144444	178734	65.2%	11813	31.8%	76969	38.8%
借据贷款			9423	37475					28052	14.1%
活期透支	1968	4674	6936	12664	10696	3.9%	2706	7.3%	5728	2.9%
外汇账户			1004	9114	9114	3.3%			8110	4.1%
他行贷款	230	158	4087	6528	6298	2.3%	-72	-0.2%	2441	1.2%
支付承诺抵押			721	9509	9509	3.5%			8788	4.4%

资产部分	余额				增减额					
	1910年	1915年	1916年	1919年	1910~1919年	%	1910~1915年	%	1916~1919年	%
动产与不动产	0		120	891	891	0.3%	0	0.0%	771	0.4%
杂项账户			369	1237	1237	0.5%			868	0.4%
合计	39982	77100	115517	313964	273982	100.0%	37118	100.0%	198447	100.0%

负债部分	余额				增减额					
	1910年	1915年	1916年	1919年	1910~1919年	%	1910~1915年	%	1916~1919年	%
存款	33695	65819	101063	281233	247538	90.3%	32124	86.5%	180170	90.8%
活期存款	24283	33222	20970	37497	13214	4.8%	8939	24.1%	16527	8.3%
特别活期存款			18858	20023	20023	7.3%			1165	0.6%
通知存款			10848	69812	69812	25.5%			58964	29.7%
定期存款	8646	30364	47286	151114	142468	52.0%	21718	58.5%	103828	52.3%
特殊存款	715	2186	3051	2481	1766	0.6%	1471	4.0%	-570	-0.3%
存款票据	50	45	47	304	254	0.1%	-5	0.0%	257	0.1%
票据再贴现		1500	2239		0	0.0%	1500	4.0%	-2239	-1.1%
外汇账户			98	1048	1048	0.4%			950	0.5%
他店借款	44	167	16	1100	1056	0.4%	123	0.3%	1084	0.5%
支付承诺			721	9509	9509	3.5%			8788	4.4%
杂项账户	1	21	860	4376	4375	1.6%	20	0.1%	3516	1.8%

负债部分	余额					增减额	
	1910年	1915年	1916年	1919年	1910~1919年	1910~1915年	1916~1919年
资本账户	6240	9592	10517	16694	10454　3.8%	3352　9.0%	6177　3.1%
资本金	1000	1000	1000	1000	0　0.0%	0　0.0%	0　0.0%
前期结转金	5009	8271	8883	14594	9585　3.5%	3262　8.8%	5711　2.9%
本期纯利润	231	321	634	1100	869　0.3%	90　0.2%	466　0.2%
合计	39982	77100	115517	313964	273982　100.0%	37118　100.0%	198447　100.0%

注："余额"栏中除1919年为9月末数据外，其余均为各年末数据。"贷款"合计值，合计不一致之处原表如此。部分1910~1919年的增减额是票据贷款与借据贷款的合计值，合计不一致之处原表如此。

资料来源：『三菱銀行史』附表。

1916 年账户项目重组的影响。贷款账户（《总勘定元账》中常记为贷出账户）从以往的贷款和活期透支两个种类变更为票据贷款、借据贷款和活期透支。但这并不意味着简单地对贷款账户进行拆分。从同期（1915～1916）贴现票据账户的急剧减少可以看到，这种项目的重新划分实际上是将以往作为贴现票据计算的票据贷款移动到贷款账户之中，故需要注意贷款总额的激增也包括了此种情况（关于变更的详情将后述）。

第四，同样在资产方面，有价证券在 1910 年代前半期有所下降，但后半期又转向增长，表现出与其他账户项目不同的动向。日俄战争后期活跃的证券投资在此时总体上呈现停滞乃至缩小的趋势。

第五，与总资产额的增加速度相比，利润额在此时期不过增加了将近 3.8 倍，结转利润甚至没有达到 2 倍的增长。其结果是资本账户的资本与负债总额中所占比例从 1910 年的 15.6% 下降到 1919 年的 5.3%。事实上，正如《三菱银行史》所强调的那样，1910 年代后半期投资中拆借贷款的放贷与资金调配上票据再贴现的减少意味着三菱在资金层面开始出现改善的迹象，而其资本利率亦受日俄战争的影响从 1910 年的 7.4% 增加到 1919 年的 13.8%。但即便如此，从收益层面来看仍是存在问题的。

总店的资产负债表

在上述银行部的总体动向之中，总店所发挥的作用与所占据的地位在 1910 年代后半期迎来了显著的变化。我们可以通过表 7 - 2 来观察总店资产负债的情况。

表 7－2 1910～1919 年银行部总店资产与负债情况

单位：千日元

账户项目	明细	1910 年 12 月	1912 年 12 月	1914 年 12 月	1915 年 12 月	1916 年 12 月	1917 年 12 月	1918 年 12 月	1919 年 9 月
存款	小计	29675	34608	40176	40089	57950	82110	113121	143533
	定期存款	6695	13841	17385	15634	21314	39480	56296	50844
	活期存款	15352	11904	12807	14365	10229	14408	16234	21124
	特别活期存款	6894	5316	4990	7865	12812	11853	12877	12332
	特殊存款	703	1347	1544	2170	3036	2544	1070	1906
	存款票据	31	7	19	39	11	111	40	102
	支付票据	1	2192	3430	16				
	通知存款					10548	13715	26604	57226
贷款	小计	△8565	△17812	△26460	△27163	△42631	△62987	△93069	△125109
	贷款额	△2784	△4593	△6648	△6727				
	借据贷款					△6478	△11265	△4812	△24206
	票据贷款					△27893	△39219	△69359	△73757
	活期透支	△1481	△4653	△1786	△3903	△5927	△4471	△6268	△8639
	贴现票据	△4300	△8566	△17626	△16533	△2033	△4431	△10629	△13006
	汇兑票据	△1	0	0	0	0	△1	0	0
	拆借贷款	0	0	△400	0	△300	△3600	△2000	△5500

账户项目	明细	1910年12月	1912年12月	1914年12月	1915年12月	1916年12月	1917年12月	1918年12月	1919年9月
外汇	小计					△906	△3106	△2517	△5617
	出售外汇					99	5	1215	1031
	买入外汇					△1004	△3109	△3677	△6648
	有息汇票					0	△2	△55	0
借款	小计	0	0	2000	1500	1500	0	4000	0
	借款	0	0	0	0	0	0	4000	0
	票据再贴现	0	0	2000	1500	1500	0	0	0
分店账户	小计	△16524	△14994	△14380	△14394	△9339	△6537	△2490	15388
他店账户	小计	△183	1	△361	12	△4081	△2837	△2015	△5254
暂付账户	小计					△369	△697	△983	△1097
	新建费					△369	△697	△767	△657
	暂付款							△216	△441
结转盈亏	小计					282	508	1562	2051
	未付利息					167	388	542	1381
	未到期折旧费					115	119	1020	670
盈亏账户	小计	166	214	316	259	478	470	822	893

账户项目	明细	1910年12月	1912年12月	1914年12月	1915年12月	1916年12月	1917年12月	1918年12月	1919年9月
预存款	小计	△246	△324	△842	△983	△3575	△1096	△1432	△333
	邮政储蓄所	0	△11	△10	△28	△19	△95	△33	△32
	存款	△246	△313	△831	△954	△3556	△1001	△1399	△301
金银账户	小计	△1243	△1521	△2422	△2173	△674	△4604	△4731	△12521
所有物	小计	△9089	△7150	△6457	△6418	△8519	△12367	△24900	△27605
资本金	小计	6010	6979	8429	9271	9883	11142	12630	15595
	前半期结转	5010	5979	7429	8271	8883	10142	11630	14595
	资本金	1000	1000	1000	1000	1000	1000	1000	1000
账户	利润	0	0	0	0	0	0	0	0
计算不一致		0	0	0	0	0	0	0	-77

注：以上数据作四舍五入处理，空白栏表示该期间没有此账户类别。0 表示数量极少或无数据，△表示资产。

资料来源：「三菱合资会社银行部总勘定元帐」。

第一，存款与贷款的增长比例与总体的趋势有较大差异。1910～1919年，存款总额增长了3.8倍，贷款增长了13.6倍。而从总体来看，存款增长了7.3倍，贷款（贷款加贴现票据）增长了7.2倍。所以总店的数据无论在存款还是贷款上均出现了乖离。由此可见，这是其存款地位下降而在贷款方面表现活跃所造成的。因此，总店的存贷比（存款与贷款比例）从1910年的28.9%暴增到了1919年的87.2%。

第六章曾指出，产业革命时期的银行部是以总店吸收存款为基础，通过大阪与神户分店积极投资关西市场来开展业务的。但是从一战期间总店的经营数据来看，情况却有所不同。所以其第二个特征便在于：总店为分店所提供的贷款额度在1915年以前一直维持在1500万日元左右的水平，此后却迅速推进了回收工作。到1919年，分店在总体上向总店提供的资金达到近1600万日元的水平。

在其他账户项目上，他店账户与外汇账户等投资额也有所增加。从表7－2可以看到，1916年末他店账户有408万日元，外汇账户有90多万日元，且每年末都会保持规模不小的数额。此外，贷款账户中还统计了拆借贷款，新设立的通知存款一项亦在较短时间内作为存款项目占据了非常大的比重。

而在资金调配方面，存款以外的主要资金来源是每年度累积起来的结转利润。由于银行部在此期间每年需给三菱合资公司总公司提供固定的10万日元利润分红，所以将其扣除之后所结余的利润便成为总店的资金源。在此基础之上还增加过临时借款，且1919年分店提供的资金亦作为存款以外的资金来源，与结转利润大致相当。诸如此类的事实可以表明，从第一次世界大战后期开始到战后的一段时间内，尤其以1916年前后为分界点，总店的经营情况发生过巨大的变化。

总店的事业收支

如果通过事业收支表（表7-3）来观察资金进出的情况，那么以年末余额为基础的总店经营究竟会呈现怎样的特征呢？

关于主要项目的动向，首先，若关注资金运用层面可以看到，贷款账户与分店账户在资金进出水平上都达到了相当高的水平，尽管总体余额在向贷款发生倾斜，但总店和分店之间的资金流量仍然是很大的。与此相对，有价证券等所有物账户中即便有余额也缺乏主动的投资积极性，所以交易量是断断续续、停滞不前的。直到1916年以后尤其是1918年后才恢复到一个较高的水平。

另一方面，在资金调配上，存款在1916年以后发生了大幅增长，所以能够看到存款的存入与取出是相当频繁的。但是在余额与增减额中并不引人注目的借款账户和预存款账户在期中出现了相当大规模的资金流动记录，似乎是对资金额进行的调整。所以在这一背景下，1916年以后事业收支在调配和运用方面实现了较大增长。

当时事业收支的主要项目可以用图7-1来展示。能够看到主要项目中除了数值较高的存款、贷款、分店账户之外，亦可通过他店账户和预存款的变动来反映其全貌。由于该图是将1919年9个月的情况换算为一年的情况，所以其发展速度看似有所放缓。但即便如此，相对于1915年以前来说仍是一种飞跃式的发

单位：千日元

表7－3 1910～1919年总店事业收支

资金运用		1910年	1911年	1912年	1913年	1914年	1915年	1916年	1917年	1918年	1919年
						△表示投资减少					
贷款账户	净增减	△4335	8491	755	2933	5715	703	15468	20356	30082	32040
	贷款	41829	64339	127985	167366	174496	196896	269125	461974	656385	570683
	返还	△46164	△55848	△127229	△164433	△168781	△196194	△253657	△441681	△626304	△538598
分店账户	净增减	4720	835	△2365	54	△668	14	△5054	△2802	△4047	△17878
	贷款	43029	53195	62215	65083	73299	118755	147530	206486	431225	395864
	返还	△38309	△52360	△64579	△65029	△73967	△118741	△152584	△209288	△435272	△413742
外汇账户	净增减							906	2201	△590	3101
	贷款							15818	22797	45946	44865
	返还							△14913	△20596	△46535	△41765
所有物账户	净增减	1895	△2195	256	622	△1315	△39	2270	3849	12533	2705
	买入	6071	0	872	5552	97	54	4344	5537	29133	13689
	售出	△4176	△2195	△616	△4930	△1412	△93	△2075	△1688	△16600	△10985
以上投资增减		2281	7131	△1354	3609	3732	678	13589	23604	37978	19968
资金调配						△表示资金增加					
存款账户	净增减	△1829	△6180	1247	△1802	△3766	86	△17861	△24160	△31011	△30412
	支出	150260	173803	191401	247932	270391	377469	628998	996081	1432073	1070325
	收入	△152088	△179983	△190154	△249734	△274156	△377383	△646858	△1020241	△1463085	△1100738

资金调配		1910年	1911年	1912年	1913年	1914年	1915年	1916年	1917年	1918年	1919年
借款账户	净增减	0	0	0	△2000	0	500	0	1500	△4000	4000
	返还		1500	700	5600	8100	7500	6000	7500	9367	6000
	借入		△1500	△700	△7600	△8100	△7000	△6000	△6000	△13367	△2000
他店账户	净增减	364	△460	276	△123	485	△372	4093	△1244	△822	△3239
	返还	40536	51334	55530	62276	47862	54456	119425	139964	153278	129261
	借入	△40173	△51794	△55253	△62399	△47378	△54828	△115332	△141208	△154100	△126022
暂付账户	净增减							369	328	286	114
	支出							369	620	1179	1197
	收入							0	△293	△892	△1083
预存款账户	净增减	△932	383	△299	19	526	141	2592	△2479	337	△1099
	借入	67706	83245	109174	108662	107489	162175	223079	299674	411164	375713
	返还	△68639	△82862	△109473	△108643	△106963	△162034	△220487	△302154	△410827	△376811
金银账户	净增减	593	△427	705	986	△86	△249	△1499	3930	127	7791
	支付	361357	439449	601817	765113	793105	1031334	1545699	2319740	3428715	2986328
	收取	△360764	△439876	△601112	△764126	△793191	△1031583	△1547198	△2315811	△3428588	△2978537
结转盈亏账户	净增减							△282	△226	△1055	△489
	支出							251	592	1239	2958
	收入							△533	△817	△2294	△3447

资金调配		1910 年	1911 年	1912 年	1913 年	1914 年	1915 年	1916 年	1917 年	1918 年	1919 年
盈亏账户	净增减	△469	△463	△411	△398	△529	△557	△1012	△905	△1291	△2358
	支出	1418	1636	1821	2759	2870	2310	3267	4446	8847	9161
	收入	△1886	△2099	△2232	△3157	△3399	△2867	△4279	△5350	△10138	△11519
前期结转金增减		△576	△390	△579	△694	△757	△842	△612	△1259	△1487	△2955
以上调配金增减		△2848	△7537	940	△4012	△4126	△1292	△14212	△24516	△38917	△22169
扣除后事业收支		△568	△407	△414	△403	△394	△614	△623	△913	△939	△2201

资料来源:「三菱合资会社银行部总勘定元帐」。

展。这种发展从第一次世界大战中期开始持续到战后，且主要账户在此期间实现了颇为均衡的增长。

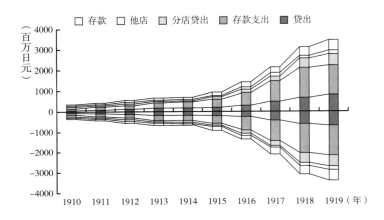

图 7 - 1 1910 ~ 1919 年总店事业收支的主要项目

资料来源：『三菱合資会社銀行部総勘定元帳』。

那么这种变化中究竟存在怎样的内情呢？

首先需要看到，虽然当时存款额的增加速度并不算快，存款交易额却在1910 ~ 1918 年翻了 8.5 倍。它未能达到贷款方面的14.6 倍增长，但与余额增长率的差值是相当接近的。通过表 7 - 4 可以得知，存款账户的资金出入基本上是由活期账户的转入转出来决定的。所以在一战期间的经济繁荣中，资金的周转速度加快促使上述交易量迅速扩大。不过图7 - 2 却显示，若比照活期存款的各月末余额与当月的收支额可以很明显地发现，在此期间交易量猛增的情况下余额基数却几乎没有变化。

尽管存款额的增长速度偏小，这种活期存款交易性质的变化却成为在事业收支中反映存款交易活跃化的要因。而在其他

表 7 - 4　1910～1919 年总店事业收支明细 I （存款账户）

单位：千日元

		1910年	1911年	1912年	1913年	1914年	1915年	1916年	1917年	1918年	1919年
存款账户净增减		△1829	△6180	1247	△1802	△3766	86	△17861	△24160	△31011	△30412
支出	小计	150260	173803	191401	247932	270391	377469	628998	996081	1432073	1070325
	定期存款	8805	11514	19106	28087	31641	38353	28782	43341	75754	64095
	活期存款	123575	138570	153464	196156	219445	316500	545167	827584	1147086	840220
	特别活期存款	11120	14040	6323	5404	4348	5325	11109	17297	18707	17011
	特殊存款	1380	4338	5690	7144	3548	4245	13452	23188	36121	5758
	存款票据	4741	4201	5604	7853	6399	5675	9778	24582	28845	19699
	支付票据	638	1141	1215	3288	5009	7371	2070			
	通知存款							18640	60090	125560	123553
收入	小计	△152088	△179983	△190154	△249734	△274156	△377383	△646858	△1020241	△1463085	△1100738
	定期存款	△8350	△12548	△25218	△28609	△34663	△36602	△34462	△61507	△92571	△58643
	活期存款	△124675	△144688	△143917	△197902	△218602	△318058	△547487	△831763	△1148912	△845110
	特别活期存款	△11754	△13086	△5699	△4827	△4599	△8200	△16056	△16338	△19731	△16465
	特殊存款	△1910	△4368	△6304	△6511	△4379	△4871	△14317	△22696	△34647	△6594
	存款票据	△4761	△4172	△5609	△7854	△6409	△5695	△9750	△24681	△28774	△19751
	支付票据	△639	△1142	△3406	△4032	△5504	△3956	△2054			
	通知存款							△22732	△63257	△138450	△154174

资料来源：『三菱合资会社银行部总勘定元账』。△表示资产。

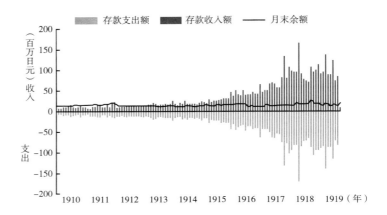

图7-2　1910～1919年总店活期存款每月出入额、
月末余额

资料来源:『三菱合資会社銀行部総勘定元帳』。

存款种类中,此时期余额基数增长最快的定期存款(见图7-3)
在1912年初由于出现过大规模存款现象而迅速增多,此后却逐
渐放缓了速度,直到1916年夏季之后尤其是1917年、1918年才
开始重新加速增长。另一方面,比定期存款更早出现增长的是特
别活期存款(见图7-4)。它之所以发生增长,乃是受到了后述
设定特殊利率的影响。此外,1916年新设的通知存款虽然在刚
开始裹足不前,在1918～1919年也出现了显著的增长(见图
7-5)。

增设通知存款是1915年下半年的事情。可以认为,当时是
从活期存款中抽出一部分来作为通知存款的。从其此后的数值变
化来看,应该是将结算性质较强的活期存款原封不动地保留了下
来,同时将带有储蓄性质的存款账户分离后纳入了通知存款。所

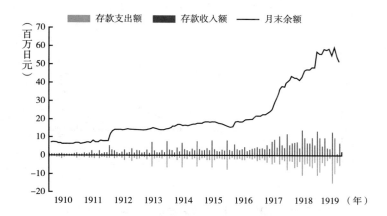

图 7 – 3　1910~1919 年总店定期存款每月出入额、
月末余额

资料来源：『三菱合資会社銀行部総勘定元帳』。

图 7 – 4　1910~1919 年总店特别活期存款每月出入额、
月末余额

资料来源：『三菱合資会社銀行部総勘定元帳』。

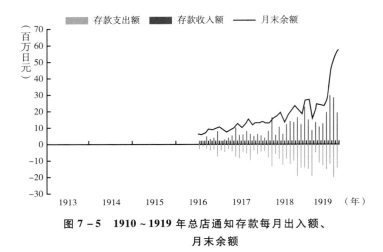

**图 7 – 5　1910～1919 年总店通知存款每月出入额、
月末余额**

资料来源：『三菱合資会社銀行部総勘定元帳』。

以，尽管通知存款的余额发生过相当的增长，但活期存款的余额
几乎未能增加。可以说这是存款项目重组造成的（参见表
7 – 8）。

接下来观察他店账户，我们可以有新的发现。即据表 7 – 5 所
示，除了以往的交易对象香港上海银行、横滨正金银行、爱知银
行之外，总店当时还启动了与第一一〇银行、土佐银行、神户冈
崎银行、第十六银行，奈良第六八银行、西远银行、加州银行、
长冈银行的小额业务往来。众所周知，其中的第一一〇银行、土
佐银行还因为三菱合资公司银行部的参股而得到过资助。[①]

① 　在这些银行的交易中，除总店外，土佐银行还与大阪分店等进行了交易。为
便于统计，将这些来自同一银行的总店、分店账户情况合计显示。此外，虽然
与近畿、北陆等地区的银行交易已经开始，但其细节尚不清楚。关于第一一〇
银行、土佐银行被资助情况，参见『三菱銀行史』，第 124～126 页。

表7-5 1910~1919年总店资产与负债明细 I（他店账户）

单位：千日元

	1910年12月	1911年12月	1912年12月	1913年12月	1914年12月	1915年12月	1916年12月	1917年12月	1918年12月	1919年9月
他店账户小计	△183	277	1	124	△361	12	△4081	△2837	△2015	△5254
香港上海银行	44	290	23	140	303	165	△40	144	413	852
正金银行	△184	△10	△20	△18	△15	△56	△45	△22	15	△7
爱知银行	△44	△4	△3	2	△6	△2	2	△6	40	△11
第一一〇银行				△0	△1	△2	△2	△1	31	△1
土佐银行				△0	0	0	△0	△1	12	1
正金银行伦敦分店					△643	△94	△3996	△2941	△1404	△1780
伦敦三菱								1	10	1
神户冈崎银行								△10	△1008	△157
NBC*									△123	△4154
纽约三菱									0	2
第十六银行									0	△0
奈良第六八银行										0
西远银行										0
加州银行										1
长冈银行										0

注：* NBC 即指 National Bank of Commerce in New York。

资料来源：「三菱合资会社资银行部总勘定元帐」。

451

比总店与他行的交易增加更为引人注目的是对伦敦三菱公司、纽约三菱公司交易的启动。银行部在一战期间与其他财阀银行一样向外汇业务进军，但三菱合资公司伦敦分店（1915 年 9 月）和纽约办事处（1916 年 4 月）开业以后，外汇业务都是在总店银行部的他店账户中进行处理的，与各分店无关。伦敦方面与纽约方面的资金进出记录分别于 1916 年 12 月、1918 年 4 月才逐渐被纳入元账。所以从三菱合资公司的分店开业到与银行部展开汇兑交易之间，实际上存在两年的时间差。而关于启动这一汇兑业务的背景，《三菱银行史》做过如下说明："以往的外汇交易主要是在横滨正金银行、香港上海银行进行的。譬如一战前三菱合资公司造船部从 London、Stockton、McFadden 等地进口了大量资材，其结算工作完全是依赖横滨正金银行进行的。但是在开战以后，有大量的铜矿通过合资公司出口海外，其出口额与造船资材的进口额几乎持平，故在汇兑操作上已不再存在困难，甚至有时还能获得可观的利润。所以两者的外汇结算便开始由我公司经伦敦分店自行处理。"①

能与此事联系在一起的是表 7 - 5 中关于 1914 年底横滨正金银行伦敦分店账户中 64 万余日元的记录。该账户在三菱伦敦分店开业以前的 1914 年 12 月有 240 多万日元的入款，但仅仅持续到翌年的 6 月就被关闭。虽然其存在时间极为短暂，《三菱银行史》却仍旧称它曾利用正金银行处理造船资材与铜矿的出口贸易，故可以认为这笔交易是在数月间向三菱伦敦分店进行了

① 『三菱銀行史』、135～136 頁。

移交。

不过从《三菱银行史》的记述来看，当时的外汇业务究竟拥有怎样的规模并不甚清楚。若将引文末尾的"两者之汇兑结算"理解为造船资材与出口铜矿相关的结算，那么其数量并不算大。当然表 7-5 也显示，在他店账户中向三菱合资公司纽约分店与纽约办事处提供的资金额度非常大，让人感觉似乎是远远超过了与香港上海银行、横滨正金银行的交易。然而实际上就总公司的业务而言，很难说与这两家海外分店之间开展过如此活跃的交易活动。换言之，从事业收支表中他店账户的明细（见表 7-6）来看，香港上海银行的交易量在日俄战争以后已经远远超出横滨正金银行，并且正处于进一步发展的态势。他店账户的交易量中有八九成是与香港上海银行有关的。虽然 1918 年以后与伦敦之间的交易量增加曾导致这一比例有所下降，但依然占据了交易量的约三分之二。[①] 如图 7-6、图 7-7 所示，我们可以通过比较他店账户中与香港上海银行、银行部海外分店、三菱合资公司海外公司的交易量和余额来对此进行确认。相较于香港上海银行在此时期交易量远大于余额的情况，伦敦三菱和纽约三菱两家分店有所不同，其每月余额均超过了每月的交易量，这说明

---

① 关于与香港上海银行的关系，『三菱銀行史』中对于外汇业务的描述应当是参考了春藤和先生的说法："在此前公司未开设海外分店时，主要依靠正金银行与香港上海银行进行外汇交易。银行部是香港上海银行的代理银行，故其横滨分店每早都会邮寄各地区的交易率信息。由于交易凭据是这些信息，所以在交易凭据上没有交易账户且所有的交易都是在香港上海银行银行账户中进行的。"（137 页）如上所述，实际上开展的是代理银行业务。

表 7-6 1910～1919 年总店事业收支明细 Ⅱ（他店账户）

单位：千日元

		1910 年	1911 年	1912 年	1913 年	1914 年	1915 年	1916 年	1917 年	1918 年	1919 年
他店账户净增减		364	△460	276	△123	485	△372	4093	△1244	△822	3239
返还	小计	40536	51334	55530	62276	47862	54456	119425	139964	153278	129261
	香港上海银行	36782	48373	52627	59929	42696	50320	97443	117513	104535	92305
	正金银行	2967	2684	1901	739	3345	1949	1397	2808	4317	2325
	爱知银行	788	277	1001	1299	1714	1420	1990	2793	5388	1001
	伦敦三菱						151	17313	14808	18332	13200
	NBC								10	6444	549
	纽约三菱									9681	15269
	其他				308	108	617	1281	2031	4580	4612
借入	小计	△40173	△51794	△55253	△62399	△47378	△54828	△115332	△141208	△154100	△126022
	香港上海银行	△36580	△48619	△52360	△60046	△42859	△50182	△97237	△117698	△104804	△92743
	正金银行	△2847	△2858	△1891	△741	△2706	△2550	△1408	△2832	△4354	△2302
	爱知银行	△747	△317	△1002	△1304	△1706	△1423	△1994	△2785	△5434	△950
	伦敦三菱						△57	△13412	△15863	△19869	△12824
	NBC									△5446	△1400
	纽约三菱									△9558	△11239
	其他				△308	△107	△616	△1281	△2031	△4635	△4563

资料来源：「三菱合资会社银行部总勘定元帐」。

454

其资金存在固定化的趋势。他店账户中与其他各店的交易量，譬如与香港上海银行、横滨正金银行等各银行的交易，由于每日结算相关资金的缘故资金流量极大，但其余额中只记录了很少的借贷信息。与此相对，伦敦三菱和纽约三菱的两家账户则显示银行部向其借出过大量外汇资金，并且具有类似于贷款的性质。

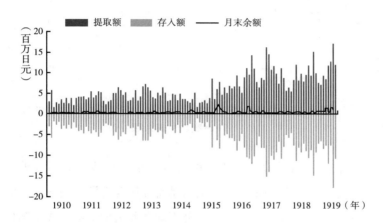

图7-6　1910~1919年总店香港上海银行账户每月进出额、月末余额

而在外汇业务方面，除了在他店账户中提供外汇资金外，从1916年下半年开始还在重组一系列账户项目的同时设置了外汇账户（见表7-2）。在这一时期，三菱通过"购入外汇账户"买进了相当数量的外汇并为出口商提供了日元资金。《三菱银行史》甚至指出，在美国禁止黄金出口的高汇率时期，"银行部向正金等银行发放外汇资金的同时向其交易客户提供过资金援助，这是值得特别关注的大事。因为这意味着当时在正金银行、台湾银行、朝鲜银行等特殊银行之外，三菱银行作为外汇银行俨然与

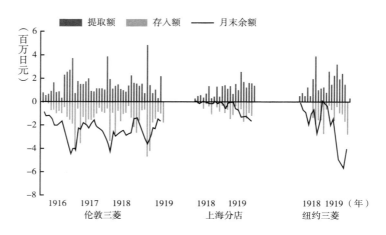

**图 7 – 7　1916～1919 年总店外分店、场所账户月进
出额、月末余额**

三井、住友一道成为业界的重镇"。[1] 可以说这段记载与此处的
观点是能够形成呼应的。它们的活动是在三菱合资公司分店网络
向海外拓展的背景之下以不同于外汇业务相关融资的形式得到处
理的。所以至少在最初一段时间内，总店几乎全是通过该账户来
处理外汇业务的。其原因在于，若与 1916 年末的余额相比，总
店余额与银行部余额是完全一致的。但是到了 1919 年 9 月，总
店的余额又下降到银行部余额的约三分之二，这实际上说明大阪
等其他分店此时也已开始通过购买外汇来实现日元资金的供给。
虽然在当时的交易量中外汇账户只占贷款额的十分之一，可是到
了 1918～1919 年它却扩大至 5000 万日元的庞大规模，俨然成为
一个重要的投资项目。

---

① 『三菱銀行史』、136 頁。

外汇相关业务作为此时期银行部的一项新业务出现，在较大程度上改变了资金运用的结构。但事实上这不过是银行部对总店、分店经营活动提供的一种变相贷款，很难说是外汇业务本身。而另一方面，银行部直属的第一家海外分店即上海分店的外币交易则大幅倾向于银货汇兑交易。因此，我们有必要谨慎评估第一次世界大战期间银行部外汇业务的发展情况。[①]

接下来将对所有物账户的具体走势展开分析。由于在余额方面一战后半期并无明显的变动，我们可以得知其投资是停滞不前的（见表 7 - 7）。截至 1911 年末，总店所持有的证券主要是临时事件公债等国债与公债，占据了所持有价证券的 62%，而股票方面则是以东京仓库（日后的三菱仓库）股票为主。这种情况直到 1912 年短期内出现了大量对铁道证券的投资以及 1913 年上半年购入约 80 万日元的股票之后，才开始发生变化。《三菱银行史》中写道："银行部在 1913 年迅速增加了所持股票数量，新增了东京海上火灾保险、日本氮气、钟渊纺织、第一一〇银行的股票。长期以来对股票保持消极态度的银行部之所以会在此时新增以上公司股票，除了第一一〇银行的情况略有特殊之外，其主要原因应在于银行部认为这些公司都是相关领域的领头公司，可以作为适宜的投资对象。"[②]

---

① 当然，伦敦三菱和纽约三菱都是银行部以外的组织。考虑到总公司的分店也有进行复杂业务的先例，譬如刚开设大阪分店时就有此类情况，这两家欧美分店的业务也应纳入银行部的业务范围。由于派出人员也属于银行部，所以这种观点并非没有道理。毫无疑问，伦敦与纽约分店的成立及其外汇业务的开办对于银行部外汇业务的发展有着极其重要的意义。

② 『三菱銀行史』、第 127 頁。

表 7 - 7 1911～1915 年总店资产与负债明细 II（所有物账户）

单位：千日元

	1911年12月	1912年6月	1912年12月	1913年6月	1913年12月	1914年6月	1914年12月	1915年6月	1915年12月
所有物账户	6894	7408	7150	7473	7772	7127	6457	6424	6418
国债,公债	4294	4942	4584	4198	4115	3431	2821	2766	2739
社债	632	498	476	407	338	338	314	314	314
股票	1968	1968	2090	2867	3318	3358	3322	3344	3365
其他	0	0	0	0	0	0	0	0	0
国债 公债	4294	4942	4584	4198	4115	3431	2821	2766	2739
甲略号帝国五分利公债	348	348	348	348	434	434	434	434	434
津号帝国五分利公债	238	238	238	225	225	225	213	213	213
第一次四分利公债	531	470	423	368	328	288	233	195	158
第二次四分利公债	956	922	911	878	878	878	824	824	824
临时事件公债	1887	1879	1879	1879	1119	1118	1118	1100	1100
韩国国库债券				165					
铁道债券		750	450						
神户市筑港公债	334	334	334	334	760	269			11
大阪市电力铁道公债					153				
神户市水道公债					218	218			
社债	632	498	476	407	338	338	314	314	314

项目	1911年12月	1912年6月	1912年12月	1913年6月	1913年12月	1914年6月	1914年12月	1915年6月	1915年12月
房总铁道第二次社债	85	68	46	21					
东洋汽船公司社债	117								
日本冶铜所社债	430	430	430	386	338	338	314	314	314
东京仓库股票	1968	1968	2090	2867	3318	3358	3322	3344	3365
丰川铁道优先股	1750	1750	1750	1750	2200	2200	2200	2200	2200
大阪瓦斯股票	30	30	30	30	30	30	30	30	30
大阪瓦斯新股	188	188	188	188	150	136	126	126	126
大阪瓦斯第三新股					38	31	25	25	25
日法银行股票			122	122	122	122	122	122	122
富士瓦斯纺织股票				218	185	168	150	150	150
富士瓦斯纺织新股				63	95	149	135	135	135
日本窒素肥料股票				110	110	110	110	110	110
日本窒素肥料新股				24	24	49	58	68	87
钟渊纺织股票				88	88	88	88	88	88
东京海上保险股票				122	122	122	122	122	122
第一一〇银行股票				7	7	7	7	9	11
第一一〇银行新股				145	147	147	148	148	149
大阪商船新股								10	10

资料来源：「三菱合资会社银行部总勘定元帐」。

表 7 - 8　1916～1919 年总店资产与负债明细 Ⅲ（所有物账户）

单位：千日元

	1916 年 6 月	1916 年 12 月	1917 年 6 月	1917 年 12 月	1918 年 6 月	1918 年 12 月	1919 年 6 月	1919 年 9 月
所有物账户	8479	8519	10514	12367	18500	24900	21739	27605
国债、公债	4733	4896	6511	8103	9310	15662	12756	13673
社债	314	304	637	816	2831	2454	1977	1977
股票	3432	3199	3247	3329	6029	6114	6115	11064
其他	0	120	120	120	330	670	890	892
国债、公债	4733	4896	6511	8103	9310	15662	12756	13673
甲略号帝国五分利公债	434	404	404	404	404	404	404	2103
津号帝国五分利公债	213	200	200	200	200	120		
第一次四分利公债	120	77	42	126	91	56	182	142
第二次四分利公债	824	769	769	650	650	650	510	510
临时事件公债	1100	1094	1094	1094	1094	1094	1094	1094
RO 号五分利国库债券							686	686
HO 号五分利国库债券								812
大正 8 年临时国库证券								2000
临时国库证券			360	360	360	360	315	315
大正 7 年临时国库证券						3000	3000	
朝鲜事业费国库证券	11	9	9	9	9			
铁道债券			9	9	9			
第二次铁道债券	333	280	280	280				

	1916年6月	1916年12月	1917年6月	1917年12月	1918年6月	1918年12月	1919年6月	1919年9月
第三次铁道债券			1046	1046				
东京市上下水道公债			449	449	449	449	217	217
法货国库债券	1699	1764	1764	1764	1600	1500	1500	1500
法国政府日元国库债券				1157	1157	1157		
1918年法国日元国库债券					178	2307	2283	2283
英国日元国库证券		299	454					
英国政府日元财政部证券					2000	2000	900	900
英法五分利美元公债			637	555	1110	900	1665	1110
中国财政部证券（1～6次）	314	304	304	816	2831	2454	1977	1977
社债								
日本制铜所社债	314	304	333	298	295	276	276	276
第二次日本氮气公司社债				333	333	333	95	95
第三次日本氮气公司社债				181	181	181	181	181
东京电灯第一次公司社债				5				
三菱造船公司社债	3432	3199	3247	3329	2024	1665	1425	1425
股票								
东京仓库股票	2200	2000	2000	2000	6029	6114	6115	11064
三菱仓库股票					1750	1750	1750	1750
					2850	2850	2850	2850
丰川铁道优先股	30	30	30	30	30	30	30	30
大阪瓦斯股票	129	103	103	103	103	103	103	43

	1916年6月	1916年12月	1917年6月	1917年12月	1918年6月	1918年12月	1919年6月	1919年9月
大阪瓦斯第三新股	22	18	18	18	18	34	34	
日法银行股票	122	122	120	120	120	120	120	120
富士瓦斯纺织股票	120	120	120	120	120	120	120	120
富士瓦斯纺织新股	90	90	90	90	90	90	90	90
日本氮肥股票	110	207	194	194	194	194	194	194
日本氮肥新股	112	73	116	146	175	175	175	175
东京海上保险股票	122	127	113	113	184	184	184	2119
东京海上保险新股	72							
第一一〇银行股票	11	11	13	13	13	13	13	13
第一一〇银行新股	150	150	144	144	144	144	145	145
大阪商船新股	10	16	25	25	25	25	25	
九州水利水电力股票	48	48	66	66	66	110	110	
猪苗代水利电力股票	85	85	94	94	94	118	118	118
大阪商船新股			1	3	3	6	6	
中华兴业银行股票				50	50	50	50	50
日本银行股票								303
日本银行新股								76
正金银行股票								2870
其他	120	120	120	120	330	670	890	892
土地房屋等其他	120	120	120	120	330	670	890	892

资料来源：「三菱合资会社银行部总勘定元账」。

进而，这种股票持有量在1915年以前一直保持稳定的状态。同时由于在此期间出售了国债与公债，其所持总额开始出现下降，国债与公债所占比例也跌落到了43%。而这种情况再次发生改变则是1916年以后的事情。当时，外国债券的持有数量曾出现骤增，而股票、社债的购入也在不断增加，尤其是1918年上半年以后其所持数额出现了极为明显的增长。

其中外国债券主要是法国和英国所发行的政府国债，其总额截至1918年上半年末共计约500万日元，若再加上第1~6期连续购入的中国财政部证券，则超过了600万日元。这些对外投资既是为了通过持有外币债券来应对战时状态的单边汇率，也可与同一时期的外汇业务一道，被视为银行部在国际视野下拓展业务的开端。

在社债即企业债券方面，银行部当时购买了新成立的三菱造船公司200万日元债券。虽然在此后出售了其中的一部分，但始终保留不少的数额。与此相对，除1916年上半年开始新购电力公司的股票（猪苗代水电、九州水电）之外，1918年还主要增加了包括三菱仓库285万日元新股在内的相关公司股票。而在1919年下半年银行部改组之前，日本银行、横滨正金银行的股票也曾被其打包收购。这很可能也是银行部为走向独立而采取的部分准备措施。

如此一来，从其数额来看，以往一直低迷的有价证券持有量在1916~1919年从848万日元剧增到2761万日元，实现了两倍以上的增长。其中由于购买外国债券而增加的国债与公债在1917年率先提升了其所占比例，而战后一段时间内股票和社债的增加亦使国债与

公债的占比在 1919 年达到 50% 左右。故可以说伴随上述证券结构的
变化，一战后银行部终于又启动了积极的有价证券投资。

本书在第六章曾提到，总店在日俄战争后期的余额基数中记
载过一些无法查明的短期有价证券交易。这种情况，在一战后半
期至战后也出现过。从图 7 - 8 中可以看到，在日俄战争后记载
的活跃交易到 1910 年上半年出现了减少。而余额变化正是这种
交易情况的直接反映，且新购股份的稳定持有量也可以从这里得
到证实。随后在 1913 年、1916 年上半年以及 1918 年以后所记录
的交易额，则远远超过了余额的增减额。若按顺序来对交易情况
进行梳理，那么 1913 年上半年和下半年 200 万 ~ 250 万日元的交
易应是：在 1912 年购入铁道证券基础之上，1913 年上半年进行
了追购（130 万日元），年中出售（215 万日元），再到下半年买
卖了韩国国库债券（两期，每期 30 万 ~ 50 万日元）与甲略号帝
国五分利公债债券（约 40 万日元）等。

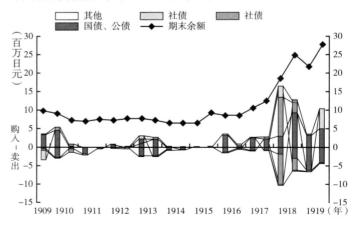

图 7 - 8　1909 ~ 1919 年总店的有价证券交易额与余额

到了 1916 年上半年，其对第二次铁道债券进行了购买（115 万日元）和售出（82 万日元）操作并交易了四郑铁道公债（47.5 万日元）。至 1918 年，除了铁道债券以外，临时国库证券的交易（200 万日元）等短期投资也在下半年迅速发展起来。与此同时，企业债券的交易也在迅速增长。其中 1918 年上半年由于承销了 103 万日元的三菱造船企业债券并在此期间出售了 800 万日元的债券，出现了交易量的增加。进而在次年下半年还买卖了约 270 万日元由政府担保的兴银债券。

与相对稳定的股票持有状态有所不同，总店在国债、公债与社债上的投资还包括了承兑业务以及临时性持有、投资等活动。可以认为这些都与贷款中的拆借贷款一样，带有短期性处理限制资金的意义。

通过上述对总店资产负债表、事业收支表的考察能够发现，当时总店与分店之间的资金关系转变及贷款额的激增给存款等账户项目带来过巨大的变化。为了详细阐明此点，以下将以一节篇幅展开进一步探讨。

二 总店与分店之间投资结构的转变与分店的存款吸收

总店贷款额的变化

作为总店投资账户项目之一的贷款账户在这一时期实现了迅

速增长。为了弄清其实际情况，我们有必要首先讲明其重组账户项目的重要意义。表7－9是《总勘定元账》中1916年上半年末至翌年下半年初抽选出来的各账户余额比较情况。如前所述，当时存款类别中已将活期存款区分成活期存款和通知存款。另外，他店账户与所有物账户中还存在不明缘由的少量差额。而贷款账户的贴现票据账户则出现了贴现票据与票据贷款的分离，其结果是贷款账户大体上被借据贷款继承，且在后者中也存在一些小额的差值。如果我们暂且忽略此点，那么可以认为这种贷款账户的重组意味着将长期以来贴现票据账户中以票据形式核算的贷款金额分离出去。除了商业票据贴现外，截至当时贷款相关统计中各种形式的贷款都被归成贴现票据，这导致产业资金供应中的资金性质变得难以辨别。基于《月报》的数据我们可以确认，在当时对账户项目进行的重组中，贴现票据账户所处理的贷款仅残留以往的票据贴现业务，而其他商品担保的贷款则被票据贷款取代。①

若以上述理解为前提来观察贷款账户的变动情况（表7－10），就可以发现在1910～1919年贷款总额共增长了13.6倍，而其中能够反映账户项目重组特征的最大账户种类，则是贴现票据向票据贷款发生的改变。但若考虑重组期间的实际情况，这一变化的实际意义并不大，票据贷款的增长率也不是非常高。

---

① 参见武田晴人「1910 年代における三菱合資会社銀行部」『三菱史料館論集』2007 年第 8 号，第 67～68 页。

表 7 - 9　1916 年账户项目的重组

单位：日元

账户项目		1916 年上半年末 结余	1916 年下半年初 结余	差额
存款账户	小计	47826960	47826960	0
	定期存款	18005001	18005001	0
	活期存款	16785242	10329901	△6455341
	特别活期存款	11208696	11208696	0
	特殊存款	1770091	1770091	0
	转账票据/存款票据	57930	57930	0
	通知存款	0	6455341	6455341
贷款账户	小计	△38915838	△38915836	2
	贷款额	△5634048	0	5634048
	借据贷款	0	△5346448	△5346448
	票据贷款	0	△22520870	△22520870
	活期透支	△7336754	△7336754	0
	贴现票据	△25945036	△3711765	22233271
他店账户	小计	△1699265	△1699650	△385
	香港上海银行	348551	348166	△385
所有物 账户	小计	△8479122	△8382072	97050

资料来源：『三菱合资会社銀行部総勘定元帳』。

表 7 - 10　1910~1919 年总店资产与负债明细 Ⅳ （贷款账户）

单位：千日元

贷款账户	1910 年 12 月	1916 年 12 月	1919 年 9 月	1910~1916 年		1916~1919 年	
	年末结余			增减额			
小计 贷款额	△8565 △2784	△42631	△125109	△34066	100%	△82478	100%
借据贷款		△6478	△24206	△3695	10.8%	△17728	21.5%
票据贷款		△27893	△73757			△45864	55.6%

贷款账户	1910 年 12 月	1916 年 12 月	1919 年 9 月	1910～1916 年		1916～1919 年	
	年末结余			增减额			
贴现票据	△4300	△2033	△13006	△25626	75.2%	△10973	13.3%
活期透支	△1481	△5927	△8639	△4446	13.1%	△2713	3.3%
汇兑票据	△1	0	0	1	0.0%	0	0.0%
拆借贷款	0	△300	△5500	△300	0.9%	△5200	6.3%

注：1910～1916 年的增减额中，对贴现票据与票据贷款进行了合算。

资料来源：『三菱合資会社銀行部総勘定元帳』。

在投资额方面，1916～1919 年活期透支的增长额仅有 3.3%，贡献率是非常小的。但这一特征与活期存款余额的走势大致相同。从表 7-10 可以看出此时期的贷款额在 1910 年出现负值之后实现了缓慢的回调，1916 年后开始剧增，而资金流量则从 1910 年的 4000 万日元暴增到 1918 年的 6 亿日元。其主要原因或许在于票据贷款和活期透支两个账户交易量的增加，且活期账户中曾有不明原因的大规模资金流动。

在当时的余额基数中存在同样的趋势。可以看到，1919 年为 550 万日元的拆借贷款在 1912 年发生了近 1000 万日元的资金投资，进而以此为肇始在 1915 年达到近 5000 万日元，1916～1918 年则发生了 6000 万～8000 万的日元投资。由于拆借贷款在期中的投资额与贷款额、偿还额（回收）出现了显著的矛盾，所以 1916 年末以前的期末余额虽然只有不到 50 万日元（参见表 7-2），其投资规模却在不断扩大。从时间上看，一战期间的金融萧条和存款增加的过程中为处理限制资金而向拆借放出资金的

表 7 - 10　总店事业收支明细Ⅲ（贷款账户）

单位：千日元

贷款账户		1910年	1911年	1912年	1913年	1914年	1915年	1916年	1917年	1918年	1919年
增减	小计	△4355	8491	755	2933	5715	703	15468	20356	30082	32040
贷款	小计	41829	64339	127985	167366	174496	196896	269125	461974	656385	570638
贷款	贷款额							1458			
贷款	借据贷款	916	12419	14148	5676	2501	6143	168	22306	12026	20050
贷款	票据贷款							44748	128900	228560	254525
贷款	活期透支	13153	15281	44645	79471	80763	59496	100466	171314	288041	197781
贷款	贴现票据	27643	36504	59853	62799	77406	82898	55550	50188	65856	55453
贷款	汇兑票据	117	135	89	0	16	20	265	3096	52	28
贷款	拆借贷款	0	0	9250	19420	13810	48340	66470	86170	61850	42800
偿还	小计	△46164	△55848	△127229	△164433	△168781	△196194	△253657	△441618	△626304	△538598
偿还	贷款额							△1261			
偿还	借据贷款	△206	△6978	△17780	△5048	△1074	△6064	△326	△17520	△18479	△656
偿还	票据贷款							△39376	△117574	△198420	△250127
偿还	活期透支	△13979	△15695	△41059	△81413	△81688	△57379	△98442	△172769	△286244	△195410
偿还	贴现票据	△31860	△33040	△59051	△58052	△72493	△83991	△47817	△47790	△59658	△53076
偿还	汇兑票据	△118	△135	△90	0	△16	△20	△265	△3095	△53	△28
偿还	拆借贷款	0	0	△9250	△19320	△13510	△48740	△66170	△82870	△63450	△39300

贷款账户	1910 年	1911 年	1912 年	1913 年	1914 年	1915 年	1916 年	1917 年	1918 年	1919 年
分店账户净增减	4720	835	△2365	54	△668	14	△5054	△2802	△4047	△17878
贷款小计	43029	53195	62215	65083	73299	118755	147530	206486	431225	395864
偿还小计	△38309	△52360	△64597	△65029	△73967	△118741	△152584	△209288	△435272	△413742

注：1912 年以前的汇兑票据是外国票据。

资料来源：「三菱合资会社銀行部総勘定元帳」。

行为并没有开始。因此在明治向大正的过渡期中，总店是在有价证券的积极投资告一段落之后才找到拆借市场这一新的投资对象的。

贴现票据和贷款方面，虽然前者始终保持扩大的趋势，但贷款账户的交易量在 1914 年前后呈现明显下降的趋势，至 1914 年末结余 66 万日元，同年贷款额为 250 万日元，而偿还额不过 107 万日元。故可以推测，该项目中的贷款是长期性的。被借据贷款继承之后，贷款余额在 1919 年增加到 2421 万日元，但其在 1916 年的交易量 1160 万日元与平均余额 1169 万日元几乎相同，所以借据贷款的平均贷款周期或许是一年左右。[①]

同一时期的贴现票据，交易额为 5000 万日元，余额为 750 万日元，因此其资金周转速度是快于借据贷款的。不过由于该账户在 1916 年期中就从票据贷款中分离出来，很难将其与此前的账户做比较。留意到此点的同时，我们可以观察图 7－9 中从交易量和余额方面对贴现票据账户变化所进行的比较。贴现票据余额在 1911 年初触底之后直到 1914 年中才重新增加，至 1916 年最终趋于平稳。其各月的交易量在 1912 年春季得到了迅速恢复，但此后的增幅确实是缓慢的。受此影响，其余额与交易量的比例在下降，贴现票据账户的资金周转速度亦在放缓。由于这种趋势在分离之后有所改善，所以与余额相比交易量的减少可能是因为相对较长时期的贷款被划分成票据贷款。此外，贴现票据的交易

---

① 计算方法是在事业收支方面将四年的借贷总额除以八得到平均数。在余额方面每年末计算四年的平均值。

在日俄战争后还有集中于年末交易的趋势。这种趋势在此时期虽未出现，但发生了每年夏季余额都会增加的季节性变动。这说明贷款是以季节性的商品作为担保品进行的。

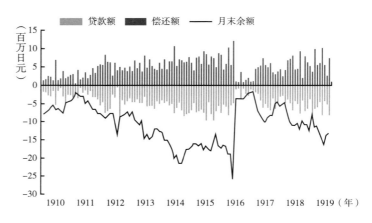

图 7-9　贴现票据的每月收支额与月末余额

　　1916 年下半年分离出来新设的票据贷款，从一开始就有约 2000 万日元的余额，随后走向稳步扩大。在图 7-10 中可以看到，各月的交易量是远远小于余额的。这意味着贷款是长期性的。而且，每隔六个月它会在 4 月和 10 月发生一笔 4000 万 ~ 6000 万日元的大额度交易。但由于对余额的影响较小，我们可以认为这些交易或许是用新债填补旧债导致的。

　　三菱合资公司的资产负债表记载，上述票据贷款在 1913 年以后出现了 300 万日元的支付票据，在 1915 年以前减少至 200 万日元后，于 1916 年结余 1100 万日元、1917 年结余 2012 万日元、1918 年结余 1101 万日元、1919 年结余 1820 万日元，分别

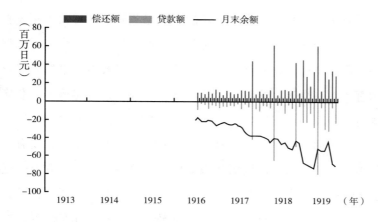

图 7 - 10　票据贷款每月收支额与月末余额

与 1917 年借入的 730 万日元、1918 年借入的 1000 万日元、1919 年借入的 1990 万日元形成了对应关系。[①] 因为这是余额基数，所以若与前面表 7 - 10 中的增减额进行比较便可发现，同年合资公司借款增加的 900 万日元占到了 1916 年增减额 1547 万日元的 58%，而 1917 年则分别为 1630 万日元、2037 万日元，达到了 80% 的高比例。但即便如此，由于 1918 年合资公司借款变成负值，1919 年的 3204 万日元中包括了借款增加的 1710 万日元，且前者是截至 9 月末的变化量，故无法断言它是 1916～1917 年情况的延续。[②]

---

① 借入余额以每年末刊登在『三菱社誌』上的总店资产负债表信息为准。同时参考了麻岛昭一『三菱財閥の金融構造』（御茶の水書房、1986）。

② 关于此时期三菱合资公司的支付票据借款，麻岛昭一写道："大概是银行部对借款形态的改变。"参见麻岛昭一『三菱財閥の金融構造』，第 27 页。而长泽康昭则写道："1919 年底的合计余额 3810 万日元是从银行部调配而来的。"参见三岛康雄编『日本財閥経営史　三菱財閥』，第 145 页。

若根据三菱合资公司《月报》的记载来观察贷款类别及担保类别的变迁（表7-12）则可以看到，财团担保或工厂抵押等局限在总店贷款的范畴。这可能是由于贷款类别中的借据贷款都集中在总店。同时，从贷款类别中可知，活期透支在总店中得到处理的比例很高。这或许是因为与三菱合资公司各部门、各分公司的业务往来均由总店负责办理。此外，在总店没有担保的信贷类贷款所占比例是很高的。而且在1917年10月，三菱合资公司的借款额增加到4000万日元，占到贷款投资的三分之二，[①] 这也可以被视作三菱为满足资金需求而做出的应对。在这一时期，受到分公司的设立与合资公司增资等方面的影响，其财务情况亦出现过波动。至于当时银行部总店贷款额的激增究竟是不是为了应对三菱合资公司的资金需求，本书将在最后一章再进行详细的讨论。

总店、分店之间的交易转换

在明治后半期总店的资金运用中，与贷款同等重要的分店账户却与贷款相反，其余额在1916年以后呈现下降的趋势。1919年，总店与分店之间的资金借贷成为总店的借款账户。两者之间的资金流向在此时期发生了从东京到关西市场，再从关西市场回到东京总店的一百八十度转变。

究其原因，除了总店为应对三菱合资公司资金需求的增长而

---

① 目前很难追溯到表7-11所示的1915年前的情况，所以总店的担保类别明细是从1915年以后开始记载的。再加上季节性因素，只比较了10月末以前的余额。此外，同一形式月报上的信息也截止于1917年10月。

表 7－12　银行部及总店的贷款类别、担保类别（月末余额）

单位：千日元

	1915年10月 合计		1915年10月 总店		1906年7月 合计		1906年7月 总店		1917年10月 合计		1917年10月 总店	
贷款类别												
贷款额												
借据贷款	5752	10.0%	5295	20.0%	6688	8.6%	5299	13.4%	16335	12.4%	13056	19.4%
票据贷款					47904	61.3%	19205	48.5%	81873	62.0%	40192	59.6%
活期透支	4620	8.0%	3756	14.2%	8913	11.4%	7672	19.4%	7120	5.4%	4481	6.6%
拆借贷款	6901	12.0%	1751	6.6%	5600	7.2%	3800	9.6%	9600	7.3%	1700	2.5%
贴现票据	40182	69.9%	15702	59.2%	8888	11.4%	3562	9.0%	17085	12.9%	8038	11.9%
汇兑票据					137	0.2%	53	0.1%				
合计	57455	100.0%	26504	100.0%	78131	100.0%	39592	100.0%	132013	100.0%	67466	100.0%
担保类别												
谷物	2275	4.0%			2642	3.4%			1098	0.8%		
其他食品	1443	2.5%			1875	2.4%			1717	1.3%		
纤维制品	1779	3.1%			4077	5.2%			3554	2.7%		
纸、纸浆、木材	112	0.2%			459	0.6%			393	0.3%		
金属	187	0.3%			36	0.0%			380	0.3%		
化学品及其他	33	0.1%			13	0.0%			6	0.0%		

	1915 年 10 月				1906 年 7 月				1917 年 10 月			
	合计		总店		合计		总店		合计		总店	
船舶	330	0.6%			1144	1.5%	20	0.1%	4010	3.0%	960	1.4%
地产房屋	660	1.1%	183	0.7%	633	0.8%	167	0.4%	466	0.4%	48	0.1%
财团担保	2216	3.9%	2216	8.4%	2485	3.2%	2485	6.3%	3178	2.4%	3178	4.7%
工厂抵押					1000	1.3%	1000	2.5%	1000	0.8%	1000	1.5%
公债债券	20750	36.1%	7285	27.5%	19215	24.6%	6030	15.2%	30119	22.8%	8756	13.0%
外国证券					75	0.1%	75	0.2%	85	0.1%	85	0.1%
大藏省证券	1420	2.5%	1420	5.4%								
各种票据	282	0.5%	0		1188	1.5%	0	0.0%	2634	2.0%	600	0.9%
信贷	20110	35.0%	12849	48.5%	34597	44.3%	26328	66.5%	63033	47.7%	43792	64.9%
商业汇票	5824	10.1%	2516	9.5%	8447	10.8%	3487	8.8%	17018	12.9%	8038	11.9%
杂项	35	0.1%	34	0.1%	244	0.3%	0		12			
存款借据									3308	2.5%	1009	1.5%
合计	57455	100.0%	26504	100.0%	78131	100.0%	39592	100.0%	132012	100.0%	67466	100.0%

资料来源：三菱合资会社『月报』第 53、62、77 号，1915～1917 年。

单位：千日元

表 7 – 13　总店资产与负债明细 V（分店账户）

分店账户	1910年12月	1911年12月	1912年12月	1913年12月	1914年12月	1915年12月	1916年12月	1917年12月	1918年12月	1919年9月
小计	△16524	△17359	△14994	△15048	△14380	△14394	△9339	△6537	△2490	15388
大阪分店	△11266	△665	△7373	△7911	△7288	△8344	△3325	△3145	△3093	658
中之岛办事处	0	△10649	△1669	△1534	△2049	△1513	△2483	△1390	634	761
深川办事处	△2346	△999	△1441	△1776	△1634	△2493	△3073	△3394	△5490	△3724
神户分店	△2389	△4396	△3313	△3279	△3409	△2961	△2924	△2343	△265	12459
兵库办事处	△523	△650	△1198	△548						
京都分店						917	2466	3299	3777	1407
丸之内分店								502	1711	7275
上海分店								△66	△218	△1808
名古屋分店									454	686
日本桥分店										△2326

资料来源：「三菱合资会社银行部総勘定元帳」。

追加贷款、提升必要资金额度之外，从表 7－13 所示的各分店余额动向来看还存在如下两点情况。

第一，在以大阪、神户两个分店为中心的关西市场，其投资额从 1916 年开始发生下降；第二，京都分店、丸之内分店、名古屋分店等大部分新设分店从一开始便是向总店输出资金的角色，发挥着吸收存款的作用。

这两个情况在事业收支表中（表 7－14）也是能够看到的：分店账户在 1912 年和 1914 年出现过较大幅度的下降，至 1916 年后进一步发展为连年的大幅下跌，而贷款和偿还小计中显示的交易量却在此时期呈现出持续增长的态势，且在交易额上未将余额转入总店借款账户的深川办事处所占比例亦在不断增加。当然，大阪、神户分店的交易量虽然很大，其规模在 1916 年之后也出现了减少的趋势。

受到这些变化的影响，银行部总店与东京的深川办事处、日本桥分店等部门都曾通过总店与分店间的资金融通来解决资金不足的问题。而大阪、中之岛、神户等分店则转变为总店的资金供给方。其中的日本桥分店是 1919 年 4 月作为新设分店开业的。据其第二任店长木下的回忆可知，该分店当时向商业票据贴现进行过投资，带有与总店信贷完全不同的性质。[1] 而深川办事处则

---

① 『三菱銀行史』、144 頁。其记载称："周围虽是批发城，且批发棉布与绸布的批发商很多，但几乎都是私人店铺，难以掌握其资产情况。故利用附近的信用交易所（兴信所）来寻找优质客户。贷款大部分是商业票据，我们选择了拥有免责书的中间商商业票据进行贴现操作，由于这和我们在神户时对各大银行的贷款有所不同，我们最初也是有一些疑虑的。"

表 7-14　总店事业收支明细 IV（分店账户）

单位：千日元

贷款账户	1910年	1911年	1912年	1913年	1914年	1915年	1916年	1917年	1918年	1919年
增减	△4335	8491	755	2933	5715	703	15468	20356	30082	32040
贷款小计	41829	64339	127985	167366	174496	196896	269125	461974	656385	570638
偿还小计	△46164	△55848	△127229	△164433	△168781	△196194	△253657	△441618	△626304	△538598
分店账户增减	4720	835	△2365	54	△668	14	△5054	△2802	△4047	△17878
小计	43029	53195	62215	65083	73299	118755	147530	206486	431225	395864
大阪分店	20981	5921	21302	22755	35319	62307	60594	86049	125787	96562
中之岛办事处		25587	8476	6736	6613	7064	12532	17098	23379	18552
深川办事处	11892	11460	17620	20673	15333	20044	29190	43110	81010	81267
神户分店	9217	9167	12077	13845	15601	28656	37278	47108	85786	51536
兵库办事处	940	1060	2739	1075	434					
京都分店						683	7936	12089	20966	22696
丸之内分店								918	79912	60718
上海分店								114	8011	11726
名古屋分店									6374	20209
日本桥分店										32598

（贷款）

479

贷款账户		1910 年	1911 年	1912 年	1913 年	1914 年	1915 年	1916 年	1917 年	1918 年	1919 年
	小计	△38309	△52360	△64579	△65029	△73967	△118741	△152584	△209288	△435272	△413742
	大阪分店	△17965	△16522	△14594	△22217	△35941	△61251	△65613	△86229	△125839	△100313
	中之岛办事处	0	△14938	△17456	△6871	△6097	△7600	△11562	△18191	△25403	△18679
	深川办事处	△10945	△12807	△17177	△20337	△15476	△19185	△28610	△42790	△78914	△83033
偿还	神户分店	△8373	△7160	△13160	△13878	△15472	△29104	△37314	△47689	△87863	△64260
	兵库办事处	△1026	△932	△2191	△1725	△981					
	京都分店						△1600	△9485	△12922	△21444	△20326
	丸之内分店								△1420	△81121	△66283
	上海分店								△47	△7860	△10136
	名古屋分店									△6828	△20440
	日本桥分店										△30272

资料来源:「三菱合資会社銀行部総勘定元帳」。

随着业务的发展在 1916 年 9 月升级为分店，[1] 截至 1917 年 10 月末其商业票据担保与公债债券担保分别占据贷款总额的三分之一。[2] 可见这些超额投资的分店，其贷款情况与总店在本质上是不同的。

此外，另一家与国内新设分店在性质上有所不同的是 1917 年 11 月建立的上海分店。有记载称，它"是为了应对当时迅速发展的外汇业务"而设立的。[3] 当时参与分店开设工作的第一任店长田村秀实曾回忆："因为筹备时间偏短，所以开设工作中存在一些不合理之处。"[4] 但由于该分店主要是负责办理外汇业务，所以交易量与总额相比并没有太大差距，和他店账户中的三菱伦敦、三菱纽约有共同的特征。

存款吸收店铺的开设与总店的地位

1915 年 10 月开设的京都分店、1917 年 12 月开设的丸之内分店、1918 年 10 月开设的名古屋分店，当时的存款量都超过了投资总额，所以能够起到吸收存款的作用。对于这些分店的设立，《三菱银行史》中有一段说明："京都分店与名古屋分店的

---

① 『三菱銀行史』、140 頁。

② 参见三菱合资会社『月報』第 77 号。

③ 『三菱銀行史』、139 頁。其业务内容为："最初没有存款故专注于外汇，但外汇汇率波动严重。尽管一直在学习，但因为谁也无法进入上海汇兑之年期，若进入上海汇兑的年期不够也将引发些麻烦。如今回想起来，我们当时做得很好。由于无法分辨银货真假，所以出纳是由中方承办的。而与他行的结算则是通过现银交易。此外，即便是将存款集中起来，因为汇兑市场的物品不同，也会有高达几成的难以置信的高汇率出现。"

④ 『三菱銀行史』、143 頁。

成立乃着眼于改善两地因战争而下降之经济地位。特别需要注意的是，京都分店是基于银行部业务发展方针而设立的，以往设立的分店则是与三菱的事业相关。丸之内分店与日本桥分店乃以企业和批发商最为集中的地区为目标，专注于为客户提供便利。"[1]意即，在这些分店中，京都分店是第一个远离三菱事业据点的分店。其第一任店长加藤武男曾回忆道："京都是继东京、大阪之后存款最多的地方，所以我们决定在此开设一家分店，看看其效果究竟如何。"[2] 这说明在一战期间其经济地位得到了提升，吸收存款的能力得到了重视，所以才会如愿以偿地取得了集资的业绩。

但是吸收存款的工作并不只是在这些分店才取得了进展。从表 7 - 15 可以看到，总店存款平均值与银行部存款平均值的比例从 1909 年的 84% 下降到 1915 年下半年京都分店成立时的 64%。而其主要原因在于大阪分店、神户分店存款量的增加。其中，大阪分店的存款额增加了近 5 倍，神户分店则增加了约 2 倍。此后的 1919 年 7 月至 9 月，新设立的京都、丸之内、名古屋等分店存款额也占到了银行部存款平均值的 13% 左右。可以看到，虽然此时存款的总量增长明显，但总店存款所占比例进一步下降至 50%。所以，1915～1919 年，一方面新设分店在吸收存款，另一方面大阪、神户分店的存款也在持续增加，由此强化了银行部的资金基础。1916 年以后，总店对关西分店的资金供应有所减少

---

② 『三菱銀行史』、141～142 頁。

单位：千日元

表 7-15 各店存款平均值

结算期	总店	大阪分店	神户分店	深川办事处	京都分店	丸之内分店	名古屋分店	日本桥分店	合计
1909 下半年	28235	2399	2545	303					33482
1915 下半年	38730	12555	7272	1167	637				60362
1919 下半年	123325	56247	27695	3150	12760	9820	9052	1938	243988
占比									
1909 下半年	84.3%	7.2%	7.6%	0.9%					100.0%
1915 下半年	64.2%	20.8%	12.0%	1.9%	1.1%				100.0%
1919 下半年	50.5%	23.1%	11.4%	1.3%	5.2%	4.0%	3.7%	0.8%	100.0%

注：[1] 大阪分店的数据是与中之岛办事处的合计数据，神户分店的数据是与兵库办事处的合计数据。

[2] 从每月的平均值中求得六个月的平均值，由此得到各期的平均值。

资料来源：「银行部運資表」「利益推定表」。

单位：千日元

表 7-16 各店贷款平均值

结算期	总店	大阪分店	神户分店	深川办事处	京都分店	丸之内分店	名古屋分店	日本桥分店	合计
1909 下半年	12780	8493	3970	1840					27083
1911 上半年	8111	12633	5963	2849					29555
1915 下半年	27385	17829	9172	3432	149				57968
1919 下半年	114497	53017	17870	7826	9563	3630	7112	2433	215949
占比									
1909 下半年	47.2%	31.4%	14.7%	6.8%					100.0%
1911 上半年	27.4%	42.7%	20.2%	9.6%					100.0%
1915 下半年	47.2%	30.8%	15.8%	5.9%	0.3%				100.0%
1919 下半年	53.0%	24.6%	8.3%	3.6%	4.4%	1.7%	3.3%	1.1%	100.0%

注：同表 7-15。
资料来源：「銀行部運資表」「利益推定表」。

的原因之一便在于各分店存款的增加。

与总店存款所占比例持续下降不同,总店在贷款中所占比例(见表7－16)自1911年上半年急剧下降至约四分之一后,在1915年又重新恢复到1909年的水平,此后便一直维持在50%左右。而大阪、神户分店的贷款比例则在1915～1919年持续下降,尤其是后者的下降速度颇为明显。而新设分店亦在1919年增加了贷款量。

对于以上情况,我们可以结合各店的资金周转与投资来加以总结(见图7－11、图7－12)。即1910年前后总店在贷款、分店贷款、所有物这三个账户中的资金投入相差并不大,所以分店账户额逐渐减少并在1918年彻底转变成负责筹措资金的角色。但无论其存款是否增加,真正能让其实现贷款增长的只会是分店的资金吸收。

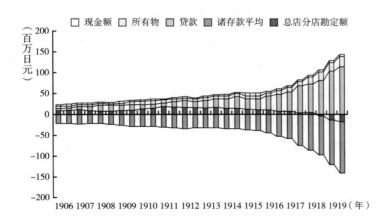

图7－11 银行部的资金运用 (总店)

资料来源:「銀行部運資表」『利益推定表』。

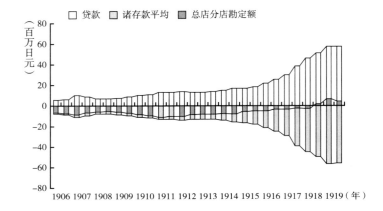

图 7-12　银行部的资金运用（大阪分店、中之岛办事处）

资料来源：「銀行部運資表」『利益推定表』。

　　大阪分店在 1910 年前后的大部分投资资金都是由总店提供的。但由于存款的增长速度不断加快，它在应对贷款增加的同时也减少了对总店周转资金的依赖程度。在 1918 年下半年以后，该分店开始具备向总店提供资金的能力。也就是说，总店的贷款增加可被认为是在应对三菱合资公司迅速扩大的资金需求，而大阪分店的应对措施则是要保持其在关西市场的贷款等事业基础。[1]

　　但深川办事处是个例外。当时其存款增加额仍未达到所需资金的一半，贷款的增加也主要是靠总店发放的资金来满足的。而新设分店的存款激增则反映了一战繁荣期以后的经济状况。这些

<hr />

① 此点同样适用于描述神户分店的特征变化。神户分店自 1919 年起在总店与分店的借贷中向总店的贷款额增长幅度比大阪分店更大。图中可以看出，神户分店在其市场回收资金的同时增加了对总店的资金供给，由此减少了其贷款的余额。

存款仅有一半用在了各分店的投资上，其余都成为向总店提供的资金。尽管其规模较小，但终究使分店体现出其存在的价值。①

如此一来，三菱合资公司在明治后半期向关西市场倾斜的资金投放在大战结束以后逐渐转变为以东京为中心的投资。这不仅是因为合资公司总店在投资方面对资金需求的暴增，也是各分店通过吸收存款获得自主资金的结果。

三　总店与分店的贷款业务

贷款种类、担保种类的结构

那么，总店资金情况的这些变化对于长期以来作为总店重要投资对象的大阪分店、中之岛分店、深川办事处的营业究竟造成过怎样的影响？

首先，我们可以对《月报》中列举数据的一段时间里总店与各分店的贷款构成情况（表 7-17）做一确认。在所有店铺合计的贷款种类中可以看到，其结构在 1914～1917 年发生过巨大的变化。但这也未必意味着其实际情况发生了很大的改变，或许是当时对账户项目进行了重组造成的。从其余额基数可以推测银行部的贷款账户中占据投资中心地位的是票据贷款。

从各店的差异来看，除了总店贷款额在 1910 年代初占据较

---

① 参见武田晴人「1910 年代における三菱合資会社銀行部」『三菱史料館論集』2008 年第 9 号，第 91 页，图 18。

表7-17 三菱合资公司银行部贷款种类结构

单位：千日元，%

种类		月末结余			占比		
		1911年9月	1914年9月	1917年9月	1911年9月	1914年9月	1917年9月
全店合计	借据贷款	4837	5619	11794	14.4	10.0	9.2
	贷款额/票据贷款			77943			60.7
	活期透支	2897	3220	7318	8.6	5.7	5.7
	拆借贷款		960	10900		1.7	8.5
	贴现票据	25899	46492	17371	77.0	82.6	13.5
	汇兑票据		3	3039		0.0	2.4
	全店合计	33633	56294	128365	100.0	100.0	100.0
总店	借据贷款	4211	5488	8345	32.0	18.5	12.8
	贷款额/票据贷款			38822			59.7
	活期透支	2383	2357	4935	18.1	8.0	7.6
	拆借贷款		400	1700		1.4	2.6
	贴现票据	6574	21362	8170	49.9	72.2	12.6
	汇兑票据			3039			4.7
	小计	13168	29607	65011	100.0	100.0	100.0
	占全店比例(%)	39.2	52.6	50.6			

续表

	种类	月末结余			占比		
		1911年9月	1914年9月	1917年9月	1911年9月	1914年9月	1917年9月
大阪分店	借据贷款	17	41	220	0.2	0.3	0.8
	贷款额/票据贷款	156	481	17571	1.4	3.6	60.1
	活期透支	0	170	924	0.0	1.3	3.2
	拆借贷款			7600			26.0
	贴现票据	10728	12600	2908	98.4	94.8	10.0
	小计	10901	13291	29223	100.0	100.0	100.0
	占全店比例（%）	32.4	23.6	22.8			
神户分店	借据贷款			3229			19.1
	贷款额/票据贷款	609	90	10408	11.2	1.1	61.5
	活期透支	43	147	585	0.8	1.8	3.5
	拆借贷款		390	1600	0.0	4.7	9.4
	贴现票据	4794	7630	1110	88.0	92.4	6.6
	小计	5446	8258	16933	100.0	100.0	100.0
	占全店比例（%）	16.2	14.7	13.2			
深川办事处	票据贷款	147	179	3872	8.0	7.9	66.2
	活期透支			95			1.6
	贴现票据	1683	2088	1883	92.0	92.1	32.2
	小计	1830	2267	5849	100.0	100.0	100.0
	占全店比例（%）	5.4	4.0	4.6			

	种类	月末结余			占比		
		1911年9月	1914年9月	1917年9月	1911年9月	1914年9月	1917年9月
中之岛分店	票据贷款			4848			78.6
	活期透支	164	57	479	11.0	2.0	7.8
	贴现票据	1330	2812	843	89.0	97.9	13.7
	汇兑票据		3			0.1	
	小计	1493		6170	100.0	100.0	100.0
	占全店比例(%)	4.4	5.1	4.8			
兵库办事处(1911)、京都分店(1917)	票据贷款			2422			46.8
	透支	3		300	0.4		5.8
	贴现票据	791		2457	99.6		47.4
	小计	794		5179	100.0		100.0
	占全店比例(%)	2.4		4.0			

资料来源：『月报』。

高比例之外，其他分店无论其情况如何均有约九成是通过贴现票据来核算的。到了 1917 年，除了深川办事处和新设的京都分店贴现票据占据较高比例，其他分店的投资重点基本都变成票据贷款。总店、大阪分店、神户分店还向拆借贷款等项目中投入了不少资金。由于存在一战繁荣期的特殊经济环境，我们很难推测这些投资的背景情况。但有必要在此认真研究一下银行部对总店进行投资集中化管理的过程中，各分店的投资究竟是基于怎样的条件来发生变化的。譬如贴现票据业务比例较高的深川、京都两分店，由于其贷款额在总额中所占比例很小，对于银行部的业务发展趋势并没有产生决定性的影响。不过另一方面，也需要考虑到深川办事处特殊的成立背景以及京都分店作为集资分店的定位与属性。[1] 当然，即便存在时间与银行的制约，我们仍能够幸运地找到一些统计数据来弄清贷款担保种类的结构。[2]

---

[1]　由于所掌握的数据时间段较短，分析中忽略了京都分店。此外，兵库办事处也同样没有列入分析目标，其原因在于相关数据仅限于 1913 年之前。

[2]　『月报』是从 1911 年 6 月开始发行的。关于银行部的信息，月报上有（A）金融概况、（B）公债市况、（C）股市情况、（D）总店与分店营业概况等数据和说明。在总店与分店一类中也有①营业概况；②贷款增减；③存款增减等情况的说明。在这些说明里本章所使用的是①和②的总店、分店贷款相关数据。贷款相关信息包括两类：第一类是贷款类别（贷贷、透支、贴现票据），第二类是贷款担保类别。因为此两类的总额一致，所以不论投资操作方式的形式、目的如何，这些数据都是很有价值的。虽说担保类别明细一开始就列出了深川、中之岛、兵库分店，但是在总店方面，大阪分店和神户分店仅列出了 1915 年 1 月以后的信息。其原因将在后面提到。受到此种资料局限，本章的分析也仅限于局部内容的分析。另，由于『月报』的形式在 1917 年 10 月有所改变，所以分析对象的时间段也截止于 1917 年 10 月（数据包含各年度 3 月、6 月、9 月、12 月的情况以用于考察期间的变化，但 1917 年 6 月的数据缺失）。

从表 7 - 18 展示的 1915 年 3 月的结构可以看出，由于此时总店的贷款额大约占据了一半的比例，其担保项目的结构能够决定整体的担保结构。在总店中，信贷和公债股票是两个大类，合计约占全店铺的 75% 之多。商品担保类别的贷款在总店较为少见，在大阪、神户分店亦是如此。但由于大阪分店的公债股票比例比总店高，所以它与信贷合并之后，两者向大阪分店的集中程度足以与总店匹敌。

而深川办事处和中之岛分店则充分发展了以粮食、纺织品等为担保的贷款项目。尤其是中之岛分店中信贷极少，与大阪分店形成了鲜明的对比。神户分店虽然也曾提供为数不小的商品担保贷款，但就信贷和公债股券担保比例较高而言，其和总店、大阪分店是有共通之处的，故在五家分店中表现出处于中间的特点。①

表 7 - 18 贷款担保种类 Ⅰ （1915 年 3 月末余额）

单位：千日元

担保类别	合计	总店	深川	大阪	中之岛	神户
谷物	1727		1179		258	290
其他食品	2494	900	356		940	287
纤维制品	980		184	179	432	185
纸、纸浆、木材	190		31		23	136
金属	289		273		17	
化学品及其他	42		52			
地产房屋	855	187		65		602
财团担保	2216	2216				
公债股票	18059	6651	342	7321 *	580	3164

① 或许是包含了兵库办事处的缘故，其具体情况如何目前很难弄清楚。

担保类别	合计	总店	深川	大阪	中之岛	神户
各种票据	953			952 *	1	
信贷	25681	17788	891	4188	60	2755
商业票据	3983	1325	60	1333	481	783
杂项	24	24				
合计	57493	29091	3368	14039	2792	8203
谷物	3.0%		35.0%		9.2%	3.5%
其他食品	4.3%	3.1%	10.6%		33.7%	3.5%
纤维制品	1.7%		5.4%	1.3%	15.5%	2.3%
纸、纸浆、木材	0.3%		0.9%		0.8%	1.7%
金属	0.5%		8.1%		0.6%	
化学品及其他	0.1%		1.5%			
地产房屋	1.5%	0.6%		0.5%		7.3%
财团担保	3.9%	7.6%				
公债股票	31.4%	22.9%	10.2%	52.1%	20.8%	38.6%
各种票据	1.7%			6.8%	0.0%	
信贷	44.7%	61.1%	26.4%	29.8%	2.1%	33.6%
商业票据	6.9%	4.6%	1.8%	9.5%	17.2%	9.5%
杂项	0.0%	0.1%				
合计	100.0%	100.0%	100.0%	100.0%	100.0%	100.0%

注：［1］空栏表示无数据或数据为0、0%，下表若无特殊说明与此相同。

　　［2］由于担保类别的分类可能与各分店的标准不一致，按照总店、分店分类所计算的合计值与全店铺合计值会有一些出入，所以在制作表格时，通过对前后两个月的余额增减进行核对，对必要数据进行了更正。在分类方面，移动了部分项目以便对全店铺进行合计分类。譬如本表补充了大阪分店各票据中未记入的部分，还纠正了大阪分店将公债股票称为有价证券的描述方式。这些修订之后的部分在其数值末尾均用 * 进行了标记。以下从『月报』中选取的数据均作如此处理。

资料来源：『月报』、1915 年 3 月。

表 7-19 贷款担保种类 II（1917 年 9 月末余额）

单位：千日元

担保种类	合计	总行	深川	大阪	中之岛	神户	京都
谷物	1839		569		977	281[*]	12
其他食品	1732		176	190	1223	143	
纤维制品	3950		171	2320	1004	319	135
纸、纸浆、木材	322		42		228	51	
金属	323		136		157	30	
化学品及其他	6				6		
船舶	3720	500				3220	
地产房屋	519	48		372		99	
财团担保	3428	3428					
工厂抵押	1000	1000					
公债股票	29271	12187	2188	10212[*]		3459[*]	1225
外国证券	1206	85		282	839[*]		
各类票据	6094	4400		1694[*]			
信贷	54096	34174	685	10371	523	7155	1189
商业票据	17371	8170	1883	2908	843	1110	2457
杂项	13				13		
存款借据	3476	1020		873	357	1065	160[*]
合计	128365	65011	5849	29223	6170	16933	5179

担保种类	合计	总行	深川	大阪	中之岛	神户	京都
谷物	1.4%		9.7%		15.8%	1.7%	0.2%
其他食品	1.3%		3.0%	0.7%	19.8%	0.8%	
纤维制品	3.1%		2.9%	7.9%	16.3%	1.9%	2.6%
纸、纸浆、木材	0.3%		0.7%		3.7%	0.3%	
金属	0.3%		2.3%		2.6%	0.2%	
化学品及其他	0.0%				0.1%		
船舶	2.9%	0.8%				19.0%	
地产房屋	0.4%	0.1%		1.3%		0.6%	
财团担保	2.7%	5.3%					
工厂抵押	0.8%	1.5%					
公债股票	22.8%	18.7%	37.4%	34.9%	13.6%	20.4%	23.7%
外国证券	0.9%	0.1%		1.0%			
各种票据	4.7%	6.8%		5.8%			
信贷	42.1%	52.6%	11.7%	35.5%	8.5%	42.3%	23.0%
商业票据	13.5%	12.6%	32.2%	10.0%	13.7%	6.6%	47.4%
杂项	0.0%				0.2%		
存款借据	2.7%	1.6%		3.0%	5.8%	6.3%	3.1%
合计	100.0%	100.0%	100.0%	100.0%	100.0%	100.0%	100.0%

注：同表 7－18。

资料来源：『月报』，1917 年 9 月。

表 7 – 19 展示了 1917 年 9 月的情况，从中可知，以上特点在此后的一段时间内也在一直持续。但总体上以商业票据作为担保的贷款比例是有所上升的。各分店之间的投资比例也没有出现特别明显的差异，所有分店都曾将一定的资金投入商业票据之中。如前所述，被分类为商业票据的项目在 1916 年贷款项目重组以后，其动向大致与贴现票据保持吻合，故可以将其认为是原本意义上的贴现票据业务。它在各分店贷款中的比例上升，既是因为按照以往投资方法对贷款内容进行了修订，也是由于日本银行在一战时期扩大了再贴现票据的范围，以便为融资开辟道路。

1917 年，贷款额最高的依然是信贷。这一贷款项目在总店、大阪分店、神户分店中较为普遍。再加上公债股票的话，它能够占到贷款总量的近七成。而神户分店的情况则稍微有些特殊，其贷款中船舶担保贷款的比例较大，这或许能够说明第一次世界大战期间日本海运业的兴盛。

与此相对，商品担保贷款在贷款中所占比例却有缩小的趋势。尤其是在深川办事处，若不考虑粮食的话，它在余额基数中已不再重要。但由于商业票据在此期间仍有所增加，如果将两者合并视为短期的商业融资，我们便难以断定其内容中究竟存在怎样的显著变化。另一方面，发展船舶担保贷款的神户分店，商业票据贷款是比较少的，以往的"中间性格"也有消减的迹象。但其产业金融的功能得到了强化。由此，中之岛分店成为当时唯一一家专门从事商品担保贷款的分店。

通过上述短时间的余额基数变化我们可知，总体而言，资金向总店集中的过程中存在各分店同时成为投资对象并出现投资方式改变的情况。

关于《月报》数据中断之后 1918 年末情况，我们可以通过《大正七年度三菱合资公司年报》得到类似的数据并制作成表 7－20。若将其与表 7－18 进行比较可以看到：一方面，当时的分店数量有所增加；另一方面，负责吸收存款的丸之内、京都、名古屋等分店虽然曾尝试以贴现票据的方式开展商业金融业务，但在此之外，以公债股票为担保的贷款和无担保的信贷才是其真正重要的投资对象。

而在以往主要店铺的投资中却似乎并不存在如此巨大的差异。深川、中之岛分店的商业金融业务，神户分店的船舶业务等产业金融虽然各具特色，但从整体上来看确实具有向信贷发展的较强倾向。而总店贷款的四分之三也被信贷占据。

总店的信贷超过了整个银行部贷款总额的三分之一，如果贷款客户没有担保抵押的话，我们只能认为这些贷款中可能有相当一部分是提供给以三菱合资公司为中心的三菱相关企业，抑或是岩崎两家分别推进的向股票投资企业的融资。但是关于这一点，我们目前还无法找到可以直接用于深入考察的材料。

故下节将根据以上讨论的各分店特点，参照《月报》中的资料与数据进一步展开对贷款担保种类的研究。

深川办事处、中之岛分店的商业金融业务

从分行的情况来看，能够从数据层面进行长期观察的应是深

表 7－20 贷款担保种类Ⅲ（1918 年末余额）

单位：千日元

担保种类	合计	总店	深川	丸之内	大阪	中之岛	神户	京都	名古屋
谷物	1168		853			169	41	104	
其他食品	1492	45	551			843	53		
纤维制品	1779		91		25	1182	401	80	
纸、纸浆、木材	706		55	283		541	60		50
金属	309		62		107	141			
化学品及其他	751		17		360	6	79	7	
船舶	5870						5870		
地产房屋	129	68			9		52		
财团担保	1922	1922							
公债股票	33948	6139	2670	965	15237	1829	3482	1394	2233
外国证券	461	88			373				
各种票据	4764	2500	267	1915	1700	291	200		72
信贷	107943	70385			22546	293	8696	2920	920
商业票据	29217	10629	3140	1723	4233	2646	1126	3516	2204
杂项	455	455							
存款借据	9463	838	550	5	2357	251	2953	410	2100
合计	200374	93069	8255	4890	46946	8191	23012	8431	7580

担保种类	合计	总店	深川	丸之内	大阪	中之岛	神户	京都	名古屋
谷物	0.6%		10.3%			2.1%	0.2%	1.2%	
其他食品	0.7%	0.0%	6.7%			10.3%	0.2%	0.9%	
纤维制品	0.9%		1.1%		0.1%	14.4%	1.7%		
纸、纸浆、木材	0.4%		0.7%			6.6%	0.3%		0.7%
金属	0.2%		0.8%			1.7%	0.0%		
化学品及其他	0.4%		0.2%	5.8%	0.2%	0.1%	0.3%	0.1%	
船舶	2.9%				0.8%		25.5%		
地产房屋	0.1%	0.1%			0.0%				
财团担保	1.0%	2.1%					0.2%		
公债股票	16.9%	6.6%	32.3%	19.7%	32.5%	22.3%	15.1%	16.5%	29.5%
外国证券	0.2%	0.1%			0.8%	3.6%	0.9%		
各种票据	2.4%	2.7%			3.6%	3.6%			1.0%
信贷	53.9%	75.6%	3.2%	39.2%	48.0%	32.3%	37.8%	34.6%	12.1%
商业票据	14.6%	11.4%	38.0%	35.2%	9.0%		4.9%	41.7%	29.1%
杂项	0.2%	0.5%							
存款借据	4.7%	0.9%	6.7%	0.1%	5.0%	3.1%	12.8%	4.9%	27.7%
合计	100.0%	100.0%	100.0%	100.0%	100.0%	100.0%	100.0%	100.0%	100.0%

注：同表 7 – 18。

资料来源：三菱合资会社「大正七年度年报」。

川办事处和中之岛分店。这两家店铺有着相似的特征。在 1911 年
至 1917 年 10 月，其贷款担保种类是颇为明晰的。由于是基于余额
基数上的数值，所以需要留意其投资总量等与第六章提到的统计
数据在性质上是不同的。我们可以看看此时期的结构比例变化。

从图 7 - 13 可以看到，在 1910 年代初深川办事处的贷款担保
类别大多是商品担保，且其比重逐渐下降。1913 年至 1915 年中期
达到 60%，至 1916 年末以后又下降到仅约 20% 的水平。[①]

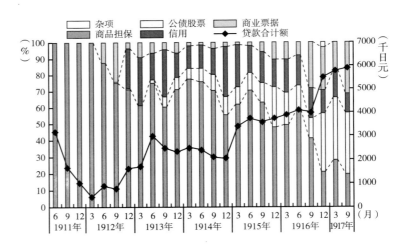

图 7 - 13　深川办事处贷款担保种类结构

在这一时期信贷在比例上有所增长，而 1915 年前后公债股
票为担保的贷款数亦在增加。故可以认为当时在第一次世界大战

---

① 从 1916 年秋季的数据来看，担保品尚不明确的商业票据贷款与其有何关
系是存在疑问的。由于无法肯定是商业票据的激增引发了对粮食方面投
资的减少，所以不能断定这是否存在账户项目重组所造成的影响。

的影响下，分店贷款业务的相关经营方针在短时间内出现了较大的变化。

而据图 7 - 14，中之岛分店除了在 1911 年末到 1912 年出现过一些小小的异常变动之外，基本上保持了商品担保种类约占贷款 60% 的水平，其余为公债股票担保和商业票据。在这一过程中当然也存在一些变化，如 1917 年 9 月用外国证券取代了公债股票等。① 可以看到虽然信贷有了增长的趋势，其特点却在于，信贷在贷款中所占比例极小。这说明中之岛分店与商品担保比例相对较大的深川办事处是不同的。

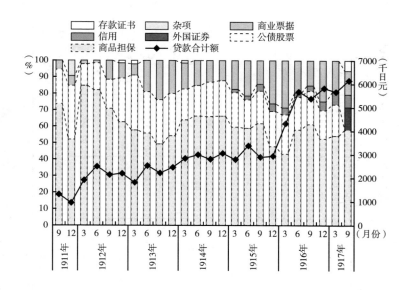

图 7 - 14 中之岛分店贷款担保种类结构

① 从公债股票到外国证券的变化很有可能是分类上出现了问题造成的。但由于目前无从查实，只得将原始数据原封不动地照搬过来。

表 7 - 21　深川办事处贷款担保种类（月末余额）

单位：千日元

担保种类	1911年6月	1912年3月	1912年9月	1913年9月	1914年9月	1915年9月	1916年9月	1917年9月
国产米	2755	242	120	293	26	1754	1264	474
台湾、朝鲜米		1			45	44	37	30
外国米			264	209	403	57	1	
杂谷			1	9	17	3	0	5
小麦粉	51							
砂糖	131	14		303	304	178	99	160
肥料	50	108	45	15	0	4	3	
油			5	8	15	7	9	14
棉花	99		10	3	1			25
棉纱				3	8	7	11	
棉布				8	4			
棉料			20	12	15			10
羊毛、毛线							103	
毛织品				282	303			73

担保种类	1911 年 6 月	1912 年 3 月	1912 年 9 月	1913 年 9 月	1914 年 9 月	1915 年 9 月	1916 年 9 月	1917 年 9 月
绵绸	50							
和洋纸	97	66	52	26	19	18	48	42
木料				46	21	4		
铁			58	257	276	156	7	136
杂货	0	0	0	9	6	0	0	2
商品担保小计	3232	431	576	1484	1464	2231	1582	1094
公债股票			1	162	197	420	509	2188
信贷			0	703	353	685	704	685
商业票据			187	111	75	218	1139	1883
合计	3232	431	764	2459	2088	3555	3935	5849

注：同表 7 - 18。
资料来源：『月报』。

503

两个店铺的差异能够反映出其经营方针与所处市场性质的不同。故为了更为详细地研究此点，以下将关注投资额的变化趋势以及商品担保种类的分类情况。

首先，据表 7－21 可知，深川办事处的投资额在 1911 年下半年至 1912 年春季出现了急剧下降的情况。虽然在 1913 年夏季有过短暂的回升，但到了 1914 年又停滞不前。直到 1915 年其投资余额才增加到较高的水平，且 1917 年下半年还有了大幅的增加。[①]

其中关于 1912 年春季以前的情况，《月报》曾描述称，1911 年 8 月"本办事处借出米谷物及各项杂费三十八万元，定期受米为月末三十九万元资金，其中八十九万元已回收，较上月末余额减少了十一万元……"而同年 11 月"尽管是以往米谷上市的季节，但全国各地均出现无米现象……米谷资金为四十四万余元，其他亦有砂糖五万七千余元、肥料等一万余元，合计增收了五十一万余元"。到了次年 1912 年 1 月又记载道："进入本月后难得地送来了大米，故出现了资金需求，至月末，又有定期受米之贷出，其额度约为八十万元。但常用口方面依然需要依靠库存米来供给。尽管资金回收迅速，但不过比上月末，只增加了五十五万元而已。因本国情况如此，故外国米不断涌入而激发了资金的需求。"也就是说，以米谷和砂糖为中心的投资由于市场上的产品稀缺而不断外运、资金上不断回流且没有新增的资金需求，投资

---

① 为了避免繁杂化，数据是以三个月为基准的，所以不适用于讨论具体某一个月出现的转变特征，但是此数据适用于分析其主要的动向与趋势。

额迅速缩小。1911年6月尚有275万日元的日本国产大米担保贷款，到了1912年春季已下跌至不足十分之一的24万日元，并且还未能找到可以进行替代的其他商品类型。

直到1912年下半年开始的复苏过程中，我们才能看到为了纠正以往偏重商品担保类贷款的局限而采取的扩大公债股票担保贷款与无担保贷款（信贷）等措施。[1]

另外还需要注意的是，在这个复苏过程中担保品的范围扩展到了肥料、外国米，甚至砂糖、毛织品、铁等商品。[2]但如前所述，对于日本国产大米的投资数额直至1914年也没有太大增长，亦未能达到1911年6月的水平，反而是走向了缓慢下降。或许这是一战爆发后日本国产大米市场的整体低迷所导致的。

直到1915年这一窘境才得到了改善。当时我们不仅可以看到除了以米谷为中心的商品担保金融出现了显著的回升，而且能够发现萧条时期已经在不断扩大的公债股票担保融资和信贷、商业票据贴现业务实现了进一步的扩大。众所周知，大米市场是在一战繁荣期之后的一年才开始走向活跃的。正是在各种商品市场中逐渐出现了这种行情的回暖与繁荣景象，深川办事处才会下定决心尝试改变以往将商品担保作为中心的投资方针，转而致力于业务的扩张。

我们还可以通过表7-22来观察中之岛分店的概况。

---

[1] 众所周知，东京仓库公司是当时主要的贷款客户，但尚不清楚增加的公债股票担保和信贷具体是怎样的性质。不知道是通过这种形式弥补了商品担保物的不充分，还是开拓了新的客户渠道。目前这仍是值得进一步探讨的课题。

[2] 『月報』、1912年9月、1913年6月。

表 7 - 22 中之岛分店贷款担保种类（月末余额）

单位：千日元

担保种类	1911 年 9 月	1912 年 9 月	1913 年 9 月	1914 年 9 月	1915 年 9 月	1916 年 9 月	1917 年 9 月
国产米	5	68	113	20	256	478	977
台湾、朝鲜米				62	35	1	
外国米		76	68				
砂糖	342	104	86	1011	1029	1087	861
肥料	47	59	37	109	97	49	31
菜种	126	127	52	31		133	278
荏胡麻					7	1	9
油	17	42				63	44
棉花	175	615	371	146	70	733	224
棉纱				73			
棉布	45	214	78	222	176	71	659
棉料	33	26	55	69	54	300	122
毛线					29		
和洋纸	27	23	28	22	6	204	193
纸浆						70	0
木料					19	20	35

担保种类	1911年9月	1912年9月	1913年9月	1914年9月	1915年9月	1916年9月	1917年9月
刷子及原料	59	95	64	16			
草席及草垫	22	31			4*		17
铁	59	24	100	62	6	80	
锌及锌制品			49	4	5	5	
铝							15
石棉					4	17	125
矿石	15						
皮革							6
商品担保小计	973	1503	1100	1847	1797	3311	3595
公债股票	275	390	600	603	571	1116	839
信贷					108	190	523
商业票据	69	236	524	356	409	751	843
杂项						22	13
存款借据							357
合计	1318	2129	2224	2805	2884	5391	6170

注：* 为青草席。

资料来源：『月报』。

中之岛分店与深川办事处不同，在 1912 年初并没有表现出低迷的状态，反而在 1912 年至 1915 年末出现了缓慢的增长，至 1916 年上半年又发生了快速的增长。故可以毫不夸张地说，这一变化趋势基本上是由商品担保贷款决定的。而此时期贷款缓慢增加的基础在于公债股票担保和商业票据担保的扩大。所以中之岛分店有两个独特之处：一是其着手商业票据担保的时间比深川要早，二是其信贷的规模偏小。

在担保的商品上，它比深川办事处显得更为多样。如《月报》在关于营业状态的简短记录中（1912 年 8 月、11 月）提到了棉花、菜种、米、砂糖、铁、金属类等商品。此外在国产大米市场的影响上，关西市场不像东京市场那样闲散，而是确保了一定的需求量（1912 年 1 月）。原本在中之岛分店的贷款业务中谷物相关的贷款并没有占据太大的比重。在 1910 年代初期，棉花、棉布等棉织品占有重要地位。所以它的增长乏力似乎将直接导致 1915 年末以前的停滞不前状态（1912 年 4 月、6 月）。

在这一时期，砂糖作为担保品的重要性逐渐上升，日本国产大米的需求量在 1915 年以后也有了增加的趋势，而"和洋纸"亦从 1916 年开始实现增长。但相较而言，事实上 1916 年以后推动贷款迅速增加的基础应在于棉花等商品担保金融的扩大。众所周知，大阪是当时国内棉织品市场的中心，而靠近这一交易中心的中之岛分店正是将其核心业务置于棉花市场，才得以在一战期间维持其商品担保金融为主的融资方针。棉产业在一战期间作为出口产业蓬勃发展，对于中之岛分店的持续发展来说是有利的。

此外，商业票据贴现也成为此时期中之岛分店的重要业务。

我们可以从"商业票据因纺织与肥料票据的增加而升至贴现三十二万七千元"（1914年6月，中之岛）等记载中推测，纺织公司的票据和商品担保一样，成为当时中之岛贴现业务的主要对象。

那么这两个单位所发展的商品担保金融究竟具有怎样的性质？它们和原来的票据贴现业务相比又有怎样的差异？如前所述，在1916年账户项目重组之前，这些店铺的业务大都被归类为贴现票据。所以无论它们是何种形式，我们都可以推定这些贷款是通过发行票据并按照贴现或者与此类似的形式来实现融资的。但其并不是用"商业票据"来表述担保本来意义上的贴现票据业务。[①]

由于记录两者营业情况的《月报》的篇章结构与形式和其他三家店铺（总店、大阪分店、神户分店）的都有所不同，我们可以在一定程度上对其加以解释。

即在深川和中之岛经营状况的相关记载中，有对那些担保商品的情况的详细解释，其中涉及价格的变动与货物的流向。尤其对于后者极为关注，具体解释了商品的流通情况，如在店铺当地的市场中究竟有哪些商品发生过进货，在此情况之下店铺又究竟提供或收取了多少资金等。而值得注意的是，当时存在这样一个

---

① 原来的业务是，在普通的商业交易中买方给卖方一张承兑汇票，承诺支付货款以换取货物，在此过程中所产生的承兑汇票由银行进行贴现操作。而银行部虽然将商品担保名义的贷款归入贴现票据，却不是原本意义上的贴现票据业务，所以在账户项目进行重组之后才重新归入票据贷款的类别中。

规律：当商品进入市场并成为市场的库存，贷款就会增加；而当商品入货量变小或者交易活跃而导致其销售告罄，贷款便会减少。例如，"米价的暴涨促进了国产米和外国米的流通，砂糖市场也出现了活跃的情形，以至于此类资金的回流不在少数。其他金属类商品的交易繁荣、棉布棉绒等季节性货物的出库也带来了约四十万元资金的回收，其差额与上月相比缩小了三十二万余元"（1911 年 8 月，中之岛）。

因此可以认为，银行部的商品担保融资是用于东京仓库等地货物的在库资金，抑或货主购买货物时对其购买资金所进行的融资。或许我们已无须对此再做赘述，但需要明确的是，在银行经营的早期"各银行都曾拥有自己的仓库以存放担保的商品，又或者是有过兼做仓储业务的经历，但随着有价证券的普及与仓储业务的独立发展，其商品担保……开始与库存票据担保发生联系"。① 譬如，就深川办事处而言，可以认为它的东京仓库实际上就是一个自营仓库，该办事处正是通过与其合作得以开展业务的。而中之岛分店的贷款中也存在与东京仓库大阪分库的密切合作。②

即便商品担保贷款是一种商业金融业务，只要它成为主营业务，就会给经营方面打上不同于贴现业务的烙印。这是因为以库存票据等为担保的商品担保贷款很难通过票据结算等方式与偏远地区进行资金结算，其大多数必要业务都可以在各分店的业务管辖范围之内进行融资或资金回收等操作。

---

① 小畑美雄『銀行の検査事務』文雅堂、1937、142 頁。
② 参见『三菱銀行史』；『三菱倉庫七十五年史』、1962；『三菱倉庫百年史』、1988。

表 7-23　银行部各店铺的银行代理协定签署方

所在地	银行名	1913年上半年末					1914年下半年末					
		总店	深川	大阪	中之岛	神户	总店	深川	大阪	中之岛	神户	京都
横滨市	横滨正金银行	1		1			1		1	1		
横滨市	香港上海银行	1					1					
名古屋市	爱知银行	1	1	1	1		1	1	1	1		
下关市	第一一〇银行	1	1		1	1	1	1	1	1	1	
神户市	横滨正金银行分店				1					1		
上海市	横滨正金银行分店				1	1				1	1	
京都市	第一银行分店									1		
大阪市	土佐银行分店						1	1	1			
高知县	土佐银行总店与分店						10	10	10	10	10	
合计		4	2	2	4	2	15	13	14	16	12	0

资料来源：三菱合资会社银行部『营业报告』第 36 期、第 39 期（MA4841、MA4844）。

或许正是因为这一背景，我们目前缺乏足够的证据来表明银行部在此时期通过与其他银行签署"银行代理协定"来推动结算的顺利进行。根据表 7－23 的信息可知，虽然在 1910 年代初银行部的各店铺与横滨正金银行总店、该行神户分店、上海分店、汇丰银行、爱知银行（名古屋市）、第一一○银行（下关市）都签署过银行代理协定，但其数量是极为有限的。在 1913 年上半年末，仅有表格上方 4 行与 14 项协定。虽然一年之后的 1914 年末又增加了 70 项协定，但实际上其增加的原因在于与土佐银行大阪分店、高知县土佐银行总店与分店等共计 10 家银行一举签署了协定，所以才会增加了 52 项，但其实际意义并不大。①

其他资料显示，银行部总店当时对于银行代理协定的扩大是持消极态度的。即 1913 年 5 月 13 日，大阪分店店长青木菊雄在给总店银行部部长的信中有如下请求："为了方便吸收存款与其他事宜，希望能在京都、冈山、横滨开设三处汇兑交易机关。在方便之时请就此协商讨议并予以批准。其理想的交易对象，在横滨为横滨正金银行，在冈山为山口银行分店，在京都为京都商工银行，等等。而透支经费方面，期望横滨为一万元、京都五千

---

① 关于两行的援助情况，参考了『三菱銀行史』，第 124 页。土佐银行于 1914 年 1 月失去了顾客的信任。为了援助该行，银行部大阪分店于当月向该行提供了三次贷款共计 85 万日元。这是出于岩崎家、三菱公司与其故乡土佐之间的特殊关系，而不是银行部要自发地扩大代理网络。在 1913 年初对第一一○银行的援助则是基于井上馨、桂太郎的协调而进行的。此次援助和对土佐银行的援助一样，其实际意义仍值得商榷。

元、冈山两千元……"① 意即，期望在京都、冈山、横滨开设汇兑机关，甚至就其额度提出了相关请求。

其中如表 7-23 所示，大阪分店的提案只是在横滨方面立即得到实施。此后在京都也实现了与第一银行京都分店的合作。但冈山方面始终未能建立起相关的契约关系。进入 9 月后，大阪分店店长还曾就"村井银行新设大阪分店并与银行部大阪分店之间开设活期透支账户"一事向总公司提交申请。② 但银行部总店的回答是否定的。即便当时的回函没有留存下来，我们仍可以根据大阪分店店长给银行部部长发送的书信来了解这一情况。即，第一，"我们与村井银行之间并无特殊关系，故无须特殊处理"一句证明当时与村井银行并无特殊关系；第二，"我方的政策是，活期透支上若无特殊关系则不再开设新业务"，显然表明除了拥有特殊关系的顾客（如土佐银行等）之外，将对此类情况一律持"不许可"的态度。换言之，银行部总店并不支持大阪分店店长的意见，不会批准其新设账户。③ 正因如此，大阪分店店长青木在发出的回函中字里行间流露出对银行部总店的不满："对于您以往通过特殊关系开展的业务我们毫不知情，故此方针难以实现对客户的区别对待。"④

---

① 「大正二年五月十三日付親展　大阪支店長青木菊雄から本店銀行部長三村君平宛」『各店来翰　大正二年度』。

② 村井银行大阪分店店长是土佐银行大阪分店的前店长，所以在交易上有所便利。

③ 「大正二年五月十三日付親展　大阪支店長青木菊雄から本店銀行部長三村君平宛」『各店来翰　大正二年度』。

④ 青木在回信中解释过他和村井之间的关系：他是凭借中介加入大阪银行集会所的，政策上他都接受，但也询问了是否能为村井破例。

上述事实表明，三菱合资公司总公司与银行部当时并没有积极主动地去拓宽分店商业银行业务所需要的结算网络。如果说消极回应大阪分店的要求是总公司的方针，那么很有可能其原因在于：当时银行的商业金融业务占据着商品担保融资的核心。

大阪、神户分店的融资业务

接下来将考察商品担保贷款比例较小的大阪分店与神户分店。对于这两家分店，《月报》直到 1915 年之后才出现相关的统计数据，因此对于其早些时候的情况我们无法像深川办事处、中之岛分店那样进行详细的探讨。但是我们可以通过《月报》中关于总店和大阪分店方面营业情况的记载获得一些关于统计变动的线索。

即每月会对总店和大阪分店的营业情况做如下记录：

（1911 年 9 月，总店）本月末贷款额为四百二十一万一千元，较上月末增加了七十万八千元，在新贷款项目中折借七十万元，股票抵押二十万一千元，土地抵押一万元。与此相对，实现了折借二十万元、股票担保三千元的回收。贴现票据本月余额为六百五十七万四千元，较上月末增加了一百二十万元。其中新增财政部证券五十万元、生丝资金三十万元、工业资金二十万元、商业票据三十一万九千元、公债股票及其他六十万九千元……

由此可知，这些统计数据大体是按照主要账户的类别来显示每月投资额之增减变化的，因此 1915 年以后的数据并不连续。

而且因为有一些记录经常被省略，存在数据并不严谨的缺陷。考虑到这些问题和余额变动的关系，我们将利用此项记录中的数据来分析 1914 年末以前的贷款情况。

首先，在大阪分店的问题上，图 7 – 15 展示了贴现票据余额、贷款余额、当月持续退换票据额，以及当月持续退换票据额与贴现票据余额的比例变化。[①] 由此可以看到，随着 1913 ~ 1914 年的增长，大阪分店的贴现票据额也有了增加的趋势。相较而言，贷款余额却几乎为零，到了可以忽略不计的程度。我们曾在表7 – 17 中看到，当时大阪分店的投资已经非常偏重于贴现票据。其这两年间的持续退换票据额基本稳定在 400 万日元的水平，最终导致退换比例从 40% ~50% 下跌到 1913 年下半年的 30% 左右。虽然这不过是短期性的观察，却可以认为此时期的贷款投资走向了短期化，资金的回流速度也得到了提升。[②]

---

① 这里的"当月持续退换票据额"是指"贴现票据的总金额为 434.5 万元，主要由股票、公债担保的 180 万日元以及生丝资金 174 万日元组成"（1913 年 9 月，总店）。计入贴现票据账户的贷款在当月已到还款日，而要继续贷款的话需要更换票据。换言之，这些票据形式的贷款可以视作一种相对长期的资金供给形式。此外关于下一节将会讨论的总店，也在早期有所记录。而大阪分店在 1912 年 12 月以后的『月报』中也有所记载，并且曾将大阪分店置于一个特定时段进行分析。关于贴现票据的更换，总店在 1913 年 7 月的『月报』中有这样的解释说明："调换总额为 358.7 万日元，其中主要是由公债股票担保 247 万日元、工业资金 39 万日元、信贷 70 万元构成。"同月大阪分店做了如下解释："调换总额为 531.3 万日元，担保票据占据了绝大部分。"

② 但假设票据期限是三个月的话，持续退换率和月末余额的比例在 25% 左右时几乎所有的票据都会被转换掉。故应该说大阪分店的这一比例若要发展短期商业金融业务的话有些过高。但从以往的研究中可以得知，贷款的流动一直相当活跃。所以我们可以将拥有高转换率视为对方能够提供六个月工业资金的依据。

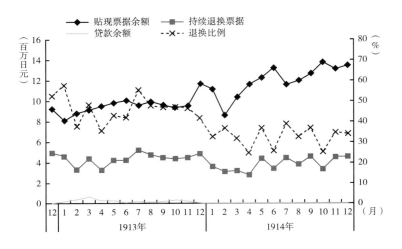

图 7 - 15　大阪分店贷款的每月投资额

　　将贷款余额与贴现票据之间的巨大差异放在图 7 - 16 所示的
每月投资额中来观察，会得到完全不同的样态。在此期间银行部
并未将拆借贷款单独列出来，而是更多地将其与贷款账户统计在
一起，《月报》中关于大阪分店统计的记载也延续了此种做法。
当时由于余额偏少，贷款方面除了拆借以外并没有任何解释说
明。所以我们所了解到的贷款投资变化信息实际上只包括向拆借
放出的部分以及回收的部分而已。因为是超短期的资金流动，所
以从一个月的投资额累积来看，拆借投资额当然是偏大的。但如
果和贴现票据相比，其投资额上几乎不会存在差别。贴现票据的
投资额变化幅度较大，所以根据时期的不同其差距就会稍稍拉
大。但可以说大阪分店将短期产生的流动资金积极投入拆借市场
的情况一目了然。

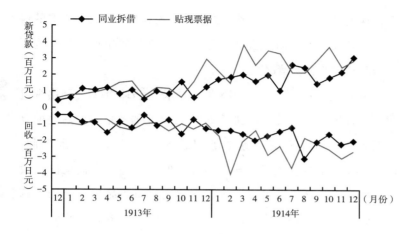

图 7 – 16 大阪分店贴现票据与拆借的每月投资额

我们可以留意其中罗列的"有担保""商业票据""信贷"等投资额的分类变化，它们是用于表明贴现票据增减情况的主要项目。在贴现票据中，"有担保"和"信贷"的规模并不大。尤其是后者，对于资金流动的影响颇小。故可以认为，贴现票据账户的贷款主要是以商业票据为担保的。这一点也是大阪分店区别于其他分店的一大特征。对大阪分店经营状况的记述中几乎没有提到深川办事处、中之岛分店的商品担保贷款，这或许是因为此类贷款在贷款资金的投资中并不占多数。

不仅如此，此时期大阪分店还在对野口遵的日本氮气公司融资上出现过问题，并且和总店协商之后实现了 15 万日元的融资。[1]

---

① 参见武田晴人「1910 年代における三菱銀行部本支店の貸出業務」『三菱史料館論集』2008 年第 9 号。

但是这笔融资仍是按照贴现票据来进行核算的，而且在必要的情况下"持续退换"将在翌年春季成为六个月的票据贷款。这便是当时贷款的真实情况。

由表 7 - 24 可知，在 1915 年 6 月末至 1915 年末之间出现过约 500 万日元的增长，达到了 2000 万日元的数值。此后一度有所下降，在 1917 年又迅速增加到近 3000 万日元。在此期间，1917 年 9 月信贷发生了明显的增加，但仍需注意在此前的一段时间里公债股票担保占据了约半数比例，而商品担保则仍不算多。商品担保在 1915 年 12 月、1917 年 12 月虽有过一定程度的增加，但从整体动向来看具有决定性地位的仍是公债股票、信贷以及商业票据。所以关于 1913 ~ 1914 年贷款内容的资料中特别记录了此三类贴现票据账户的发展情况，也是对上述结论的佐证。

在商品担保中，棉花与棉布等棉制品占据了核心地位。而电解铜和薄纱虽然会有一定金额的月末结余，但其金额的总体规模并不会影响贷款上的投资总量。故可以认为，相邻的中之岛分店是关西市场商品担保贷款的中心，而大阪分店则是在棉花与棉布领域与其形成了互补关系。

至于大阪分店贷款的整体动向，《月报》曾记载 1915 年 8 月在将棉花资金和出口资金（棉布、电解铜）作为担保品之外，还把巨额融资资金划拨给纺织票据等方面。① 而且 10 月记录的

---

① 引用的资料已省略，详见「1910 年代における三菱銀行部本支店の貸出業務」『三菱史料館論集』2008 年第 9 号。

表 7-24　大阪分店贷款担保种类（月末余额）

单位：千日元

担保种类	1915年3月	1915年6月	1915年9月	1915年12月	1916年3月	1916年6月	1916年9月	1916年12月	1917年3月	1917年12月
砂糖										190
棉花	43	676	281	2138	1690	1145	355	740	2907	299
棉线	28	28	8	98	8	83	10		18	1370
棉布	93	335	249	590	478	186	294	186	55	652
羊毛、毛线、毛织物	15									
细平布										
纸浆		163		23	27	281	24	2		
电解铜、铝				9	19	27			25（铝）	
马口铁、铁皮										
小苏打、锑			33（小苏打）						18（锑）	
商品担保小计	179	1201	572	2858	2222	1720	683	928	3022	2510
地产房屋	65	76	57	142	278	273	246	289	350	372
有价证券	7321	7885	6612	10149	6784	8526	10267	14708	13265	10212
外国证券										282
附带期票	952	2303	641	655	1545	816	268	132	1060	1694
信贷	4188	2539	3067	3872	3522	1695	4554	4971	2718	10371
商业票据	1333	1663	2667	2849	4165	2094	1728	1522	2890	2908
杂项			2							
存款借据								1405	132	873
合计	14039	15667	13617	20525	18515	15124	17746	23956	23428	29223

资料来源：「月报」。

棉花资金和 1916 年 12 月记录的普通票据、纺织票据、棉花资金等也曾多次出现。①

大阪分店通过在当地吸收存款与总店提供资金的方式推进这些贷款业务。但其资金方面并不是特别充裕，如 1914 年 6 月大阪分店向日本银行提出了再贴现的请求，以维持资金周转："本月向日本银行大阪分店再贴现十六万八千元，月末余额为一百三十二万四千元。"而由于日本银行在一战期间试图提供贸易资金来扩大其再贴现，上述的资金周转方式成为可能。也正因如此，维持和扩张商业票据业务成为必要。在当时大阪分店的余额结构中，商业票据所占比例较高的事实也恰好能够反映上述情况。

由于一战的热潮和对总店资金借贷关系的变化（总店的投资增加导致资金趋于集中），大阪分店此后在资金面上的拮据变得更加明显。其结果是 1916 年上半年投资额出现了减少的趋势，但在下半年又一转颓势，推动其贷款走向迅速增加。这是因为存款的增加，尤其是来自企业的大额存款的增加能够缓解资金不足。如《月报》在 1916 年 9 月关于大阪分店的记载中首先指出棉花资金和纺织票据的资金需求量相当大，继而称在金融情况趋缓与存款利率降低的情况下仍能够满足这种需求，其原因在于："尼崎纺织公司六十万元、东洋纺织公司五十万元等大量新存款在逐步增加。"所以在一战期间投资逐渐集中于总店这一不利趋势影响下，大阪分店却能够反而扩大其贷款业务，这或许与其吸收了大量企业存款有关。

---

① 从以上讨论中未必能弄清楚公债股票等有价证券担保的重要意义。

至于神户分店的情况，目前我们了解的并不多。它和大阪分店一样在 1916 年 6 月出现过暂时的下降，但除此之外贷款额是稳步增加的。尤其是信贷一项占据着较高比例，与大阪分店形成了鲜明的对比（见表 7 - 25）。神户分店的特点更多地表现在扩大了船舶担保贷款的总量。虽然其具体贷款方究竟是谁并不清楚，但可以认为这笔贷款在当时造就了大批船舶暴发户，也反映了一战时期造船业、海运业的繁荣景象。[1]《三菱银行史》亦记载称："当时出现了向多家船舶公司提供造船贷款的情况。"

在商品担保中，棉花、棉布、羊毛等商品是较为突出的。但其整体上的业务范围仍和中之岛分店一样显得颇为广泛。或许是因为这个原因，《月报》中关于神户分店的记载事项虽然很多是按照商品类别的动向来显示的，但也缺乏一定的系统性和规范性，仍有记载表明商品担保的商品类别是多种多样的。[2] 换言之，神户分店的贷款有其独到之处，其覆盖的商品范围较广且继续保持了合理的经营规模。我们可以推测，其背后存在一个有力的贸易港作为此种借贷行为的基础。所以神户分店主要是通过公债股票和信贷的方式来稳步扩大业务的。

---

[1] 『三菱銀行史』、134 頁。

[2] 另需注意的事实是，『月報』在 1914 年 1 月有"活期存款暴增的五十九万余元主要由三菱营业部二十万、钟纺十五万、伊里斯商会十三万、神户造船所五万、造纸所四万六千元所构成"的记载。从中可以看出与钟渊纺织之间的密切关系。包括以上几点在内，我们必须承认本章关于神户分店的分析，事实上并没有对原始材料进行充分的推敲。

表 7-25 神户分店贷款担保种类（月末余额）

单位：千日元

担保种类	1915年3月	1915年6月	1915年9月	1915年12月	1916年3月	1916年6月	1916年9月	1916年12月	1917年3月	1917年9月
国产米	260	129	34	45	48	48	7			
台湾、朝鲜米										238
外国米	30	60	81	63	77	128	175	62	69	
杂谷			75	70	18	17		40		
肥料	205	44	77	53	6	114	112	80	57	8
苎胡麻	9	8			70	32	21	0	59	5
油	52	51	79	80	24	48	129	81	77	109
椰子	21	17	41	11		9	9		11	20
棉花	85	340	82	179	329	670	159	194	305	0
羊毛、毛线	20	56	273	240	321	133	55	138	104	319
毛织物	81		57	74			2	2		
木料	2	40								
轴木	134	106	59	86	43	100	86	87	71	51
铁			20	40	46	7	2			

续表

担保种类	1915年3月	1915年6月	1915年9月	1915年12月	1916年3月	1916年6月	1916年9月	1916年12月	1917年3月	1917年9月
石棉										30
氯化钾						13	13	13	13	
商品担保小计	898	851	876	940	983	1312	770	698	765	824
船舶	602	528	340	1510	1320	1176	2020	2714	1988	3220
家产房屋			422	243	188	192	173	111	111	99
公债股票	3164	3660	3673	3493	3343	2375	2935	3675	5630	3501
抵押票据					392	300	438	48	674	
信贷	2755	3033	2878	3813	4527	4037	3863	4097	4946	7155
商业票据	783	899	636	660	1337	875	2154	1875	1526	1110
杂项					136	240	57	72	588	
存款借据										1065
合计	8203	8972	8824	10660	11956	10506	12409	13292	16227	16933

资料来源：「月报」。

总店的融资业务

最后我们来研究一下总店的情况。

1914 年以前的总店贷款中，贴现票据和贷款金额与大阪分店的数据来源是相同的。从图 7 - 17 可以看到，贴现票据余额在 1913 年以后一直呈现上升的趋势，并带有在夏季发生季节性增长的趋势。相比之下，持续退换票据在 1911 年末、1912 年上半年的水平相当高，其退换比例也很大，直到 1914 年才有了很大的改善。此外，与贴现票据的增加相比，贷款金额则缺乏增长的势头。

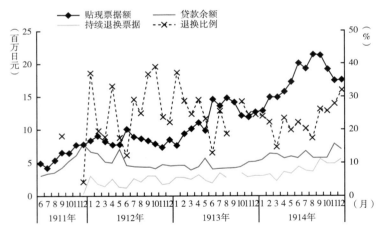

图 7 - 17 总店贷款种类结余和持续退换比例

但是这种情况也与大阪分店类似，若分别比较其贷款和拆借合并之后的"贷款"、票据贴现的每月投资额（见图 7 - 18）可以发现，在资金运用上贷款的地位是非常高的，这说明总店也和大阪分店一样积极地向活期市场释放过闲置资金。尤其是1912 ~

1913 年出现了贴现票据投资增长乏力的现象，也有记录显示，当时的投资业绩中贷款超过了贴现票据。

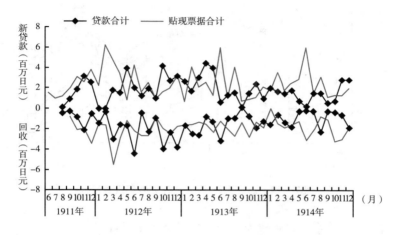

图 7－18　总店贴现票据每月投资额

　　根据总店的营业报告，此时期是按照"生丝资金""大藏省证券""工业资金""商业票据""公债股票""信贷"等项目来描述贴现票据的，而对于贷款则使用了"拆借"（但在1914 年以后对"拆借"与贷款做了区分处理）、"股票担保"、"土地担保"、"工业资金"、"承兑票据"、"信贷"等项目来进行描述。

　　若按四个半期来统计和贴现票据相关的各项投资与回收情况，可形成图 7－19。

　　从这些账户的动向中我们可以看到一些具有很大特点的事实。例如，在 1911 年下半年至 1912 年上半年，以大藏省证券为担保的贷款业务表现得相当活跃。我们亦能看到伴随贷款中对拆

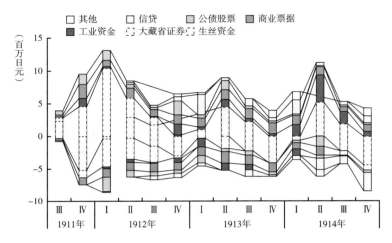

图例：
□ 其他　　□ 信贷　　▨ 公债股票　　▨ 商业票据
■ 工业资金　▢ 大藏省证券　▨ 生丝资金

（百万日元）

图 7-19　总店贴现票据的四个半期投资额

借的投资，余额投资成为短期性的资金运用项目。[1]

　　在三年半的时间里，最具有特色的是"生丝资金"的流动，它反映出资金需求的季节性变化。即在第二季度有明显的投资增加，第三季度贷款增加和资金回收发生互相竞争，到第四季度资金又有明显的回流。这一资金动向在 1912～1914 年反复地出现，说明总店的贴现票据账户中曾战略性地积极追求生丝方面的资金供给。

　　由于存在这种全年资金需求差异明显的投资项目，总店可以在闲散时期向拆借等项目投入资金，抑或在繁忙时期抽调资金来展开调整。[2]

---

[1]　若将大藏省证券作为解释贴现票据变动的例子，其含义未必准确。
[2]　例如在 1913 年 6 月的『月报』中银行部总店有这样的解释："当月的活期贷款中新增贷款三十五万元，回收一百五十五万元，生丝资金等其他结算资金需求出现，故全予以回收……"这可认为是与上述投资特征相符的证据。

更何况，在1914年以前贴现票据账户中的信贷并没有占据重要的地位。虽然进入1915年后其比重已占到总店贷款的60%，但从连续性上看，它与前述分类方式之间究竟有着怎样的关系却是不清楚的。由于以商业票据和公债股票为担保的贷款或许在分类上变动并不大，所以与1914年以前的项目结构关系对照来看，工业资金、生丝资金都在1915年以后列入信贷的投资项目之中。①

至于1915年以后的情况（见表7-26），可以看到贷款额的增加在1916年才初见端倪，而其背后的推力正是信贷。虽说诸票据、大藏省证券、财团担保等贷款类别曾发生一些变动，但实际上这些变动的影响并不算大。而且公债股票除了在1917年9月一度急剧增加之外也并没有激烈的变化。进而可以认为，总店的贷款行为具有较为独特的性质，如与大阪分店等相比商业票据的地位偏低。

在商品担保中，砂糖与金属制品只是单发性地作为余额留了下来，从贷款与生丝资金的关系来看，1914年以前带有季节性资金需求性质的生丝实际上并未作为担保商品出现。这说明生丝资金不同于深川办事处的米谷贷款和中之岛分店的棉类贷款，不是一种商品担保贷款的具体形态。根据当时制丝业产业资金供给的特点，可以认为银行部总店曾以生丝资金名义向制丝业发达的地区发放贷款。因为如果是银行之间的交易，即便是无须担保的

---

① 当然这种推论也存在缺乏证据的缺陷，因此这是一个有待日后去研究的课题。

表 7 - 26　总店贷款担保种类（月末余额）

单位：千日元

担保种类	1915年3月	1915年6月	1915年9月	1915年12月	1916年3月	1916年6月	1916年9月	1916年12月	1917年3月	1917年9月
砂糖	900	200								
金属制品										
船舶					300				700	500
地产房屋	187	187	189	164	174	174	170	164	163	48
财团担保	2216	2216	2216	2516	2516	2485	2485	3104	3104	3428
工厂抵押				1000	1000	1000	1000	1000	1000	1000
公债股票	6651	7703	7530	8630	7198	5492	6868	8098	6127	12187
外国证券					75	75	75		3	85
大藏省证券			1420	960						
诸票据		2000	2574	500		2140	2640	640		4400
信贷	17788	10998	13314	12659	21119	24342	27082	27657	32841	34173
商业票据	1325	2654	3154	708	525	2887	3669	1964	4189	8170
杂项	24	30	35	26	122	321				
存款借据								5	7	1020
合计	29091	25988	30432	27163	33029	38916	43988	42631	48133	65011

资料来源：『月报』。

528

信贷交易也是很正常的。但是若考虑到 1914 年生丝资金约为 500 万日元，此后又与贷款发生过分离这一情况，我们很难从单纯的生丝贷款角度来解释表 7－26 中的信贷情况。所以只能认为这与三菱合资公司存在关系。

总体而言，其特征表现为：信贷成为压倒性的主导因素，而从股票担保贷款的整体趋势来看，它似乎已经不再像过去那么重要了。而且总店在 1917 年春季到秋季的贷款规模是依靠以公债股票和商业票据为担保的大量贷款增加来支撑的。因此这些新的动向当时究竟与三菱银行的改组发生过怎样的联系并不明晰。

四　收益结构与投资收益率

总店的盈亏计算

若以《总勘定元账》盈亏账户的数据为基础制作出盈亏计算书，我们可以得到表 7－27、表 7－28。[①] 资产的增长是可以通过存款额增加值来反映的，与其相比，盈亏计算书中收入额的增长幅度更小，拉开了两倍的差距。故可以认为，在收入方面，拆借贷款的利息在 1919 年 6 月以前被纳入"诸利

---

①　关于其计算方法，参见武田晴人「産業革命期における三菱合資会社銀行部本店の営業実態」『三菱史料館論集』2006 年第 7 号。但需要指出的是，1916 年下半年结转盈亏账户的核算方法尚存不清晰之处，将来有可能对此进行修正。

息"一项，而这个"诸利息"的收入在 1916 年以前大致能够与贴现票据等投资利息匹敌。但是从 1916 年下半年开始直至 1919 年，为了响应贷款账户重组的政策，其贷款贴现费迅速增加并成为收入的主要来源。此外，虽然交易量在当时有所增加，可是随着余额的停滞不前，活期存款利息和活期透支利息在 1910 年后没有出现明显的增长，反而在支出方面我们能够看到，定期存款支付利息随着定期存款的增加而得到了增长。

在 1914 年以前，其利润能够在每期达到约 20 万日元的规模，而这正是向分店增加投资的时期。甚至标记为"日记账追加"的分店利润还在 1913 年一度超过总店的利润。① 但在此之后总店的利润从一战期间持续增长到战后。1916 年约为 40 万日元，1918 年下半年约为 80 万日元，进而在 1919 年上半年达到了 140 万日元。

显然，其利润增长的原因不仅仅是前述票据贷款利息收入的增加，还包括了 1918 年上半年以后公债买卖的大量利润、财产利息以及一战后期开始的积极证券投资等因素。但需要留意的是，由于统计公债买卖收益之前，自 1916 年起公债差价就已经得到计算并与簿价相分离，它实际上具有事后作为销售利润得以回收的性质。

---

① 关于 1916 年上半年分店利润仅仅不到 15 万日元的情况，目前并无详细的资料说明。和前述注释一样，应与结转盈亏账户的设立有关，这是今后将要研究的课题。

表 7 - 27　总店盈亏计算 I （1910～1914）

账户种类	1916年6月	1910年12月	1911年6月	1911年12月	1912年6月	1912年12月	1913年6月	1913年12月	1914年6月	1914年12月
收入合计	1074365	806126	1151330	945045	1105823	1100114	1322043	1621113	1538447	1503448
贷款利息	71628	48926	97277	114907	165583	132795	211795	144495	196679	204634
所有物利息	252281	268941	227491	221300	239640	195426	235406	225449	228418	211884
收入诸利息	257411	283248	395181	351089	347101	428082	428082	476046	400690	421638
贴现费	171278	126275	97586	183703	275832	267971	309073	390803	541564	537668
活期透支利息	52254	44205	48899	55039	68458	71674	131333	109471	124412	101748
收入手续费	133784	12600	15197	4678	2274	2809	4342	12519	5724	14200
公债买卖盈亏	63272	20670	269240	0	1179	1272	1515	23451	40540	11497
公债偿还收益	72002	849	120	13790	5483	0	0	185617	234	0
公债价格差额盈亏	0	0	0	0	0	0	0	52230	0	0
杂收	277	235	186	281	106	79	61	1032	186	179
汇率盈亏	179	177	153	259	168	6	0	0	0	0
支出合计	772035	639837	910886	722495	908371	886438	1105810	1439581	1325698	1187233
定期存款利息	181299	152113	144494	151852	247078	395715	375398	406549	463918	489570
活期存款利息	256899	260850	279922	285787	305471	263262	301280	304918	285809	300498
特别活期存款利息	151613	167460	140755	138944	129491	132583	119834	110437	106817	107088

账户种类	1916年6月	1910年12月	1911年6月	1911年12月	1912年6月	1912年12月	1913年6月	1913年12月	1914年6月	1914年12月
特殊存款利息	391	570	961	4114	16	1316	668	10164	5075	14612
借款利息	0	0	0	12220	2016	0	7596	66726	586	0
支付诸利息	21	217	160065	16	120020	184	116386	252216	300790	389
支付手续费	51868	436	4019	316	2	222	4113	3351	406	427
公债价格差额盈亏	0	0	88000	78689	49740	16080	102719	224175	47010	153849
营业费	133553	58190	92659	50557	54537	77075	77816	61045	84687	84196
杂损	-3608	0	10	0	0		0	0	0	36604
汇率盈亏						1	0	0	0	0
扣除利润额	302330	166289	240444	222550	197452	213677	216233	181532	212749	316215
利润计算										
前期结转	4705127	5009709	5190924	5399921	5673694	5978710	6308214	6672319	7055333	7428904
本期总店利益	302330	166289	240444	222550	197452	213677	216233	181532	212749	316215
日记账追加	52257	64925	52551	102469	157563	165826	197873	251482	210791	211642
小计	5059713	5240924	5483919	5724940	6028709	6358213	6722320	7105333	7478873	7956761
利润处理										
利润	50000	50000	50000	50000	50000	50000	50000	50000	50000	50000
扣除后期结转金	5009713	5190924	5433919	5674940	5978709	6308213	6672320	7055333	7428873	7906761

资料来源：根据「三菱合资会社银行部总勘定元帐」制作而成。

表 7-28　总店盈亏计算 II（1915～1919）

单位：日元

账户种类	1915年6月	1915年12月	1916年6月	1916年12月	1917年6月	1917年12月	1918年6月	1918年12月	1919年6月	1919年9月
收入合计	1419166	1249305	1721163	2128225	2178183	2558678	3560710	4251683	5410699	3214256
贷款利息	221432	214158	237620	197197	290033	356666	345661	260064	422213	404840
贷款贴现费				618516	745900	1002591	1258224	1672383	2259286	1067327
所有物利息	227210	210949	353218	284928	344503	286826	582266	668404	882633	456965
收入诸利息	371002	272814	314772	287646	333240	310134	405722	480389	556459	215707
贴现费	482113	406038	380599	93710	118975	210317	191437	320354	373125	245097
证券贴现费	86135	105997	200337	234178	169871	12950	83952	163962	153148	67423
活期透支利息	22359	25639	73873	138446	116834	156831	159205	240914	255943	140852
收入手续费						72437	269917	131625	54910	35309
拆借贷款利息										83953
公债买卖实盈亏	4435	4471	151448	229220	7790	45792	219576	40706	103297	273620
公债偿还收益	4290	0	0	5250	0	3500	1668	9800	0	0
杂收	190	9239	341	2106	2063	3264	2497	50980	7783	8135
汇率盈亏	0	0	8955	37028	48974	97370	40585	212102	341902	215028
支出合计	1120953	990562	1187415	1650270	1743727	2088496	3091651	3429287	3945003	2321566
定期存款利息	568067	507606	548269	420094	486495	833137	1107252	1337537	1642655	789737
活期存款利息	324074	248895	241503	134116	141263	199244	245403	232214	132512	76018
特别活期存款利息	112415	124753	200189	281387	297662	312139	266996	275302	282551	170459
特殊存款利息	6387	19375	24159	21516	27988	12010	19634	5235	13180	3865

账户种类	1915年6月	1915年12月	1916年6月	1916年12月	1917年6月	1917年12月	1918年6月	1918年12月	1919年6月	1919年9月
通知存款利息				134824	183963	254752	385442	524581	694841	589725
借款利息	0	0	0		2000	5880	38400	29520	3960	0
再贴现费				41875	29507	0	4335	7812	0	0
支付诸利息	237	10554	29964	61567	101063	182301	165194	255533	588864	394103
支付手续费	129	549	40329	5724	5742	10732	159276	47229	26025	4321
公债差价盈亏	0	0	0	394727	342553	115461	270520	274565	29757	16285
土地房屋偿还				68886	0	5674	0	214386	19205	0
新筑费偿还							230000	43083	370000	0
营业费	109629	78819	103001	85544	125491	112151	187712	162017	141453	75022
杂损	15	11	1	10	0	0	106	105	0	14967
汇率盈亏	0	0	0	0	0	45015	11381	20168	0	187064
扣除利润额	298213	258743	533748	477955	434456	470182	469059	822396	1465696	892690
利润计算										
前期结转	7906761	8271074	8542249	8883490	9468369	10142162	10841411	11629635	12791134	14594966
当期总店利润	298213	258743	533748	477955	434456	470182	469059	822396	1465696	892690
日记账追加	116100	62432	-147917	156922	289335	279044	369164	405951	388134	0
小计	8321074	8592249	8928080	9518367	10192160	10891388	11679634	12857982	14644964	15487656
利润处理										
利润	50000	50000	50000	50000	50000	50000	50000	50000	50000	50000
扣除后期结转金	8271074	8542249	8878080	9468367	10142160	10841388	11629634	12807982	14594964	15437656

资料来源：根据「三菱合资会社银行部总勘定元帐」制作而成。

存款成本与投资收益率

以下将考察足以决定收益结构的存款成本、投资收益率等内容。我们在第六章利用事业收支所获得的收入、支付利息与各账户年末余额来计算过收益率。而且《利益推定表》中的"银行部运用资金表"也计算过针对总店平均余额的收入利息与平均收益率。此处将再次利用这些数据来分析此时期银行部总店究竟是如何把握各个账户类别的投资，又是如何处理资金调配成本的。

首先是存款成本方面，如图 7 – 20 所示，1910 年到 1913 年上半年各存款项目之间的支付利息几乎没有太大差别。但在1913 下半年以后活期存款时常出现下调，以至于从 1913 年的5% 下降到 1917～1919 年约 3% 的水平。由于此时期活期存款所占比例大幅下降，我们能够看到它与存款平均成本的差额也在不断拉开，压缩存款成本的意义其实并不大。

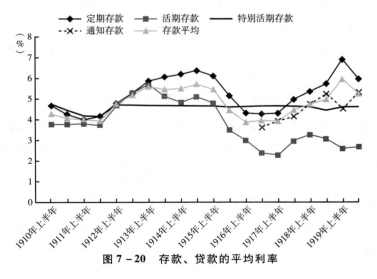

图 7 – 20 存款、贷款的平均利率

而定期存款在 1916 年降至 4% 之后，在 1919 年上半年又回升到将近 7% 的水平，从而导致资金成本上升。新设的存款类别"通知存款"则保持了比定期存款稍低的利率。即便从活期存款中被分离出来，它仍与结算性存款有所不同，作为储蓄性较高的存款在利率上是拥有优势的。

稍显特殊的是特别活期存款，它在 1912～1919 年维持了约 4.6% 的水平，而且利率与其他存款项目缺乏联动性，是一种硬性的利率。其导致 1916 年前后特别活期存款利率比起定期存款来说显得更为有利。如前所述，此种硬性的利率设定可能是此时期特别活期存款与其他存款类别不同，能够确保较高增长率的原因所在。但它是一种对市场利率变动并不敏感的特殊设定，意味着无论是岩崎家与银行部关系密切的存款，还是各事业部的员工存款，都是针对特殊关系客户的交易账户。

总店的各类贷款收益率可如图 7－21、图 7－22 所示。首先，从贷款账户的各项投资收益来看，在 1911～1914 年利率上升的过程中，贷款种类的利率差和存款一样在 1913 年后走向明确化，而贷款则在 1916 年以前保持了相对较低的利率。此后，这种贷款方式被借据贷款继承。和存款中的特别活期存款一样，其特点在于与市场利率的联动性并不高。而且从 1916 年开始，活期透支成为相对较高的收益方式。由于贷款种类和活期存款一样存在平均余额的停滞现象，所以这种高收益为总体利润所带来的贡献实际上被抹除掉了。而在 1916 年下半年新设的票据贷款，其利率几乎与贴现票据处于同一水平，因其图与图 7－21 重复，故此处予以省略。但值得注意的是，最初资金投入相当低的活期

贷款在 1917 年开始获得与贴现票据相当的收益率，其原因或许
在于 1919 年下半年包括台湾银行在内存在一战期间资金状况不
断恶化的金融机构和企业，所以在短期市场中才会出现如此有利
的投资条件。

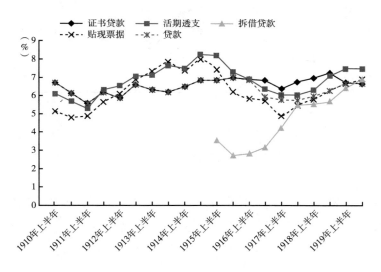

图 7 - 21　总店贷款种类利率

在投资中重要性下降的分店账户，其利率（图 7 - 22）已从
1910 年 4% 的低水平提升到了 1913 ~ 1914 年 8% 的较高水平。而从
各分店的情况来看，神户分店的投资收益率从 1913 年起开始回升
并呈现出良好的趋势，大阪分店和深川办事处则完全没有偏离贷
款的平均值。但是这种情况也让 1916 年前后平均余额开始下降的
其他分店出现了异常偏高的收益率。总体而言，此种高收益率应
是包含大阪、神户、中之岛分店在内的关西市场各分店之共通特

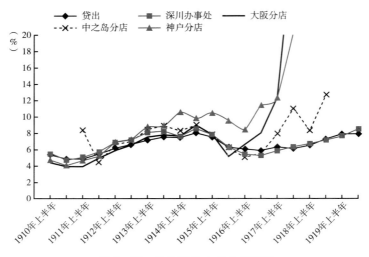

图 7 - 22 总店贷款中各分店利率

征。所以似乎可以向我们表明：总店以往为分店投资额所设定的
利率（详细内容不明）此时已经不再适应总店与分店之间的交易
关系。两者之间的资金流动变化或许是出现这一情况的重要原因。

我们可以基于对资金长短的考虑来对比分析上述存款成本
与投资收益率。图 7 - 23 将相对长期的资金调配、投资的定期
存款、票据贷款、证券投资的存款成本与收益进行了对比，并
在下方用柱状图的形式显示了利率差。由此可以看到，1913 ~
1914 年长期资金的成本和收益率几乎没有差距，虽然在此后曾
试图通过下调定期存款利率的方式来保证利润，但在贷款方面
急剧增长的票据贷款利率与定期存款利率的差额非常小。故总
体而言，1919 年以前存款与贷款的利率差已经出现了缩小的趋
势。定期存款额和贷款额（票据贷款）在 1919 年发生逆转之后

有价证券投资才会变得更加有利可图，此时期所持证券的扩大，为该情况打下了基础。而定期存款和票据贷款作为资金调配与投资的最大种类，可能制约了当时银行部盈利能力的提升。

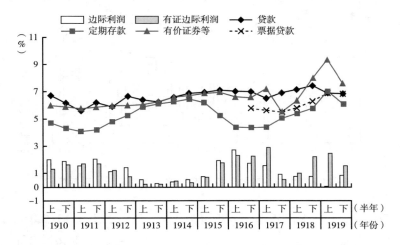

图 7 - 23　存款与贷款的平均利率比较（定期存款、贷款、证券投资）

而短期资金方面，如图 7 - 24 所示，活期透支和活期存款的利率差是较大的，而且有扩大的趋势。其原因在于，1913 年以后活期存款利率比其他存款利率的下降幅度更大，而活期透支的收益率则下降幅度较小。新设立的通知存款利率与票据贴现等项目相比只是维持在1%左右的差距，所以很难说当时保证了足够的利率差。

至于对分店的投资，如前所述，关西分店的收益率已经开始逐渐丧失其作为指标的功能。虽然不是特别贴切的对比，但我们可以看到，大阪分店在1910 年前后的利润未必处于有利的形势，却在进行大规模的投资活动。这一情况直到1914 年才得

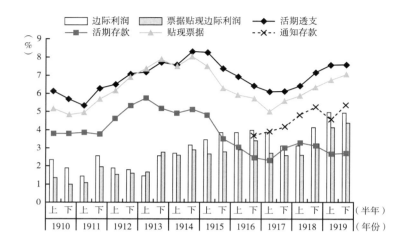

图 7-24 存款与贷款的平均利率比较（活期资金、贴现票据）

到大幅改善，其利率差也变得更为明晰。不过，由于 1915 年市场利率的总体低迷，这一利率差再次缩小，投资的平均余额也有所下降。如图 7-23 所示，如果资金量减少而收益率出现提升的话，总店就会选择牺牲这种投资的有利形势而与 1910 年前后的做法相反，去满足其不断增加的贷款需求。而深川办事处在 1912 年投资额大幅下降之后一直将增加的态势保持到了 1918 年，在此期间它继续维持了与总店存款利率挂钩的稳定利润，从而切实发挥其作为投资机关的作用。①

从日俄战争结束到 1910 年，三菱合资公司银行部总店在投

---

① 大阪分店和深川办事处的投资实际成果，参见武田晴人「1910 年代における三菱銀行部本支店の貸出業務」（『三菱史料館論集』2008 年第 9 号）中的图表。

资上一直面临困难，其形势并不乐观，所以只能在老客户较多的关西市场开展投资活动。

这种利率方面的不利情况在 1913 年以后逐渐消失，所以关西市场的投资又重新成为总店的收益来源。但是在此之后，总店与其他分店的存款不断增加，资金情况发生了改变，而且又启动了向拆借市场的投资，三菱合资公司的资金需求不断增长，外汇业务也开始迈步发展。这些因素最终导致总店的资金状况发生改变，在 1916 ~ 1919 年迎来了贷款的增加，并促使分店账户的借贷额在 1919 年转向借方账户。

关于第一次世界大战期间这种以贷款为中心的业务发展，《三菱银行史》做过如下一番解释："大正二年（1913）贷款额增长显著，一跃增加了八百万元……此种贷款之激增导致过度贷款的情况再次出现。所增贷款主要来自对旭玻璃等三菱各产业及猪苗代水电、名古屋电灯等电力公司之贷款，以及对藤本、增田等票据经纪人之救济融资，以往关系密切之九州煤矿汽船公司、第十九银行之贷款……（在一战期间贷款额始终保持上升趋势）。此种贷款之增加亦能表明公司业务范围之扩大。即向三井物产、江商等有力贸易公司提供了大量贷款并为诸多船舶公司提供了造船贷款。另，伴随股票市场之繁荣，向藤本、山一、增田、奥山等票据经纪人发起的融资也实现了增长，出口的活跃亦大幅提升了台湾银行、朝鲜银行的拆借额。"[1]

在笔者所知范围内，目前并没有任何资料能够证实这些贷

---

① 『三菱銀行史』、126 ~ 127、134 頁。

款对象是否处在总店的业务范围内。由于大阪等分店积极开展的贷款活动是以自身存款量为基础且规模不断扩大，所以一战期间迅速增加的贷款客户不太可能全是总店的客户。而且从特别活期存款与票据贷款的动向以及担保中信贷较多等总店各账户的特殊性质来看，总店的业务与三菱合资公司总公司的业务扩张应是紧密捆绑在一起的。但总店投资中也包括了具有季节性的生丝金融，至少在一战初期其资金量是颇为巨大的。因此投资的集中也可以来调整总店与分店之间的账户，以解决上述因素造成的资金闲置问题。当然在一战中期以后的总店贷款激增期是缺乏直接证据来表明总店与生丝金融、制丝金融之关联的。可是我们能够发现，在制丝金融通常较为繁忙的 6 月这一时段，1916 年总店的贴现票据贷款较上月增加了 20 万日元，促使其整体发生了 260 万日元的超额放贷，同时从深川、大阪、神户分别实现了 89 万日元、39 万日元、88 万日元的资金回收。[①] 我们无法找到解释其因果关系的资料，却仍旧不能否认这样一种解释：总店所提供的生丝资金贷款是由分店筹措而来的。故可以推测，当时总店不仅增加了与三菱相关企业的贷款，亦扩大了与贸易相关的信贷量。而作为贷款增加的另一大因素，则不可忽视大阪分店向票据经纪人的拆借资金融通以及神户分店对船舶行业进行的放贷。这意味着即便投资业务集中在总店，分店的贷款仍具有相当的重要性。

然而在这种业务扩张和投资结构转变的过程中，总店的收

---

① 参见『月报』，1916 年 6 月。

益并没有出现相应的提升。虽然它在资金上实现了定期存款的增加与资金成本的扩充，但贷款账户的投资收益率没能相应地增长。所以总店采取的措施是：向一战末期以来拥有相对有利形势的有价证券追加更多的投资。即使如此，利润额的增长还是逊色于资产的增长。

这种收益情况似乎说明银行部内部也存在问题。关于这个问题的原委尚不清楚，但我们可以尝试将《总勘定元账》中已知的总店利润计算视为"账簿利润"，并据此来另行统计当时的"实际利润"。如表 7 - 28 所示，在 1909 年的投资困难时期，三菱开始进行"实际利润计算"。在这一计算中，上一期的结转余额会计算到本期的收支里，而在确认了向下一期的结转后会予以扣除，由此实现对收入、费用所发生时间的修正性收益计算。由于在分店的利润中出现大额结转、利息的收支与总账的日常记账有时间上的错位等现象都是近现代会计制度的基础，我们可以认为，此时的三菱终于开始产生近代性的意识。虽然资料中的记载截止于 1915 年，且其计算根据并不清晰，但从表 7 - 29 仍旧能够看到 1914 年以前各期的利益额都被高估了。正是基于这一原因，1916 年下半年三菱设立了结转盈亏账户，以核算未付利息与未贴现费用。从结果上来说，这种会计核算方法的改进与以往粗略的利润统计相比，更具有压缩收益的可能性，但在总店投资结构的转变与三菱银行部地位的变迁过程中，银行经营的本质也迎来了发生变化的契机。

表 7 – 28　实际盈亏额计算例（1915 年上半年）

单位：日元

账户种类		账簿额	前期结转	后期结转	实际额
收入	贷款利息	221433	0		221433
	贴现费	606537	141362	135160	612738
	所有物利润	227210	0	8667	218543
	活期透支利息	86135	0		86135
	手续费	22231	0		22231
	杂收	191	0		191
	诸利息	29239	0		29239
	大阪分店纯利润	28743	138552	118313	48982
	中之岛分店纯利润	13136	38122	33517	17741
	神户分店纯利润	47185	98626	89108	56704
	深川办事处纯利润	27037	28643	31103	24577
	各分店利息	341526	0		341526
	公债买卖收益	4435	0		4435
	公债偿还收益	4290	0		4290
	合计	1659328	445305	415867	1688765
支出	定期存款利息	568068	263565	246703	551205
	活期存款利息	324075	5360	7529	326244
	特别活期存款利息	112415	0		112415
	特殊存款利息	6388	1660	401	5129
	支付贴现费	52236	0		52236
	再贴现费	72187	– 20665	– 19646	73207
	诸税	56787	0	– 16961	39827
	营业费	52842	0		52842
	诸损	16	0		16
	小计	1245014	249920	218026	1213120
	纯利润	414313			475645
	合计	1659327			1688765
参考	分店利润小计	116101	303943	272040	148004
	总店利润	298213			
	相互扣除额	– 124057			

资料来源：「实际利益金计算」『利益推定表』。

表 7 – 29　账簿盈亏与实际盈亏

单位：日元

期别	实际利润	账簿利润	扣除减少额
1909 年上半年	338216	399625	– 61409
1909 年下半年	368799	321277	47522
1910 年上半年	360520	354587	5933
1910 年下半年	252044	231214	20830
1911 年上半年	237049	292995	– 55946
1911 年下半年	313727	323773	– 10046
1912 年上半年	221807	355015	– 133208
1912 年下半年	371466	379503	– 8036
1913 年上半年	320544	414106	– 93562
1913 年下半年	394497	433014	– 38517
1914 年上半年	274282	423540	– 149258
1914 年下半年	520308	527857	– 7549
1915 年上半年	475645	414313	61332

资料来源：「実際利益金計算」『利益推定表』。

三菱合资公司不仅在其内部表现出这种正确认识利润的积极倾向，还于 1917 年将三菱造船、三菱制铁拆分出来作为独立的分公司，以此为契机逐步推动了组织机构的改革，发展了各部门的股份化。这种组织机构改革是以 1918 年 1 月制定的《分公司与合资公司之关系处理》为基础，将整顿财阀内部组织关系作为目的的。[①] 其在同年 4 月基于该文件又进一步拟定了《分公司资金调配与投资处理》，其中确认了如下条款：第一，各公司的

---

① 　关于此点，参见三島康雄編『日本財閥経営史　三菱財閥』中长泽康昭的考察，以及麻島昭一『三菱財閥の金融構造』。

资金调配须与总公司进行商议；第二，盈余资金须存放于总公司；第三，分公司在"经营上的必要资金，不用向总公司申请便可直接从银行部获得"；第四，分公司相互间的借贷款可通过汇兑票据的收发来解决，且这些汇票须由银行部来贴现；第五，在接收分公司以外客户的票据时应尽量在银行部进行贴现处理。由此明确规定资金的运转需要通过银行部来完成，同时在原则上禁止了与他行的直接交易。这种改革显然处在本章涉及的银行部经营情况变动之延长线上。故本书将在终章尽可能地对三菱合资公司向股份公司转型的过程及其定位展开讨论。

第八章　向"事业部制"的过渡

　　本章探讨的课题是三菱在 1900 年代末开展的一系列制度改革，即从若干组织机构与会计规则的变化来分析所谓"事业部制"。至于这些变化究竟给三菱的经营造成了怎样的影响，将尽可能地放在终章再做讨论。本章首先把关注的焦点放在其前提即组织结构的改革问题上。既有研究已经指出，1908 年以后的三菱合资公司组织结构并不能按照其字面意思理解为事业部制，[①]基于这一认识，本章为了方便表达而暂且将 1908 年以后的组织结构称为"事业部制"。以下将重点分析组织改革逐渐向"事业部独立"方向的发展，并尽可能地阐明其具体样态。

　　以往的日本财阀史研究，时常会提到三井与三菱在明治末期数年间相继实施机构改革的问题，尤其认为这是财阀走向多元化事业发展的重大事件。当时的三井，曾建立股份公司并推动其下属三个部门的股份化。而三菱的基本特征则在于导入了"事业部制"。譬如在较早时期反映此点的一份文献《三菱财阀的资金调配与控制》中就有如下记载："以明治四十年一月（1907

---

　　① 　長沢康昭「三菱財閥の経営組織」三島康雄編『日本財閥経営史　三菱財閥』、81～82 頁。

年 1 月）的东京股市暴跌为开始，日俄战争以后的经济衰退使
三菱合资公司各项事业的发展陷入低迷状态，尤其是世界范围
内银铜价格的跌落引发了采矿业的萧条，而造船、煤矿等事业
也都相继陷入经营恶化的困境，总体业绩不可阻挡地呈现下降
趋势。……面对这种业绩不佳的局面，三菱合资公司只得采取
削减起业费、制定非职内规、裁撤冗员等方式来厉行经费的节
约，进而在明治四十一年十月（1908 年 10 月）对公司制度……
实施了改革，采用了各部门独立结算的制度以图实现经营的合
理化。"①

可以说，这种说法时至今日仍被认为是三菱导入"事业部
制"的主要原因，但说到底它不过是对组织结构改革的概括性
说明而已。关于三井公司开展改革的情况，从很早以前就有了颇
为具体的研究。② 反观三菱，其改革的实情除了若干研究有所涉
及之外，并不存在真正意义上的权威性考察。当时的这场组织机
构改革究竟是基于何种意图推动实施的，可以说此问题到现在仍
未能得以探明。

或许这种情况出现的基本原因在于史料上的制约。目前我们
所能掌握到的相关资料大多仅限于《三菱社志》，始终未能发掘
出足以与三井《益田孝意见书》比肩的三菱改革内部资料。很

---

①　三菱経済研究所『三菱財閥における資金調達と支配』、1958、39～40 頁。
为谨慎起见，此处需要补充说明：此种方法并非本研究首次使用，相关
记载曾在 1954 年刊行的『三菱銀行史』中出现，也可以认为经济研究所
的调查资料是直接对其进行了引用。
②　关于三井的改革可具体参照三井文庫編『三井事業史』第 2 卷，1980。

遗憾，这一问题即便到了现在也仍旧无法通过使用三菱史料馆所藏的资料群来加以解决。

因此，有鉴于真正意义上能够赖以研究的资料并不完备，但此时期的组织机构改革又是三菱财阀史上不能不提的重要课题，本章将做出一个略显大胆的假设：三菱与三井完全不同，并不是有计划地筹备、推动此项改革的。进而以此为基础展开相应的考察并对若干史料进行解读。

之所以做出这个假设，是因为笔者抱有这样一个疑惑：从导入"事业部制"并着手组织结构改革的 1908 年 10 月，到制定《管事职务备忘录》等文件进行人事制度改革的 1911 年，其间三菱是否果真按照当初拟定的改革方案开展了工作？一般而言，我们都会认为这一系列改革是三菱确立其"事业部制"的起点。譬如能够反映以往研究的水平的长泽康昭的研究就基于《三菱社志》的记事做出过一些评价。即长泽沿袭了前述三菱经济研究所的调查结论，强调组织机构改革的背景在于日俄战争以后的经济萧条，并以此为前提提出了如下观点："明治 40 年（1907）的经济危机，给三菱合资公司的业绩带来了巨大的负面影响。明治 41 年（1908）的纯利润竟下跌到了明治 39 年（1906）的 58%，经营状况严重恶化。以此次经济危机为肇始，同时受到三井公司推行组织结构改革的启发，三菱合资公司最终于明治四十一年十月开始实施人事制度改革，以图组织结构的合理化。"[1] 但是，将日俄

---

① 長沢康昭「三菱財閥の経営組織」三島康雄編『日本財閥経営史 三菱財閥』、81～82頁。原文注释省略。

战争以后的危机评价为经营状况恶化的"肇始"并不存在确凿的资料证据。更何况即便它带有"肇始"的意义，需要实施改革的"内在"理由又是什么？长泽的研究对此仅仅做了"需要扩大组织"的一般性解释。故可以说经济危机究竟给三菱带来了怎样的经营课题，它促使哪些组织结构问题浮出了水面等，是迄今为止未能得到阐明的重要问题。

正因为三菱在这一时期开展的组织机构改革并不仅仅是为了在短时间内应对经济危机，亦带有对未来发展战略的考量，所以才会出现以上的疑问。

无论是三菱经济研究所的调查结果还是长泽康昭的研究，都指出了经济萧条影响之下伴随事业扩张而谋求组织机构合理化的必要性。不可否认，1908年改组的具体内容（后述）本身促成了以往三菱总公司组织与各事业部门关系的大幅变动。但是长泽所关注的焦点在于：在这场改革中，1910年"庄田平五郎卸下管事一职之后"由丰川良平、南部球吾接任并实现了公司高层的人事更迭，由此带来了翌年人事制度的改革并出现如下规定："管事每天须在副社长办公室集合以参与评议职员之去留及事业之计划等重要事务。"所以长泽把这种变化形容为"社长专制主义"，并强调这一"明治型"的企业组织在日后向"大正型"发生了转变。①

当然，我们没有必要拘泥于其类型的转换或名称的选择。在

---

① 長沢康昭「三菱財閥の経営組織」三島康雄編『日本財閥経営史　三菱財閥』、83～84頁。

"事业部制"以外再去定义一个"大正型"的概念也没有什么实质性意义。但是，作为核心课题，我们必须探究这样的疑问：为什么这种谋求事业部门独立性的改革与总公司下属部门的改革之间会出现长达三年多的时间差？

若直接接受长泽的观点，那么其结论便是：尝试将管理权移交给各个事业部门之后，三菱的管理层才终于意识到站在整个公司立场上进行统一管理的必要性。若得出这一推论，那么可以看到在1908年进行改组之际所谓统一管理的必要性实际上并没有得到充分的认识。本章在前面提到的"假说"，是基于对组织机构改革结果的一般性理解而形成的，但"事业部制"未必是通过1908～1911年的一系列举措有计划地得到了实现。从这一层意义上说，它与一般理解之间存在很大的差别。

此外，若联系以往的研究史来观察这一问题，我们还可以看看萩本真一郎的论文。他在文章中参考《三菱社志》的记载，对此时期的三菱合资公司展开了颇为细致的考察。但其最为关心的是三菱合资公司管理组织的发展与权限委让的问题，在改革中的总体构造上着墨颇多。对于上述意义之下的改革之渐进性抑或时间差问题，几乎没有做过讨论。①

① 萩本真一郎「財閥企業の所有と支配——明治末の三菱合資会社を中心に」『経営論集』第33巻第3号、1986年；萩本真一郎「財閥企業における管理と統制——『事業部制』下の三菱合資会社について」『明治大学大学院紀要』1987年第26集；萩本真一郎「財閥企業における事業展開と組織成長プロセス——管理組織および部門間取引の形成と組織成長のパターンについて、1910年から1916年までの三菱合資会社のケースを中心に」『東京国際大学論集』1992年商学部編第45号。

而日向祥子则以"导入'事业部制'以前三菱合资公司的资金管理"为题相继发表了一系列学术成果。① 她在研究中关注并探讨了资金管理层面三菱合资公司总公司与各场所的关系，并考察了作为"活期存款一元管理体系"的资金管理情况、事业部的独立及其造成的机构职能变化，进而以九州地区的各场所为例，分析了三菱合资公司总公司各部门对各个场所的管理情况，研究了"事业部制"以前作为渐进性组织机构改革过程的"卖炭处理顺序"，同时将这一过程与三菱合资公司的煤炭矿业、煤炭销售业发展形成了对照。正是通过这些考察，日向得以阐明如下观点：在三菱合资公司导入"事业部制"以前，尝试筹备改革的要因实际上已经在其内部酝酿而成。鉴于此项研究尚存在进一步深化的余地且与本章的主题和问题意识相通，以下将对其加以重点参考并展开相应的探讨。

一　改革的历程：计划的缺失

以往有不少研究涉及"事业部制"导入之前的一系列改革举措，其要点可归纳如下：第一，为了从实质上支撑起独立核算

① 日向祥子「『事業部制』導入前の三菱合資会社における資金管理」『三菱史料館論集』2007 年第 8 号。关于这一问题还可参照日向祥子「一九〇〇年以前における三菱合資会社の九州地域管理」『三菱史料館論集』2008 年第 9 号；「明治期における三菱合資会社『壳炭取扱順序』の変遷とその実体的合意」『三菱史料館論集』2009 年第 10 号；「明治後期三菱合資会社における阪神支店の機能実態」『三菱史料館論集』2010 年第 11 号。

制，三菱曾在调整组织结构的同时推动了会计报告格式的标准化与简单化，并为此制定了调整部门间利益关系的章程；第二，为了实现联络与调整，三菱设立了各种调整机关，制定了诸项行动规则，使总公司的各部门得以通过年报与月报获得情报、发送信息，进而构建了信息共享的基础。

长泽曾认为，在三菱采用"事业部制"以前"所谓的部制仅仅意味着总公司的职能在银行部以外进行统一的处理，事实上并没有形成负责事业部门经营管理的组织。因此，对事业部门之间利益关系进行调整并从整个公司立场上统一制定经营政策的最高管理机构也没有出现，它们都是杂然地交混在总公司组织之中的"。[①]

在他看来，采用"事业部制"可以被理解成一种调节三菱内部利益关系并实现其总公司职能的措施。当然我们不能否定这一层面的重大意义，但也应该看到当时在独立核算制之下，各事业部门必须如独立企业一般各自计算收支并统计利润，所以同时会产生出各部门之间设定转账价格并明确经费归属的必要性。利益的分歧，通常是在常规业务中出现的，尤其是各事业部门曾为了争当总公司的投资对象，拟定出超过自身资本额度的发展规划以展开相互竞争，并形成了对立的局面。虽然长泽想要强调的或许是后一层面的问题，但本身总公司所筹集的资金就依赖各事业部门盈亏计算与利润处理的方式。所以当时首先有必要在日常业务中制定出处理矛盾的规则。即便没有这种明确的规则，那么至

---

① 長沢康昭「三菱財閥の経営組織」三島康雄編『日本財閥経営史 三菱財閥』、81 頁。

少也应该建立起能够应对此事的机构。三菱在 1908 年 10 月启用"事业部制"以后逐渐开始着手解决这一问题，而其真正作为"年度调整规划"得到确立，则是大正年间的事情了。

所以如果把这种决策的实施理解为保证各事业部门的独立性，处理由此引发的一系列问题，调整内部组织结构并使之具体化的过程，我们就能够表示理解了。然而，目前并没有足以清晰说明设立内部组织机构初衷的史料，因此我们无法认定三菱决策层在渐进性改革的问题上事先调查研究过事业部制，并在此后按计划逐步予以实施。若再思考这种组织机构的存在方式，那么正如既有研究所指出的那样，由于三菱的各个事业场所广泛分布于各地，所以当时所实施的应是独立性较强的"场所制"。

而三井的情况，众所周知，其《益田孝意见书》曾对股份公司制度相关的有限责任制之得失、法人所得相关的课税负担多寡等进行调查研究。古河公司也在实施三社分立体系时开展过事先调查并参考欧洲的实例研究过股份公司制度的特征。①

从这些事例来看，我们很难想象三菱在面对范围极广的业务经营时竟未采取过任何与组织机构改革相关的措施。所以，以下将围绕 8 月 24 日正式确认公司改组至 10 月 1 日付诸实施这一段时间，对其事先采取的诸项措施展开集中考察。

长泽曾在研究中对 8 月公布的组织改革内容进行非常好的整

---

① 关于三井的情况，参见春日豊「三井合名の成立過程」『三井文庫論叢』1977 年第 13 号；三井文庫编『三井事業史』本編第 2 卷、1980。关于古河的情况，参见古河合名会社「当社ノ資金問題ニ就テ」（1916 年 4 月），『創業 100 年史』（古河鉱業株式会社、1976），第 270~273 页。

理，但鉴于《三菱社志》中已经存在通告改革事项的文件，也曾对其进行相应说明，所以此处为了稳妥起见，将直接引用并参考其原文：

史料1

一般通知第一百四十号　明治四十一年八月二十四日

此前已设立矿业、银行、造船及庶务四部门并令其处理专属事务，如今又进一步拟定各部（除庶务部）之资金金额、各独立形式与业务职责，故通告如下。

一、各部门共同事项

1、各部门在自身范围内之各项规则与事务处理等均可自行制定并实施，但重要事项仍需得到社长之批准；

2、各部门所属员工均为专属，其任免与进退等事请各部门慎重研究并附部长意见后送呈社长定夺，员工提交之各类表格申请亦按此要求办理；

3、各部门之营业费自不待言，包括交际费、捐款、部长等人之薪水与普通奖金奖励等均由各部门自行承担，特别奖金奖励与年金则由总公司负担，与此相关之事务亦由总公司负责处理之。

二、各部门专属事项

矿业部

1、资本金定为一千五百万元，若发生高于资本金之投资则需要在社长批准之后方可通过暂时借款之形式予以补足；

2、各矿山煤矿、大阪冶炼所，与长崎、门司、若松、香港、上海各个分店，唐津、汉口两个办事处，与大阪、神户两个分店，分出专属矿业部的部分，称为该分店之矿业部并接受矿业部的领导，废除矿业部以往所处理的保险事务。

银行部

1、资本金及事务处理方式与以往保持一致；

2、大阪与神户两分店中属于银行部的事务将区分出来，称为该分店之银行部，与东京、深川办事处及兵库办事处一并接受银行部的领导。

造船部

1、资本金为一千万元，若发生高于资本金之投资则需要在社长批准之后方可通过暂时借款之形式予以补足；

2、长崎及神户两个造船所接受造船部的领导。

庶务部

该部虽无必要作为"部"而存在，但暂且予以保留，负责处理总公司所属事务与三菱合资公司以外的相关事业工作。

地产课

1、废除以往的地产调度课，新设地产课以经营东京市内公司地产与房屋之借贷事宜；

2、东京"丸之内"的建筑所、新潟事务所，接受地产课课长的监督；

3、地产课归总公司直辖。

神户建筑所

该所仍如以往，归总公司直辖。

以上将于十月一日正式实施，特此通知。

追记：对公司外部仍按以往方式予以应对处理。①

追记中提到的"对公司外部仍按以往方式予以应对处理"显然意味着此次改革乃内部改革，故在对外的场合仍需要以三菱合资公司的名义来处理事务。

如该史料所示，改革之事是于8月24日通知给各部门的，而其实施之日则是约40天后的10月1日。对此，当天的《三菱社志》中也有一系列的记载。似乎当时还同时发出过如下的特别通知：

史料2

特别通知第四十六号　明治四十一年八月二十四日

拜启　此次公司制度改革的相关事务处理中将发生如下变更，请知晓。

1、以往总公司向各场所发出的信息包括一般通知、特别通知或人事报告等将仅限于各部门负责办理，即由各部门负责人向各场所负责人进行传达；

2、职工的出勤与工作情况调查、人事调动报告及场所内临时工之任免汇报等，均交由各部门负责处理；

3、职工的薪水、酬劳、报告应由各部门统一汇总其下属情况之后向总公司汇报；

4、总公司直辖的地产房屋之外属于各部门的地产房屋，其

---

① 「9　各部独立の件」『例规大全』（二）（MA1140）；『三菱社誌』第21卷、明治41年、1096～1099頁。

相关事宜全由各部门自行处理，故地产变动报告可不用呈交总公司，向所属部门直接汇报即可。

以往各场所呈送给三菱合资公司的文件（含电报），与总公司无直接关联的各事宜均可使用单独信封直接寄往相应的部门。

如上。各事项均自十月一日起开始实施，特此通知。

总公司庶务部部长①

既有研究总结道：这两套规定"不仅把营业工作、职工人事等权限完全委任给了各个场所，还通过相关改革，给矿业、银行、造船三个部门规定了资本金并使之成为独立的事业部"，亦让各场所分属于各部门，使其"获得了起业、职工人事、制定规则手续的权力。如此一来，总公司的权限就缩小到如下范围：对超出资本金额度之投资的裁决，对部长的人事变动、重要规则制度的批准等，不再参与各种日常的业务工作"。②

然而，即便实施了如此大胆的改革，我们在目前遗留下来的史料中仍旧无法找到当时关于总公司与各部门分管事项的具体权限规定。故可以认为，上述两份通知不过是吹响了组织机构改革的号角而已。

二　矿业部与独立核算制

当然，在正式着手实施之前的四十多天时间里，三菱也并不

---

① 「10　社制改革に付事務取扱方」『例規大全』（二）（MA1140）。
② 長沢康昭「三菱財閥の経営組織」三島康雄編『日本財閥経営史　三菱財閥』、82 頁。

是没有做过任何准备工作。譬如在《例规大全》里就记录了两份与矿业部相关的通知。首先，在9月9日的《事业成绩表之件》中就规定自下一年度起，以往每月提交的"事业成绩表中涉及矿产品进出及剩余矿物的经费预算明细表以及矿物原价调查表将被废除，改为依照附件中的草案并参考说明书制定和提交事业成绩明细表"。其具体内容如下引《事业成绩表改正之要点》所示：

史料 3

事业成绩表之件　　明治四十一年九月九日

（序文略）

（雏形略）

事业成绩表改正之要点

1、为明确产出矿物之进出并尽可能算出接近阪神销售市场之原价，需综合以往矿物进出及剩余矿物费用预算明细表与矿物原价调查表，制定新表。营业账户明细表及概算盈亏勘定表则一如既往，附在其后。但盈亏勘定表仍需按附件所示稍作修改。

2、该新表中，从矿物到成品之原价的一年数据均应完整记录，若低于公司成立时所定会计账簿说明中的市价原价，则以市价为准。该规定仅在结算时适用。若结算时市价低于原价而导致成品原价下调为市价，则其差额可暂先转入该表九月份原价与翌年数据，否则将与账簿上之原价产生龃龉。

3、以往在矿业费中，矿山本身经费以外的费用即运输费、冶炼费与销售手续费均在当月计算了其实际开支数据。但在该新表中需要计算当月从大阪或神户送返矿物的冶炼及销售过程中出现的运输费、冶炼费与手续费，由此体现出与实际开支的偏差。

4、该新表中需要将含金银铜之矿物、金银质地矿物之原价与纯金纯银电解铜进行区分，故为方便起见应新设"着手冶炼"一项。由此计算出当月冶炼的含金银铜矿物（金银质地矿物亦然）之冶炼费，将其与原价合计。进而将其合计金额按照日后将要产出之金银铜数量加以区分。即首先将当时平均市价作为标准价格以确定将要产出之金银铜（依据平均品位计算）价格，再相应地将前述合计金额区分为金银铜之原价。

5、所谓"冶炼中"一项，在借方栏需记入已着手冶炼之算定金银铜价格，在贷方栏需记入其中产出之纯金纯银电解铜数据。

6、在销售合同处理方面，若成品完成交付则无论是否产生了费用或收入，均应将费用收入与手续费计算出来。但运往英国或汉口等处的成品若尚未完成费用结算，则可采取预估的形式暂先记入。[①]

显然我们可以清楚地看到，此次订正的目的在于进一步明确公司的盈亏与矿物的进出情况，并准确地把握阪神地区销售过程中产生的成本（原价）。[②] 所以，在"矿山本身"以外出现

---

① 「10－1　事業成績表二係ル件」『例規大全』（二）（MA1140）。

② 基于以往计算处理方法展开矿业经营的实情，参见武田晴人「産業革命期の尾去沢鉱山」（『三菱史料館論集』2011 年第 12 号），以及此后关于荒川、槇峰、面谷、吉冈各矿山的系列研究。但对于此时期记账方法的原则与作为矿山成本基准的价格设定等规则尚不清楚，故有必要对『事業成績報告』展开详细考察。

的各种间接性经费也被纳入产品的相关费用之中。在收入方面，将合同中规定的付款时间确定为落实收入的时间，而不再把付款的实际时间作为判断标准，由此使总体会计上的认识趋向规范化。而库存产品的估价，原本是以市价为基准进行计算的，此时却改变为期中的月度报告汇报其成本价，至期末结算时若出现市价低于成本价的情况则按照市价计算。如此一来，能够真正基于库存品市场价格准确把握盈亏情况的便只有期末结算时的数据了。

在临近改革的9月26日，总公司的矿业部部长又给其下属的各个矿山、煤矿、大阪冶炼所发去了关于资本金计算方法的通知。可以认为，下引史料正是当时各场所负责人所接到的通知"雏形"：

史料4

矿亲展　明治四十一年九月二十六日

资金本之件

拜启　如您所知，自十月一日起将实施独立经营，故为此通知下列事宜。

1、起业费支出金额一如既往，需制作起业费暂拟账户明细表向矿业部呈报，无论其工程是否竣工，矿业部都将依据其实情与金额纳入该场所之固定资本金中。

2、本年九月三十日的结算中，将把固定资金与"某金额"的流动资金全部作为贵方资本金。若出现超出流动资金"某金额"之需求，则总公司将予以透支并按照银行部所定之活期透支利息予以交付。

　　如上。

总公司矿业部部长

　　　　各矿山、各煤矿、大阪冶炼所　收

参照：明治四十一年十月二十八日

　　　　各煤矿、矿山　收（除鲶田煤矿、新入煤矿）

　　前略。

　　贵方汇报计算数据时，已完成之部分可计入该账户，而未完成之部分可另制一份辅助账簿，待完成后再补入该账户即可。

总公司矿业部部长①

　　这是一道与组织机构改革相关的，涉及9月末结算事宜的指示。其提出的要求是，需通过暂拟的账户明细表汇报起业费（设备投资额），无论是否完成，都应将其纳入各场所的"固定资本金"中，而且在9月30日的结算中还需要把固定资金与定额的"流动资金"全部编入各场所的"资本金"。史料中之所以要用"某金额"的措辞而不明确其实际数额，乃因为该文件当时不过是一个"雏形"或草案而已。换言之，通过结算所确定的"固定资金"与各场所特定数量的"流动资金"合计在一起便成为其资本金，若在现实中所需的流动资金超过了某个金额，则总公司会以"透支"的形式基于银行部规定的利率来拨付，并要求其缴纳利息。

---

　　①　「10-2　資本金ニ係ル件」『例規大全』（二）（MA1140）。

我们先来看看上引史料开头提到的"自十月一日起将实施独立经营"一语。前面已经提到，组织机构改革是通过独立核算制向"事业部制"进行过渡的。由于三菱公司内部当时将其描述为"独立经营"并计划通过《事业成绩表之件》所规定的方式明确事业部的盈亏，所以产生出了算定其资本金以确认投资额的必要。这些举措当然最终都会付诸实施，故在此点上并不存在任何质疑的余地。

但问题是：第一，若假定确实有此必要，那么为何现存的史料中却只能发现与矿业部相关的若干通知；第二，通过此种独立经营来推动实施的独立核算，究竟带有怎样的意义？依笔者愚见，这绝不是毫无关联的问题。

我们对于银行部的详情不太清楚。[①] 但可以知道，当时在造船部的长崎造船所与吉冈矿山等地早就为了准确把握自身的盈亏状态而启动了会计章程的调整。虽然其收益计算方法未必完全统一，但各个场所作为会计单位的独立性仍是明确无疑的。因此，所谓的独立核算只会在明确把握场所单位收益以外的问题上体现出其作为改革措施的积极意义。

造船部率先实施了组织机构改革并于 1905 年指示神户造船所启动经营，从而作为统辖长崎与神户的机构而成立。在 1908 年 5

---

① 银行业务从大阪、神户两分店分离出来之后，与深川、兵库两办事处的相关业务合并起来纳入银行部。其间，在银行部盈亏中出现的问题是：需要研究分离之际的共同经费该如何予以处理。原本银行业务是分店中的一个组成部分，如何对其进行管理经营的问题在迄今为止的研究中并未得到明确的阐释，而『三菱银行史』也只是记载称在此次改革以前，仅银行部采取了独立核算制。所以上述问题至今仍未得到解决。

月总公司向两个造船所下达"组织大要"以后，其作为新机构正式确立了格局。进而在同年9月，总公司在听取了各个造船所的意见之后，最终制定了名曰《三菱造船所组织》的文件。①

史料 5

明治四十一年五月五日　两造船所建立新组织

为统一造船事业之组织机构，向长崎、神户两造船所下达组织大要，以便以此为基础对业务组织实施调整，预计自十月一日起建立新组织。

三菱造船所之工厂原本已有二十余年历史，其间渐次扩大了经营规模，却在组织结构上并不稳定，往往采取随机应变的处理方式。而神户的三菱造船所，在面对事业逐渐发展之良机时若仍如以往那般随机实施政策，恐将导致日后与长崎造船所在组织结构上的不统一。如今，正是规划统一组织的适当时机，故颁布组织之大要。望贵方以此为基础，研究各设施之顺序方法。②

可以看到，为了将历史渊源完全不同的新旧两个造船所合为

---

① 关于此点，亦可参见中西洋『日本近代化の基礎過程——長崎造船所とその勞資關係：1855～1903年』（下），第934～937页。

② 『三菱社誌』第21卷、明治41年、1072～1073页。需要注意的是，此记事在末尾标记了"第六十五号　五月五日、七月十五日　神户三菱造船所往翰；第八三五号　五月七日、七月九日　神户造船所来翰。八月十五日、九月三十日　总公司造船部日志"等词句。由此可以得知，社史的编纂者也曾延续本章"史料1"与"史料2"的做法，对多份文件进行了编辑处理并纳入同一记事。这意味着此处记载的所有方针政策亦有可能不是总公司在5月形成的方案。

一体进行管理，造船部自行对组织规定进行了调整并决意与 10 月的组织机构改革一道付诸实施。而在此之前的 1908 年 2 月 29 日，还"将总公司的两造船所活期账户纳入造船部的管理之下"，并在银行部新设了造船部活期账户以处理资金的收纳支付事宜。① 从这一细节可以认为，造船部实际上此前就已经启动对两个造船所资金的统一管理，且这种管理体制最终成为造船部确立其独立性的基础。

反观矿业部，在 1906 年通过营业部与矿山部的合并而成立之后，并没有采取特别明显的行动，直到实施组织结构改革前后才匆匆忙忙地发出若干指令。若以往的改革历程确为事实且接受了银行部已经采用独立核算制的普遍观点，那么在 1908 年 10 月这场由造船部推动并波及矿业部的组织机构改革中，实施独立核算制一事应被视作改革的终点。或许这也正是此时期仅有矿业部文件可供参考的原因所在。

若承认以上笔者的推测确有一定的合理性，那么向独立核算制的转变中理应存在造船部的影响。即可以认为问题的关键在于：以往体制并不统一、调整并不充分的矿业部盈亏不再是各场所的盈亏，而成为一个总体并得以把握。为了将其作为一个"部"来明确其收益，首先需要对各场所并不统一的会计事务进行标准化处理，只有实现了统一，才有可能对其展开精准的掌握。

此次改革制度的共同事项中并不仅是营业费，交际费、

---

① 『三菱社誌』第 21 卷、明治 41 年、1060 頁。

捐款、部长等人的薪水与普通奖金奖励等费用也交由各部门自行承担，这说明资金的责任得到了明确的区分。而在上引"史料1"关于矿业部与银行部的条款中，大阪与神户两分店各自"分出专属矿业部的部分，称为该分店之矿业部并接受矿业部的领导"，这也引发了分店究竟应如何分担两部门经费的问题。

但根据三菱史料馆所藏《社史附表 各分店收支勘定书》明治36～40年及明治41～44年（即1903～1907年及1908～1911年）的记载，① 大阪分店在改革以前的"地产房屋收支勘定明细表"中，曾将中之岛的1200日元房租作为分店的"银行部房屋租赁费"计成收入的一部分。而神户分店亦曾在改革以前的"营业账户细目表"中将薪水奖金、各场所职员抚恤金、共济抚恤金、旅费、家具、文具、消耗品、电费、通信费等各开支项目明确标记成"银行部负担额"，进行了计算上的区分。② 所以事实上各分店的矿业部、银行部在各自原有事务的归属上并没有引发出新的问题来。这一事实也能够证明银行部当时确实实现了独立核算制。

如前所述，在确定资本金并将必要范围内的裁决权全部下放

---

① 参见三菱合资会社『社史附表 各支店收支勘定書』（MA6115、MA6116）。

② 终章中还将进行具体解释。1909年向"事业部制"完成过渡之后，大阪与神户分别采用了"大阪分店矿业部""神户分店矿业部"的称谓来进行结算。在其结算书中，两个分店的地产等项目均被移交总店地产课的管理之下，从而导致其期末资产额出现大幅缩减的迹象。但可以认为实际情况并未发生太大变化。此事尚有讨论的余地。

给各部门之后，事业部的独立性自然地提高了。但是我们也不能把事业部这一计算单位或评估单位如何得到管理一事与其相混淆。当时在新的组织结构开始运作之后，事实上仍未形成明确其收益的规章制度，利益的分配规则亦尚未出台。而其原因正在于总公司没有制定对事业部进行评价与监管的统一标准。

隶属矿业部的各矿山、煤矿等场所在1911年制定《关于结算之手续》以前把降价折旧后的利润缴纳给了总公司。即便在1909年以后的统计中把缴款对象改成了总公司的矿业部，从表面上看也不会有任何变化。所以矿业部对盈亏情况的计算工作是不是单纯把以往各个场所的盈亏统计起来即可，是有待考察确认的。

若换个角度再来观察前引《事业成绩表之件》和《资金本之件》，我们还可以注意到两点问题：一是对事业成绩表中时间基准的明确问题，二是对超出基准的"流动资金"征收活期透支利息的问题。前一项问题是指当时散布于日本各地的矿山中除了自身所需必要经费以外的费用，会根据运输时间的长短而产生经费归属上的时间差。这无疑导致在计算同一时期盈亏情况时出现问题，所以若这一推测无误，那么矿业部需要首先认识到统一下属各场所核算时间的必要性并采取相应措施。

而后一项即"流通资金"的利息征收问题，可以说在实施组织机构改革之后三菱合资公司内部总公司与各部门的关系实际上被相应地投射到各部门总公司与各场所的关系上。所以包括资金成本在内的各场所收益走向明确化一事意味着总公司各部门开始承担宏观统筹的职能。但如此一来便会造成一个颇为明显的问题：在各场所的业绩评估与盈亏情况的认知上利益究竟应归属何方有待明确。

能够阐释以上问题的，是如下两份史料：

史料 6－1

矿特第二号　明治四十一年十一月十九日

关于购买供应品之手续费

拜启　如您所知，各煤矿及矿山均通过直接购买的方式获得所需供应品。但在不得已之场合抑或是对于特殊物品，发出订单后无论其费用多寡都需要征收原价百分之二以内之手续费。此外亦可能在购买与运输时产生其他必要费用。关于费用的具体额度，贵方可与卖方订立协约并据此实施。听候贵意。谨言。

总公司矿业部部长

大阪、神户、门司、若松、长崎、唐津　各负责人　收

追记：贵方向其他分店或办事处订购物品时亦适用上述规则。

史料 6－2

矿特第三号　明治四十一年十一月十九日

关于购买供应品之件

拜启　如此前通知，贵方所需之供应品可直接从各店购买。在不得已时或对于特殊物品，可通过我方或各地分店发去订单，但届时需要缴纳手续费或其他相关费用。具体事宜已记入随函附件并向各分店发去。特此通知，听候贵意。谨言。

总公司矿业部部长

大阪冶炼所所长　收

附件略^①

　　寄送给各分店、办事处负责人的第一份史料与寄送给各矿山、煤矿、冶炼所负责人的第二份史料在内容上几乎相同。其要点在于，在各场所所需供应品的采购问题上，因特殊情况需要通过各地分店下单的，在向卖方支付手续费或其他必要费用时可通过经手的分店来进行支付。从"不得已时或对于特殊物品"一语我们可以明确得知，矿业部的各分店当时在原则上并没有被委以采购的权能。这是在研究营业部门发展情况时不可忽视的重要一点，但因为本章主题不是深入阐述此事，此处仅对该事实做简单介绍，以便确认这份通知的意图所在。其意图即在于，以往一直由分店承担的采购手续费、其他费用，将改由购买者自行负担，由此来明确区分分店与煤矿等场所在采购供应品经费上的责任范围。毫无疑问，通过这一改变，煤矿、矿山与分店的利益归属问题更为清晰了。^②　由于矿业部当时已成为统辖矿山、煤矿、分店的组织机构，所以它从本质而言是矿业部内部各场所之间的调整。

---

①　「13－2　用度品買入ニ対スル手数料ノ件」「用度品買入ニ関スル件」『例規大全』（二）（MA1140）。

②　当然，严谨地说，在购买之际作为订货人的各煤矿应向分店支付手续费。若这种内部交易的规则没有得到明确，那么只要此种交易在持续并增加，分店的收入就会随时陷入无法确保的状态。从这层意义来说其措施是不够充分的。若作为特殊情况来处理或许就能够避免这种问题。

这项规定是在实施改革一个半月之后才出台的。而 5 个月后发布的《公司煤炭买卖之件》似乎带有更为重要的意义：

史料 7

矿亲展   明治四十二年四月十三日

拜启   自本年五月一日起，公司各煤矿开采之煤炭，将在扣除自身所需部分以后按附件中备忘录草案之所列条件全部卖予销售店。此事已确定，特此通知，请按通知予以办理。听候贵意。谨言。

总公司矿业部部长

门司、长崎、若松（发复印件）、鲶田、

新入、相知、高岛   各负责人收

追记：日后将修改公司煤炭处理顺序之规定。在此之前，只要不与备忘录草案中各条款相悖，均可暂先按照现行相关规定或惯例予以处理。而与备忘录草案相悖之处则须立即停止。伴随此次修改，贵方流动资金额度亦将发生改变。待我方调查研究之后再行通知。

备忘录草案

1、矿山方面需将煤炭运往销售店并完成交接；

2、需在煤矿完成货车或船舶装载后另行协商买卖费用；

3、费用的支付，上半月交货的在当月二十五日完成，下半月交货的在次月十日完成；

4、本年四月三十日仍在各地的煤炭、运输中的煤炭，亦应全部卖予销售店；

5、销售店根据情况要求增减运炭数量时，各煤矿需尽量予以满足。

如上。①

一目了然，这份通知下达的规定是：煤矿方面除了保留自身所需的部分以外，应将所有开采出来的煤炭按照事先商议的价格统一先卖给销售店。进而在内部协定价格之后（煤矿发给销售店的销售价格），以"备忘录草案"的形式确定交货场所、定价基准、付费时间、超额送货的相关原则。由此，各煤矿的收入便有可能通过事先确定的煤价与运煤的总量来得到统计，而市场行情下跌的风险与上涨后额外获得的利润则全部移交给分店。同时，基于行情变动对库存品进行的估价也将从煤矿分离出来。如此一来，煤矿的工作中就不再存在以市场行情为基础的投机活动了，行情变动所造成的利益变化全部纳入分店所管理的范畴，分店将拥有更大的工作积极性。② 作为利益来源的事业活动与统计中利益的归属趋向一致，意味着矿业部在此后逐渐能够对各场所与各分店的业绩做出更为准确的评估。

---

① 「19-1　社炭壳買ノ件」『例規大全』（二）（MA1140）。
② 这种情况意味着给营业部门的投机活动留下了诱因。关于这一问题，铃木邦夫、大岛久幸、大石直树等人对三井物产、三菱商事等重要商社做过一系列考察，推动了研究的发展。参见大岛久幸「第一次大戦期における三井物産——見込商売の展開と商務組織」『三井文庫論叢』第38号，2004年；大石直樹「戦間期三菱商事の取引制度」『三菱史料館論集』第12号，2011年；鈴木邦夫「三井物産における独立採算制の精緻化と商品部での運用の内実」『三井文庫論叢』第49号，2015年。

关于这一规定的实施情况，《三菱社志》在 1910 年的内容中有如下记载：

史料 8

明治四十三年九月十四日　煤炭销售店盈亏等处理手续将自本年度开始实施

营业部销售店需在一个会计年度内对经手之煤炭买卖盈亏做对半区分处理。即其中一半编入该店盈亏账户，另一半纳入相关煤矿账户。最迟在每年十月三十一日之前完成统计。所谓的买卖盈亏，包括煤炭处理上的总收入与原价及销售店营业费、固定资本原价折旧费（除公司汽船）等煤炭相关费用，合计之后与借方账户完全对应。若存在扣除后的差额或者销售店贩卖公司煤炭时产生的无法兑现之亏损，则可在对半处理后让店铺与相关煤矿分别承担。①

史料 9

明治四十三年十一月二十八日　高岛煤矿卖炭价格协定

高岛煤矿自本年十月至明年三月末之间的六个月内将与作为销售店的长崎分店签署卖炭价格协定。②

---

① 『三菱社誌』第 21 卷、明治 43 年、1255 頁。长泽曾据此认为，对煤炭销售店的指定与实施煤炭采购制均发生于 1912 年。但此问题仍有待讨论。参见長沢康昭「三菱財閥の経営組織」三島康雄編『日本財閥経営史三菱財閥』，第 131 頁。

② 『三菱社誌』第 21 卷、明治 43 年、1267 頁。

"史料8"对盈亏与无法兑现的销售费用处理事宜做出规定，所以"史料7"在盈亏问题上修改了以往"销售利润即该店铺之利润"的规则，让销售店与煤矿各自承担了一半的盈亏，同时各自负责一半无法兑现之亏损。[①] 这一修改，正如资料开头所写明的那样"是与相关场所负责人进行协商后的结果"，且如"营业部销售店"字样所示，是与营业部从矿业部分离一事同时进行的。[②]

"史料9"显示，当时随着营业部的独立，在制定出盈亏归属相关的"处理手续"以后，煤矿与销售店之间的价格协定也相继签字，如矿业部的高岛煤矿就和营业部的长崎分店订立了为期六个月的合同。

但是营业部的独立却导致矿业部的销售部门与采掘、冶炼部门之间出现了潜在的利益矛盾。所以此后矿业部就只是统计了其总体数额，在计算利润时并没有真正对其归属进行明确。若从这一角度来讨论它与银行部、造船部的区别应该是比较充分的了。不过要从矿业部拥有大量优质部门且统辖诸多采掘条件各异的矿山来看，这种区别又是不够充分的。因此矿业部才会在当时利用制度的修改来准确掌握各场所的利润并对其业绩做出评估，进而想方设法地激发它们的积极性。最终，在改革

---

① 但是对于新入与鲣田两个煤矿，曾批准其"于明治四十三年度全部归属门司分店"。参见「十月二十日　石炭元扱店损益金等取扱ノ件」『三菱社誌』第21卷，明治43年，第1263页。

② 根据后引的制度改正规则与『岩崎久弥伝』（1961、437页）的记载，营业部的独立发生于1911年1月。但本书所引之公司内部文件则认为营业部的独立性事实上已经得到明确。

以后将买卖盈亏事务划归各分店的措施促使其销售部门展现出活力，而被矿业部暂时吸收的营业部门亦作为单独的营业部得到了独立。故可以认为，独立核算制是此种组织机构变革的重要诱因。

三 代际更替与制度整合

独立核算制带有向"事业部制"过渡的意义。若将其视为与矿业部改革、营业部独立密切相关的连续性组织机构改革的一个阶段，1908 年改革的意义就会相应下降。但如果仅强调这种片面的见解，就会忽略当时改革的另一层用意。

前面已经提到，当时造船部是率先实施改革的。在此过程中更为重要的是，三菱合资公司的增资发生于 1907 年 2 月，当时弥之助之子小弥太亦进入公司工作并带来了相当大的变化。若将实行"事业部制"一事置于此种背景之下进行观察，1908 年的改革理应具备其他层面的转折点意义。若用一句话来概括，那便是代际的更替或曰三菱高层的变动。

1904 年患病的弥之助于 1908 年 3 月 25 日去世，当时三菱的改革正在进行之中。在意识到自己时日不多之后，弥之助于 1907 年 2 月同意将三菱合资公司的资本从 500 万日元增加到 1500 万日元，同时将所有增加的资金认定为本家即久弥家的资产。这笔增资并非追加投资，而是通过储备金的移交实现的，所以若按照以往对半投资的做法来分配保留利益，增资额也应该做对半处理。① 有研究评价道，这种举措正象征三菱的事业资产开始呈现日本财阀所特有的"总有制"性格。但若从三菱高层的结构来看，此时弥之助从自身资产中抽出 100 万日元移交给小弥太并为其安排业务员的做法，实际上意味着在自己离去之后，以往共同艰苦奋斗的各位高级职员将面临境遇上的波动。而他的死去更意味着代际的更迭。

1908 年 10 月，实施组织机构改革时颁布的《非职内规》明确展示了这一趋势：

史料 10

明治四十一年十月一日　　非职内规确定

新制定十条非职内规并将付诸实施。公司将根据情况在职员中任命非职，被任命者将不再参与日常工作。其具体时限为：工龄满三年但未满五年者四个月，满五年但未满十年者六个月，满十年但未满十五年者八个月，满十五年以上者十二个月。在此期间，薪水将按任命之日的半额发放，且在任命之日将按养老金内规在当月算清其全部奖金并附"非职期间"内每年五点之利息于期满时发放本人。薪水不计入养老金内。在任命时，亦可能将

---

① 关于此点，萩本真一郎曾在「財閥企業の所有と支配——明治末の三菱合資會社を中心に」（『経営論集』第 33 卷第 3 号、1986 年）中提出假说："或许可以认为，它带有向唯一在岗的业务员发放报酬的性质。"但是，由于作为报酬来说其数量过于庞大且投资者对于保留利益的所有权得到过承认（有规定称职员需根据其投资额来分担盈亏风险），这种讲法是有些勉强的。另一方面，中西洋在其著作中则认为这是为了明确区分本家与分家关系而采取的措施（第 938 页）。笔者在本书中所采取的立场更倾向于后者，即从"总有制"角度对这些措施展开考察。

前述算出之奖金的半数以内直接交付本人。期满者将自动被公司裁员。若在非职期间死去或离开公司，则直接宣布期满并解除非职状态。其间若采取对公司不利行为，亦将直接视为期满并没收其养老金。期满时无论当月还剩几日，均可按整月发放薪水，其费用由总公司承担。非职人员可自行指定公司营业场所中的领款地点并向总公司提交申请，同时需告知自身住所。

本内规适用于总公司任命的各类职员，但船员不在此列。各场所的雇员均应按此内规在其所属场所负责人与社长之批准下予以处理，其费用由各场所自行承担。①

该规定的主旨已通过开头的一句"公司将根据情况在职员中任命非职，被任命者将不再参与日常工作"充分表现了出来。非职状态的持续时间将根据其工龄长短相应得出，且成为非职人员后只能领到半额薪水。所以这实际上就是一种带有预先通告性质的、具有缓冲期的指明解雇制度。

可以认为这种非职制度的颁布，与日俄战争以后经济萧条引发的业绩恶化、组织结构改革是相辅相成的，是为了改善经营恶化而采取的人事措施。但是，如果我们深入考察非职人员所具有的特征，便会发现这一观点有待修正。

譬如在该制度实施之后的 1909 年，裁员的总人数达到 85 人，较往年显著增加了 30～50 人。② 这 85 人中除去病逝的 4 人

---

① 『三菱社誌』第 21 卷、明治 41 年、1099～1100 页。
② 根据『三菱社誌』第 21 卷，明治 42 年，第 1214～1216 页计算得出。

外，有 48 人被定位成非职人员后便"自愿离职"了。其中工龄超过十五年（三菱合资公司成立以前便已入职）的有 12 人，超过十年的有 19 人，共计 31 人，占据过半数。他们因为工龄相对较长，在拿到较高的退职费后便离开了三菱。如鲶田煤矿的和田庆次郎（1882 年入职）就领到了 7000 日元，而新入煤矿的冈村耕夫（1883 年入职）则领到了 9000 日元。

而没有被定位成非职人员却离开了三菱的 33 人中，工龄十年以上者为 14 人。其中甚至包括矿业部副部长大木良道（1882 年入职，5 万日元）这样的老员工。

如此来看，可以认为，《非职内规》的目的实际上就是裁撤工龄较长的、年事已高的职工。按照史料上的措辞，即是要以"非职"的方式劝其离职。其中最具代表性的案例便是 1910 年 5 月 13 日对管事庄田平五郎的解聘。当时在将其解聘之后，任命丰川良平和南部秋吾担任管事一职。

正是在新任管事丰川、南部的领导之下，三菱合资公司此后一举实行了新的制度。譬如在其就任的翌年（1911 年）1 月，公司制度便发生了如下改变：

史料 11

此次将对公司制度做如下改革，预计明治四十四年一月一日起正式实施。

1、管事

管事不负责日常业务而负责辅佐社长（含社长与副社长，下同）总体监管公司。

2、部长

公司业务分为如下七部，在各部设部长、副部长或其代理以分担事务。

造船部、银行部

此两部一切照旧。

矿山部

统管矿山、煤矿、大阪冶炼所并处理与其相关之一切事务。

营业部

负责销售金银铜煤等所有矿山部之产品并分配给各店与各船舶，处理相关一切事务。

庶务部

负责处理文书、检查、总公司会计、调查及总公司内部供应与管理等各类事务。其中的检查即指会计检查，在社长的指示下对公司内各部门会计工作进行核查。调查即指与会计业务相关的各种调查以及根据各种公司要求而汇报调查的结果。

地产部

负责处理公司地产房屋相关的一切租赁经营事务，亦管理不纳入营业的地产房屋。

内事部

负责处理秘书、人事及奥帐场所属之一切事务。目前的编纂课划入内事部。

通知如上。

　　　　　　　　　　　明治四十三年十二月三日

　　　　　　　　　　　　社长①

　　若回溯该年伊始的公司制度改革可以看到，1月9日曾以副社长的名义成立"部长报告会"并确认过"文件阅览之顺序"。前者即是"为统一各部间联络而每周召开三次部长报告会，副社长出任会长以组织各位相互交流事务，地点定于副社长办公室，时间为每周一、三、五下午一点以后"。这种由各部部长、管事、副社长出席的每周三次的定期会议，据称将采取社长或副社长提问、其他人作答的形式来进行，所以具有类似咨询会或座谈会的性质。正是在这一时期，作为副社长的小弥太已开始成为实质上的负责人并对新体制展开了探索。而后者则确定以书面形式向社长汇报的相关手续。社长久弥在原则上是不会出席部长报告会的，所以这种书面汇报能够成为汇总公司事务的重要资料。但如果要判断认为副社长小弥太此时已被委任经营指挥权，却又应该极为慎重。②

　　到了16日，三菱又对管事的职权范围做出如下规定：

史料12

关于管事制度之备忘录　明治四十四年一月十六日

记

①　「49　社制改革ノ件」『例规大全』（二）（MA1140）。
②　参见宫川隆泰『岩崎小弥太』（中公新书、1996）；武田晴人『岩崎小弥太』（経営選書、2020）。

1、每日定时前往副社长办公室，参与职员人事工作相关计划并评议重要事务；

2、定期巡视各地事业场所；

3、重要地方干部上京时确保与其会面并听取其汇报；

4、视察总公司各部门与各地方的情况，留意职员是否敬业或合适；

5、注意沟通各部门间、总公司与各地间之意见并确保工作联络。

如上。①

在这样的组织整合之下，其会计规则自然也逐渐趋于明确化。其代表案例即是同年 10 月 13 日结算手续规则与 12 月 5 日降价折旧规定的修订。翌年（1912 年）三菱还要求各部门提交"盈亏预算"与"资金收支预算"。关于其详细内容，本书将在终章阐明。但此处我们可暂下结论认为：这些措施将以往并未完全统一的各部门结算规则放在同一标准下进行了规整，或通过对降价折旧采取统一规定而实现了会计工作的整齐划一，由此终于使各部门的业绩比较与评价成为可能，充实了"事业部制"的内容。可以认为，这是一种通过预算制度来调整事业部基础的正确措施。正如既有研究所说，原本无论是造船事业还是矿山事业都是基于各自情况制定并实施会计规则的，所以通过此次改革，三菱真正成为统一的经营体。

---

① 『例规大全』（二）（MA1140）。

通过本章的考察可知，将"事业部制"作为重点的 1908年组织机构改革并不是从一开始就基于清晰的规划蓝图来组建事业部门的，尤其是向独立核算制完成过渡的银行部以及在神户造船所开始营业时为统一造船事业而成立的造船部，曾给总公司的组织造成影响并引发了矿山事业中建立统辖机关的必要性。所以在改革之后，三菱为了将其付诸落实，进一步明确了矿山部门与营业部门的利益框架，使前者各场所的情况评估走向更为合理的趋势。

与此同时，以久弥和庄田平五郎为核心的三菱合资公司也开始走向代际的更迭：由小弥太取代了庄弥，丰川与南部取代了庄田。这些新一代的领导人在此后基于自身的计划不断推进组织结构的改革，不仅让营业部获得了独立，亦使矿山部门从金属部门与煤矿部门中分离了出来，进而采用了符合新时代要求的会计规则，并致力于为总公司的统辖部门增加新的职权。

对于如此形成的事业部，以往有评价认为："事业部即便是利益责任的主体，也终究没有获得自行制定计划并据此分配资源的能力。"[①] 虽然我们会在本书终章再具体解释这一评价是否妥当，但在这里至少需要提出追问：那么，究竟是谁成为当时负责向各场所事业分配资源的主体呢？三菱启用"事业部制"的意义，或许正在于让我们明白当时各类规定的变更究竟是以何种形

---

① 萩本真一郎「財閥企業における管理と統制——明治末の三菱合資會社を中心に」『経営論集』第 33 巻第 3 号、1986 年、143 頁。

式渗透到各场所、各部门的营业现场，总公司与各部门、各部门及其下属各场所乃至各部门之间的各种关系又究竟是如何发生变化的。而这些问题，恰是终章要探讨的课题。

终　章　组织变革的进化

——奥帐场、三菱合资公司、事业部门的关系

在第一章中，我们曾以关口与中村的研究为中心分析了三菱的有价证券投资[①]，从而探明了产业革命时期三菱合资公司与岩崎家资产状态的实情。本章将充分运用这些成果并基于前述诸项探讨，继续考察 1890 年代后半期以后的某些标志性时间点，从三个方面进一步推进研究：第一，奥帐场与三菱合资公司的关系；第二，经营事业发展过程中银行部地位的变迁（奥帐场、三菱合资公司、各机关或事业部的关系）；第三，三菱合资公司与各事业部门的关系。以期探明日俄战争后采用"事业部制"并在一战期间向股份公司组织转变的过程中，岩崎家、三菱合资公司究竟是如何应对困境、解决问题的，由此给本书收尾。

一　奥帐场与合资公司及银行部的关系

1890 年代后半期

首先，观察三菱合资公司成立之后的奥帐场便可发现，正如

---

① 　中村尚史「明治期三菱の有価証券投資」『三菱史料館論集』2001 年第2 号。

第一章（表 1 – 13）所述，岩崎家的奥帐场在 1894～1895 年总计支付过 6 万多日元的借款利息（参见表 9 – 1）。由此可以推测当时应存在约 100 万日元的借款额。[①] 到了 1898 年，"奥帐场从银行部取得了 100 万日元后进行了融通"，并将其纳入"活期透支"或"借款"等款项。与此同时，奥帐场的股票则"交由银行部保护"且将其中的一部分"贷予了银行部"。[②] 而三菱合资公司亦在同年向银行部借入 205 万余元。但即便如此，在资金方面仍无法救济手头极为拮据的奥帐场。通过这些零散的事实我们可以推测：在三菱合资公司成立后直至 1890 年代末，其投资的资金需求是很大的，所以当时的银行部始终与奥帐场、合资公司总公司保持了密切的资金往来。

如第一章所述，三菱合资公司成立后，奥帐场对残留下来的事业部门进行分割处理的工作完成于 1898 年。根据中村尚史的扼要梳理，奥帐场与三菱合资公司的关系正是在这段时间发生了显著的变化。当时的三菱合资公司为了收购佐渡、生野、大阪冶炼所，需要准备巨额的资金，于是通过奥帐场将其所持股票、公债抛售后进行了资金融通与运作。但到了 1900 年，由于岩崎家本家与分家的分离，奥帐场（久弥家）为三菱合资公司提供的追加资金供给开始大幅缩减。结果在 1907 年"三菱合资公司以

---

① 从本书表 1 – 13 可知，仅 1895 年的支付利息额已超过 5.7 万日元，所以若按照全年情况来看，利率可推测为 6%，接近 100 万日元。又因为该支付利息额在第二年未纳入盈亏统计，故可认为在 1895 年便已经实现返还，判定其借入额达到 100 万日元或许有些言过其实。
② 奥帐场『明治三十一年度决算报告』（IWS551）。参见第二章第一节。

単位：日元

表 9 - 1　奥帐场与银行部及三菱合资公司

年份	对银行		银行部存款(B)	A/B	对三菱合资公司		C/D	参考	
	利息	推测存款(A)			贷款利息(C)	岩崎账户(D)		奥帐场利润	合资公司红利
1889	165879	2765000						1101000	
1890	123646	2061000						698000	
1891	41645	694000						1152000	
1892	50229	837000						487000	
1893	38573	643000						2965000	
1894	47929	799000			65340	77000	84.86%	698000	250000
1895	7661	128000	4466000	2.87%	61402	2559000	2.40%	1111000	300000
1896	10352	173000	6558000	2.64%	208097	7023000	2.96%	3290000	300000
1897	1014	17000	6765000	0.25%	417123	9381000	4.45%	112000	
1898	162	3000	9438000	0.03%	484671	9058000	5.35%	1102000	200000
1899			12218000	0.00%	351553	9503000	3.70%	2034000	
1900	25623	427000	11680000	3.66%	384085	10014000	3.84%	1000000	300000
1901	6329	105000	14300000	0.73%	404380	10164000	3.98%	900000	150000

年份	对银行				对三菱合资公司			参考	
	利息	推测存款(A)	银行部存款(B)	A/B	贷款利息(C)	岩崎账户(D)	C/D	奥帐场利润	合资公司红利
1902	19387	323000	15495000	2.08%	405627	10427000	3.89%	1076000	150000
1903	38263	638000	16709000	3.82%	405654	10307000	3.94%		150000
1904	46455	774000	16310000	4.75%	394000	9545000	4.13%		150000
1905	79587	1326000	19281000	6.88%	378584	9736000	3.89%		150000
1906			27325000			8881000			
1907			26728000			13389000			
1908	425748	7096000	29341000	24.18%		13389000			
1909	466661	7778000	32858000	23.67%		13389000			

资料来源：根据本书表 1－12，表 1－13 等制成。推测存款的年利为 6%，系由该年所收利息额平均下来之后推测的数值。

临时将储蓄金挪用为投资金的形式进行了增资，并从岩崎家另外争取到了451万日元的追加资金，从而使岩崎家的账户结算在此后走向固定化，不再发生新的放款行为"。[①]

三菱合资公司银行部的资产负债表显示，此时期其以定期存款为首的存款额是在不断增加的，甚至在1896～1899年实现了总额的倍增。在1898年，其还将1897年以前的日本银行借入款全部还清，进而在1899年再次使其达到接近350万日元的水平。沿着这一趋势，自1899年起在所持股票增加95万日元之外，三菱又大幅削减了贷款与活期透支额度并获得了510万日元的"抵押证券"。之所以如此，乃因为在此之前其账户款项发生过剧烈变动：活期透支曾于1897年出现增加的趋势，且1898年使用在贴现上的资金骤减了约140万日元。正如第六章"史料2"所述，由于当时资金周转极为窘迫，三菱合资公司只得采取如此办法来团结一致应对难局。[②]

三菱合资公司银行部在1898年分别向奥帐场和合资公司借出了100万、205万日元的资金，这意味着其总额实际上已达到贷款额的三分之二，并在总资产中占据了近三成的高比例。那么这笔资金究竟是如何筹措出来的呢？

若结合第一章"奥帐场收支盈亏（账户）表"（表1-12、表1-13）来看，奥帐场当时的利息额与表9-1是一致的。其中三菱合资公司银行部成立以前的情况标记在"参考"一

---

① 中村尚史「明治期三菱の有価証券投資」『三菱史料館論集』2001年第2号、73～75頁。
② 关于此时期三菱银行的资金运转，参见『三菱銀行史』，第96～97頁。

项中，而成立以后的利息则可认为是由三菱合资公司银行部的存款而来。在1889年以前，奥帐场的利息收入呈现出增长的趋势，在1891年、1895年却迅速减少了。其原因在于这两个减少的年份正是银行设立的年份。故可以说，三菱合资公司银行部成立以后奥帐场存入其中的资金本身是偏少的，顶多不过20万日元左右。这一数额与存款总额相比不到3%，且在1897年以后还进一步缩减，以至于到1899年利息总额已不再列入计算。

若将这些事实组合起来观察便可发现，银行部在1898年前后提供给三菱合资公司及奥帐场的大量资金是作为存款从产业以外吸收而来的。意即，银行部发挥着从外部吸收资金用于扩展事业的作用。所以银行部极有可能会为此牺牲贴现票据业务的资金需求。《三菱银行史》中就此有过记载：1900年"所有店铺均极力谋求借款的回收"，故深川办事处才会"考虑采取各种方式加强回收工作，对于平时那些还款较少的、请求担保或担保品跌价的顾客采取征收定金等方式来应对"（深川办事处营业报告书）。而"兵库办事处亦在其账户存款交易中采取过直接拒绝无信用者的方针"。[1]

奥帐场和岩崎家虽然在1897年利润骤减，但自1898年起至少能收获100万日元的利润。它们当时并未将这些资金投入银行存款或合资公司的贷款中，因为投向三菱合资公司的资金不过给奥帐场带来了4%的收益率，所以到了1900年代它们便不再为

---

① 『三菱銀行史』、98 頁。

此追加更多的资金，这一数额的停滞不前现象一直持续到日俄战争时期。但从中村对铁路等方面股票投资的考察结果来看，当时在岩崎家与三菱合资公司的关系基础之上，股票的投资却实现了增长。尤其是后者，不断将其利润置于本金之中，由此实现了资金规模的扩大。

关于银行与合资公司各经营事业的关系问题，我们会另找机会再行研究。三菱合资公司资产负债表显示，各事业部门的"资金"与"活期账户"是由总公司账户来统计的，银行部本店与分店的"经营情况"中亦无相关记录，故可认为此事当时系由三菱合资公司总公司负责。若是独立的法人组织，那么各事业部门的活期账户等应交由银行部来掌管，但由于在组织形态上它只是合资公司的一个部门，所以与各事业相关的资金处理业务至少在东京地区是被划归合资公司总公司的，并不属于银行部的业务范围。如此理解或许较为妥当。当然，大阪分店在成立之际曾有承担三菱相关经营事业资金处理工作的计划，且在收购了大阪制炼所以后该地区开始成为金属矿山部门交易的中心，在神户造船所建成之际银行部各个分店亦开始掌管整个关西地区的资金日常管理，但即便如此，其具体业务情况仍需在后述内容中予以判明。①

---

① 关于此问题，参见武田晴人「産業革命期の三菱合資会社銀行部」『三菱史料館論集』2005 年第 6 号，第 39 页。其中提到，"目前能够明确体现其业务的资料尚无法获得"，但通过此后研究可以发现后述的一些关联性，故在此予以补正。

总之，以上分析的诸项要点可以分为三菱合资公司成立时和1898 年两种情况，并由图 9 - 1 予以总结：

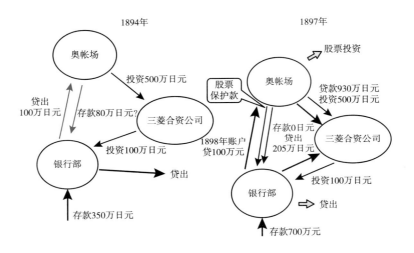

图 9 - 1　1894 年、1898 年三菱银行部的地位

1910 年前后

那么三菱银行部的地位在此后又发生了怎样的变化呢？众所周知，三菱合资公司于 1908 年开始启动独立结算制度。另一方面，奥帐场的铁道股票则在国有化的影响下被从投资对象中排除出去，不得不面对投资工作的重组。对于此时期的情况，我们可以通过第一章既已阐明的奥帐场资产内容、中村尚史分析的铁路国有化对有价证券投资之影响，与银行部存款额等资料进行对照，从而明确银行部在采取独立结算制度以后所扮演的角色。

表9－2 奥帐场资产与负债情况

单位：千日元

账户项目	1908 年 1 月 1 日	1908 年 12 月 31 日	1909 年 10 月 31 日
投资额	13905	14536	14740
合资公司	12500	12500	12500
三菱造纸所	432	432	432
小岩井农场	578	808	808
东山农场	395	797	1001
贷款额	12083	12158	12008
合资公司	11158	11158	11158
三菱制纸	925	1000	850
银行部存款	7234	8153	8799
别途存款	2700	2700	2700
别户存款	4000	4234	4337
账户存款	534	1219	1762
证券	8187	7926	7305
公债市债	236	265	4415
社债	61	61	
股票	7889	7600	2891
其他	428	414	1250
合计	41837	43187	44101

注：根据本书表1－1、表1－3制成。

正如前述，在日俄战争结束以后奥帐场的存款估算总额达到了700万日元的水平。尤其是1908～1909年，奥帐场的资产内容（见表9－2）在合资公司投资额不断增长的影响之下达到了可与贷款额匹敌的规模。而银行部存款则由700万日元一举突破

800 万日元，开始作为别途存款、别户存款、账户存款被纳入重要资产的结构之中。将这些数额与表 9 - 1 的推测额加以对照便可确认，"存款推测总额"中并不存在太大的误差。① 在此时期存款额实现大幅增长的情况之下，奥帐场亦将其闲置资金作为存款全部存入了银行部。由于这笔存款达到了同时期银行部存款（表 6 - 5）接近四分之一的水平，所以可以认为其对于银行部增资的贡献是非常大的。换言之，1900 年代初奥帐场曾积极开展独立股票投资工作，到了日俄战争以后却发生了巨大改变，由于铁路国有化使其丧失了重要投资对象，所以在无法使用闲置资金进行独立投资、未向合资公司提供贷款②的情况下，它只得将资金转移至银行部以委托其代为投资。银行部当时的投资活动中向

---

① 如第一章所示，此时期银行部存款的利息是：账户存款日步 8 厘（换算为年利不到 3%），别途存款日步 17 ~ 18 厘（换算为年利 6.4%），别户存款年利 5% ~ 6%，故可大致认为平均值为 6%。

② 如第一章所示，1908 年奥帐场（岩崎本家）的合资贷款额为固定额约 1116 万日元（表 1 - 6），而『三菱社誌』第 21 卷，明治 41 年，第 1117 页所记录的岩崎家账户为 1339 万日元，可推测两者的差额乃岩崎弥之助家的贷款额，但该金额在此后并未增长。此外与此相关的武田晴人「产业革命期の三菱合资会社银行部」（『三菱资料馆论集』2006 年第 7 号）一文中亦曾提到久弥家的存款"若再加上岩崎弥之助、小弥太的份额则可使岩崎家的存款达到一半的比例"（第 41 页），并有注记："若财产分割后岩崎弥之助家也进行过与本家相同额度的股票投资，那么认为其存款应是放在银行部内也并无不妥。"（第 50 ~ 51 页，注 38）。但是，随着新资料『高轮御邸决算书类其他　I 诸表』（IWS1861）的出现，弥之助家的资产负债表得到了部分的公开。由此可知，1908 年弥之助家的银行部交易只有账户透支的 20 万日元，此外还有银行部借入的款项 47.8 万日元、"从茅町而来的借款" 45 万日元，故当时已没有进行定期存款的余地。因为此前论文在该点上存在明显的错误，故在此要特别予以订正。另，1908 年是弥之助去世之年，其他临时开支等亦有可能影响弥之助家，关于这一问题的研究将留在日后展开。

关西分店大量注资一事便是以此为背景的。

在银行部的资产负债表中，1906～1908 年的特殊存款超过了 300 万日元，这种情况应该与表 9－2 中的别途存款相互呼应。别户存款的收益是按年利计算，故可将其视为定期存款。若如此，则与 1908 年末银行部定期存款额 938 万日元相较，奥帐场存款额的 423 万日元实际上已占到 45% 的比重。正是在此背景下，银行部通过从岩崎家获得稳定充分的资金供给，在日俄战争以后实现了快速的经营发展。[1]

在此情况之下，银行部在投资方面推进了"有价证券及煤炭领域的投资扩大"并实现了多样化。如早在 1903 年神户分店便已"在此前横滨正金银行、香港上海两银行的账户存款以外，运用手头的闲置资金对一到两家同行业单位进行了事实上具有贷款性质的短期投资"。进而又"正式进军工业、金融"领域，在其本店"启动了对三井物产、东京电灯、九州铁道、北海道煤矿铁道等方面的信贷投资，并让神户分店对三井物产、山阳铁道保持以往信贷的同时又进一步向钟渊纺织、一两家中国商贩提供了信贷，且对两三名个人提供了大规模的浮动担保贷款"。到了

---

① 关于岩崎家的存款是否一直顺利增长之事需要谨慎地做出判断，但至少可以认为，经历过第一次世界大战之后，三菱家各事业部门即便发生了股份公司化这样的大规模组织变动，1919 年末其奥帐场相关存款的总额仍超过 1300 万日元。在其定期存款中，奥帐场名义下 650 万日元，岩崎美和子名义下 5.6 万日元，加藤春昭名义下 45 万日元，木内矶路名义下 20 万日元，合计 721 万日元；在其通知存款中奥帐场名义下有 400 万日元，而在普通存款中奥帐场拥有 110 万日元，特别账户存款还有岩崎久弥与康弥、正弥等人名义下的六个账户共 156 万日元。参见『特别当座等一览　大正八年』（IWS606）。

1901 年下半年，"大阪分店甚至设立了调查部，一方面调查老客户的资产、信用等，另一方面则推进商业票据的优惠以阻止贷款额的减少"。结果到了日俄战争以后"开始出现对摄津制油、大阪制碱等化学工业公司的贷款，同时对于日本制粉、大日本制糖等在战后迅速扩张的企业提供了大量投资贷款"。由于战时的经济繁荣已趋结束，所以与苦于资金周转的甲午战后时期相较，此时期更为苦恼的是流动资金的使用问题。如 1909 年上半年神户分店的营业报告书中记载道："在思考对其予以使用并取得利润的同时，亦应考虑如何避免存款利息的下跌，此点让人煞费苦心。"①

那么，银行部与三菱合资公司的关系究竟如何呢？《三菱社志》各卷末尾所收的合资公司财产目录表中，自 1911 年起开始记录账户存款，自 1912 年起开始记录定期存款额。其中显示，账户存款额在 1911 年为 261 万日元，翌年增加至 370 万日元，而定期存款额则为约 50 万日元。若将它们全都视为银行部的存款，那么定期存款的占比实际上低于 3%，而账户存款的占比则相对更高，1911 年为 8.8%、1912 年为 18.5%。可以推测，引发这种变化的原因在于"事业部制"实施以后原本属于事业部等处的资金结算被移交给银行部处理。

然而在这一过程中仍旧有一些尚未探明的问题。观察银行部的资产负债表便可发现，在 1907 年与前一年度比值的记录中存在一笔极不正常的巨额透支金额。据《同盟银行报告》

① 『三菱銀行史』、107～108、116、119 頁。

的信息，这一情况应发生于东京分店，而且此后这笔账户透支的资金回收工作不仅没有推进，反而数额继续增加，至1911年已超过1000万日元。由于当时贷款业务主要集中于东京本店，故以上情况极有可能是铁路国有化与三菱合资公司增资开始扩大以后银行部以东京本店为中心启动新业务所带来的影响。而阐明这一问题的关键或许正在于向事业部制的转变。随着向事业部等核算制度的转变，合资公司本店与各部、各部之间亦出现过银行部与各部门的显著关系变化。在这种变化中，奥帐场降低了自身作为投资主体的作用，逐渐将其资产运用的核心工作转移到向三菱合资公司投资、贷款并负责向银行部存款之上。这实际上意味着三菱合资公司总公司、银行部角色的改变。若将此情况同样制成图表，则可如图9-2所示：

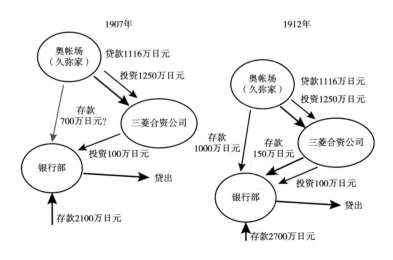

图9-2 1907年、1912年三菱银行部的地位

二 合资公司成立后总公司与事业部门的关系

总公司与各场所（矿山、煤矿）的关系

接下来将研究总公司与各场所之间关系的变化问题。两者在三菱合资公司成立时的关系是：通过定额的总公司账户（含流动资金）与总公司活期账户，由总公司为矿山、煤矿等各场所提供必要的资金。但在三年后的1896～1897年，三菱对总公司账户的制度进行了修改，其原因或许在于1896年收付佐渡、生野、大阪制炼所并收购荒川矿山后金属矿山数量的倍增。[①] 结果，各场所与总公司的关系不得不重新评估，并在1895年银行部、卖炭部成立以后又于1896年新增了矿山部。可以认为总公司改变各场所管理方式的必要性正由此而来。

原本是定额的总公司账户被划分成固定资金与流动资金，前者与固定资产相对应，主要是调整并确定固定资产价值与各期末尾的偿还事务。由此，通过总公司账户中的固定资金账户，各场所固定投资的动向能够在三菱合资公司的资产负债表中得到直接的反映。另一方面，流动资金则是与定额的限度相关，一旦超过其限度，便需要支付利息。这可以认为是以增加利息负担的形式对需要大量流动资金的场所进行核查，超过限制额度的资金往来

[①] 对此，长泽康昭曾指出："当时经营场所数量的大幅增加甚至让总公司有些难以招架。"参见長沢康昭「三菱財閥の経営組織」三島康雄編『日本財閥経営史　三菱財閥』，第79页。

将接受总公司活期账户的管理。

即如《三菱社志》中的记载："十月一日需确定各场所之流通资金，超过上述定额时将对其金额附加两钱之日息。"同时，对各矿山、煤矿的定额流通资金做出规定：荒川矿山为 25 万日元，尾去泽矿山为 15 万日元，吉冈矿山为 7 万日元，生野矿山为 18 万日元，佐渡矿山为 30 万日元，面谷矿山为 7 万日元，槙峰矿山为 7 万日元，高岛煤矿为 18 万日元，鲶田煤矿为 30 万日元。[1]

以荒川矿山为例，根据各矿山的结算史料来确认这一变化则可发现，总公司账户的设置正如另行说明的那样：原本荒川矿山的矿区款为 28 万日元、器械款为 1.4 万日元，若按收购时的资产内容进行适当的调整，则固定资产总额将达到 55 万日元。[2] 虽然此后的会计处理未必会严格按照规定进行，但正如表 9 - 3 所示，可以看到在 1903 年以后的四年时间里若将折旧也包含在内，总公司账户会是随着固定资产的变动而发生变化的。如果对尾去泽矿山也进行类似的确认（见表 9 - 4），那么 1899 ~ 1905 年会出现一些计算上的偏差，但我们仍可以看出它是按照总公司账户与固定资产余额联动的规则来进行运作的。

---

① 「九月十三日　各場所流通資金一定」『三菱社誌』第 19 巻、明治 30 年、203 頁。此外，同年 6 月还修改了各场所结算资产负债表的格式，或许也是在为此次变革做准备。
② 关于具体数值，参见武田晴人「産業革命期の荒川鉱山」（『三菱史料館論集』2012 年第 13 号），第 9 页，表 5。

单位：千日元

表 9 – 3　荒川矿山中的总公司账户与固定资金

结算时间	资产合计	总公司账户	内流通资金	扣除固定资金（A）	本山、分山固定资本账户			A–B=C	期末折旧额（D）	C–D
					本山	日三市等分山	小计（B）			
1896 年 10 月 1 日	750.3	650.0	200.0	450.0	320.7	230.4	551.1	–101.1	2.1	–103.1
1897 年 9 月 30 日	945.9	750.0	200.0	550.0	358.0	226.9	584.9	–34.9	64.8	–99.7
1898 年 9 月 30 日	1184.8	882.4	250.0	632.4	476.0	261.7	737.6	–105.2	61.8	–167.0
1899 年 9 月 30 日	1265.9	1096.4	250.0	846.4	529.6	268.6	798.2	48.2	69.7	–21.5
1900 年 9 月 30 日	1414.3	1052.0	280.0	772.0	496.8	257.6	754.4	17.6	73.3	–55.7
1901 年 9 月 30 日	1273.7	1077.8	280.0	797.8	440.7	147.8	588.5	209.3	280.9	–71.6
1902 年 9 月 30 日	1068.3	852.7	280.0	572.7	410.3	151.1	561.4	11.3	71.3	–60.0
1903 年 9 月 30 日	1154.8	956.3	280.0	676.3	441.5	161.7	603.2	73.1	73.1	0.0
1904 年 9 月 30 日	1285.5	956.4	280.0	676.4	440.6	156.5	597.1	79.3	79.3	0.0
1905 年 9 月 30 日	1355.6	1103.2	280.0	832.2	403.6	117.8	521.5	301.8	301.8	–0.0
1906 年 9 月 30 日	1346.6	921.2	280.0	641.2	361.6	92.9	454.5	186.7	186.7	–0.0
1907 年 9 月 30 日	1453.4	936.8	260.0	676.8	308.4	115.2	423.6	253.2	233.1	20.1
1908 年 9 月 30 日	1315.0	703.6	280.0	423.6	354.5	181.9	536.4	–112.9	82.7	–195.6
1909 年 9 月 30 日	1437.2	1136.1	280.0	856.1	543.0	169.7	712.8	143.4	92.2	51.2
1910 年 9 月 30 日	1483.1	1134.9	280.0	854.9	528.7	149.0	677.8	177.2	120.8	56.4
1911 年 12 月 31 日	1439.9	1069.1	280.0	789.1	389.3	132.8	522.1	267.0	256.1	10.9

注：1911 年总公司账户为荒川，日三市固定资金与流通资金之合计，1909 年以后的总公司账户为矿业部账户。

资料来源：『社史附表　各鉱山决算勘定書』。

单位：千日元

表 9 - 4 尾去泽矿山中的固定资产与总公司账户

结算时间	资产合计	总公司账户	内流通资金	扣除固定资金(A)	矿区账户	地产房屋	器械账户	固定资产合计(B)	A - B = C	期末折旧额(D)	C - D
1895 年 10 月 16 日	578.6	500.0	150.0	350.0	330.8	21.0	26.7	379.8	-29.8	24.6	-54.4
1896 年 10 月 1 日	554.4	500.0	150.0	350.0	311.9	20.0	38.0	370.9	-20.9	26.3	-47.2
1897 年 9 月 30 日	693.5	500.0	150.0	350.0	298.0	20.9	34.7	354.4	-4.4	27.2	-31.5
1898 年 9 月 30 日	715.9	570.7	200.0	370.7	293.6	28.0	72.9	395.3	-24.7	35.0	-59.7
1899 年 9 月 30 日	792.7	654.6	200.0	454.6	305.3	31.9	84.8	423.0	31.6	42.4	-10.7
1900 年 9 月 30 日	1019.2	623.0	200.0	423.0	281.7	27.5	69.6	380.0	43.0	45.0	-2.1
1901 年 9 月 30 日	760.1	581.8	200.0	381.8	183.7	7.8	21.9	213.6	168.2	168.2	0.0
1902 年 9 月 30 日	613.8	467.7	200.0	267.7	168.8	37.0	31.5	237.4	30.3	30.3	0.0
1903 年 9 月 30 日	607.7	457.7	200.0	257.7	127.9	34.1	18.1	180.4	77.3	84.7	-7.4
1904 年 9 月 30 日	607.7	391.2	200.0	191.2	30.0	12.9	2.5	45.4	145.8	146.5	-0.7
1905 年 9 月 30 日	760.2	245.4	200.0	45.4	26.6	18.2	11.5	61.6	-16.2	9.2	-25.4
1906 年 9 月 30 日	650.9	111.6		111.6	34.6	33.3	77.7	182.0	-70.4	22.9	-93.3
1907 年 9 月 30 日	861.6	232.0		232.0	45.0	25.0	78.4	175.7	56.3	168.5	-112.1
1908 年 9 月 30 日	987.1	225.7	不明	225.7	49.7	50.9	117.9	329.9	-104.2	38.4	-142.6
1909 年 9 月 30 日	988.5	715.1	不明	715.1	59.8	64.7	105.3	341.7	373.4	42.5	331.0
1910 年 9 月 30 日	1247.9	810.6	不明	577.8	69.1	66.2	119.7	428.9	148.9	47.9	101.0
1911 年 12 月 31 日	1247.9	807.2	300.0	507.2	69.1	66.2	119.7	428.4	78.8	47.9	30.9

注：
[1] 固定资产合计中包含了其他内容。
[2] 总公司账户在 1909 年后为矿业部账户（含活期账户）。

资料来源：『社史附表　各矿山决算勘定書』。

在这种情况下，超过总公司账户中定额流通资金的资金需求便能够通过总公司与场所之间的资金授受关系得到基本的满足。而这种授受关系，是通过与总公司活期账户相关的交易账户书实现的。如表 9 - 5 所示，矿山和煤矿通过总公司账户与总公司活期账户获得了资金，同时有巨额的利润在期末被计算进去，两者相结合便足以确保期末的借贷平衡。但是由于这些利润在三菱合资公司各年度末的盈亏计算书中被计算成总公司的盈亏，所以场所的结算报告没有将其作为"结转利润"。可以推测，当时或许是将其暂时转给总公司并计入总公司活期账户中进行了结转。尽管如此，在折旧方面，因为计入总公司的利润是折旧之后的数值，可以认为该项数值最终成为各场所能够自主使用的投资资金来源。

这种包含总公司活期账户在内的总公司与场所间的资金关系，其特征在于，在 1900 年代的矿山事务中，总公司活期账户成为各场所向总公司进行透支的窗口，而在煤矿事务中虽然也有资金往来，却是相互透支的状态。可以认为，当时的资金管理按照"超过规定流通资金时则要求场所负担利息"的方针得到了实施，其目的就是形成从场所到总公司的资金环流。所以在建立矿山部数年之后，各矿山、煤矿基于定妥的总公司账户取得了充足的利润，同时节约了定额流通资金并占据了向总公司提供投资资金的地位。正是在这样的背景之下，尾去泽矿山才会在 1906 年取消了流通资金的设定，荒川方面亦对此进行了削减，从而实现了总公司投资额的节约计划。

单位：千日元

表 9-5 矿山部中总公司与场所的资金关系

矿山	资产余额	总公司账户	盈亏账户	总公司活期账户	他行交易	勤俭存款等	特别活期存款	存款账户
1894 年度	1567.7	△1380.0	△145.4	142.8	0.0	0.0	0.0	0.0
1897 年度	4614.0	△3720.0	△272.0	△222.5	0.0	0.0	0.3	0.0
1898 年度	4918.3	△4003.8	△161.1	△155.3	1.8	△6.8	13.9	0.0
1901 年度	5020.8	△4047.8	△740.7	1192.2	2.0	△68.1	74.4	7.5
1907 年度	6459.5	△3165.9	△2257.1	1743.7	10.2	△172.6	224.4	0.0
1908 年度	5682.7	△2977.1	△990.4	△1047.3	3.2	△191.1	230.4	0.0
1909 年度	6336.9	△4670.1（矿业部账户）	△1051.6	661.9（矿业部活期账户）	7.9	△244.5	242.9	69.3
1910 年度	6737.4	△4746.0	△1390.8	1210.7	5.7	△247.9	252.9	0.0
1911 年度	5779.9	△2769.3（固定资金账户）	△724.7（矿业部交易账户）	△1645.0（流通资金账户）	3.8	△196.8	350.6	0.0
煤矿	资产余额	总公司账户	盈亏账户	总公司活期账户	他行交易	勤俭存款等	特别活期存款	存款账户
1894 年度	1639.3	△1258.5	16.6	△45.5	0.0	0.0	0.5	0.0

续表

矿山	资产余额	总公司账户	盈亏账户	总公司活期账户	他行交易	勤俭存款等	特别活期存款	存款账户
1897年度	2582.7	△2179.4	0.0	△150.7	0.0	0.0	0.0	0.0
1898年度	3394.8	△2501.2	△747.5	323.8	0.0	0.0	15.9	0.0
1901年度	4269.6	△3497.0	△617.8	420.0	29.8	△75.2	149.0	0.0
1907年度	4937.0	△3263.5	△707.2	71.7	3.0	△367.9	372.1	0.0
1908年度	6183.9	△3783.4	△556.9	△256.7	0.9	△123.7	388.6	0.0
1909年度	6646.7	△5160.1（矿业部账户）	△681.3	938.0（矿业部活期账户）	29.0	△150.8（勤俭存款等）	184.5（银行部存款账户）	73.9（矿业部存款）
1910年度	6850.1	△5358.7	△468.2	1390.1	82.1	△218.0	377.5	11.3
1911年度	6542.6	△4887.3（固定资金账户）	316.5（矿山部交易账户）	△760.0（流通资金账户）	24.6	△460.3（勤俭存款等）	21.8（银行活期账户）	377.4（总公司存款）

注：[1] △表示被计入的负债项目；

[2] 除1911年为12月外，其余各年度计入时间均为9月末。

资料来源：「社史附表　各矿山决算勘定書」「社史附表　各炭坑决算勘定書」。

表 9 - 5 还有一点需要注意，在这样的资金关系下银行部的作用是相当有限的，除了银行部特别活期存款的入款外，场所的资金调整几乎和银行部没有发生任何关系。这个银行部特别活期存款是各场所为了鼓励员工继续努力工作而预先存入"勤俭存款"，虽然不能说完全一致，但终究与事业资金的调整没有关系（见表 9 -6）。根据 1910 年 10 月制定的《勤俭存款使用规定》，向特别活期存款的入款改为存入总公司，即作为总公司矿业部的存款账户来进行管理。其变更理由在于"近年来利息低落，暂时并无回升趋势，若按以往的高利则银行之经营难以维系，故对此展开了研究"的结果。[①] 换言之，即在刺激储蓄增长与稳定工作中，勤俭存款的利息显得相对较高，而为了避免这一利息上的负担，银行部决定将其作为特别活期存款转交给总公司，由此作为存款让合资公司总公司承担该利息。

在与其他银行的活期交易方面，槙峰矿山和延冈银行，荒川矿山和秋田银行，生野矿山和生野银行、姬路银行，宝矿山和有信银行，金山矿山和长浜银行，鲶田煤矿和第一三〇银行，相知煤矿和唐津银行、西海银行之间的交易关系是可以通过结算账

---

① 「勤俭预金取扱规定制定（10 月 1 日）」『三菱社誌』第 21 卷、明治 43 年、1257 ~ 1259 頁。该规定在翌年即 1911 年被再次修改（「各場所各種预金基金取扱规程」『三菱社誌』第 21 卷、明治 44 年、1361 頁）。该规定中列举的存款种类包括"杂雇勤俭存款、乙种勤俭存款、矿工职工勤俭存款、共济存款、勤俭积金、职工预备公积金、救助基金、救护基金、退隐补贴基金、疾病共济基金、职工升职存款、身份存款、身份保证金"等，但是这一存款制度并没有依据总公司制定的统一规则实施，以往都是依据各场所各自制定的规则来进行，故并未形成统一的称谓。

表 9-6 勤俭存款与银行部特别活期存款

各年 9月末	吉野矿山		尾去泽矿山		勤俭存款	生野矿山		
	勤俭存款	特别活期存款账户	勤俭存款	特别活期存款账户		职工储备金账户	特别活期存款账户	勤俭活期存款账户
1897年		286						
1898年		1399			△1318		2345	
1899年		1898	△5872	5766	△1714	△2895	2895	1714
1900年	△5675	11174	△10916	10916	△1696	△5429	5429	1696
1901年	△8238	706	△13816	13789	△1935	△8014	8014	1935
1902年	△11073	2806	△18123	17705	△2289	△11690	11690	2289
1903年	△14634	14756	△21566	21566	△3812	△14765	14765	3812
1904年	△19351	19000	△18455	21909	△4041	△10745	10744	4041
1905年	△18194	18000	△22164	26632	△4703	△9720	9720	4703
1906年	△25342	25500	△26308	31536	△6862	△2244	11883	6862
1907年	△28671	29952	△30563	36974	△5984	△14989	14989	5984
1908年	△28012	36500	△35816	43599	△8872	△17851	17690	8663
1909年	△31026	28325	△37659	37659	△13287	△25695	25691	13351
1910年	△30901	30076	△37353	43907	△17256	△21598	41223	
1911年	△25947	39308	△15945	46119	△49724		46985	

注：[1] △表示被计入负债的项目；

[2] 存款户的项目名称上，煤矿方面是 1909～1910 年为"银行部存款户"，1911 年为总公司存款账户。「各矿山决算勘定書」；「社史附表」。

资料来源：「社史附表」各炭坑决算勘定書 各矿山决算勘定書。

户书来进行确认的，[①] 但它们不过是与当地的地方性银行进行的小规模交易。这意味着经营矿山的各场所并没有采取过与其他银行交易来调整资金的手段，而是大多通过总公司活期账户相关的交易账户书加以处理。

总公司与各场所（分店、造船所等）的关系

这种总公司与场所间的关系实际上在产业革命时期仅存在于与矿山相关的场所。如表 9 - 7 所示，在 1908 年着手向"事业部制"转变之前，总公司对于银行部与造船所的账户一直保持着定额，与银行部的关系中也并不存在活期账户的设置。造船所中的总公司账户额本为 200 万日元，然而一旦进入活期账户，从总公司取得的资金供给额便激增了。重点关注总店情况并分析银行部营业活动的本书第六章、第七章中，没有明确体现出它和合资公司总公司的关系与此事应是相呼应的。所以此时期造船部为了正式启动新船的建造而进行了事业经营与扩大投资，事实上是通过合资公司的大量活期账户获取资金才得以实现的。

但是，其中长崎、大阪、神户等分店的情况能够反映出某些特殊关系。如表 9 - 8 所示，三菱合资公司成立以后长崎分店便在香港上海银行、三井银行、第十八国立银行等处开设了活期账户，从其数额来看几乎达到了能与总公司活期账户匹敌的程度。但与这些金融机构的交易记录中，还包括了俄清银行、横滨正金

---

① 参见『社史附表　各鉱山决算勘定书』（MA6104～6107）；『社史附表各炭坑决算勘定书』（MA6108～6110）。

银行、日本商业银行的活期账户，以及霍姆林格（Holme Ringer）公司①的票据借入等，故可以认为总公司活期账户的增长最终导致了与其他公司金融交易比例的下降。

表 9 – 7　1896 ~ 1907 年三菱合资公司资产与负债情况 I

单位：千日元

资产	1896 年末	1897 年末	1906 年末	1907 年末
合计	14250	16822	29954	36924
银行部账户	1000	1000	1000	1000
长崎造船所账户	2000	2000	2000	2000
分店账户	60	60	60	712
煤矿账户	1538	2349	3222	3188
矿山账户	4430	4843	3139	3786
地产账户	2506	2630	4769	4488
汽船账户	141	134	65	69
有价证券·出资	93	141	1328	19
分店活期账户	597	1746	3389	4436
造船所活期账户	57	826	8637	14071
新潟事务所活期账户	25	38	39	23
煤矿活期账户	386	121	172	673
矿山活期账户	284	577	563	1712
各种活期账户	9	12	6	363
岩崎家代理账户	486	103	84	277
暂付款账户	343	109	50	34
诸工事相关账户	203	6	159	
其他	92	127	87	74
现金			1187	

---

① 可以推测，霍姆林格公司是指弗雷德瑞克·林格（Frederick Ringer）在长崎经营的英国贸易公司。幕末至明治年间，该公司将贸易范围从茶叶扩大至其他交易品类，不断扩大了业务范围。据称其在长崎的外国人居留地发挥过指导性的作用。

负债	1896 年末	1897 年末	1906 年末	1907 年末
资本金账户	5000	5000	5000	15000
储备金账户	913	1333	10679	
借入金账户	300			13389
矿山活期账户	28	37	22	1
各种活期账户	0	23	0	1
岩崎家代理活期账户	7023	9381	8881	108
暂存金账户	0	4	84	1
出租屋押金账户	3	4	7	13
出售煤炭账户	41	47		
地产房屋收支账户	19	25	53	19
汽船收支账户	7	0		
雇员扶助基金			1	1
使用人养老金基金			1525	
各储备金	3	5	652	775
其他	15	13	40	46
现金	177	882		4877
盈亏账户	720	68	3011	2692

资料来源：『社史附表　本社决算勘定書』。

　　而若松、门司等处的煤炭交易门店则启动了与住友银行、第十七银行、贸易银行、帝国商业银行的交易，甚至有记录显示若松与住友银行一直保持着贸易往来。但是在 1908 年前后尝试向"事业部制"发生组织变革之际，这些分店的特别活期存款不过转变成入款的对象。事实上，不仅是若松分店、长崎分店，大阪与神户的各个分店当时也开设过营业部交易账户。这足以说明，随着营业部的独立，以往的总公司活期账户、矿业部活期账户与新设立的营业部发生了关系的互换，但对于各场所而言实际变化并不大。

表 9 - 8　分店的银行交易

单位：日元

分店	账户项目	1895年9月30日	1897年9月30日	1901年9月30日	1905年9月30日	1909年9月30日	1911年12月31日
	资产负债合计	100778	246103	327785	481835	1285655	1463587
	银行部特别活期		1018	18067	24565		
	矿业部存款账户					29782	
	银行活期账户						1143
	现金账户	69329	95425	12711	18566	40453	4571
	香港上海银行活期存款	30422	50180	2101	842	79	653
	三井银行活期存款	10069	4920			5226	
长崎分店	第十八银行活期存款	3000	2707	1291	1276	19268	5202
	银清银行存款		12220	135			
	正金银行存款			2303	5773	1005	7705
	日本商业银行			4513	5922	13428	19033
	霍姆林格公司票据		15218				
	营业部透支						△112862
	总公司活期账户	△80123	△219915	△208101	△394257	168017	△820000

分店	账户项目	1895年9月30日	1897年9月30日	1901年9月30日	1905年9月30日	1909年9月30日	1911年12月31日
大阪分店	资产负债合计	265209	436817	258082	294593	29178	133988
	银行部活期	6410	65444	20964	32876	15640	51338
	银行部特别活期			3000	1041	1930	6518
	山口银行活期账户			3000	5366	4357	5708
	营业部交易账户						124083
	总公司活期账户	△260298	△447868	△241131	△288210	△26598	
神户分店	资产负债合计		1042420	141676	583914	69309	220073
	银行部活期		17893	30095	50444	55181	55745
	总公司活期账户		△1042014	△140446	△570808	△10989	
	矿业部活期账户					△33843	
	营业部交易账户						123501
若松分店	资产负债合计	54576	149332	210089	255952	363283	447513
	住友银行账户		44556	24248	56285	8132	5800
	第十七银行存户		2369	23		1094	203
	银行部特别活期存款			4658	14226	23659	49242
	营业部交易账户						56605
	总公司活期账户	△13048	△73915	△129130	△82798	104355	△100000

分店	账户项目	1895年9月30日	1897年9月30日	1901年9月30日	1905年9月30日	1909年9月30日	1911年12月31日
分店	资产负债合计		232617	701568	2057708	3293062	2155587
	住友银行活期存款				49876	33403	
	贸易银行活期存款				34982	28224	
门司分店	帝国商业银行活期				9861		
	银行活期存期账户						674639
	银行部特别活期账户			5443	24364	44205	77620
	现金账户		35854	79876	4577	2954	3067
	总公司活期账户		△201230	△396182	△1764383	650839	△380000

注：1895年大阪分店的银行部活期存款为第一一九银行活期存款，1909年以后的大阪、神户分店仅与矿业部发生关联。银行部特别活期，在1909年为矿业部活期存款账户，1911年则变更为总公司入款。总公司活期账户在1909年将分店特别活期全都计算在内，故是其合计数值。银行为流通资金账户。1909年的若松分店将矿业部活期全都计算在内，故是其合计数值。

资料来源：『住史附表　各支店决算勘定书』。

更重要的区别在于，大阪分店与神户分店所记载的并不是特别活期账户，而是银行部活期账户。大阪分店虽然与山口银行之间有过小额的活期交易，这两个分店的必要资金调整结算却与总公司活期账户一样积极利用过银行部活期账户，而且此种关系一直持续到1909年以后。在1905～1909年，大阪分店与神户分店的数值是间歇性减少的，但在1909年以后两个分公司的数值开始被计入大阪分公司矿业部、神户分公司矿业部的账户。其原因或许在于，随着这一变更，地产等方面的数据从两个分公司的矿业部账户中被排除出去。①

此前分店中有关金融交易的记载均是以期末余额为根据的。但幸运的是，我们可以判明神户分店在银行部活期账户中存入、支出的金额。如表9-9所示，银行部活期账户与总公司活期账户的资金出入都大幅超过了期末余额。这一资金出入的规模远大于银行部活期账户的余额比例，因此可以认为银行部活期账户曾积极地利用短期资金结算。而且在总公司通过活期账户提供资金的问题上，一旦能够注意到这是银行部的透支，那么强调通过银行向神户分店提供资金的结论就需要持慎重态度。如第六章所述，此时期银行部为了把闲置资金全部用掉，向关西各分店提供过资金，但此点可能与神户分店银行部活期账户交易状态的活跃并无直接联系。神户分店在这一时期是进行铜制品等金属出口贸

①　判断依据为『社史附表　各支店决算勘定書』（MA6113～6116）中所记分店结算书的年度比较。

易的骨干公司，并且有可能参与了造船所筹备进口材料的相关结算事务。但其银行交易中并没有横滨正金银行与香港上海银行的余额记录。所以不得不说很遗憾，目前我们缺乏更为详尽的线索来深究此事。此外，大阪分店的银行部活期账户余额虽然没有达到神户分店的水平，但在1911年以前都维持不错的状态。而在分店短期资金结算的问题上，随着"事业部制"的发展，银行部活期账户开始逐渐取代以往的总公司活期账户以及当地与其他银行的交易，所以大阪分店与神户分店实际上是提前利用了银行部。

最后我们来看造船所的问题（表9-10），虽然结算报告的记载中存在不稳定或不明确的内容，但也确实记录了足以显示日俄战争以前与其他银行之交易的"银行账户"、三井银行或长崎分店，与霍姆林格公司、香港上海银行、俄清银行等单位之间的交易情况。[①] 当然，其细节无从得知，但可以认为当时是一方面继续与BanksA/C进行银行交易[②]，另一方面尝试于1900年代开设银行部活期账户，使之达到与其他银行交易相匹敌的规模后设置造船部，并以银行部交易为中心。这样的倾向在刚刚建立的三菱神户造船所也是存在的。

---

① 该交易对象与长崎分店的金融机构交易有诸多重叠之处，暗示着长崎造船所与长崎分店的密切关系。

② 虽然无法确认1910年以前结算勘定书的细节，但是在1911年长崎的结算报告中记载过横滨正金银行的1492日元、霍姆林格公司的222日元、香港上海银行的851日元，以及日本商业银行的15375日元，故可以认为当时一直与这些银行进行交易。

表 9 - 9　神户分店的活期账户收支

单位：千日元

	银行部活期账户			总公司活期账户			矿业部活期账户		
	余额	本年度存入	本年度支出	余额	本年度存入	本年度支出	余额	本年度存入	本年度支出
1902 年度	- 14	2461	2491	141	2388	2387			
1903 年度	- 12	4159	4185	122	4016	4157			
1904 年度	- 80	3502	3434	204	4452	4369			
1905 年度	- 50	3611	3641	571	5836	5470			
1906 年度	- 65	4737	4722	437	6228	6362			
1907 年度	- 73	7874	7866	300	8323	8460			
1908 年度	- 47	4441	4467	291	5488	5497			
1909 年度	- 55	5339	5331	11	421	701	34	6185	6151
1910 年度	- 103	5854	5807	56	695	650	190	6999	6842
1911 年度	- 56	6186	6233	- 33	1184	1206	- 124	5196	5263

注：1911 年度是 15 个月的结算；1911 年度的总公司活期账户是总公司账户，矿业部活期账户是营业部交易账户。

资料来源：『社史附表　各支店决算勘定書』。

表 9 – 10　三菱造船所的银行交易

单位：日元

年度	造船所合计		Banking Dept. A/C	Banks A/C	长崎造船所				神户造船所	
	造船所资金	造船所活期			三井银行	霍姆林格公司	香港上海银行	俄清银行	银行活期存款	银行特别活期存款
1894 年度	700000	68223			36125	4505	29570			
1899 年度	2000000	944485			34523	4149	13217			
1900 年度	2000000	2213354	10223	17661				29185		
1905 年度	2000000	7741143	32075	2832					2077	6064
1908 年度	8580000	7800000	84370	51971					25203	24300
1909 年度	8750000	7800000	921522	50988					47071	36130
1910 年度	8750000	5800000	373647	65921					20649	46957

资料来源：「社史附表　造船所决算勘定书」。

如前所述，此种造船所与银行部之间的交易，其基础前提是1908年2月末神户造船所独立并确定其资本金之际所开设的银行部活期账户。① 而银行部活期账户主要是负责处理正金银行汇兑支付、资金汇送、"通过银行部支付造船所支票"、总公司地产调度课的采购费、总公司诸项垫付款的支付、造船及修缮费用等方面的收纳，据此在进行"两造船所之间或两造船所与各场所之间的交易"时，"通过总公司活期账户的调度"实现对造船部手续的分离。若结合总公司活期账户激增的情况来考虑，这种变更可以被理解为，即使在总公司设置了造船部，但由于总公司管理此类大规模资金出入存在困难，只得通过加入银行部通常商业金融业务的一部分而将此前总公司调整各场所资金的部分功能转移给银行部。所以这一变更是再次调整包括银行部在内的各事业部门与总公司之关系、各事业部门相互之关系的契机，其目的在于推进公司组织的变化。由此，原本与各场所关系疏远的银行部开始了同三菱事业构建有机联系的探索。

三　向"事业部制"改组的内情

设定资本额的意义

长泽康昭曾指出，1907年以前，"部制的意义仅在于按照事

---

① 「二月二十九日両造船所ニ係ル本社当座账户ヲ造船部ニテ取扱」『三菱社誌』第21卷、明治41年、1060頁。关于造船部组织变革的内容，参见「五月五日両造船所新組織實施」『三菱社誌』第21卷，明治41年，第1072～1075頁。

业的类别来统一处理三菱合资公司内部除银行部以外的各类事务"，所以当时并没有"形成调整事业部门间利害关系并从全公司立场出发制定经营政策的统辖机关"。[①] 为了克服这一局限，如第八章"史料1"所示，三菱合资公司在 1908 年 1 月"将资本金设定为矿业部 1500 万日元、银行部 100 万日元、造船部 1000 万日元，并允许其在该范围内自由支配，从而形成了一种投资额若超过资本金，须得到社长审批"的组织方式。[②] 这种组织方式在此后进一步发展成八部机制，即 1910 年矿业部分拆成矿山部与营业部门，翌年 1911 年又新设地产部以及管理总公司职工的内事部，1912 年煤矿部亦从矿山部独立出来。

　　在这些改组中首先必须注意的是资本金的设定与此前总公司提供资金之间的关系问题。即 1907 年末与矿业部相关各场所的总公司账户、总公司活期账户之合计金额为 936 万日元，而各营业部门的各分店之合计金额为 490 万日元，两者一共 1426 万日元。[③] 因此，矿业部资本金 1500 万日元可以说是处在较为妥当的水平。但是若此细目不发生变化，对于营业部在独立之际所获得的 300 万日元资本金（矿业部减少至 1200 万日元）便会产生数量过小的疑问。更为严重的问题是，造船部的总公司账户与总

---

① 　長沢康昭「三菱財閥の経営組織」三島康雄編『日本財閥経営史　三菱財閥』、81 頁。

② 　長沢康昭「三菱財閥の経営組織」三島康雄編『日本財閥経営史　三菱財閥』、82 頁。准确地说，关于矿业部说的是"经社长许可"，而关于造船部说的则是"得到许可"，尚不清楚此处差别意义何在。

③ 　计算的数值出自『社史附表　各鉱山決算勘定書』；『社史附表　各炭坑決算勘定書』；『社史附表　造船所決算勘定書』（MA6117）；『社史附表　各支店決算勘定書』。

公司活期账户的合计数额达到了 1607 万日元，其原本设定的资本金却只有 1000 万日元，且结算账户中记载了 1908 年造船部资本金为 858 万日元、1909 年以后为 875 万日元，直至它从三菱造船所分离独立出来时都未曾发生变化。[①] 如此一来，总公司为造船部门所提供的投资额就会被控制在很低的层次，意味着造船所若仅依靠总公司"允许自由支配"的资本金很难继续经营下去。故为了弥补这一缺口，它从部门新设之初就需要从总公司贷款 780 万日元。虽然造船部的贷款在 1910 年减少到 580 万日元并有着伴随制度改革的过渡性质，但如上节末尾所述，以往总公司活期账户将两造船所之间的交易、造船所与其他场所的交易保留在银行部活期账户中进行管理以图发挥资金调节的作用，造船部独立时所设定的过小资本额与此有密切关系。若将与造船相关的结算移交给银行部，就没有必要像以往那样用总公司活期账户来维系造船部活期交易的高水平了。长崎与神户两个造船所的固定资产余额在 1908 年大约分别为 736 万日元、208 万日元，合计 944 万日元，[②] 这与造船部所设定的资本金并没有太大的出入。所以从"资本金设定为与固定资本投资额相应之水平"的意义而言，造船部的结算在这一变更的影响下最终形成了类似于以往那样的方式：总公司能够在矿山部的总公司账户中把握到各矿山场所的固定资产额水平。可以认为，总公司由

[①] 造船部的资本金并非 1000 万日元，而是 875 万日元。参见麻岛昭一『三菱财阀の金融構造』，第 26 页。麻岛在该书中指出了这一问题。如本章所述，若结合固定资产余额来加以考察，或许能够解决该问题。

[②] 参考『社史附表 造船所决算勘定書』中该年度的结算勘定书。

此得以通过其各部门的结算切实地、统一地了解矿山、造船所等处现场工作的实际情况。

不仅如此，造船部还开设了银行部活期账户并将资金结算事务转移过去，促使其与总公司、银行部、事业部的关系发生了改变。在这一点上，造船部比矿山部先行一步。矿山部的资本金被设定为大致等同于总公司账户与总公司活期账户（包含营业部门分店）两者之和，其原因正在于没有仿照造船部开设与银行部交易的窗口。尽管在1908年以后矿业部的账户项目被修改成"矿业部账户""矿业部活期账户"，使与矿山部相关的场所资产暂时被集中到了矿山部，但是从场所一方来看，资金调节的机制并没有发生变化。且在能够查询到的1911年以前的各矿山结算书中，也无法找到它与银行部之间开设的活期交易账户。

结算手续的修订

上述状态在1911年随着结算制度的变更，开始发生多次变化。首先，在1911年9月，各场所计算事业年度的方式从此前的10月到下年度9月调整为10月到下年度12月末，故当年的结算内容包括了十五个月。由于总公司的结算报告以往都是截止于12月末的，可以认为此次变更是为了让事业部门各场所的结算期与总公司形成一致。继而在10月又制定了《结算相关手续》，其内容如下。

史料1

结算相关手续

第一、各场所在十二月十日以前应将盈亏预算以电报形式发送至所属总公司，一经确定则再做同样之报告时双方均须致函确认金额。

第二、各部与各场所在结算截止日应及时将彼此间的交易清单送至相关场所，若彼此清单中出现不一致，则须将其明细送至所属总公司。

第三、当年度属于盈亏内容之开支或收入若无法结算，则在不得已的情况下可将预估金额作为支出与收入，编入未支出与未收入账目，在下一年度进行重新整理。

第四、各场所的盈亏计算差额应于结算当天全部在所属总公司办理计算手续。

第五、各场所的成本注销应在结算当日进行并办理手续，将其对应资金归还所属总公司。

第六、各部应在结算当日向总公司提交盈利缴纳金。

第七、资产负债表须在前三项手续完成后再着手制作。

第八、各场所应制作以下文件，于翌年一月二十五日前呈交所属总公司：

（1）年报（明治三十一年九月八日发各矿山、煤矿、造船所、大阪分店、若松分店书函，明治三十一年十月十二日发大阪、长崎、门司、若松、神户分店之通知）；

（2）处理盈亏前的借贷估算表；

（3）资产负债表：以另行规定之新账户项目为依据；

（4）财产目录：标明资产与负债；

（5）盈亏勘定表；

（6）附属文件：另行规定。

第九、各部应将下属各场所之预估盈亏额、最终盈亏额与各部自身的盈亏数据统一整理后报告给庶务部，而各场所上交的文件，除年报与附属文件外一律呈交庶务部。除上述文件外，各部还须提交资产负债表、财产目录及盈亏勘定表至庶务部。庶务部在完成结算之后会将上述文件返还各部。

第十、银行部除提交盈亏预算之外可不受上述各项约束，每半期提交该部总体性结算文件即可。

第十一、庶务部须根据各部的报告文件按如下顺序制作文件：

（1）公司总体之预估盈亏额一览表；

（2）公司总体之最终盈亏额一览表；

（3）总公司结算文件；

（4）公司总体结算文件。

制作以上文件时均需得到社长批准。[1]

该制度值得关注之处在于：要求各场所向各部提交盈亏预算的同时，规定各场所须经由各部向总公司的庶务部呈交文件，而各部则须将下属场所的文件汇总后制成资产负债表与盈亏计算书，将其一并提交上去（银行部除外）。从《三菱社志》的记载来看，这似乎是第一次对"各场所之结算须经各部向总公司汇

---

[1] 『三菱社誌』第21卷、明治44年、1352～1354頁。该规则的附则规定了如下过渡性措施：仅在1911年度允许按照旧规处理会计与制单事务，在降价折旧上按十二分之十五的比例进行计算，等等。

报"做出明文规定。同时需要注意，虽然此处要求提交的文件中包含了盈亏预算，但究竟是不是指通常意义上的下期盈亏预算是存疑的。从其语境来看，似乎更像是指计算最终盈亏额之前对其金额做出的预估。鉴于呈交上去的预算一般都会在下一年度得到实施，可暂且将此处理解为"预想盈亏"（盈亏预估）。

该制度第八条不仅对新的账户项目做出了规定，而且在当天下达了通知《总公司及各部元账项目》①《矿山部、各场所元账项目修订》②。前者为新账户设定了"各场所资金账户"与"各场所贷款账户"、"总公司借款账户"等内容并新增了"银行部活期账户"（见表9-11）。③后者则将各部的关系从以往的"矿业部账户"与"矿业部活期账户"变更为"固定资金账户"与"流通资金账户"，同时新设了"银行部活期账户"。④根据《社史附表 各矿山结算勘定书》《社史附表 各煤矿结算勘定书》的记载，1910～1911年各场所的结算账户最终废除了以往用以表记收支的"盈亏账户"，而通过"矿山部交易账户"来计算收支差额，以此作为面向总公司的临时账户。由于在收支差额的计算方法上找不到明确的变更点，所以我们无法判断其实际上具有怎样的意义。但可以认为，当时三菱在计算各场所利润的问题上兴趣并不大，更重视以部为单位的利润计算。

---

① 『三菱社誌』第21卷、明治44年、1354頁。
② 『三菱社誌』第21卷、明治44年、1358～1361頁。
③ 之所以是"新设"，乃因为在『社史附表 各鉱山決算勘定書』收录的结算材料中，1911年以前除了特别活期账户之外并无银行部活期账户。
④ 1912年11月在账户项目中追加了"借款账户"等三个项目，可认为当时是能够随意变更的。参见『三菱社誌』第22卷，大正元年，第1520頁。

表 9-11　矿山部重组账户项目的过程

单位：千日元

矿山

1908年9月末		1910年9月末		1911年12月末	
资产总额	5683		6737		5780
总公司账户	-2977	矿业部账户	-4746	固定资金账户	-2769
总公司活期账户	-1047	矿业部活期账户	1211	流通资金账户	-1645
特别活期存款账户	230	特别活期存款账户	253	总公司存款账户	351
他行交易	3	他行交易	6	他行交易	4
盈亏账户	-990	盈亏账户	-1391	矿业部交易账户	-725

煤矿

1908年9月末		1910年9月末		1911年12月末	
资产总额	6184		6850		6543
总公司账户	-3783	矿业部账户	-5359	固定资金账户	-4887
总公司活期账户	-257	矿业部活期账户	1390	流通资金账户	-760
特别活期存款账户	-124	银行部存款账户	378	总公司存款账户	0
		矿业部存款账户	11	他行账户	377
他行交易	1	他行账户	82	矿业部交易账户	25
盈亏账户	-557	盈亏账户	-468		316

资料来源：「社史附表」各矿山决算勘定書」「社史附表」各鉱山决算勘定書」各炭坑决算勘定書」。

至 1912 年 8 月，三菱又发出如下通知：

史料 2

八月三日　盈亏预算与资金收支预算之提交方式

关于投资等事务有必要时常调查，自八月起，各部及其所管各场所中盈亏预算与资金收支预算须每月十五日之前依照规定格式按月提交，而全年之预算则须自明年即大正二年开始，在年末各自制定完成后呈交至庶务部。明治四十四年六月十四日规定的月度报告所载事项中，收支计算书一项已于七月废除。本年度资金收支预算中已经过去的月份，可按实际数字计入。[①]

可以看到，这是在要求贯彻上一年度的结算报告规定，其中收支结算书已从月度报告的记载事项中删除，且出于参考盈亏预算来调节资金的需要，亦规定须提交资金收支的预算。由此可见，此时总公司的关注焦点已经逐渐转移到整个公司的资金调节上。正是基于这一通知，各部此后将盈亏预算作为标准，并基于预算管理从统计层面对各场所的业绩进行了评价。虽然关于以往编制预算的工作究竟开展到何种程度尚有待确认，[②] 但可以认为通过该手续，"部"所具有的意义及其对下属场所采取的管理方

---

① 『三菱社誌』第 22 卷、大正元年、1487 頁。
② 如前章所述，虽然矿山制作了"矿物费用预算明细表"等材料，但其是否与现代预算管理类似仍需另行探讨。

式已经实现了标准化。[1]

事业部与总公司的关系

在这一系列的变化中，总公司与事业部的关系是：以1909 年设置的资本额为标准，各部上呈总公司的利润缴纳额之上限被规定为其资本额的 10%，超出的金额可允许各部自行保留。[2] 因此，总公司的结算无法直接反映出各部事业活动的收益情况。但是该形式又在 1911 年进行了修正，尤其对"各部保有的结转金限度"做出了规定并允许各部可自行保留 100 万日元以内的结转金。[3] 这意味着超出额度的资金又从各部回流到了总公司。故可以认为，各部与总公司在结算上的完全分离在短时间内便中止了。

---

① 11 月 18 日在这一手续上又追加了各部接收各场所的预估盈亏额（扣除定额折旧之后的金额）、确定盈亏额（在定额折旧之外尚有特别折旧时将其扣除之后的金额），并"将其汇总为便于查阅的格式"报告给庶务部等手续。参见『三菱社誌』第 21 卷，明治 44 年，第 1371 页。

② 之所以能够确认此事实，乃因为 1909 年的三菱合资公司盈亏计算书中记载了矿业部的 150 万日元、银行部的 10 万日元。矿业部在上年度之前曾将各场所的利润原封不动地计入合资公司的盈亏数据中，将两者相较则结论一目了然。此外，该年度造船部的利润是 17 万多日元，并没有达到资本额的 10%，所以从其中扣除养老金等款项之后为 11 万多日元并纳入合资公司的盈亏数据。参见『三菱社誌』第 21 卷，明治 42 年，第 1201～1202 页。

③ 「各部保有限度」（明治 44 年 12 月 13 日）、『三菱社誌』第 21 卷、明治 44 年、1872 页。但是根据股份公司化之前的各部资产负债表，其限额应是造船部 220 万日元、矿业部 165 万日元、煤矿部 100 万日元、营业部 110 万日元。所以其并非固定值，而是在必要的范围内进行着修改。

表 9－12 1908～1919 年三菱合资公司资产与负债情况 II

单位：千日元

	1908年末	1909年末	1910年末	1911年末	1912年末	1913年末	1914年末	1915年末	1916年末	1917年末	1918年末	1919年末
各部等资金账户	27318	27605	27805	27750	27750	29750	29750	31750	35893	27143	6788	5788
地产房屋账户	2910	2910	2935	3385	3282	3285	3273	3884	3955	2239		
股票账户	27	1355	398	553	1086	2093	1094	1187	841	37728	100570	133792
各部活期账户、交易账户	540	667	494	2285	3956	5602	5965	5381	10314	7973	1323	6658
存款账户					924	794				1000		3189
岩崎家相关账户	53	143	343	0	8	0	0	0	0	0	0	0
各部、各店贷款	8100	7800	5800	1700	6400	5000	7150	7130	18165	23410	145	5145
诸贷款	56	48	64	152	1853	2343	1873	1993	328	3051		
银行部定期存款											1911	
银行部活期账户				2612							16	181
其他账户	9	550	412	1233	326	341	350	358	674	2790	6144	8690
资产合计	39012	41078	38251	39670	45585	49208	49455	51683	70170	105334	116898	163444
资本金账户	15000	15000	15000	15000	15000	15000	15000	15000	15000	15000	30000	30000
储备金账户	1786	2634	3179	3942	4881	5813	8032	9798	12752	15557	25183	35659
银行部活期账户	1405	1087	393		3697	1035	654	2142	2069	1480		

续表

	1908年末	1909年末	1910年末	1911年末	1912年末	1913年末	1914年末	1915年末	1916年末	1917年末	1918年末	1919年末
期票账户	5000	5000										
借款账户	13389	13389	13389	13400	13400	13400	13400	13400	13400	13400	0	19900
各部借款			1000	400	175	600	0	580	3380	0	0	0
支付票据等			600		922	3932	2700	2000	11013	27312	21006	18200
存款账户										10202	13103	14546
各场所存款账户				2522	2934	3270	3550	3467	3822	4197	6816	9323
煤矿部交易账户									938			
各公司话期账户											618	
诸项流动负债	2	296	93	53	21	8	0	0	1	103	402	1223
勤俭存款、补助基金等		1635	2259	1838	2047	2205	2494	2772	3085	4433	6710	7519
自保险账户	682	682	675	675	675	826	959	1076	1293	1511	1685	1706
盈亏账户	1748	1445	1662	1840	1832	3119	2666	3854	3755	12139	11376	25367
资本与负债合计	39012	41168	38251	39670	45585	49208	49455	54089	70509	105334	116898	163444

资料来源:「三菱社誌」各年卷末的财务诸表。

由此可知，总公司当时一方面在追求事业部的独立性，另一方面也会在必要的范围内回应各部的资金需求并实现资金的供给。麻岛昭一曾就此认为，"虽然三菱曾计划在事业部门进行大规模投资，允许将借款作为一种融资方式，但这不过是暂时性的权宜之策"，因为其前提终究在于使用各部门利润来偿还贷款，所以"当然不会是为了推动事业部门发展而进行的大规模投资"。[①] 如表 9 - 12 所示，在一战期间事业部门实现股份化以前，总公司曾将截至 1917 年的资本金 1500 万日元与岩崎家族借来的1340 万日元合并，通过逐年积存利润的方式筹措基本资金。同时从 1916 年起使用了超出 1000 万日元的支付票据，1917 年又使用了超出 1000 万日元的存款，从而实现了资金的充实。至于此时期资金筹措结构的变化问题，本书将在后面再做讨论。

在投资层面，1908 年，随着造船部的建立，产生过造船部780 万日元的贷款。这笔款项被计入之后呈现出不断缩减的趋势，一直持续至 1911 年。但此后由于追加了"各部与各店的贷款"，1917 年各部的资金账户总额最终达到了近 2341 万日元之多。表 9 - 13 展示了以总公司为中心的各部资金借贷关系。可以看到，如麻岛所述，1911 年以前造船部的资金被回收之后曾向矿业部、营业部、煤矿部借贷大量资金。由于从各部而来的资金被计算了进去，所以虽然贷款所需部分资金是从各部门借贷而来的，但其贷款本金基本上仍是总公司的利润。此种变化在 1911 年

---

① 麻岛昭一『三菱財閥の金融構造』、21 頁。麻岛昭一的研究对于此时期至股份公司组织形成时期的三菱进行了详细的分析，本章也有所参考。

表9－13　三菱合资公司内的资金借贷情况

单位：千日元

	1908年末	1909年末	1910年末	1911年末	1912年末	1913年末	1914年末	1915年末	1916年末	1917年末	1918年末	1919年末
造船部贷款账户	7800	7800	5800		3600	3400	1600	2200	8700			
矿业部贷款账户	300			1200	2000		2800	300		1300		
煤矿部贷款								3000	5830	9700		
营业部贷款				500	800	1600	2750	1630	3635	12410		
三菱制铁贷款												5000
纽约分公司贷款账户											145	145
各部、各店贷款	8100	7800	5800	1700	6400	5000	7150	7130	18165	23410	145	5145
银行部借款								580	580			
地产部借款			300			200			200			
矿业部借款				400	175	400			2600			
造船部借款			700									
各部借款	0	0	1000	400	175	600	0	580	3380	0	0	0

资料来源：「三菱社誌」各年卷末的财务诸表。

各部保留利润的上限被修改为 1000 万日元后逐渐明确起来，实际上意味着总公司在该形式的资金调节上发挥过重要作用。也就是说，由于各场所与各部开设了银行部活期账户，总公司在以往的日常资金流动过程中通过总公司活期账户所得到的信息变得颇为有限，所以总公司的参与，逐渐转变为由社长批准各部工作计划并提供资金的方式。如此一来，三菱合资公司总公司便将短期的资金结算委任给银行部，同时使自身站在了能够满足长期资金需求的出资者位置上。因为当时允许各部利用所获利润（利润保留与折旧）自主地开展进一步投资，所以各部基本上都是朝着扩大利润的方向在发展。而三菱合资公司正是通过这种形式推动了组织性变革，显著改变了总公司的角色与定位。

矿山部与营业部的关系

以下将探讨事业部的营业情况。正如麻岛昭一所述，"事业部制"时期以"部"为单位的结算报告虽然在《三菱社志》各年卷末包含有盈亏计算书，但由于资产负债表等材料没有遗留下来，所以关于各部在接受总公司提供的资金后究竟处于何种资产负债状态是缺乏线索的。① 不过，我们在《三菱社志》中能够找到即将股份化之前的资产负债表，故通过统计《社史附表》所载各部所管场所的结算账户，可以推测其 1911 年以后的发展情况。

首先，在矿业部方面，若制作比较借贷表来观察其发展

---

① 麻岛昭一『三菱財閥の金融構造』、23 页。

（见表9-14）可以看到，由于缺少1911年大阪冶炼所的数据，矿山的资产规模在以往的研究中被低估了。事实上从1911年至1918年4月，其资产增长了近2倍。但是在1915年的固定资金明细中，大阪冶炼所的84万日元固定资产却被计入553万日元的总额，[①] 故1911~1918年的实际资产增长幅度应是约1.5倍。其增长原因，在于固定资产的增加以及各场所半成品等"矿物成本账户"的增加。后者是积极经营活动中半成品数量增加与价格上涨的共同结果。由于其相应的资金即便与作为资金账户的600万日元结转金合并在一起也仍显不足，故在股份化之前需要从总公司借入800万日元以上的资金。

另一方面，煤矿以固定资产为中心实现了大幅度的资产增长。由于下属各场所的库存量偏少，所以与矿山不同，其成本核算的额度较小。但与矿山相同的是，其资产增长也是通过固定资金1200万日元与结转金100万日元合并后再加上总公司借出的829万日元来实现的。

值得注意的是，矿山部门所共有的营业部交易账户在1918年开始带有颇为重要的意义。而且在实施"事业部制"以前未存在过的银行部活期账户也在此时开始被列入各部的结算报告。这两个事实，意味着三菱合资公司各部之间的关系在1911年以后发生过变化，说明总公司通过活期账户来处理各场所结算的情况在1911年以后确实发生过改变，即开始交由银行部活期

---

① 『三菱社誌』第26卷、大正5年、3427頁。

表 9－14　矿山部相关资产负债状态的发展变迁

单位：千日元

矿山

1911 年末		1918 年 4 月末	
固定资产	3444	固定资金账户	8409
贮藏品	609	贮藏品	2368
矿物成本	1527	矿物成本	4189
矿山部交易账户	20	营业部交易账户	932
		银行部活期账户	52
银行部活期账户 其他	951	其他	1940
借方合计	6531	借方合计	17890
固定资金	3444	资金账户	6000
		结转金账户	1650
		总公司借入款	8153
流通资金	1700		
总公司交易账户	742	总公司交易账户	366
其他	666	其他	1721
贷方合计	6531	贷方合计	17890

煤矿

1911 年末		1918 年 4 月末	
固定资产	7572	固定资产	19784
贮藏品	293	贮藏品	1900
		成本账户	853
矿山部交易账户	370	矿山部交易账户	0
		营业部交易账户	1135
银行部活期账户		银行部活期账户	155
其他	1744	其他	3258
借方合计	10009	借方合计	27084
固定资金	7572	固定资金	12000
		结转金账户	1000
		总公司借入款	8290
流通资金	990		
矿山部交易账户	40	总公司交易账户	3407
其他	1407	其他	2387
贷方合计	10009	贷方合计	27084

注：固定资产中包含了起业费的暂付款；1911 年的矿山部数据中不包含大阪冶炼所的数据。

资料来源：『社史附表　各矿山决算勘定书』；『社史附表　各炭坑决算勘定书』；『三菱社志』第 29 卷，大正 7 年，4690～4691，4721～4722 页。

账户进行管理。而且在各部间的交易问题上，原本在 1908 年建立造船部并开设银行部活期账户时只存在造船所之间、造船所与各场所之间的交易"通过总公司活期账户转账"的情况。但到了 1918 年 4 月矿山、煤矿与营业部开设交易账户以后，各部之间的交易不再通过总公司来进行。虽然其转变的具体时间点尚无法明确，但是我们可以推测，1911 年开设账户项目一事实际上造成了银行部定位的变化。如果矿山与煤矿的产品是通过神户分店、若松分店来销售的，那么转变成此种关系可以说是自然而然的结果。

其次是营业部的情况。早在实施"事业部制"之前，神户与大阪分店就已经开设对银行部的活期账户，以便对大规模资金进行管理。但重要的问题是，营业部与煤矿部所协商的煤价调整金支付事宜在此前业已得到确定。即如第八章所述，1909 年 4 月的《公司煤炭买卖之件》规定，产出的煤炭除了矿山自身消费使用之外，其余均需按照事先协商的价格销售给指定商店。正是因为确定了内部调换价格（煤矿出售给指定商店的价格），才有可能基于该煤价计算各个煤矿的收入并让分店（营业部）来承担行情下跌的风险或享受上涨的利润。同时，行情变动所带来的利润可归于分店一事也能给分店的活动带来一定的积极刺激。其结果是，作为利润来源的事业活动与统计中的利润归属实现了一致化。但遗憾的是，在笔者所知范围内目前尚未发现金属与矿山方面的类似规定。这种关于销售价格的煤价协定，事实上成为矿业部门与营业部进行"独立核算"的基础。

由于《三菱社志》中存在 1916 年 12 月 19 日《大正六年上

期协定煤价》①、1917 年 12 月 29 日《大正七年度上半年协定煤价》② 等记录，可以确认煤价协定是一直持续的。一战期间，该协定不仅对各煤矿、各煤炭种类（块煤、粉煤等）的价格做了详细规定，而且明记 1917 年上半年高岛块煤（使用煤矿帆船）的协定价格为每吨 7 日元，下半年为 8 日元 50 钱，至 1918 年上半年又一举上涨了 7 日元 35 钱，达到 15 日元 85 钱。而相知的块煤（使用煤矿货车装运）则从 6 日元 20 钱（上下半年价格相同）增长到 1918 年上半年的 11 日元 55 钱，鲶田的块煤（同上）亦逐次递增为 4 日元 48 钱、5 日元 70 钱、9 日元 55 钱。这不仅反映了一战期间煤炭价格的暴涨，也说明协定煤价随之反复变动，成为随行情变动来分配利益的基准。但当时对于一战期间价格剧烈波动的反应似乎并不能令人满意。如根据 1917 年营业部关于盈亏情况的介绍，煤矿部的返还金仍处在 100 万日元的水平。③ 鉴于营业部的纯利润在 1915 年度是 100 万日元，在 1916 年度是 142 万日元，若当时再不返还将极有可能于 1917 年度激增至 380 万日元。这种利润的暴增现象当然是因为价格的上涨已超出协定煤价的预期值，所以需要考虑将部分利润返还给煤矿部。而且 1918 年上半年协定煤价的大幅上涨也是由此而引发的。各部门对于未能预料到的价格波动做出事后调整，正发生在这种

---

① 『三菱社誌』第 26 卷、大正 5 年、3319 页。该文献 1913 年 12 月载有高岛、相知、芳谷的煤炭价格协定记录。『三菱社誌』第 22 卷、大正 2 年、1873、1876、1887 页。

② 『三菱社誌』第 28 卷、大正 6 年、4076 页。

③ 『三菱社誌』第 28 卷、大正 6 年、4136 页。

"通过事先协定为各事业部门判断业绩"的制度框架下。

由于各分店所留下的结算勘定书截止于 1911 年，且营业部独立的时间偏晚，我们无法将其与 1911 年的情况进行比较。但观察 1918 年 4 月的营业部资产负债表便可发现，[①] 与表 9 - 14 中矿山的财务记录相对应，除了矿山部交易账户统计为 93 万日元、煤矿部交易账户统计为 113 万日元之外，还存在长崎分店交易账户的 76 万日元、总务部交易账户的 402 万日元。这些不仅全都成为营业部的负债，而且营业部在作为股份公司独立之前还需要将 500 万日元的总公司资金、110 万日元的结转金，以及 1072 万日元的总公司借入款、100 万日元的支付票据等提供给各分公司作为商业交易使用。若将总务部交易账户与同一时期矿山与煤矿资产负债表中的总公司交易账户视作同一种账户，可以认为每年超出利润保留额度的资金业已得到统计。一战期间营业部的活动正是以这种形式让总公司产生出大规模的资金需求并在 1917 年成为从总公司借入款项最多的部门（见表 9 - 13）。而不足的部分资金，则或许是通过支付票据等方式从银行部筹措而来的。由此才出现了灵活运用资金的必要。

造船部的扩张

最后是关于造船部的情况。表 9 - 15 已尽可能地对造船部成立后 1908 年 9 月末、1911 年末、1917 年 10 月末的资产负债表进行整理，并据此得知其总资产额从 1908 ~ 1911 年的约 2500 万

---

① 『三菱社誌』第 29 卷、大正 7 年、4729 ~ 4780 頁。

日元倍增到了 1917 年的 4887 万日元。这一增长，是能够用工作成本核算之增加来解释的。但是我们不能因为固定资产的增幅偏小就断言其设备投资陷入了低潮。虽然相关数据比较有限，但我们仍可以发现从 1913 年到 1916 年的四年间，长崎与神户造船所发生过 517 万日元的降价折旧（包含特别折旧 250 万日元），[①]而且起业投资额中计入了 1917 年度彦岛造船所的起业费 267 万日元。若从这一角度来考虑，再加上 1911～1917 年固定资金增加的 200 万日元，可以认为其至少进行过 700 万日元的投资。虽然有相当一部分极可能是通过降价折旧来维持的，但毕竟造船部也存在大规模的资金需求。该表的"接受分期付款账户"显示，造船部曾在一战期间的造船热潮中拿到巨额的购货订单。或许正因如此，它从总公司拿到的贷款额从其刚建立时的 780 万日元减少到 340 万日元之后不久，便如表9－13所示，在 1916 年末迅速回升到 870 万日元。所以造船部的资金需求由于大量的订单而持续增长。为加以应对，它首先从总公司进行了贷款以实现资金周转，而后又用订货方汇来的分期货款等进行了偿还。从这一层意义来说，造船部此时从总公司借入的款项除了新建彦岛造船所之外几乎全都不具备长期投资的性质。但是从三菱合资公司总公司的资金周转情况来看，它当时不得不去筹措大量的资金。或许是受此影响，总公司改变了以往贷款额 850 万日元以下时年利 5% 的低利率，于 1917 年 1 月将造船部的贷款利率调整为"以贷款

---

① 『三菱社誌』第 22 卷、大正 2 年、1918～1919 頁；第 23 卷、大正 3 年、2352 頁；第 24 卷、大正 4 年、2256 頁；第 26 卷、大正 5 年、3501 頁。

总额为基础与银行部活期贷款利率保持一致"。① 正如本书第七章所述（见图 7 - 21），当时银行部活期账户的利率在 1913 ~ 1914 年超过了 7%，即使利率下调的 1916 年也维持在略高于 6% 的水平。所以这一利率上的调整实际上是在要求造船部承担与市场相同的利率，否则就只能建议其节约资金了。

虽然此处仅根据有限的资料展开了研究，但可以认为各部在采用"事业部制"之后确实鉴于各场所事业活动的扩张而通过每年对利润的保留筹措了必要资金，对于那些无法充分筹措的部分则采取从总公司借入的方式来予以解决。当时各部的基本财务结构是：利用总公司资金、结转利润、总公司交易账户、总公司借入款的资金为下属的各场所提供固定资金与流通资金等。造船部自不待言，即便是拥有诸多场所的矿山部与煤矿部等部门，固定资金也是在以"部"为单位的资产负债表中通过各场所的固定资产投资与折旧等数据得到了准确的反映。这自然意味着"事业部"作为统计单位的独立性得到了稳固。而另一方面，在 1911 年以后将各场所结算账户中的"盈亏账户"删除并将收支差额改计到各部总公司交易账户中去的做法也使各场所逐渐失

---

① 『三菱社誌』第 26 卷、大正 5 年、3291 頁。此外，1916 年 5 月煤矿部的贷款利息也是 300 万日元以下年利 5%，而且超过该限度的部分与银行部活期贷款利率发生关联（『三菱社誌』第 26 卷、大正 5 年、3068 頁）。麻岛认为该利率水平与对外贷款利率相比是否存在优待的问题"今后尚有探讨的余地"（麻島昭一『三菱財閥の金融構造』、22 頁）。但根据第八章的分析，与银行部活期账户的利率水平相比可以发现，该措施将造船部的筹资利率视为通过贷款账户进行的短期资金周转，故两者应处在同一水平线上。若从 1917 年的情况来看，该利率相较于贷款利率是偏低的，但比贴现票据的折扣率要高。

表 9 - 15　三菱造船部的资产与负债情况

单位：千日元

资产	余额			增减额	
	1908 年 9 月末	1911 年末	1917 年 10 月末	1908～1911 年	1911～1917 年
地产		1115	2529		1414
船渠		1969	1102		-867
船舶账户		302	220		-83
建筑机械等设备		6750	7356		606
起业暂付款		1098	1807		709
固定资产小计	10029	11235	13015	1207	1780
仓库物品	3035	2044	3540	-991	1496
诸材料	263	730	1662	468	932
小计	3298	2774	5202	-523	2428
工作成本核算	12092	5766	23935	-6325	18169
结转制造费用账户	0	0	2135	0	2135
小计	12092	5766	26071	-6325	20304
顾客账户	331	514	2628	183	2114
造船部交易账户	507	2397	0	1891	-2397

项目	余额			增减额	
	1908年9月末	1911年末	1917年10月末	1908~1911年	1911~1917年
其他流动资产	706	1555	1958	849	404
合计	26961	24242	48874	-2720	24632
资本、负债					
资金账户	8770	8750	8750	-20	0
结转金账户	0	0	2201	0	2201
借款账户	8500	2000	3400	-6500	1400
小计	17270	10750	14351	-6520	3601
接受分期付款账户	1456	6882	20717	5426	13835
工作收入未结算账户	7101	4647	182	-2453	-4465
小计	8556	11529	20900	2973	9370
诸基金存款	1048	1360	2285	312	925
总公司交易账户			8571		8571
其他流动负债	363	602	2767	238	2165
合计	27238	24242	48874	-2997	24632

资料来源：《社史附表》造船所决算勘定书；《三菱社志》第28卷、大正6年，4212～4213页。

去了作为利润计算单位的意义。三菱合资公司的事业成果由此开始通过事业部对利润的统计得到反映。在这样的变化过程中，总公司在业已确定的降价折旧之基础上为各场所追加了特别折旧措施，以期实现资金向总公司的回流，这种情况也是非常值得注意的。从各场所的角度来看，此种折旧措施一方面存在让其在自身范围内酌情开展投资的意义，另一方面也意味着各部门分头研究策略确保自身资金充裕一事将成为其推动事业扩张的最大动力。从这一层意义而言，也可以认为实际上各部的自律性亦得到了提高。

四 成为股份公司前夕的三菱合资公司

不断发展事业部并使其具有较强独立性的三菱合资公司，在第一次世界大战促成事业部门急剧壮大的过程中开始迎来进一步改革组织的必要。其主要原因在于矿山、煤炭、营业、造船等部资金需求的增长。

此前已经介绍营业部与造船部的情况，故此处着重分析矿山与煤矿。表9-16展示了矿山部被分割之后以矿业部与煤矿部固定资金动向为中心的折旧金额变化。这些数据，是从《三菱社志》各年卷末刊载的各部、各场所事业活动记录中采录数据并进行统计后得到的，所以大阪冶炼所和尾去泽、佐渡等处的记录形式与其他场所有所不同。虽然存在一些无法统计的情况，但可以作为参考的线索。

单位：千日元

表9-16 矿山部门的固定资产动向

	固定资金余额	流通资金	小计	固定资产				备注
				年内增加	降价折旧	转账额	特别折旧	
矿业部								
1913年度末	4860	1103	5963		416		393	
1914年度末	6131	2060	8191	451	288	68	150	尾去泽、佐渡、大阪的记载缺失
1915年度末	5525	1710	7235	368	436	212	520	尾去泽、佐渡、大阪的记载缺失
1916年度末	3696	2280	5976	1683	541	370	1860	
1917年度末	4714	1370	6084	2189	703	1843	300	面谷、佐渡的记载缺失
1918年4月末	8363	2500	10863	2474	106	9		
小计				7166	2490	2502	3223	
煤矿部								
1913年度末	9372	660	10032		652		300	
1914年度末	12261	460	12721		194		600	
1915年度末	15973	670	16642				799	
1916年度末	16621	785	17406	5563	1852		1300	原价折旧标记为年内资金减额
1917年度末				5522				
1918年4月末	17707	860	18567					
小计				11085	2698		2999	

注：无法统计到所有矿山、煤矿。

资料来源：根据「三菱社誌」各年卷末记载的各部、各场所之盈亏等相关报告摘录而成。

可以看到，矿业部的固定资金即固定资产余额从 1913 年的 486 万日元激增到 1914 年的 600 多万日元的水平后，至 1916 年被压缩到 370 万日元以下，然后又在 1918 年激增到了 836 万日元。在此期间，矿业部于 1914 年从总公司借入 280 万日元资金，并在 1915 年返还了其中的 250 万日元，直至 1916 年全部返还完毕。1915 年度，矿业部在能够判明范围内的固定资本增加了近 37 万日元，同时降价折旧与特别折旧则合计为 100 万日元左右，说明从各场所获取资金时固定资金有所减少。由此可以推测，当时的闲置资金全都用来充当了给总公司的返还金。1918 年以前固定资产的激增，除了对各矿山的追加投资之外，还包括伏见分工厂、直岛冶炼所的建设等大规模起业投资（1918 年度资产增加了 165 万日元），这些都来自总公司借款的增加。

而煤矿部方面，此时期固定资产增加额与折旧额的记载虽然存在局限，但由于在固定资金余额方面并未遗漏煤矿场所的统计，所以可以将其视为正确的数据。因此从余额的增加来看，其不仅在 1915 年度追加了大量投资，而且在 1916～1917 年度进行过 550 万日元以上的大规模投资。仅在两年时间里其投资额就大幅超越了 1914 年末到 1918 年 4 月末的增加额 840 万日元，所以才会进行大量的折旧处理。为了探明其投资内容，我们需要观察表 9 - 17。该表展示了煤矿部的固定资金明细，不仅明记着作为核心煤矿的高岛煤矿呈现出投资额扩大的趋势，而且记载了新场所的增加，如 1915 年度的美唄，1916 年度的芦别、大夕张、牧山焦煤厂等，由此实现了固定资产余额的迅速增长。同时，三菱合资公司还在 1911 年建立了临时北海道调查课，以便对北海道各地进行勘探，并从事煤矿的开发，进而在一战期间煤炭价格暴涨的背景之下又进一步积极进军北海道煤矿，最终促使煤矿部从总公司借入的资金从 1915 年度的 300 万日元增加至 1917 年度的 970 万日元（见表 9 - 13）。甚至在成为分公司之前的结算中煤矿部仍旧保留了 829 万日元，这或许是因为其扩张需要收购资金。

第一次世界大战期间事业部门的急剧扩张引发了对三菱合资公司总公司借款需求的暴增。所以总公司提供给各部的借款额在 1917 年达到了约 2341 万日元的水平（见表 9 - 12）。由于在 1918 年增资之前三菱合资公司的资本金是 1500 万日元，上一年度末结转利润之后增加的储备金为 280 万日元，所以事实上当时并没有能力满足这些资金需求，结果不得不将增加的 1500 万日元支付票据与 1000 万多日元存款作为资金的来源。麻岛昭一曾推测，这些支付票据"虽然不清楚具体接收方是谁，但或许可以认为是银行部，应是一种变相的借款形式"。[1] 本书认为这一推测不无道理，因为正如第七章所述，从一战期间银行部的贷款担保种类来看（见表 7 - 12），票据贷出额从 1916 年 7 月的 1921 万日元激增到 1917 年 10 月的 4019 万日元。而且日俄战争以后在关西地区的投资中觅得生路的银行部从 1916 年开始迎来变化，1919 年银行部股份化之前的投资额亦实现了剧增，其目的可以被认为是应对合资公司总公司资金需求的增加。各部使用"支付票据"来筹措一部分不足的资金当然也会导致银行部的融资

---

① 　麻島昭一『三菱財閥の金融構造』、27 頁。

表 9-17 煤矿部各场所的固定资金额

单位：千日元

场所类别	1914年度	1915年度	1916年度	1917年度	1918年度
高岛	1962	2357	2862	4024	4371
端岛	196	184	206		
鲇田	987	948	855	824	827
上山田			249	297	325
新入	1069	939	937	1171	1306
方城	1700	1751	1926	1614	1603
金田	671	518	441	354	320
相知	799	758	790	777	910
芳谷	1987	1801	1306	802	799
美呗		3004	3295	3711	3859
芦别			1016	1125	1200
大夕张			1578	1383	1423
佐佐浦					206
牧山焦炭			512	538	558
合计	9372	12261	15972	16621	17707

注：1918 年度使用的是 4 月末的数据。
资料来源：「三菱社誌」第 23 卷，大正 3 年，2318 頁；第 24 卷，大正 4 年，2712 頁；第 26 卷，大正 5 年，3444 頁；第 28 卷，大正 6 年，4114 頁；第 29 卷，大正 7 年，4608 頁。

扩大。此种变化意味着银行部超越了"事业部制"所给予的职责，即通过活期账户来管理各部资金，而开始在长期资金上发挥满足总公司与各部需求的作用。

而用以弥补另一部分资金不足的"存款"，虽然在合资公司的结算书中并未标明其数额，但是从股份化之后的三菱造船营业报告书来看，1918 年 4 月"合资公司存款"应为 2373 万日元。尽管来自造船公司的存款在 1918 年末又减少到 1300 万日元，我们仍可以认为这是下属公司暂时将闲置资金提供给了总公司。①同时合资公司在造船公司股份化之后所持有的三菱造船公司股票实际上也能够被考虑为应对银行部借款的便捷有效的担保证券。当然，此事目前尚无法得到切实的确认。但总之三菱合资公司当时为了应对事业扩张引发的资金需求剧增，一方面从银行部门筹措了大量资金，另一方面则迫切需要通过事业部门的股份化来寻找出路，这是显而易见的事实。

三菱合资公司所面临的这些问题，事实上也意味着其背后的岩崎家族当时无法提供追加资金。正如前述，岩崎家与奥帐场对合资公司的出资额一直维持在固定数值，包括 1500 万日元资本金与 1340 万日元贷款。具体而言，在资本金方面，岩崎久弥家为 1250 万日元、小弥太家为 250 万日元，而贷款则分别是 1116.7 万日元、223.3 万日元，其比值大致与出资额

---

① 武田晴人「資金蓄積（3）財閥」大石嘉一郎編『日本帝国主義史 1　第一次世界大戦期』東京大学出版会、1985、259 頁。另，该论文在修改之后又被收录于『日本経済の発展と財閥本社——持株会社と内部資本市場』（東京大学出版会、2020）。

一致。^① 而合资公司为此提供的股息红利则是每年 90 万日元。即便在借款中支付同样的利息，其金额也不会超过 200 万日元，^② 这自然无法使岩崎家与奥帐场形成规模性的资产。因此1918 年合资公司的增资乃是由将上述借款替换为资本金投资实现的，岩崎家与奥帐场当时并没有因为增资而追加过投资。这种在出资上的局限也从客观上要求三菱合资公司自行采取手段来获取资金。

当然，岩崎家与奥帐场如以往那般自行推进资产形成也是事实。表 9 – 12 已显示，在向"事业部制"过渡的 1909 年，岩崎家与奥帐场（岩崎久弥家）除了拥有对合资公司的出资额和收购额外，还保有银行存款 880 万日元、有价证券 730 万日元。到了 1918年，岩崎久弥家还持有 1386 万日元的存款，包括其亲属名义下的1919 年定期存款 650 万日元、通知存款 400 万日元等，所以仅存款一项就增加了约 500 万日元。同时，将大亚蒙多公司（Diamond）编纂的大正 7 年（1918）版、9 年（1920）版《全国股东要览》所录岩崎家股份总结出来，可以形成表 9 – 18。从该表中能够看到，由于在第一次世界大战后半期取得了三菱银行的股份（20 万股，缴纳 600 万日元），久弥家的估算额面值从 1055

---

① 『三菱社誌』第 22 卷、大正 2 年、1954 頁。
② 以 1913 年为例，三菱合资公司支付的利息额不到 60 万日元。即使将此全部视作支付给岩崎家的利息，其利率也不过是 4.5%，尚不及 6% 的出资红利率。由于该年以后的合资公司盈亏计算书中将收支差额计算在利息账户之内，很难做出这样的推测。

万日元增加到 2146 万日元。① 而小弥太家同样增加了股份，持有三菱银行的 10 万股。② 虽然一战期间确实存在购买股票的热潮，但本身从 1909 年到 1918 年久弥家的有价证券持有额也只增加了 300 万日元左右，事实上并未积极地参与过股票投资。而且该表没有涉及如下情况：1919 年，久弥与小弥太在矿业、制铁、造船方面各自持有分公司的 4000 股，且小弥太另持有 3000 商业股，而其支付额则是久弥家不过 42 万日元、小弥太家不过 57 万日元。显然，这不能仅算作奥帐场单独投资活动的成果，但即便全部出售了这些有价证券，事实上也难以充分满足合资公司的资金需求。或者换言之，第一次世界大战期间的经营事业扩张已远远超出岩崎家资金所能支撑的水平。所以在产业革命时期岩崎家与奥帐场尝试通过"奥帐场 – 合资公司"之间的资金流动来维持独立投资活动的做法，已然无法积累到足够的资产来应对资金需求的增加。可以说，三菱合资公司成立时奥帐场与合资公司的关系就是这样一举变化为纯粹出资关系的。

虽然这种变化在三菱合资公司采用"事业部制"并摸索各部独立核算机制的过程中究竟得到了多大程度的认知不甚清晰，但是"第一次世界大战的热潮实属意外"应是不容置

① 由于在此支付额的估算中将旧股视作 50 日元一股、新股视作 25 日元一股，故只能做出极为粗略的推测。

② 该措施具有将三菱银行股份等优质资产加入岩崎家资产的重要意义。但另一方面，为了充实合资公司出资的限额，也曾要求岩崎家直接向银行出资。关于这一点，麻岛昭一考察认为岩崎家出资的部分是将在三菱银行的存款替换为出资，故需要重视合资公司在资金层面的限额。麻岛昭一『三菱財閥の金融構造』、50 頁。

疑的事实。在此期间，合资公司不断调整了各场所与各部之间的关系，通过修改统计规则便捷地掌握各部的利润情况，使各部逐渐取代各场所成为掌握事业利益的基本单位。至于以往通过总公司与各部活期账户来管理的各场所普通资金流动，则是在造船部的带领下通过各场所、各部开设的银行部活期账户大幅削减了总公司的业务压力。原本通过交易账户向总公司逐次汇报的资金往来明细①还成为在产业革命时期管理各场所的重要手段。其原因在于，总公司能够借由对日常资金流动的检阅，掌握各场所的具体情况。虽然这些事务委任给银行部之后或许很难再从总公司看到购买与销售时所发生的资金流动，但取而代之的是，各部得以制定正确的结算规定以把握各场所固定资产投资的状况，并对超过流通资金规定的资金需求征收利息，由此促进了资金向各部的回流，实现了总公司对各场所的管理。

与此变化相应，总公司与各部门的关系中也开始承认各部门使用利润再行投资的原则，同时为保留利润设置了限度以促进利润向总公司的回流。而总公司则以此为本金通过贷款等方式发挥调节各部资金不足的作用。

除了这种从总公司到各部的纵向组织状态之外，银行部亦根据"事业部制"被委以管理各部活期账户的工作，并通过营业部与煤矿部的煤炭价格协定在各部门之间实行了以新规则为基础

---

① 关于交易账单的意义，参见日向祥子「明治期における三菱合資会社『売炭取扱順序』の変遷とその実体的含意」（『三菱史料館論集』2009年第 10 号）等一系列研究。

表 9-18　岩崎家所持股份

单位：股

种类	新旧分类	岩崎久弥家		岩崎小弥太家	
		大正 7 年版持股数	大正 9 年版持股数	大正 7 年版持股数	大正 9 年版持股数
合计		223197	415758	27426	142352
三菱银行		35365	200000	10000	100000
九州煤矿汽船	旧	63000	0	10000	0
猪苗代水电	旧	7000	63000		10000
麒麟啤酒	旧	7000	7000	2480	2400
	新	6900	6900	2480	2400
横滨正金银行	旧	6850	6850	200	200
	新	3000	3000	200	220
九州水电	旧	3000	3000	2000	2000
	新	100	100	2000	2000
帝国剧场		100		33	66
东京海上	旧	70524	70635	33	66
明治生命	旧	356	1800		
	新	1574			
长崎纺织	旧	1000	1000		
	新	500	500		

种类	新旧分类	岩崎久弥家		岩崎小弥太家	
		大正 7 年版持股数	大正 9 年版持股数	大正 7 年版持股数	大正 9 年版持股数
日本邮船	旧	8272	13244		
	新	5472	16555		
日清汽船	旧	540	540		
	新		540		
日本银行	旧	757	757		
	新	757	757		
九州电灯铁道	旧	2000	2000		
	新	2000	2000		
新潟铁工	旧	100	100		
	新		135		
南满洲铁道	旧		150		
	新	50	16		
富士纺织	新	50	80		
日本石油	旧		30		
	新		30		
东海曹达	旧		2500		

种类	新旧分类	岩崎久弥家		岩崎小弥太家	
		大正7年版持股数	大正9年版持股数	大正7年版持股数	大正9年版持股数
火车制造	旧		1232		
	新		4207		
台湾银行	旧		100		
	新				
东亚兴业					23000
估算额面值（千日元）		10553	21746	1303	7425

注：岩崎久弥家除了久弥之外还包括早苗、武子、康弥的部分，小弥太家则包含了孝子部分。

资料来源：『全国株主要覧』ダイヤモンド社，1918、1920。

650

的内部交易。这一煤价协定是明确煤炭销售利润归属关系的必要条件。从煤矿场所的角度来看，产品的销售是交由营业部来完成的，故具有销售额趋于稳定的特点，而且在该规则之下可减少矿山煤炭的储存空间。煤矿部矿物成本账户的期末余额比起矿业部来说是偏小的。金属矿山方面需要通过矿石冶炼、请求大阪冶炼所制作精铜等数个生产环节，这导致成品与半成品的余额变大；而煤矿则只需完成出煤与选煤的过程便可出货，且依照煤价协定向营业部销售时直接出货就可以，这也是其能够将矿物成本账户余额控制在较低数额以减轻资金负担的重要原因。当然，一旦从煤矿出货，流通资金的负担与市场价格变动所带来的销售利润也就一并转移给营业部。

但是这种以半年为期确定煤炭价格的内部调价行为，由于一战期间煤价的暴涨而面临颇为不利的局面。所以当时不仅需要重调煤价，亦有必要采取事后措施让营业部向煤矿部支付相关的调整资金。采取此种措施自然不会影响到三菱合资公司整体的利润额，因为它只是在对煤矿部与营业部各自所得的利润进行计算性调整而已，两部之间无意义的利益对立由此得以避免。故从另一个角度来看，事实上以各部门为利润计算基本单位的组织体制已经正式形成。

隶属营业部的大阪分店与神户分店早在"事业部制"确立之前就与银行部开设了活期账户，故与其有着很深的关系。这种在特定分店形成的银行部与营业部之关系，随着"事业部制"的实施得到了进一步的巩固，从而向各个分店扩展。如此一来，可以说通过与营业部、银行部的关系，各部与总公司之间在纵向上、横向上的相互联系得到了加强，深化了"事业部"之间的有机关联。这显然意味着各事业部门的独立性开始具备相应的内在条件。

由于第一次世界大战期间的事业扩张引发了资金需求的剧增，三菱合资公司总公司不得不面对资金供给的难局。再加上无法期待岩崎家与奥帐场的追加出资，所以其只得采取代替性措施，通过银行部来吸收市场的资金。其结果是以往独立性较高的银行部在向三菱合资公司提供资金的工作中开始扮演前所未有的重要角色。[①] 而且不仅是合资公司的贷款为各部提供了投资资金，来自银行部的票据借款也发挥过重要作用。最终，各部作为股份公司独立，各自从市场上筹措外部资金也成为一种理想的资金筹措形式。如造船部作为一战中急速成长起来的部门，率先实行了分公司化，并通过发行公司债券来筹措资金等事就能够充分反映出此种倾向。在这一趋势之下，总公司部门自然会开始考虑组织性的变革，即变身为股份公司并集中发

---

① 参考了银行部作为股份公司进行分割的 1919 年三菱合资公司内部的调查［三菱合资会社「资金収支豫算书　大正八年度」（IWS0030）］。据称，在 1918 年末，三菱合资公司从银行部贷款了 2090 万日元，而矿业、商事、造船、仓库四个分公司则贷款了 1410 万日元，另有制铁公司的 1718 万日元，共计 5217 万日元的资金要依靠银行部出资。这一数额几乎占到三菱银行当时贷款的三成水平。同时该调查显示，由于一战结束的影响，还需追加 855 万日元的资金，故 1919 年末总公司与五个分公司预计将会从银行部筹措 6000 万日元的资金。在三菱股份公司化之后不久，经济环境发生了很大变化，所以这样的资金周转成为问题。但事实上这并非经济形势变化所引发的暂时性现象。结果是在资金筹措的事务上银行部的作用越来越大了。

挥投资机构的职能。① 虽然上述结论中存在不少大胆的推测，但这确实应是形成股份公司组织结构前夕三菱合资公司所处的状态。

---

① 1918 年 1 月的「分系会社と合資会社の関係取極」、4 月的「分系会社資金調達並運用取極」能够展示三菱在股份公司化过程中的组织状态。其中规定了与利润处理、大规模投资相关的总公司权限等。作为本章论点值得关注的是后者，即明确表示"分公司营业上的流通资金可不通过总公司而直接从银行部通融"。这意味着"事业部制"建立之后，对各部事业活动与银行部关系的调整和摸索，通过股份公司化，明确成为组织规则的一部分。

后　记

如前言所述，笔者二人得到了进入三菱史料馆展开研究的机会，并以《三菱史料馆论集》中所刊论文为基础撰写了本书。三菱史料馆作为三菱经济研究所的附属机关于 1996 年成立，其中不仅保存了数量庞大的明治时代史料，而且从岩崎家族新获赠了丰富的史料群。正是参考利用了这些资料，本书得以展现出与以往诸研究的不同，成功描绘了三菱财阀的形成过程。

本书核心内容之一，即阐明三菱公司在早期囊括三菱邮政汽船公司的双重组织架构以及岩崎家通过奥帐场实现资本积累的过程。此种组织架构，赋予随后三菱事业的发展各种特色。如在逐个解决分散性组织所带来的问题时，由矿山、煤矿等机构管理向部门管理模式进化，银行部的作用与三菱合资公司总公司的职能乃至岩崎家（奥帐场）与事业组织的关系发生了变化，对"独立核算制"展开了探索。结果是随着一战期间的经济繁荣与经营规模扩大，其下属各事业部开始向分社转变，其总公司亦展现出向股份公司发展的趋势。

由于本书论点繁多，想要进行简要概括是不太容易的。但可以认为，本书总体上是在讨论如下问题：在以经营事业为基础并通过政策介入与制度管控对其加以制约的发展过程中，三菱为了搭建其经营事业的组织结构，进行过不断的尝试与摸索，且在经历过实际责任人的各种投石问路之后，最终实现了成功的变革。笔者二人在分工合作撰写此书之时，并非始终意见一致。因此，对于读者来说或许会存在某些难以理解的部分，但若能够从中领会到笔者想要传达的想法与意图，则将是令人倍感荣幸之事。

为方便参考，兹将本书参考之论文罗列如下。

第一章　関口かをり「岩崎家の資産形成と奥帳場——三菱合資会社設立前後を中心に」『三菱資料館論集』2001 年第 2 号。

第二章　関口かをり「初期三菱における組織と経営」『三菱資料館論集』2002 年第 3 号。

第三章　関口かをり・武田晴人「郵便汽船三菱会社と共同運輸会社の『競争』実態について」『三菱資料館論集』2010 年第 11 号。

第四章　武田晴人「創業期の三菱造船所」『三菱資料館論集』2001 年第 2 号。

第五章　武田晴人「長崎造船所と荘田平五郎の改革」『三菱資料館論集』2002 年第 3 号。

第六章　武田晴人「産業革命期の三菱合資会社銀行部」『三菱資料館論集』2005 年第 6 号;「産業革命期における三菱合資銀行部本店の経営実態——『三菱合資会社銀行部総勘定元帳』の検討」『三菱資料館論集』2006 年第 7 号。

第七章　武田晴人「1910 年代における三菱合資会社銀行部——『三菱合資会社銀行部総勘定元帳』の検討（2）」『三

菱資料館論集』2007 年第 8 号；「1910 年代における三菱銀行部本支店の貸出業務」『三菱資料館論集』2008 年第 9 号。

第八章　武田晴人「事業部制採用と独立採算制度」『三菱資料館論集』2004 年第 5 号。

其中，第一章至第五章及第八章在将论文收入本书时进行了必要的润色补正；第六章与第七章因为论文的篇幅过长而不得不进行了大幅压缩与适当的润色。而最后的终章乃由武田专门为此书撰写。全书诸章节的撰写任务分配，如各章对应论文旧稿所示。但总体统筹则主要是武田通过听取关口的意见完成的。

正如上述旧稿所示，本书的撰写出版得益于三菱史料馆的史料公开与研究活动。故在此要向三菱史料馆尤其是史料部的工作人员表示衷心的感谢。同时亦要鸣谢《三菱史料馆论集》编辑部欣然同意我们将论文旧稿收入本书。

本书在刊行之际得到了东京大学出版会尤其是山本彻先生的大力协助。由于篇幅大大超过预期且图表繁多，又在交稿至校稿阶段受到新冠肺炎疫情影响不得不远程办公，在此条件下开展编辑工作之艰苦是可想而知的。编辑部与作者无法直接会面进行商讨，只能通过电子邮件或书面方式沟通，使出版进度受到了影响。而在校正过程中出现问题需要前往三菱史料馆核对所引史料时，又因其疫情期间长期闭馆及大学图书馆等处封闭而花费了相当长的时间。诸如此类的情况想必曾让山本先生大为苦恼。但幸运的是，6 月下旬后关于三菱史料馆资料的问题在特别的关照之下大体得到了解决。对于从未经历过此种编辑出版流程的山本先生来说，应是很不容易的。因此，对于在史无前例的环境下为本书的出版工作辛勤劳作的山本先生，我们要发自内心地表示感谢，奉上我们特别的谢意。最后，本书的装帧是武田的友人板谷成雄先生负责完成的。他在出版《日本经济之发展与财阀总公司》时就帮助过我们，在此要感谢板谷先生再次接受了我们的邀约。

于 2020 年初夏，三菱创立 150 周年之际

作者代表　武田晴人

译后记

　　本书是日本经济史专家武田晴人先生、关口薫先生2020年共同撰写出版的最新研究成果。书中内容由作者二人基于以往发表的重要学术论文加以综合润色之后形成，集中利用九章的庞大篇幅对明治中后期日本三菱财阀的形成与发展情况做了详细的考察，可谓近年来日本史学界推出的又一学术力作。

　　武田先生是日本学界研究经济史、财阀史的代表性学者，德高望重，著述颇丰。武田先生1949年出生于日本东京，1972年毕业于东京大学经济学部，1988年获东京大学经济学博士学位，从东京大学退休后担任了该大学名誉教授、三井文库常务理事、文库长等职。主要著作有『日本産銅業史』（東京大学出版会、1987）、『財閥の時代：日本型企業の源流をさぐる』（新曜社、1995）、『日本経済史』（有斐閣、2019）等。可以说要从事日本的财阀研究，不可能不阅读其著作。而关口先生则是2000年以后涌现出来的新一代学者，1999年毕业于日本学习院大学人文科学研究科，目前在日本银行金融研究所工作。其代表性著作有『19世紀日本の風景：錦絵にみる経済と世相』（日本銀行貨幣博物館、2017）、『辰野金吾と日本銀行：日本近代建築のパイオニア』（日本銀行貨幣博物館、2019）等，在银行史、货币史等研究领域颇有造诣。

以往一提到所谓财阀，我们就会想到日本近代史上的"三大财阀"（三菱、三井、住友）或"八大财阀"（三菱、三井、住友、安田、浅野、大仓、古河、川崎）。它们在战后 GHQ 实施"财阀解体"政策以前一直牢牢地把握着日本的经济命脉，甚至利用经济上的绝对垄断地位向国家政治施加过不容忽视的影响。尤其是三菱财阀，据称在解体之前其分公司遍布日本各地，作为当时军需工业的主力，总资产高达 120 兆日元（按现在价值换算后），确实可以称得上是富可敌国、财阀中的财阀。所以研究三菱财阀的形成与发展过程不仅在日本经济史研究领域具有极为重要的学术价值，在政治史、军事史研究上亦颇具意义。

不仅如此，在翻译本书的过程中我还深切地感到，若充分利用书中提供的线索，我们或许还可以进一步追问并思考三菱作为财阀的普遍性与特殊性问题。换言之，三菱与其他财阀之间究竟存在怎样的共性，又同时带有哪些与众不同的特质？如在"同族"与"总有制"等概念上，它就能够展现出与三井、住友等财阀的显著差异（第一章），又或者是导入"事业部制"的做法与三井建立股份公司并推动下属部门股份化的措施截然不同（第八章）等。这些都足以向我们表明：对于近代日本的财阀是不可一概而论的，在考察其作为帝国主义垄断经济组织所具有的普遍特征时，亦极有必要留意其独有的特殊性质。

本书的翻译工作历时一年（2020 年 11 月至 2021 年 10 月），又恰是新冠肺炎疫情在世界各地肆虐的困难时期。在此期间，社会科学文献出版社的各位领导与同人尤其是李期耀先生为我提供了诸多关照与方便，让我得以安心完成这项艰巨的工程，在此要向其表示衷心的感谢。同时亦要感谢日本千叶大学山田贤教授，武汉大学熊沛彪教授，上海师范大学陈恒教授、朱振武教授、崔红花教授对我的指导与帮助，感谢上海市"世界文学多样性与文明互鉴"创新团队的大力支持，感谢硕士研究生田波、刘鸿广、刘通、郑海森、赵嘉华、黄鹏、曾媛同学为本书翻译所做的协助。最后还要感谢我的太太周婧老师，在这段时间里不仅对我的工作表示了理解与支持，也在生活上给予了体贴的照料。

译者才疏学浅、水平有限，书中若有疏漏之处，还望各位读者批评指正。

刘　峰

2021 年 11 月 9 日

图书在版编目（CIP）数据

三菱财阀的形成／（日）武田晴人，（日）关口薰著；
刘峰译. -- 北京：社会科学文献出版社，2022.6
ISBN 978 - 7 -5201 - 9866 - 0

Ⅰ.①三…　Ⅱ.①武…　②关…　③刘…　Ⅲ.①工业企
业管理 - 经济史 - 研究 - 日本　Ⅳ.①F431.36

中国版本图书馆 CIP 数据核字（2022）第 042906 号

三菱财阀的形成

著　　者／〔日〕武田晴人　〔日〕关口薰
译　　者／刘　峰

出 版 人／王利民
组稿编辑／李期耀
责任编辑／邵璐璐
责任印制／王京美

出　　版／社会科学文献出版社·历史学分社（010）59367256
　　　　　地址：北京市北三环中路甲 29 号院华龙大厦　邮编：100029
　　　　　网址：www.ssap.com.cn
发　　行／社会科学文献出版社（010）59367028
印　　装／北京盛通印刷股份有限公司

规　　格／开本：889mm × 1194mm　1/32
　　　　　印张：20.875　字数：447 千字
版　　次／2022 年 6 月第 1 版　2022 年 6 月第 1 次印刷
书　　号／ISBN 978 - 7 -5201 - 9866 - 0
著作权合同
登 记 号／图字 01 - 2022 - 1901 号
定　　价／98.00 元

读者服务电话：4008918866